Matías De Stefano es un educador y autor de contenido para la Consciencia

Nacido en Venado Tuerto, Argentina, el 4 de Agosto de 1987, tuvo una infancia particular en la cual, en un entorno agnóstico, manifestó su comunicación con otros planos de consciencia, recordando todo lo que había vivido antes de nacer. Esto le llevó a conocer personas y otros niños que vivían lo mismo, pero que no tuvieron el apoyo o la comprensión necesarios. Por ello decidió estudiar Educación para poder ayudar a aquellos como él. En el camino, no terminó sus estudios, pero comenzó a ser invitado a congresos donde compartía sus recuerdos y filosofía. Con los años realizó eventos y proyectos de Consciencia alrededor del mundo que lo hicieron globalmente conocido por sus misiones y enseñanzas.

Entre 2011 y 2022 realizó los eventos 11:11 en Argentina, el Camino Harwitum, el Camino de La Gran Mujer, RomaamoR, el Camino del Dragón, el evento 22:22 en Egipto, viajes iniciáticos en diversos sitios del mundo, la película y la serie 'El Recordador', series de la plataforma Gaia, diversos podcasts, y el proyecto YOSOY, cuyas enseñanzas están plasmadas en esta serie de libros.

Actualmente sigue desarrollando sus proyectos con el objetivo de crear un Nuevo Estado de Consciencia.

ISBN 9798339940319

© 2024, Matías De Stefano
Primera edición, noviembre 2024

Diseño de maquetación y cubiertas
Generación de imágenes por IA
Albert Pascual Milego

Corrección ortotipográfica
Ivone Clarisa Barassi

Maquetación
Lara Melamet

Hecho el depósito que establece la Ley 11.723.

Libro de edición argentina.

Conversaciones entre YO y SOY

ÍNDICE

LIBRO SEIS:

CAPRICORNIO
-YO USO-

PRÓLOGO

Si este libro ha llegado a tus manos, es probable que estén sucediendo dos cosas en tu vida: Estás pasando por una crisis, ya sea mental, emocional o física; o, por otro lado, quizá estés cuestionándotelo todo, incluso hasta dudar de quién eres y por qué existes.

Y esto lo afirmo porque son las dos razones por las cuales comencé a escribir estos libros.

Siempre sentí que tenía una misión en este mundo, algo grande que entregar a la humanidad. Pensaba: «No puedo dejar que mi paso por la Tierra no haya servido para nada a los demás». Y por ello, dediqué cada día de mi vida a buscar la manera de hacer proyectos que marcaran la vida del prójimo, que hicieran una diferencia. Y por más que muchos de ellos hayan salido bien, había algo en mí que no se sentía satisfecho.

Había algo que faltaba, y no lograba ver qué era.

Hasta que alguien rompió mi corazón.

Aquel día vi el vacío; vi la nada, y me sumergí en la más oscura de las depresiones. Entré en una crisis sin sentido que eliminó mi voluntad de servir, de crear, de expandirme. Me consumí en una tiniebla emocional que nubló mi juicio mental, y dejó a mi cuerpo en proceso de hibernación.

Entonces, me di cuenta que había estado construyendo una vida tratando de llenar espacios, huecos, completar una imagen para generar seguridad en otros —pero, sobre todo, en mí mismo.

Esta crisis me llevó a algo inesperado. Me llevó a las preguntas: «¿Qué sentido tiene todo esto? ¿Para qué hacer lo que hacemos? ¿Cuál es el propósito?». Y de allí llegué a la pregunta que lo originó todo: «¿Quién soy?».

De estar enamorado del todo, tratando de cubrir las sombras con luces y colores, descubrí en la crisis la profundidad de la pregunta en la nada, enamorándome del vacío.

Entonces, me dejé caer en él. Cuanto más te divides a ti mismo acercándote al cero, más cerca estarás de la unidad. Así fue que, al desintegrar a mi ser en cada pregunta, al romperme en mil pedazos hasta dejar de ser quien soy, quebrarme en todos los sentidos y atreverme a desaparecer al punto en que el ego ya no tiene dónde aferrarse, pude ver la unidad y respuesta a todas las cosas... El «YOSOY».

Pude ver que cuanto más cuestionaba lo que soy, lo que creo, lo que genero, más profundo accedía a la verdad de mi ser. Y todas las historias, realidades, tanto propias como universales, comenzaban a cobrar sentido.

Me enamoré de la nada, del vacío, y la grandeza del universo se volvió en mí una simple conversación entre «Yo» y «Soy».

Todo lo que existe en el universo, es un sujeto realizando una acción. Aunque sea un objeto, éste puede subjetivizarse en sus movimientos, como al decir que «una piedra se cayó», es igual a decir «un niño se rió».

Sujeto y Acción son los que nos permiten comprender el tiempo y el espacio. Cuando volvemos al primero de los sujetos y a la primera de las acciones, no queda otra respuesta más que el «Uno» que «Es»; es decir, el «Yo» que «Soy».

Mi vida ha sido una constante conversación entre «Yo» y «Soy». Desde muy pequeño, podía percibir este diálogo interno que abrió las puertas de mi mente a un sinfín de posibilidades, que me permitieron comprender el universo de una forma única.

Fue así que me conecté con respuestas que muchos no veían, con claves ocultas en la imaginación, que ayudarían a muchos a comprender sus realidades.

Esto me llevó a estudiar Educación, y de allí a convertirme en un profesor de la existencia, o psicopedagogo de la consciencia.

Comprendí que de la misma forma que el cerebro de un niño aprende jugando, creando ideas, imaginando —todo ello gracias a la sinapsis producida por la Red neuronal en el cuerpo y, sobre todo, en el cerebro—, la Tierra, nuestro planeta, hacía lo mismo, conectando redes sinápticas mediante la evolución de las especies, de las culturas y los individuos. Cada ser vivo, pasaba a ser una neurona; así, un conjunto de neuronas creaba una memoria o un pensamiento, que hoy llamamos «templos», «ciudades», «culturas».

En el año 2012 realicé un camino alrededor del mundo conectando algunos de esos sitios o memorias en la Red planetaria, en la mente del mundo. Me dediqué a tratar de demostrar que podemos hablar con el planeta, y que nuestros pequeños actos pueden mover realidades. Conectar historias, claves, códigos, puede ayudarnos a desbloquear traumas y a descubrir nuevas formas de expandirnos.

Y como dije, en dicho proceso, pude entender que aquello que llamamos «amor» es esa descarga eléctrica y química que se produce entre dos neuronas para generar un pensamiento, por lo que enamorarse, es parte de conectar la Red. Amar es tejer una red.

Pero, es fácil amar lo que sentimos y percibimos; lo difícil es amar lo inexistente, lo intangible. Y fue allí donde, buscando conectarlo todo, me encontré con la nada; y en ese vacío, me encontré a mí.

No a Matías, sino al verdadero ser, al «Yo Soy».

Sólo entonces comprendí el nombre de Dios: «Yo Soy el que Soy». Y entonces, el mundo tuvo la oportunidad de cuestionarse lo mismo.

En el año 2020, cuando la Pandemia afectó al mundo, la humanidad entró en crisis existencial. Detenidos, encerrados, y sin posibilidad de conectarnos con los demás como antes, las neuronas se desconectaron, y cayeron todas en el vacío —en la desesperación de encontrarse frente a frente con la verdad de quiénes son. La crisis del amor volvió a presentarse mediante el miedo, la inseguridad. Y esto trajo la falta de sentido, el despropósito, el cuestionamiento de la misma vida. Y todo ello llevó a la pegunta: «¿Quién soy?». Fue así que, en Julio de 2020, decidí sentarme en la Gran Pirámide de Egipto, y preguntarme, «¿Quién soy?», en nombre de toda la humanidad.

El Nilo, las Pirámides, fueron el primer camino humano desde África que diseñó nuestro cuestionamiento espiritual y filosófico. La Gran Pirámide tiene las proporciones matemáticas del planeta Tierra. Por lo tanto, estar en su interior, es alcanzar cada rincón del mundo desde su origen.

Por ello, desde su corazón, abrí el mío, para que mi camino interior sea un vehículo para el camino interior de la humanidad.

Fue de esta forma, y por esta razón, que desde la última semana de Julio 2020 hasta la primer semana de Agosto 2021, cada día medité en el interior de la Pirámide de Keops; durante 370 días, una pregunta abría una conversación entre «Yo» y «Soy».

Estas conversaciones fueron plasmadas en un blog de internet, y su contenido fue explicado cada día por mí mismo a través de clases libres por YouTube.

Siguiendo los pasos del camino interno más antiguo de todos, el camino del héroe a través de las 12 constelaciones, recorrimos los 12 aspectos del ser, desde una mirada mental, emocional y física, integrando cada día del año un tema específico.

El Camino del «YOSOY» es un camino personal, que lo he abierto al mundo como una herramienta más de autodescubrimiento, para todos aquellos que comenzaron a hacerse las preguntas a través de una crisis personal.

Miles de personas se sumaron día a día a este camino, y hoy este libro ha llegado a tus manos porque es tu momento de recorrerlo.

Tú elegirás la forma, el tema, por dónde comenzarlo; pero lo cierto es, que de una u otra manera, lo recorrerás. Y tarde o temprano, tú mismo comenzarás a tener tus propias preguntas, tus propias conversaciones, y a descubrir tus propias respuestas.

Esta es mi historia dentro de la historia, y con amor te la comparto para que juntos hagamos sinapsis, y creemos una nueva idea capaz de transformar el mundo.

El camino del «Yo Soy» es un camino iniciático. El concepto nace en la idea de que cada paso que damos en la vida nos lleva a iniciar algo nuevo, una etapa diferente. En las memorias de la humanidad, la iniciación surgió en los tiempos de migraciones, cuando los primeros humanos salieron de los bosques para atravesar las sabanas y desiertos; iniciaban así un camino, un recorrido por territorios inhóspitos, desconocidos, en los cuales debían aprender habilidades que les permitieran llegar a un objetivo, un destino concreto donde encontrar seguridad y alimento. Los primeros que habían realizado estos caminos, enseñaron a los más jóvenes a transitarlos, entregándoles claves y herramientas que les ayudasen a llegar al destino.

Caminar por sabanas, desiertos y planicies desconocidas, era una tarea difícil; sobre todo por las noches donde los depredadores podían atacarlos. Por ello, encontraron una forma única para resolver el problema de perderse, algo que nos diferenció de todas las otras especies: la imaginación.

Miraron hacia el cielo, y vieron a las estrellas y planetas. Sus movimientos en el firmamento mostraban el camino, indicaciones que les permitirían encontrar el destino, no perderse; también les permitiría predecir los ciclos, el clima, y comprender la lógica de la vida en general.

Durante millones de años, lo que antes era natural, pasó a convertirse en algo cultural, y la imaginación permitió crear historias, cuentos, leyendas, mitos, que sirvieran a los caminantes como inspiración, una guía, un ejemplo.

Así nace la idea del héroe, aquel que recorre este camino cíclico, saliendo de un árbol de la vida en los bosques de África, buscando los otros árboles de la vida donde asentarse y encontrarse consigo mismo. Al llegar allí, venciendo sus miedo y monstruos, descubriría los secretos del universo, y obtendría como recompensa lo que había estado buscando para entregar a los suyos, en tanto su vida se transformaba completamente, desde adentro hacia afuera.

Siguiendo las estrellas, estas historias moldearon, mediante la imaginación, personajes irreales en patrones que llamamos hoy «constelaciones»; y en el camino de leche, la Vía Láctea, la vida de los héroes era contada para todos alrededor de un fuego.

Por miles de años, esta fue nuestra única realidad, y por lo tanto, dibujó mapas neuronales en nuestro subconsciente, que facilitaban nuestro movimiento por la vida. Como andar en bicicleta, o aprender a hablar, o tener actitudes similares a nuestros padres y abuelos, muchas de nuestras acciones repetitivas se vuelven un hábito que es imposible de identificar como ajeno; las hacemos propias, hasta convertirse en una actitud o creencia, un dogma interno. Algo que repetimos día a día, crea en nuestro cerebro un patrón de pensamiento, que nos lleva a actuar consecuentemente a esta acción sin necesidad de procesar muchos datos ni tomar decisiones cada vez que lo hacemos. Se naturaliza.

Creencias, traumas, dogmas, hábitos, actitudes, patrones, todas estas palabras nacen de repeticiones que se vuelven propias, intrínsecas en nuestro ADN. Y generación tras generación, pasan a formar parte de nuestro código humano.

El camino del héroe, los caminos iniciáticos, diseñar historias con la imaginación, crear misiones y propósitos invisibles e imposibles, buscar héroes, son naturales a todo ser humano. Y provienen de las primeras migraciones que, año tras año, repitieron estas creencias.

Por ello, cuando buscamos respuestas en nuestro interior, cuando queremos transformar nuestras vidas, la mejor manera en que nuestro cerebro puede reconocer la manera de hacerlo, es mediante un camino iniciático; y concretamente, mediante el más antiguo de todos: la astrología.

Pero, esto no se trata de signos del zodíaco, sino de etapas que el héroe debe recorrer para integrar la verdad del Sujeto y la Acción de manera consciente.

Por ello, no hablaremos del Signo, sino del aspecto del ser que este signo representa. Y así con cada una de las constelaciones.

En la época Atlante, el inicio del año se daba cuando la estrella Sirio, la más brillante, volvía a aparecer en el horizonte antes del amanecer, luego de haber desaparecido por un tiempo en el hemisferio opuesto debido a la precesión de los equinoccios.

Esto sucede en diferentes días de acuerdo a la latitud en que el observador se encuentre. En nuestro camino, tomamos como punto de referencia la latitud 30 norte, donde se encuentran las pirámides de Giza. Y para realizar el cálculo, es necesario saber qué día se asomaba en el año 2020, inicio de nuestro camino.

Ese día fue el 4 de Agosto, y por lo tanto, ese día se dio inicio a los 360 días del año, más los 5 días Fuera del Tiempo, los cuales marcaron el inicio y final del recorrido.

A partir de aquí, comienzan los 12 meses del año, de 30 días exactos cada uno, divididos en 3 semanas de 10 días cada una, siendo los aspectos mentales, emocionales y físicos, representando cada uno de los días a un Chakra en el cuerpo (corona, tercer ojo, laríngeo, corazón, plexo, sacro, raíz, rodillas y tobillos), más uno que es el día Toroide que unifica a todos.

El sexto mes del camino es CAPRICORNIO, aspecto del ser que representa al «YO USO».

Cuando conocemos el mundo, logramos aprender sobre las diferentes potencialidades que cada uno de sus aspectos nos entrega, y es aquí cuando comenzamos a preguntarnos qué hacer con todo ello. Darle un propósito a lo que adquirimos, nos hace poner manos a la obra para realizar algo con todo ello.

Lo que la aventura nos entregó como experiencia y asombro, en la siguiente etapa del camino se convierte en herramientas para realizar nuestros propósitos. La clave de este mes es reconocer que todo lo que hemos vivido, las experiencias que atravesamos, nos nutren y construyen, dejando cualidades y capacidades que podemos utilizar como herramientas en nuestro desarrollo, en la construcción de nuestras realidades. El pasado, pues, se vuelve fundamental en el potencial a trabajar este mes, y el trabajo en sí mismo, se vuelve una maquinaria que pone en marcha la construcción de nuestro futuro.

Capricornio es el signo del trabajo, de la dedicación, del esfuerzo. Su esencia nos recuerda que es importante dedicar tiempo y esfuerzo a aquello que queremos, y que es clave recurrir al camino recorrido para resignificar los traumas y convertirlos en pilares para el cumplimiento de nuestro propósito.

Para construir una nueva realidad, es necesario mirar hacia atrás, enfrentar los conflictos que nos construyeron, que dieron forma a lo que somos, y encontrar en el camino realizado, todo aquello que nos dé estructuras para nuestras intenciones.

Capricornio es la etapa del camino en que tendremos que ver paso a paso las estructuras que formaron nuestro mundo, los sistemas que le constituyen, las leyes que definen nuestro destino, y las herramientas con que contamos para enfrentar la realidad.

Por ello, os invito a enfrentar las estructuras del mundo, para que, al reconocer sus mecanismos y leyes, podamos reconocer nuestras propias estructuras y patrones, y hacer de ellas una herramienta de construcción.

Bienvenidos al sexto paso del Camino del Héroe: Bienvenidos a la casa de Capricornio. YO USO.

MENTALISMO

1 de Enero, 2021

YO: El primer día del Año 2021 nos encuentra comenzando la semana Mental del mes Atlante de Capricornio. Ayer explicamos que el año realmente termina el 21 de Diciembre con el Solsticio, pero que las tradiciones antiguas celebraban este fin de ciclo por diez días; a esta celebración, que culminaba el 31 de Diciembre, le llamaban «Fiestas Saturnalias»; se honraba al Dios Jano, dios de dos rostros que miraba al pasado y al futuro. «Jano» da nombre al mes de «Enero», y anunciaba el retorno a las labores tras las fiestas. Saturno era el dios de la Agricultura y, debido a que era el invierno, se le honraba para que diera buenas cosechas tras la escasez del frío. Una vez celebrado, se seguía con la tarea fundamental de Saturno: el trabajo; y, por si queda alguna duda, esta es la clave que hace a Capricornio. O sea que comenzamos de lleno este año nuevo con la energía del trabajo, la labor de la tierra capricorniana.

SOY: Saturno es regente de Capricornio; «labrar» la tierra da origen a las palabras «laborar, labor»; estas tareas eran realizadas por los esclavos antiguos bajo la presión de un látigo de tres palos que en latín se unificó como *tripalium*, originando la palabra «Trabajo».

YO: Trabajo como un castigo y Labor como una necesidad de siembra.

SOY: La palabra «trabajo» tiene una connotación de culpa, de dolor, de esclavitud —algo muy característico de la energía capricorniana.

YO: Es verdad... Yo como ascendente Capricornio puedo decir lo que se siente... Es como si nunca fuera suficiente. Es ver siempre lo negativo, el hecho de no ser suficiente, de no sentirse merecedor; hay que hacer duro trabajo para conseguir los objetivos, sacrificarse, ensuciarse las manos en la tierra para tener buenos resultados; y hay que hacerse de la paciencia para ver crecer los frutos.

SOY: «Nunca es suficiente» podría traducirse en «Siempre se puede mejorar». De esta forma, podremos tomar el aspecto positivo de este signo que nos acompañará por treinta días. Los humanos viven hoy en una sociedad que ya no tiene esclavos físicos, pero sí psicológicos. La mayor parte de la humanidad es esclava de un sistema que ellos mismos sostienen. Son dependientes de vínculos, controlados por la necesidad. La competencia globalizante ha sembrado la semilla de ineficacia en todos los rincones del mundo, donde se lucha por ser mejores. Y en un mundo con tanto potencial que compite por ser cosas similares, la frustración es arrasadora.

YO: Sí; se siente como que no importa lo que hagas, siempre hay alguien que lo está haciendo mejor. La competencia por lograr los objetivos es tal que, en lugar de crecer y desarrollarnos en nuestras habilidades, gastamos más energía en lo que los demás están logrando a ver si lo que yo hago vale la pena. Me ha pasado muchas veces que, al ver las cosas que otros han logrado, me miro a mí mismo y siento que no he hecho nada. Y claro, luego vienen muchas personas que me dicen todo lo que he logrado y he hecho; tal vez ellos también me observan a mí como yo observo a otros que han logrado tanto... Pero esa sensación sigue ahí... *«Puedo hacerlo mejor...»*.

SOY: El incansable capricornio que no deja de pensar en el trabajo, en solucionar cosas, en superarse, en construir sobre cimientos cada vez más fuertes. Pues lo que más busca Capricornio es la seguridad de que lo que está realizando será útil. Puedes imaginar a este signo como a un Arquitecto que está queriendo construir el edificio más alto de todos para tener la mejor visión de todas. Pero cada nuevo piso que agrega, en lugar de hacerle sentir más cerca del cielo, le hace sentir inseguridades sobre los cimientos. *«¿Y si no están bien reforzados? ¿Y si hay que agregar más peso en la base? ¿Y si hay que distribuirle con algún contrafuerte? ¿Y si pongo arcos hexagonales? ¿Será suficientemente ancha la base? ¿Y si no lo es y el edificio se desploma?»*

YO: Nunca terminará el edificio.

SOY: Nunca podrá contemplar las vistas por estar tan centrado en los cimientos. Por ello es tan lento en sus procesos, pues teme terminar algo mal; prefiere nunca acabarlo, pero hacerlo perfecto. Capricornio es el Rey de las Estructuras.

YO: ¿Qué son las estructuras?

SOY: «Estructura» viene del latín *struere* que significa «juntar o amontonar». «La unión hace a la fuerza», y Capricornio se fortalece en dichas uniones. Lo que une son patrones. «Patrón» viene del indoeuropeo *pater* que significa «defender» y da lugar a la palabra «padre». Un patrón, por lo tanto, es un dato que otorga seguridad.

YO: ¿A quién?

SOY: A la mente. Todo ser vivo necesita sentirse seguro. La seguridad se produce en el intercambio equilibrado de energías o en la conformación de una estructura estable; esto es a nivel físico —como una casa—, a nivel emocional —como una familia—, o a nivel personal y mental —como una creencia. Así, en la búsqueda de la seguridad, la mente busca patrones, conceptos externos que puedan ser interpretados como escudos de contención ante la fragilidad del ser. Los patrones son ideas, percepciones, creencias, que sólo viven en la mente, y que limitan la mente por su propio bien. La mente busca auto salvarse, protegerse de su infinitud, delimitarse para reconocerse en la vida. Es así que, a lo largo de esta construcción de ideas sueltas, se crean patrones hereditarios, escudos de creencias limitantes que generan seguridad al ser.

YO: Por esto es tan difícil liberarse de los patrones de creencias, porque están allí justamente para defender al ser... Entonces, si los patrones de creencias nacen con un propósito útil para la vida, ¿por qué todos buscamos eliminarlos o trascenderlos?

SOY: Porque no puedes vivir encerrado en una casa. Necesitas salir a buscar comida, a interactuar con otros, a descubrir el mundo, crecer, expandirte, sentir... Otra de las voluntades de la mente es expandirse y asimilar nuevos datos; siempre busca lograr esto; pero si los patrones que ha creado son muchos, pueden generar un desastre para su desarrollo.

YO: Me hace acordar a los castores. Tal vez el aspecto capricorniano es como una familia de castores que toman las ideas de los árboles talándolos y moldeándolos en forma de patrones que crearán una represa en la mente fluida que es un lago o río. La represa de patrones acumulados en forma de esta estructura, es positiva para crear madrigueras y subsistir con seguridad; a la vez, ayuda a muchas otras especies a vivir de las aguas, como ranas, aves, peces y tantos otros que encuentran un oasis gracias a la represa. Sin embargo, la misma puede impedir el flujo de dichas aguas a terrenos inferiores, donde se producen sequías, muerte; donde la vida no avanza pues se ha estancado.

SOY: Así es. La laguna mental creada por la represa de patrones da sensación de seguridad hacia el interior; pero daña y destruye todo lo que hay fuera, más allá de la mente. Por ello, cuando llueve fuerte, necesitas flexibilizar sus estructuras para no generar un caos ambiental.

YO: ¿Qué sería la lluvia?

SOY: El Despertar de la Consciencia. Ese flujo de información despertando en ti, que llega de repente como un instante de iluminación, y que vuelca en tu interior muchísimo nuevo contenido.

YO: ¿Y cómo hago para flexibilizar las estructuras?

SOY: Coherencia. Y esta se logra mediante las estructuras más originales de todas: las estructuras Universales.

YO: Las Leyes...

SOY: En el inicio de la Atlántida como civilización, hace unos quince mil años, algunos sacerdotes recibieron esa lluvia de consciencia que les hizo ver que el Universo es un entramado de patrones llamados «Matriz». La Matriz creadora no es más que un tejido eterno de ideas que estructuran límites para el Cosmos. Entendieron que el Universo necesita de estos patrones en red para poder manifestarse focalizado en un tiempo y espacios concretos; de lo contrario, nada podría manifestarse siendo libre y flexible. Las estructuras son esas geometrías que daban sentido a la Vida como tal, pues sin ellas nada existiría. Entonces empezaron a seguir los códigos repetitivos de los patrones en el reino mineral, animal, vegetal, humano y universal; así, descubrieron que la Matriz ordena sus Patrones en seis principales que se repiten esencialmente en todos los niveles. Por ello, reconocieron que no eran simples patrones o estructuras sino Leyes.

YO: ¿Qué significa «Ley»?

SOY: «Ley» viene del indoeuropeo *leg*, que ves en palabras como «legado, legislar, colegio, inteligencia», y significa: «elegir; escoger». En cierta forma, el concepto latino *lex*, se refiere a las cosas que son elegidas o puntualizadas para que algo funcione, y por ello se ha traducido como «reglas o normas a seguir».

YO: ¿Cuáles son esas seis Leyes?

SOY: Desde el punto de vista de la humanidad, las conoces como: Generación, Polaridad, Causa—Efecto, Ritmo, Vibración y Correspondencia. Todas ellas dentro de la Ley de Misión que se refiere a los Patrones, y a la ley de Redes que se refiere a la Matrix.

YO: Pero Toth, el sacerdote Atlante conocido como dios Egipcio de la escritura, medicina y arquitectura, en las tablas Esmeraldas dejó escrito que eran siete Leyes. ¿Cuál es la séptima?

SOY: Hay varias leyes, pero la que llamas séptima no es la séptima, ni es la primera. Esa ley, es Todas las Leyes. Pues es la única realmente existente.

YO: ¿Cómo?

SOY: Cuando los antiguos indagaron en los patrones, se dieron cuenta de que en todos los niveles las seis leyes son constantes en cada patrón de la matrix; pero todos tenían algo en común: eran una percepción.

YO: Un punto de vista entre ellos mismos...

SOY: Y una percepción sólo puede decirte algo: que realmente no existe nada en el universo, ni hay leyes; pues si la realidad depende del observador, y la observación es el acto de recibir datos que serán procesados por el cerebro en el mundo de las ideas, entonces, lo único existente es El Mundo de las Ideas.

YO: Como decía Platón...

SOY: Platón no decía nada nuevo; sólo enseñaba lo que otros antes le habían mostrado. Para los Antiguos, las seis leyes que englobaban a los patrones y la matrix son una especie de guía para saber moverse dentro de la Mente, que es lo único que existe...

YO: Y donde más uno puede perderse.

SOY: La Mente es infinita, eterna tanto en tiempo como en espacio; no posee límites; por lo tanto, su observación es infinita y modificable. La Imaginación es capaz de manifestar realidades mediante la Intención; es capaz de hacerte sentir cosas que no están allí. Y lo que está allí es sólo percibido por los mismos mecanismos de tu imaginación.

YO: Eso es lo que me parece muy fuerte: que, para el cerebro, percibir el mundo externo «real» y percibir el mundo interno «ficticio» es lo mismo. O sea que para la mente no hay diferencia entre real e ilusorio.

SOY: Por ello vivimos el Sueño de un Soñador, algo inconcebible para Capricornio; por ello, la mente terrenal de Saturnalia convirtió a la Mente Libre en una Ley, La Única Ley Universal: el Mentalismo.

YO: ¿Qué establece el Mentalismo?

SOY: Que todo lo que existe es Mente; que todo lo que percibes es una interpretación mental; y que es imposible establecer qué es verdad, pues lo único verdadero es la mente. La potencia de las ondas generadas por tu pensamiento puede hacer que un electrón se comporte como onda o como partícula, cambiando todas las leyes de la física. De esta forma, ni siquiera las leyes de la física son un ancla para describir lo real; las leyes de la física describen las normativas entre los objetos compuestos por partículas cuando estas deciden comportarse como tales. Así, el Mentalismo nos recuerda que, para realmente tener poder sobre la realidad, hay que aprender a utilizar la mente: Cultivarla con meditación, estudio, silencio, música, risas, emociones, experiencias, imaginación, creatividad, arte, filosofía.

YO: La Mente es el único campo de siembra y cosecha del Ser; desde allí, se manifiesta todo a nivel mental, emocional y físico.

SOY: Tus creencias y pensamientos definen lo que eres y moldean el entorno en que habitas. Transformar tus creencias, cambiar el punto de vista, ampliar tu visión, enriquecerte de otras percepciones, todo ello vuelve a tu mente un campo fértil para crear nuevas realidades. El mundo es como lo ves; tú mismo eres lo que crees de ti. Todas las otras leyes surgen de la Mente. Abre tu Mente y encontrarás el Universo.

YO: Estos días, supongo, recorreremos las Leyes del Universo, pues.

SOY: Así es, pues son las bases de toda Estructura. Si comprendes las Leyes Universales, podrás poner fuertes cimientos para este edificio que estás construyendo.

YO: Subir las escaleras a pisos superiores desde donde ver todo con mayor distancia y contemplación.

SOY: Recuerda, el Océano más grande de la existencia es la Mente, y sus corrientes son la Imaginación. Imagina y podrás alcanzar lo Divino...

YO: Yo Soy Imaginación; por lo tanto, puedo Imaginarme en una nueva realidad. Pero... No es tan simple... Porque por mucho que me ponga a pensar, no puedo cambiar muchas cosas...

SOY: Porque, amigo mío, vives entre patrones y matrices. Para lograr ser la Mente y utilizar el Mentalismo, la capacidad de transformar las cosas con las ideas, primero debes tomar consciencia de cuáles son tus patrones y la matrix en la que te ves sumergido. Luego debes reconocer las leyes que te mantienen prisionero, saber dónde te sujetan, y comenzar a utilizarlas correctamente y en Coherencia; recién allí, descubrirás la Mente Divina.

YO: Claro, pasa que siempre oigo que se dice: «*Cambia tu forma de pensar y cambiarás al mundo*» y muchas de esas frases cliché que son muy bonitas pero que no pueden ponerse en práctica pues al hacerlo, no funcionan.

SOY: Justamente por ello no hablamos de Mentalismo en Piscis, sino en Capricornio; pues para lograr que esa frase se vuelva un hecho, es necesario laborar mucho, seguir los pasos, labrar la tierra de tu consciencia, y ponerse manos a la obra en un proceso que puede demorar mucho. No cavas un pozo y encuentras manzanas; debes comprender que para todo hay un tiempo, un proceso, unos pasos.

YO: Paciencia... siempre se puede mejorar.

SOY: ¡Bienvenido a la mente Capricorniana!

YO: Yo Soy Mente.

SOY: Yo Soy Ley.

CORRESPONDENCIA

2 de Enero, 2021

YO: Como dijiste, la única Ley existente en el Universo es el Mentalismo, pero de ella se desprende el resto. ¿Cuál es la primera ley en surgir?

SOY: Justamente la que se desprende de la primera; es decir, la que se proyecta como espejo y, por lo tanto, muestra que todo lo que está fuera se corresponde a lo que está dentro: La Ley de Correspondencia.

YO: Relacionada al Tercer Ojo...

SOY: Debido a que los ojos son los que miran el mundo externo en tanto el tercer ojo, la Pineal, observa lo que está dentro. Los Ojos reciben las señales emitidas por la vibración de los fotones que viajan a gran velocidad chocando contra otras partículas, y llegando a las células fotosensibles de los ojos; ellos son quienes traducen esta reacción en pulsos eléctricos que viajan como un rayo por los nervios oculares y son interpretados por las neuronas en el cerebro. Así, toda información externa llega distorsionada a ti por el movimiento caótico de los fotones; además, su pulso es reinterpretado por datos previos, preconcebidos, por tu cerebro a lo largo de millones de años de evolución, o de tu propia experiencia en esta vida.

YO: Con lo cual mis ojos externos pueden engañarme en lo que veo.

SOY: Tus ojos ven lo que pueden ver y lo que quieren ver. Un ojo con mayor capacidad de captación de fotones, verá las imágenes moverse mucho más lento en miles de cuadros, como algunos insectos, para quienes todo pasa mucho más lento; por ello, es tan difícil aplastar una mosca con la mano, o tocar una libélula, pues no sólo se ayudan de vellos sensibles a los cambios de presión, sino que, además, ven con mucha lentitud, lo que les da tiempo a actuar con mayor rapidez.

YO: Podríamos decir que cuanto más rápido vemos menos reacción tenemos...

SOY: Es una posibilidad de entenderlo, sí... Por ello, una de las prácticas más importantes del tercer ojo es la Contemplación: aprender a observar con detenimiento, con paciencia, buscando cada detalle; esto da más perspectiva, mayor amplitud de interpretación de lo que se observa.

YO: Y todo lo que observamos no es más que la manifestación de nuestras ideas preconcebidas de las cosas.

SOY: Debido a que la mente es una red estructurada de patrones de creencias preconcebidas, todo lo que observes fuera hablará solamente de ti, no de lo demás.

YO: Eso es duro de entender en muchos casos...

SOY: Vamos a los detalles de lo que he dicho. Ayer lo hemos explicado. Veámoslo desde el punto de vista cósmico. En el Universo sólo existe la Mente. Esta, como cualquier mente, se vale de la Imaginación, y la Imaginación es ilimitada. Cierra tus ojos e imagina: Eres un elefante de seis ojos con alas de libélula que atraviesa agujeros de gusano con forma de galletas volando de un planeta a otro; cuanto más lejos vas, viajas hacia el pasado viendo toda la historia; pero si tocas a un dinosaurio en ese pasado, puedes ver el futuro y unas naves espaciales con forma de pastel. ¿Lo viste?

YO: Sí... Extrañamente sí...

SOY: Pues ahí lo tienes. La imaginación es ilimitada. Y es debido a esto que no puede manifestar nada. El plano mental es eso: mente, incapaz de plasmar nada. Para lograrlo necesita combustible que llamas «emoción»; y, para que el combustible funcione, necesita un vehículo que lo procese creando energía mediante un proceso. Así se produce el mecanismo, compuesto de cientos de piezas que le hacen posible, pasos a seguir...

YO: Una estructura compuesta de patrones.

SOY: Así es. Las estructuras de patrones crean limitaciones; pero estas limitaciones hacen posible la manifestación de la idea. De esta forma, el universo busca crear patrones. ¿Cómo lo hace?

YO: Pues, necesitará manifestar algo afuera... Entonces, necesita salirse de sí...

SOY: Y lo primero que debe hacer para lograrlo es focalizar toda su atención en un punto fijo.

YO: Meditación...

SOY: Y en esa meditación, proyectar el foco de una idea frente a él, o ella. Así, el aspecto interno, negativo, se expande fuera en el externo y positivo.

YO: Es lo mismo pero invertido. Sólo como un foco de atención para ser observado por uno mismo... Es difícil ver tus propios ojos de no ser gracias a tener un espejo delante, u otros ojos en los cuales reflejarse.

SOY: De esta forma el universo genera el primer reflejo, y allí encuentra seguridad.

YO: ¿Seguridad de qué?

SOY: De tener un punto de referencia, un eje. El Eje da seguridad, estabilidad, dirección; ordena las cosas.

YO: Por ello se vuelve un Patrón, porque le protege de su caos infinito e ilimitado.

SOY: Encuentra seguridad en la idea de los patrones y empieza a replicar este mecanismo en forma de red de patrones, generando una Estructura. Así, la estructura externa será un producto final y evolutivo de una idea interna. Pero a su vez, esta estructura modifica al observador, pues ahora su forma de entenderse ha mutado; por ello, comienza el camino inverso.

YO: En que el sueño condiciona al soñador...

SOY: Las estructuras del mundo externo emiten un pulso diferente al original, que cambia la sintonía de la Mente, algo que llamas «toma de consciencia» o *aprehendizaje*.

YO: Entonces, al crear algo afuera, ese algo genera nuevas cosas en mí, despierta nuevos entendimientos; es como dos padres que tienen un hijo: por más que este hijo sea un producto final de su vínculo, él cambiará su forma de ver el mundo, la vida y las relaciones... Los transformará de su estado anterior en uno superador.

SOY: Por ello, el Cosmos interno crea el Universo externo, y así el Universo transforma al Cosmos interno. Desde la visión de un humano, todo el Universo es una realidad en la cual se debe mover, vivir y sobrevivir. Por lo tanto, empieza a crear proyecciones para que le protejan de esta realidad, constituyéndose de patrones. Los patrones son conceptos, adquisiciones, que con el tiempo se vuelven parte de la estructura de la mente, convirtiéndose en «preconceptos». Estos preconceptos serán los filtros de toda nueva información e interpretarán la realidad desde las reacciones que esta ha provocado en la psique del individuo; por ello, todo lo externo será sólo una interpretación conceptual de las redes de patrones de tu mente...

YO: Uf... es complicado. A ver... Resumiendo: El Cosmos se proyectó en el Universo, y el Universo refleja una nueva idea al Cosmos. Como un pintor que toma un lienzo en blanco y coloca colores, en tanto el cuadro ahora le refleja y despierta emociones y perspectivas nuevas. A mayor cantidad de ideas reflejadas (colores) más se forman preconceptos de ellas; estos preconceptos filtran todos los nuevos datos; es como si al poner capas y capas de colores en el cuadro, llegará un momento que las más externas no tocarán el lienzo y todo lo nuevo que llegue no colará dentro pues sólo tendré contacto con las primeras capas, la base de la estructura que se pintó primero. Entonces, veré todo lo que haya más allá, por fuera, con los mismos primeros colores que vi y la primera estructura o croquis que diseñé...

SOY: Sí, es una descripción más simple...

YO: Ok.

SOY: Así, nada de lo que pasa en el mundo desde lo externo es realmente direccional, sino reflejado.

YO: ¿Qué significa?

SOY: Que no debes tomarte nada a personal, pues nadie está lanzando nada en contra o a favor de ti. Todo lo que percibes del mundo no es más que un reflejo, un eco de ti mismo, interpretado por tu psicología. La Ley de Correspondencia nos recuerda que todo lo que existe es precisamente eso: un reflejo; y, cuando te quejas de algo, es tu propia incapacidad a la que criticas; cuando te enamoras de alguien es lo que buscas en ti y no encuentras; cuando rechazas algo es lo que detestas de ti...

YO: O sea que, lo de la foto del post, ¿lo debo tomar como un chiste de tu parte?

SOY: Depende... ¿Qué ves?

YO: Uy... me atrapaste...

SOY: ¡Ja, ja, ja, ja!

YO: Acabo de ver la trampa; así que ya estoy condicionado en la respuesta...

SOY: Es tu percepción ver en el Burro al concepto cultural del idiota inculto y terco, o ver a un honrado trabajador persistente...

YO: Sí... nos pasa a todos, prejuicios... Veo, por ejemplo, que hay gente que se queja de que hago las transmisiones en dos idiomas porque no pueden concentrarse; por el contrario, otros me agradecen porque aprenden dos idiomas o porque les da tiempo para pensar lo que dije.

SOY: Correspondencia... Lo que veas, lo que percibas del mundo, es lo que llevas en ti. No puedes nunca responsabilizarte de lo que los otros perciben de ti; pero sí debes responsabilizarte de lo que tú ves en los otros, pues allí es donde ves la parte que te toca a ti.

YO: Cuando un dedo señala afuera, otros tres señalan hacia mí.

SOY: Es simple.

YO: ¿Cómo pongo en práctica esta ley?

SOY: Antes que nada, escribe cuáles son tus mayores Proyecciones en la vida. ¿Cuáles son?

YO: Yo creo que son el «Enamorarme de mis Necesidades», el «Abandono» y el «Reconocimiento»: Primero, siempre suelo enamorarme de personas que tienen muchas necesidades emocionales. Segundo, en mi vida mucha gente se siente abandonada por mí —tal vez porque yo me he abandonado a mí mismo en muchos casos. Y el reconocimiento pues, me ha pasado mucho que necesitan que les reconozca, cuando en realidad creo que soy yo quien busca ese reconocimiento en los demás... Esto por nombrar algunas de las proyecciones como ejemplos...

SOY: Pues cuando a lo largo de tu vida puedas ir viendo todas tus proyecciones, prestando atención a lo que ves y cómo lo ves, deberás tomar la perspectiva de una libélula; deberás tratar de no pasar de largo, sino contemplar, observar, y reconocer cuál es la utilidad de esta proyección. ¿Qué es lo que estás reflejando? Siempre haz la pregunta: *«¿Qué hay en mí para que yo vea esto de tal o cual manera?»*.

YO: Mirarse al espejo...

SOY: Todo en el Universo se corresponde, y no puedes escapar de la Correspondencia o dejarías de existir. Es una de esas Estructuras con las que debes hermanarte. No es cuestión de escapar de los reflejos; es aprender a usarlos. Querer escapar de esta estructura de reflejos se asemeja a mirarse al espejo y no aceptarse o gustarse; por lo tanto, decides romper el espejo o tirarlo a la calle. No es el espejo quien tiene la culpa de que no te gustes; es tu responsabilidad cuidarte, arreglarte, tal vez hacer dieta, ejercicio, o simplemente aceptarte tal cual eres; entonces al mirarte al espejo, reflejarás una sonrisa y el mundo te sonreirá.

YO: Me alzo a la búsqueda de la consciencia que me hará sonreír. Yo Soy todos los reflejos.

SOY: Y paso a paso, nivel a nivel, entenderás que este patrón, esta estructura, no está en tu contra, sino a tu favor. La estructura de la Ley de Correspondencia te recuerda dónde estás, cómo estás, cuándo estás; sobre todo, te recuerda quién eres.

YO: Yo Soy quien se corresponde al Mundo, y el Mundo se corresponde a mí. Yo Uso el espejo para contemplar las cosas que se corresponden a mí y para tomar consciencia de quien soy.

SOY: Soy Yo quien se corresponde a «Yo Soy».

VIBRACIÓN

3 de Enero, 2021

YO: Somos Música.

SOY: Cada partícula de tu cuerpo y de toda la existencia está vibrando como la cuerda de un piano, de una guitarra, de un arpa... Cada partícula con una vibración diferente, afinadas en distintas notas, más graves o más agudas, pero todas juntas hacen la música del silencio.

YO: El silencio...

SOY: Es la unidad de todos los sonidos, de las vibraciones que no mueven otras partículas.

YO: ¿Cómo es eso?

SOY: Deja caer algo al suelo... Aplaude con tus manos... Habla o canta... En todos estos sonidos hay algo en común: la fricción de los átomos. Cuando los átomos se ordenan en moléculas, las partículas resonantes se mantienen estables y en modo ahorro, sin entrar en reacción con partículas disonantes a ellas. Pero cuando las enfrentas, el colapso magnético entre ellas genera una reacción vibracional de repulsión entre las estructuras, que impulsa a las moléculas del ambiente a moverse rápidamente; esto es lo que da la sensación de sonido. Por ello, no es lo mismo la vibración que el sonido, pues cuando algo vibra en el vacío, no puede emitir sonido alguno; el sonido nace del impulso por fricción en un espacio lleno de otras partículas que le conducen como un eco, una onda.

YO: ¡Ahora entiendo! Porque muchas veces me pregunté: ¿Cómo puede ser que la Vibración sea lo primero si las cosas no suenan por sí solas? Estaba confundiendo Vibración con Sonido.

SOY: La tercera Ley o Principio Universal que podemos rescatar de la Correspondencia es la Ley de Vibración.

YO: En el Universo todo vibra.

SOY: El Universo es una gran orquesta sin gases como el aire que conduzcan los sonidos de las vibraciones de los instrumentos...

YO: Ese es el Sonido del Silencio; es el sonido de todos los instrumentos vibrando sin ser escuchados...

SOY: La más bella melodía que sólo puede ser escuchada en el silencio de la Meditación. La música que suena en el interior que no puede ser transmitida, sólo sentida.

YO: ¿Qué implica la Ley de Vibración?

SOY: Cuando la Mente soñadora ve todo lo que es capaz y se lanza a la búsqueda de la manifestación, se proyecta sobre sí misma mediante el primer patrón que llamaremos «Eje Polar»; crea así lo externo a partir de lo interno y ambos se Corresponden entre sí. Ambos son intenciones vivas de una mente en constante transformación y expansión; por lo tanto, se mueven sin cesar. Una impulsa al movimiento de la otra, y se retroalimentan con esta constante fluctuación. Esta agitación de la idea que impulsa a su idea proyectada, es la que en latín se llama *Vibrio* (agito); así, la Vibración (*Vibratio*) se refiere a la acción de hacer que algo se mueva, tiemble o agite. Por lo tanto, la Vibración es la agitación producida en la interacción positiva y negativa de dos ideas, emociones u objetos. Así, desde el instante en que la primera idea fue proyectada, la vibración marcaría la continuidad de la existencia por medio del movimiento.

YO: Todo, por más que parezca estático, está en movimiento; sus partículas están moviéndose a gran velocidad; por ejemplo, los electrones alrededor de los protones son imposibles de ver por lo rápido que se mueven, hasta en las cosas que más quietas parecen —como los objetos de una casa, una mesa, un vaso...

SOY: Todo vibra, pues todo es una proyección, y la interacción entre cada proyección moviliza a las demás a su alrededor. La formación de patrones, estructuras moleculares, que parecen crear elementos fijos inamovibles, sólo ahorra el gasto de energía del movimiento, mediante una baja vibración; en tanto lo que se mueve, como la vida orgánica, posee mayor capacidad de vibración en altas frecuencias.

YO: Las frecuencias son las que determinan lo bajo o alto que algo vibra.

SOY: Son el mecanismo por el cual se dan los distintos estados de movimiento. Como lo hemos hablado, la Vibración describe el movimiento del Espacio, y la Frecuencia es la captación del Tiempo sobre ese Espacio. Un ser que ahorra energía, que se guarda, se cierra, que descansa en la acumulación energética, tendrá menos procesos de transformación pues su estructura es demasiado rígida; sus procesos pueden durar extensos periodos de tiempo; esto hace que la onda de frecuencia sea mucho más larga y, por lo tanto, más baja. Un ser que se mueve, que se transforma constantemente, vibrará tan rápido que las ondas de frecuencia serán mucho más cortas y consecutivas, lo cual hace a una vibración alta.

YO: Entonces es bueno vibrar alto y tener alta frecuencia...

SOY: No.

YO: Pero... Estamos todo el tiempo hablando de elevar la vibración y alzar la frecuencia... ¿Qué significa esto?

SOY: Significa que estáis demasiado estancados en sistemas rígidos que necesitan transformación desde una consciencia positiva y trascendental.

YO: Vamos por partes. ¿Qué sistemas?

SOY: Sistemas de opresión, de familia, de gobiernos, de creencias, de supervivencia; la esclavitud de la esencia que estáis viviendo. Hace miles de años que se transforman las formas, pero no se descubre la esencia; por ello repiten lo mismo: control, dominio, manipulación... Desde un Rey a un Presidente, desde una Madre a una Religión...

YO: ¿Qué transformación necesitan?

SOY: Los últimos cien años han ido muy bien en esa transformación; sin embargo, no ha sido desde la consciencia sino desde la reacción gracias a las dos Grandes Guerras Mundiales. Es necesario que lo mismo se haga desde la Consciencia Activa y no desde la Inconsciencia Reactiva. Eso es lo que realmente eleva la frecuencia y cambia la vibración, liberándolos de un sistema repetitivo.

YO: O sea que una consciencia positiva y trascendental se refiere a que, para que haya realmente un cambio esencial y no de formas, no podemos pretender crear una nueva revolución desde la reacción inconsciente destruyendo lo anterior como hacemos siempre; desde la toma de consciencia debemos trascender el sistema hacia otro nivel superador, cambiando nuestra perspectiva.

SOY: Así es; y eso se hace elevando la frecuencia. Vamos a un ejemplo sencillo. Imagina que estás buscando llegar a un pueblo entre las montañas, pero te has perdido, y no logras identificar cómo llegar a él. ¿Qué haces para saber por dónde estás yendo?

YO: Tendría que buscar puntos de referencia que me sirvan de guía para no perderme.

SOY: Y si no tienes mapas, ¿cómo trazas esos puntos de referencia?

YO: Yendo a algún punto alto donde pueda contemplar todo el paisaje y mapearlo.

SOY: Subiendo al punto más alto que puedas encontrar, desde el cual puedas incluso ver el pueblo detrás de las colinas, y reconocer el terreno general para saber cómo llegar identificando puntos claves.

YO: Eso sería subir la vibración hacia lo positivo, observando todo desde lo alto, cambiando mi punto de vista de las cosas...

SOY: Pero recuerda que tu objetivo era llegar al pueblo que está en el valle... O sea que ¿cuál es el siguiente paso?

YO: Volver a bajar...

SOY: ¡Ajá! Así es. Si lo que buscas es llegar a tu destino, elevar tu vibración y frecuencia, sin detenerte nunca, sólo te hará quedarte en la cima de la montaña; pero jamás llegarás al pueblo. Subir a lo alto es útil en los momentos en que te pierdes, en que necesitas aclararte, buscar guía, entendimiento, claridad. Pero el camino sigue, y no siempre será en lo alto. Sin embargo, al volver abajo, ya tendrás la noción del terreno y podrás moverte mucho mejor.

Como ves, elevar la vibración no te hace irte del paisaje, del terreno, de la existencia en que vives; sólo te hace verle con otros ojos.

YO: Es lo que hablamos de las dimensiones; estar perdido en la tercera es quejarte de los caminos y las rocas con que tropiezas; el esfuerzo de subir la montaña se da entre la tercera y cuarta dimensión; pero al llegar a la cima y verlo todo, estás en la quinta dimensión. En realidad, el mundo no cambió; sólo lo hizo la dimensión desde que lo observas.

SOY: Pues por correspondencia, lo que está fuera tiene el color de lo que está dentro. Y por la misma ley, lo que ves afuera es lo que vibra contigo en el interior; lo que vibra en ti.

YO: «Me vibra o no me vibra», solemos decir.

SOY: Que vibre o no vibre no implica que sea verdad o mentira; simplemente muestra que no está en la misma vibración. Quien ama la música Clásica, tal vez detesta la música Heavy Metal; y quien ame la música Indie tal vez no vibre con la música Pop. Y, sin embargo, un género de música no es mejor que el otro, simplemente es. Y habrá unos que vibren felices en una sintonía cuando otros sientan las peores de las emociones.

YO: Mi amiga ama el Heavy Metal y cuando me quedaba en su casa veía cómo se dormía con una sonrisa oyendo grupos que para mí eran ruidos diabólicos... Era una perfecta descripción de que no hay alta o baja vibración comparable a bueno o malo, sino que cada una se ajusta a lo que se necesita.

SOY: Mientras para ti un buen plato gourmet puede ser la mejor opción para un buen domingo, una mosca se deleita con un trozo de materia fecal, mierda, en cualquier esquina de la calle. Y eso es perfecto; pues luego de que hayas comido feliz, habrás dado un buen plato a las moscas...

YO: Bastante descriptivo...

SOY: Pero real. Así es, pues, que no puedes juzgar las vibraciones entre alto y bajo; es como decir que el blanco es bueno y el negro es malo. La tarea de alzar la vibración en estos tiempos se refiere a salir de este sistema desde la consciencia de quinta dimensión; pero no para vivir eternamente allí, sino para poder seguir avanzando como las olas del mar que se elevan y descienden. Y en los momentos de evolución y revolución, chocan contra las costas creando sonidos, una y otra vez, resonando.

YO: Hablamos mucho de resonancia en la ley de Vibración. Me dijiste que los sonidos son básicamente la reacción ruidosa que se produce por el pulso en eco de las partículas interactuando por fricción. Entonces ¿qué es la resonancia?

SOY: En la Materia, desde la primera partícula que interactuó con otra, comenzó a existir la posibilidad del eco, y, por lo tanto, de sonido. Sonar es la acción de producir un ruido, un son (*sonus*). Cuando la fricción entre unas partículas emite ese son musical, estas rozan las otras partículas haciéndolas reaccionar también emitiendo un eco semejante. Así, el sonido vuelve, lo que en latín llamas *re-sonus*, o sea: resonar. La resonancia es la capacidad de respuesta vibracional entre los objetos o sujetos.

YO: O sea que, cuando algo me resuena no es porque fuera haya una verdad, sino porque esa verdad estaba dentro de mí y pude oírla en el exterior...

SOY: Así es. La resonancia funciona como un diapasón: si golpeas uno de los lados de la horquilla, al vibrar con intensidad, provocará un sonido que impulsará a la otra frente a ella a hacer lo mismo devolviendo el sonido, resonando. Esto es lo que sucede con todo en la vida: con las ideas, las emociones, las palabras, la música, el arte, las filosofías, las religiones... Todo lo que te haga sentir bien, lo que encuentres en la vida, lo que veas de la vida, lo que sientas, lo que creas, todo lo que puedas percibir del mundo exterior resuena contigo. Y ello puede ser negativo o positivo; pues una persona que sólo ve lo negativo de las cosas todo el tiempo, lo hace porque su frecuencia es baja.

YO: Para ver otra realidad, debo transformar mi propia vibración...

SOY: Resintonizarte. Entrar en una nueva sintonía, como en una radio. La Ley de Vibración nos recuerda que todo vibra y que nosotros vibramos también; por lo tanto, atraemos a nuestra vida todo aquello que resuena con nosotros. Por ello, si buscas transformar el mundo, no empieces por las formas, sino por la sintonía, por tu propia sintonía. Sólo así descubrirás las otras opciones que estaban dentro de ti.

YO: Es el poder creador del pensamiento y la palabra, la manifestación mediante el sonido.

SOY: Eres sonido, eres música. Toca el instrumento que eres; aprende a usar el instrumento que posees en esta orquesta; descubre tus notas; integra tus acordes; haz tu música y el mundo responderá.

YO: Yo Soy Vibración...

SOY: Yo Soy Resonancia...

YO: Yo Soy Música...

SOY: Yo Soy el Silencio.

RITMO

4 de Enero, 2021

SOY: Tic…Tac… Es la hora… Tic…Tac… La semana… Tic… tac… el mes… Tic… Tac… Es el Año… Tic… Tac… Es el Siglo… Es el milenio… Es el Ciclo…

YO: Tic Tac es el Ritmo.

SOY: Este sonido es conocido por todos, marcando un constante pulso.

YO: Es el tic-tac del reloj: el segundero y el minutero que marcan el tiempo. En música al ritmo justamente se le llama «Tiempo».

SOY: ¿Qué es el tiempo, pues?

YO: Es, probablemente, una sucesión de Ritmos…

SOY: El tiempo sólo existe como forma de medición de Vibración. Volvamos a la Tercera Ley Universal. Todo vibra debido a la interacción del movimiento que produce ecos de conceptos, objetos o sujetos que se responden entre sí; es decir, se «corresponden»: Segunda Ley. La onda de vibración tendrá diferentes sintonías en función de la intensidad del pulso, del sonido, creando diferentes resonancias que llamas «Frecuencias». La frecuencia de onda hablará de la medida de repetición de la respuesta; es decir, cuál

39

es la distancia que demora una onda en repetirse y, por lo tanto, en volver a escucharse el mismo sonido. Este pulso puede ser constante si no se le cambia, lo cual genera un pulso que marca la base de toda la fractalización de la realidad; a ello se le llama «Ritmo» y al Ritmo se le conoce como los «Tiempos».

YO: O sea que el Tiempo nace gracias a la Ley de Ritmo.

SOY: Así es.

YO: El Tiempo, pues, no es más que una forma de medir los ritmos de la creación. Pero, ¿qué es el Ritmo?

SOY: Te sorprenderá. El Ritmo es la misma onda de Vibración.

YO: ¡Es todo lo mismo!

SOY: ¿Qué significa Ritmo para ti?

YO: En mi forma de pensar, Ritmo está relacionado a la música. En la Sagrada Trinidad musical, una canción está compuesta de Ritmo, Armonía y Melodía. El Ritmo son los «tempos» musicales, eso que suele marcar los momentos de repetición, la métrica; es lo que naturalmente hacemos con una canción cuando contamos los tiempos: «Un, dos, tres, ¡cuatro!». El Ritmo nos ayuda a saber lo que sigue, nos prepara para lo que viene. La Armonía es la coordinación, la que pone el orden matemático en la canción; es la que nos mantiene en una cierta sintonía, afinación, hertzios; coordina la entrada de cada instrumento, los acordes y notas que debe tocar. En tanto la Melodía es el aspecto más conocido de la música, pues es lo que sentimos, escuchamos y con lo que nos familiarizamos de una canción, la forma, el cuerpo. O sea que el ritmo sería como la medición de las cosas que deben suceder...

SOY: Y, sin embargo, el Ritmo es en realidad lo único que sucede...

YO: ¿Cómo?

SOY: Ritmo no es aquello que mide el Tiempo; el Ritmo es el tiempo en sí mismo, pero también es el Espacio. El Ritmo es la onda de vibración. Ritmo proviene del griego *rythmós*, que describe el concepto de la palabra griega *rein*, que significa «fluir», origen de la palabra «río».

YO: Ritmo significa «fluido», lo que fluye... ¡Wow! O sea que más que una métrica, es una constante...

SOY: Una onda de vibración vista en dos dimensiones, se asemeja a una línea con curvas, como un río en un mapa. Una onda en tres dimensiones se ve como las olas de un mar, lago o río. La onda vibra constantemente y, por más que pase por el mismo sitio, siempre lo hará de una forma diferente; es la constante transformación; nada es igual por más que todo se asemeje. Y cada oleaje será repetitivo dependiendo del contexto, de las rocas, de las dunas, de las corrientes, de la lluvia, de las plantas; por lo tanto, las ondas de vibración poseerán diferentes frecuencias. Las frecuencias en un río pueden explicarse mediante los distintos quiebres geográficos: la cueva, el goteo, la fuente, la vertiente, el arroyo, los afluentes, las cascadas, las zonas rocosas, los rápidos, los bancos de arenas, lagos y lagunas, los valles serpenteantes, el delta, los humedales y la bahía. El río es siempre el mismo recorriendo exactamente los mismos cursos; sin embargo, el agua siempre se mueve de manera diferente, además de nunca ser la misma.

YO: Todo es diferente y, aun así, parece ser siempre lo mismo.

SOY: El Río es el Ritmo; es una constante de distintas frecuencias. El río no es el tiempo y, aun así, encarna la forma en que le comprendes. El Tiempo no existe como le conoces; el Tiempo es sólo la percepción de un ciclo que fluye sin cesar a través del cosmos.

YO: Somos gotas de agua en el río de la existencia...

SOY: Y estas gotas nacerán de la vertiente en las cavernas de la montaña, que surgen por la acumulación de agua entre las rocas que se han derretido por la nieve y el hielo, o por las gotas de lluvia y humedad que han penetrado por las grietas del suelo. Esa misma gota viajará por toda la geografía hasta llegar al mar, para volver a evaporarse, convertirse en nube, y volver a la montaña en forma de nieve o lluvia.

YO: Y volveré a pasar por el mismo río... por los mismos sitios y parajes.

SOY: Y esa es la sensación que posees del Ritmo...

YO: La sensación de que las cosas se repiten, de que vuelvo a vivenciar lo mismo una y otra vez, de que vuelvo a ver los mismos espacios, personas, situaciones...

SOY: Como verás, en realidad, no son las cosas las que se repiten; eres tú quien se repite a sí mismo; eres tú quien vuelve; no son las cosas las que te siguen. La Ley o Principio de Ritmo te recuerda que todo es un ciclo, y que volverás a pasar por ello una y otra vez... Pero, habiendo tantos ríos y arroyos en el mundo, ¿por qué eliges siempre el mismo?

YO: Eso me pregunto yo...

SOY: Hay muchas personas, gotas de agua, que jamás llegan al mar.

YO: ¿Por qué?

SOY: Por temor a la plenitud, al infinito... Prefieren aferrarse a lo conocido, a algún humedal, o alguna roca o pozo. Muchos son consumidos en el camino por árboles y animales. Otros se estancan en aguas que se evaporan. La mayoría no llega salir de su propia región, y por ello vuelve a recorrer el mismo río. Los que se atreven a llegar al Mar, al evaporarse formarán parte de ciclones, de nubes libres que viajarán por el cielo hasta nuevas tierras, con nuevos ríos que recorrer...

YO: Nuevos ritmos que seguir... nuevas canciones, melodías, experiencias. ¿Cómo hago para hacer esto?

SOY: Cambiar el Ritmo. Acelerar el paso, o hacerlo más lento. Si vives una vida acelerada sin resultados, entonces ralentiza tu vida. Si vives una vida lenta sin novedades, acelera tu vida. Busca un nuevo ritmo; él dependerá de tu voluntad de moverte hacia nuevas sintonías.

YO: Esto es en relación a la Ley de Vibración, subir la frecuencia para captar una nueva realidad...

SOY: Porque si no lo haces, verás siempre el mismo paisaje una y otra vez. La historia es como un viaje por un hermoso paisaje. Si no tienes idea de a dónde te diriges, si desconoces el terreno y no prestas atención, el camino se convertirá en un laberinto, en el que te perderás una y otra vez volviendo a los mismos sitios. Todo puede ser un laberinto si no sabes a dónde te diriges. Eres tú el que debe tomar la iniciativa de buscar un objetivo y de prestar atención al camino. Cuando comienzas a ver que a lo largo de tu vida el paisaje se repite, viviendo las mismas circunstancias, encontrándote a las mismas personas, o viviendo las mismas experiencias de diferente manera, es cuando debes reconocer que estás volviendo a pasar por el mismo río.

YO: ¿Y esto es sólo por mi propio error?

SOY: No, tú eres parte de un conjunto; en muchos casos, esto sucede por continuar con la corriente de la familia, de la cultura, de las creencias del clan. Es hereditario. A veces, eso provoca seguridad y está bien. Sólo se vuelve un error cuando estás haciendo todo en tu vida para salir del mismo circuito, y aun así vuelve a suceder. Allí es cuando realmente hay que planteárselo. Mira, no hay presión en el universo para evolucionar ni iluminarse; nadie está detrás diciéndote: «*Ilumínate y libérate ya de todo patrón*». No es así; esas son creencias y expectativas.

YO: ¿Entonces?

SOY: Debes aprender a respetar tus propios ritmos y no los que otros te imponen en tu vida. Hay algunas personas que en un día aprenden a sumar, y hay otras que necesitan meses o años. El único error aquí no sería tardar mucho, sino querer hacerlo y no tener voluntad o constancia para lograrlo.

YO: ¿Cómo descubro cuál es el ritmo correcto?

SOY: Siguiendo el único pulso que marca los ritmos de la melodía que llamas «tu vida», y ese es tu corazón. Tu corazón es el pulso del flujo rítmico del sistema circulatorio, los ríos en tus venas y arterias. La vida, fuerza, energía de tu ser, se mueve al son de tu corazón.

YO: Seguir el ritmo del corazón... lo que resuena, lo que late en mí.

SOY: Presta atención a los espacios y personas o circunstancias que se repiten en tu vida, y atrévete a seguir el pulso de tu corazón. Nunca podrás salir del circuito de circulación, de flujo de la ley del ritmo; pero sí puedes descubrir que, si decides poner voluntad en cambiar la sintonía, la velocidad, encontrarás miles de ríos y arroyos, mares y océanos en los que puedas enfrentar nuevas experiencias y fluir en nuevas realidades.

YO: Y todo ello ajustando el ritmo de mi centro cardíaco... siendo coherente en mi sentir y accionar...

SOY: Tic-tac...

YO: Yo Soy Ritmo...

SOY: Yo Soy el Tiempo...

CAUSA - EFECTO

5 de Enero, 2021

SOY: Para que haya un arcoíris necesita llover.

YO: Cuando viajé solo por Escocia en 2018, había comenzado en una época poco agraciada. Era Invierno aún, y tuve que atravesar algunas nevadas. Viajaba en autocaravana, y el sistema de seguridad de congelamiento liberaba toda el agua, con lo cual a las 23:00 horas de repente dejaba de tener calefacción. Pasé noches heladas. Y los días no se quedaban atrás. La niebla, la lluvia, la nieve. Pronto fue llegando la Primavera, y los días helados acabaron; pero bueno, Escocia es Escocia... La niebla y la lluvia ocurren en cualquier estación del año. No es el paisaje más alegre y jovial de la Tierra; es un paisaje meditativo, de melancolía. Las colinas sin árboles, pequeños bosques en los valles, los arroyos grises, mimetizándose con pastizales ocres y cian... Es como si las montañas imitasen a los pelirrojos propios de estas tierras —o caobas, como decía un amigo que detestaba que le dijeran «colorado». Las casas de piedra, algunas revestidas de blanco, dejaban entrever sus chimeneas humeantes, camufladas entre las rocas grises oscuras que lindan hacia un mar plateado de acero. El cielo no se queda atrás; cubierto en tonos grises, desde los más sutiles a los más densos, dibuja formas danzando entre las montañas, o simplemente cubre la tierra como un manto, una sábana —como quien quiere seguir durmiendo y se niega a ver la luz del día que ya comenzó. Tal vez este clima es justamente lo que hace de esta tierra algo tan mágico. Y entonces, en cada esquina, en cada rincón, llega la firma escocesa: la lluvia. Pero no esa lluvia tropical, o la lluvia de invierno o de verano; hablo de la garúa. Esa fina llovizna que casi parece parte del aire que respiramos; es como una humedad más pesada que desciende de los cielos, sólo cinco minutos, luego se detiene por quince minutos, y vuelve, intermitentemente. A veces, puede permanecer durante días, y a veces puedes verla a la distancia sobre alguna colina mientras ves el milagro: el sol. La lluvia, la llovizna, la garúa, y el Sol, son intermitentes. La luz del sol llega a la Tierra por ondas de distinta frecuencia; la luz encuentra un primer escudo en el campo electromagnético y luego en la atmósfera, donde comienza a refractarse en las moléculas de hidrógeno, oxígeno, nitrógeno y argón. Esto disipa los fotones haciendo que veamos colores blancos y azulinos que llegan de esta forma a la superficie, atravesando las nubes. Las nubes están compuestas de vapor de agua, partículas diminutas de líquido que es tan sutil que flotan entre las moléculas del aire. A veces no nos damos cuenta, pero el aire es como un líquido invisible, comparable para nosotros con el mar para los peces y cetáceos. El aire también tiene una superficie, que se parece a de las olas, con mareas que llamamos «alta o baja presión». Y esas olas pueden verse en el fluir de las nubes, sobre todo cuando el cielo está cubierto; también puedes ver esa sensación de ondas en las panzas de las nubes. Cuando se acumuló suficiente vapor, las partículas líquidas empiezan a unirse ocupando espacio y generando peso, haciendo que este vapor más liviano que el gas del aire, comience a precipitarse al vacío. Así se conforman las gotas. Y el conjunto de gotas dan lugar a la lluvia. La condensación del gas o vapor de agua en líquido, hace que el mineral se ordene en forma de esferas que caen a gran velocidad semejando varas o flechas dispuestas a clavarse en el suelo. Pero debido a la cantidad, todas parecen espejos; de igual forma que las moléculas de la atmósfera, las gotas reflejan la luz proveniente de los cielos haciéndolas brillar, lo que da la impresión de que sean celestes o blancas. Esto se debe a que la luz proviene desde arriba y va en todas direcciones; entonces, las gamas de frecuencia de luz se unifican erráticamente haciendo ver que todos los colores juntos formen una especie de blanco celestial. Pero cuando el sol se encuentra cerca del horizonte, la luz no proviene desde arriba, sino desde los lados; esto hace que los rayos reflejen esas gamas de frecuencia en un arco lumínico a través de las gotas, dejando ver al fin todas las gamas de colores que normalmente vemos en blanco. Es un momento mágico, pues sólo puede darse en un ángulo de 138 grados. La luz reflejándose a este grado en los cristales líquidos del agua de lluvia, permite refractar la luz blanca en todas sus posibles ondas visibles por el ojo humano, lo que nos da el Arcoíris. Doce Colores: siete principales (Rojo, Naranja, Amarillo, Verde, Azul, Índigo y Violeta), más cinco secundarios (Rubí, Magenta, Dorado, Cian, Turquesa), los cuales pueden variar según su percepción intermedia. Debido al clima y a la geografía, sumado a la latitud de inclinación 50 a 60 grados norte, las Islas Británicas, junto a otros territorios como Islandia y Escandinavia, son cuna de cientos de arcoíris. Por todos lados estos arcos mágicos se han convertido en la puerta mística hacia otros niveles; y, por más que con su ángulo correcto éstos puedan verse en todas partes del planeta, aquí han logrado convertirse en un símbolo cultural. Cada vez que veía uno en el cielo de Escocia, me detenía como si estuviera viendo a un ángel; era como si estuviera viendo una radiografía del Universo, los códigos escondidos; como si las gotas de lluvia fueran una diapositiva o unas gafas 3D de cine, que me permitieran ver la proyección de la luz que irradia detrás de mí... Podía ver el resultado de lo que yo emanaba...

SOY: Los colores que nacen de la luz del sol, los chakras que nacen del plexo del Ser. Así como el Sol irradia su luz a través del agua dejando ver los siete colores primarios del arcoíris, la luz del Ser irradia sobre la sangre dejando ver los siete chakras. El «Yo Soy» en el plexo solar, se refracta a la vida en siete y hasta doce colores al exterior; son doce frecuencias diferentes que nacen de ti, y que pintan los rostros de personas o circunstancias. A diferencia del paisaje terrestre, el paisaje humano es circunstancial, y los colores los verás en las acciones y reacciones a las que te enfrentes en la vida. Cada persona o situación reflejará uno de los colores que vibran en ti, y lo que veas en ellos será sólo ese fractal de ti mismo, proyectado por la luz de tu ser.

YO: Bella forma de verlo. No sé por qué me viene a la mente aquellos dibujos animados, «Ositos Cariñositos» u «Osos Amorosos» (*Care Bears*), que veía cuando era niño; era sobre unos osos mágicos que tenían símbolos en sus panzas y que cuando tenían que resolver algún problema irradiaban un color del arcoíris desde su plexo.

SOY: Los humanos son de la misma forma; todo es proyectado desde su plexo; todo lo que ven afuera como una reacción, es una consecuencia, un efecto de su pulsar interior.

YO: Ley de Causa – Efecto: *«Todo Efecto tiene una Causa y toda Causa tiene un Efecto».*

SOY: El Arcoíris que describes es el Efecto de una Causa que es la luz del Sol proyectada en los cristales de agua de la lluvia. La Causa principal es la combustión Solar que emana energía de alta radiación, la cual al vibrar a altas frecuencias se percibe como luz. Es decir, es la capacidad vibratoria del Sol la que hace posible ver la luminosidad que será proyectada en los colores del arcoíris. La segunda causa es la fractalidad del agua y su capacidad de distorsión de las ondas frecuenciales de la luz, de los fotones. Es un filtro, que permite ver la luz en sus partes.

YO: Y esas partes son el Efecto. Un efecto visual.

SOY: «Efecto» viene de *ex* y *facere*, del latín «hacer hacia afuera»; o sea, lo que resulta externamente de lo realizado. «Causa» significa «razón»; es decir, es el «por qué» de algo; a su vez, viene de las palabras *reor* (creer, pensar) y *tio* (acción); es decir *ratio*: la acción de creer algo. Si tomamos la primera y única ley universal de Mentalismo, entenderemos a lo que se refiere la causa...

YO: A un pensamiento... una idea.

SOY: La idea que lleva a la acción para manifestar, es decir: efectuar. La creación misma es un Pensamiento que se vuelve Realidad; es la Gran Causa del Gran Efecto. Este principio nos recuerda que todo lo que surge en el exterior proviene de un preconcepto, de una idea, de un pensamiento, de nuestro propio «Yo Soy», del Ser, que proyecta hacia afuera un color, una frecuencia, una sintonía, que será vista como un resultado directo de la intención inicial. Por esto, todo lo que ves fuera, lo que te sucede en la vida, los resultados que obtienes de las cosas que haces, no hablan de lo externo, sino de la intención desde la cual manifiestas las cosas.

YO: O sea que todas las cosas que nos pasan, las personas en las que nos reflejamos, que nos rodean, todo ello no es más que una proyección en distintos colores de una luz interna que irradia a través de nuestra sangre...

SOY: El ADN es el filtro; por esto, no siempre reflejas lo que piensas tú, sino lo que piensa todo tu clan genético.

YO: ¿Cómo regular esto?

SOY: Lo describiste. Regular la Lluvia. La lluvia es el plano emocional; recuerda lo que has dicho: *«las nubes viajan por las ondas del aire»*. Es decir que para que las nubes se muevan, necesitas moverte; para que haya menos presión, necesitas elevar la vibración; de lo contrario, habrá baja presión y ese peso lo sentirás en la humedad y en el dolor de cabeza y de huesos. El agua que cae de los cielos es equivalente al torrente emocional de tu ser. ¿Cómo gestionas las aguas de tu alma? ¿Cómo gestionas los vínculos emocionales? ¿Vives en un diluvio, en una lluvia, en una garúa? Será difícil ver un arcoíris en medio de un huracán caótico, irascible, errático. Será difícil verle en un entorno nublado de garúa incesante, melancólico y triste, depresivo e incómodo. Sin embargo, no podrás verle en un día soleado, pues necesitas lluvia, llovizna a contraluz.

YO: Necesito la emoción y la consciencia juntas para poder ver todos los aspectos de mi Ser y en dónde los reflejo.

SOY: No puedes negar a uno o al otro. Por lo tanto, la única forma de regularlos es mediante la toma de consciencia del campo emocional. No debes reprimirlo, ni eliminarlo, ni borrar los registros; debes reconocer la lógica de la lluvia, llevarle luz a los efectos, buscar las causas...

YO: Buscar la causa de los efectos de mi vida es lo que lleva luz a los hechos para que pueda vivirlos en coherencia, aprender y trascender...

SOY: Y también generar nuevos. Tú eres el Ser, el Sol, la Mente, la Consciencia, la Causa. Todo lo que existe en el mundo es la Consecuencia, la Existencia, el Arcoíris, la Acción, el Efecto. Contempla el paisaje en que habitas, las personas que reconoces, lo que reflejan en ti. Aquellos seres queridos y los no tan queridos son colores de tu propio arcoíris; son la diversidad manifestada de los potenciales de tu Ser.

YO: Y yo lo soy de ellos también...

SOY: Todos somos reflejos, por ello nos afectamos los unos a los otros; todos somos efectos de las causas, pues cada ser es un sol en sí mismo; somos un océano de estrellas brillando en la Tierra, irradiando doce colores a su alrededor. A veces reflejan personas, a veces animales, a veces situaciones, pero siempre estarán allí complementando la visión de lo que soy. Presta atención a los efectos en tu vida; reconoce las causas, las razones, los orígenes que yacen en tus ideas, pensamientos y preconceptos de lo que ves; entonces, transforma tu idea, construye un nuevo concepto; trasciende los anteriores y podrás vivir nuevos resultados, nuevos efectos.

YO: Yo Soy el Efecto de tu Causa.

SOY: Yo Soy la Causa de tu Efecto.

YO: Y al tomar consciencia de esto, puedo convertirme en la Causa de mis propios Efectos...

SOY: La Mente es la razón que se responde a sí misma mediante las ondas de vibración que fluyen en un ritmo de eterna consecuencia. Vuelve al origen de tus pensamientos e ideas del mundo; encuentra una nueva respuesta; resintonízate en un nuevo ritmo y transformarás sus consecuencias.

YO: Yo Soy Acción... Yo Soy el Arcoíris.

SOY: Yo Soy la Luz del Sol.

49

POLARIDAD

6 de Enero, 2021

YO: En la pirámide hoy estaban arreglando cosas en el interior. Había trabajadores con escaleras y sacando muchas sogas de dentro de un saco. Durante un largo rato se dedicaron a extraer cada trozo de soga y comenzar a desanudarlos para atar bien los extremos de la escalera.

SOY: *«Yo Soy la Escalera de la Evolución».*

YO: Oh, es verdad, no me había dado cuenta hasta ahora que lo mencionas... La Afirmación del día de hoy es lo que estaba pasando dentro de la Cámara del Rey en Keops: Una extensa escalera que estaba siendo atada con sogas para que esté más firme y segura y así alcanzar lo que debían reparar en el techo.

SOY: Hoy se activó la Escalera Evolutiva literalmente en la Pirámide mientras estabas allí... Símbolos que muestran lo que sucede en otros planos.

YO: Sí, y entonces pude sentir la presencia de los maestros. Al principio me sentí incómodo, hasta me pidieron que me pusiera de pie porque no se puede estar sentado ni meditar —aunque no estuviese meditando... Entonces uno de los maestros me susurró: *«Observa; contempla».* Sólo vi las sogas; no recordaba que este mes estamos transitando por la Escalera... Muy bien no contemplé, pues...

SOY: ¿Qué viste?

YO: Vi los nudos y recordé la imagen de cuando nos atamos o desatamos los cordones de los zapatos. Los nudos que realizamos deben ser lo suficientemente firmes como para no dejar caer la estructura; o, en el caso de los zapatos, para que no se nos salgan ya que sería incómodo caminar con algo en los pies que va bailando a su propio ritmo y que en cualquier momento se puede salir. Ajustamos los nudos para precisamente tener seguridad de que las cosas están en su sitio, que no se moverán; eso nos otorga firmeza en cada paso. Pero llega el momento del día en que debemos quitarnos los zapatos, y en ese momento hay que desatarse los cordones; allí es donde vi algo interesante.

SOY: ¿Qué?

YO: La manera en que lo hacemos. Algunos se sientan y se toman todo el tiempo del mundo para analizar los cordones y encontrar los dobleces justos desde donde jalar para desarticular el nudo y aflojar el cuello del zapato. Otros tiran de los extremos viendo cómo se deshacen solos. Otros impacientes empiezan a jalar sin medir las consecuencias; lo único que logran es atarlo más y más, hasta que es imposible de desatar lo anudado; entonces, sienten rabia. Otros, un poco más bruscos, ni miran el cordón y se quitan el zapato a la fuerza haciendo presión con el otro pie; y, aunque duela un poco, se ahorran el tiempo estratégico de desatar los cordones.

SOY: ¿A qué grupo perteneces?

YO: Al último... Nunca tuve paciencia para desatar cordones, siempre me arranco los zapatos de los pies como una bestia...

SOY: Pues creo que el Universo no ha pensado muy bien cuando te eligieron para realizar esta tarea de «desatar los nodos planetarios».

YO: Vaya... cuánta verdad en una simple comparación.

SOY: ¿Recuerdas esa frase *«Dios no elige a los capacitados; capacita a los elegidos»*?

YO: Sí; no sé de dónde, pero es algo que nos dijeron cuando yo tenía veintiún años y estábamos siendo puestos a prueba con entidades demoníacas. Nuestro pensamiento fue: «*¿Por qué nos pasa esto a noso-tros y no a los que saben del tema?*», y esta frase apareció de alguna forma.

SOY: La frase quería recordarles algo clave: la vida se trata de apren-der. El desarrollo evolutivo de un ser no se da por lo que sabe, sino por lo que desconoce. Nunca hallarás evolución en las cosas que te resultan familiares, sino en los retos de aquello que es diferente. Por esto la diversidad de un mundo es clave para el desarrollo de habilidades nuevas para expandir la consciencia. La clave está en el conflicto. La palabra «conflicto» surge de *con* (unidad, junto) y *flibo* (apretar, estrechar): «estrechar todo junto; enfrentar; ponerse delante muy cerca». En latín, *flibo* originó *fla-gere*, que significa «golpe», por lo que «afligido» es el golpeado, y «flagelar» es golpear.

YO: Hoy en la pirámide me dijeron: «*El Cerebro busca el conflicto porque es en este estrechamiento donde encuentra el avance. Y si no encuentra un conflicto, entonces creará uno*». ¿Por qué sucede esto?

SOY: Por el Principio o Ley de Polaridad.

YO: Ufff, la famosa Polaridad que todos detestan.

SOY: Bueno, hay que entender la diferencia entre Polaridad y Duali-dad. Lo que las personas realmente detestan experimentar es el concepto de la Dualidad, que es «la Cualidad de ser Dos cosas». A esto la gente lo interpreta como tener dos caras, generalmente opuestas entre sí, que generan todos los conflictos de la exis-tencia; entonces, si uno busca la armonía o libertad de su ser, necesita salirse de todo conflicto; por ello, debe escapar del sis-tema de la Dualidad. En cambio, Polaridad viene del griego *pólos* y significa «Eje», o sea, «la Cualidad de estar en Eje»; esto se rela-ciona con dos extremos que se complementan de tal manera que nunca están en contra o conflicto, sino en complementariedad, equilibrio, unidad y generación.

YO: Son muy diferentes entre sí ambos...

SOY: La Dualidad es la distorsión de las Polaridad. Pero para compren-der dicha distorsión, debemos ir al origen. Recuerda: la Mente es el pulso original, que desde el vacío proyecta toda existencia mediante la idea, el pensamiento, la imaginación. La intención de vivir esa idea hace que el vacío se proyecte en el pleno, que lo negativo o interno se corresponda a lo externo; así nace la Correspondencia. En el movimiento instantáneo de los conceptos «dentro y fuera», surge un eje de manifestación: la Polaridad, Negativo y Positivo. Por más que le llames «Sexta Ley Universal», en realidad nace en el mismo instante que todas las demás. La Polaridad no es la que divide las cosas, sino la que trata de buscar el equilibrio entre ellas.

YO: Esto cambia mucho mi perspectiva de las cosas cuando hablamos de conceptos polarizados. Lo que dices es que la Polaridad en lugar de separar para enfrentar, lo que hace es mantener el eje entre cada proyección o distorsión con el fin de mantener el orden...

SOY: Es la forma de no perder la armonía en la creación. La polaridad es la clave de la existencia en orden, en perfecto balance. Vacío y Pleno; Nada y Todo; Adentro y Fuera; Interno y Externo; Noche y Día; Negro y Blanco... El uno no existe sin el otro; son el perfecto equilibrio...

YO: Pero, ¿por qué entonces se convierte en dualidad?

SOY: Porque lo que está en perfecto equilibrio no posee opción a cambios. ¿Cuántos grados tiene una esfera?

YO: 360 grados de circunferencia...

SOY: ¿Cuántos días tiene el año?

YO: 365... 5 días más que la esfera.

SOY: Esos 5 días, o 4 días y unas cuantas horas, son la opción constante a realizar una vuelta ascendente, diferente; a trascender el círculo anterior en una espiral expansiva. El margen de error, la imperfección, es la que da lugar a la constante evolución. Así, la polaridad se atrae al punto en que se estrecha generando una fuerza de presión tal que ambas realidades colapsan entre sí, doblegándose y partiéndose en dos —lo que llamas «distorsión» («dis-»: dos; «torsión»: doblar). Y es dicha distorsión la que genera una reacción opuesta a la esperada; esto hace que las polaridades cambien y comiencen a repelerse, convirtiéndose en «dualidad». Aquí es donde surgen las nuevas causas con efectos erráticos, generando una consecuencia de hechos y razones duales. Pero esto es útil para el universo. Pues da muchas opciones.

YO: Es como un juego...

SOY: La polaridad es la ley o principio que establece que la normativa es la evolución en equilibrio; pero reconoce que, sin margen a error o movimientos erráticos, no habrá evolución; sin conflicto no surgen opciones desde la mente; por esto, necesita la dualidad como una forma de encontrar esas opciones. Por ello hoy te han dicho *«Si no hay conflicto, la mente buscará crear uno»*.

YO: Todos nuestros conflictos surgen de la mente... De las ideas erráticas, confusas; de las percepciones, creencias, preconceptos. Pero es horrible...

SOY: Depende de dónde lo mires...

YO: ¿En qué sentido?

SOY: Si lo ves desde una alta vibración o una baja vibración. Quien se encuentra en el fondo del valle, atrapado en las sombras, sólo verá obstáculos, colinas que subir, esfuerzo que realizar. Quien esté en la cima de las colinas verá el paisaje, el sol, el horizonte con claridad y bajar será un ejercicio de gracia. Pero para llegar arriba se ha necesitado subir desde abajo. En las ondas de vibración cósmica, el ritmo marca las colinas y valles de la existencia; los positivos y negativos hacen a la consecuencia universal que llamas «Eternidad» y sin ella, no hay equilibrio; ahora bien, si te aceleras, te agotarás más rápido y te frustrarás porque en corto tiempo has querido llegar muy arriba; sólo te has agitado y agotado. Para llegar muy alto necesitas caminar con paciencia, tomar tus tiempos y respirar con calidad.

YO: Por ello me decías lo de los zapatos... Yo soy de los que hace todo rápido, ya... Y, sin embargo, lo que mejor está saliendo en mi vida es precisamente el año en que estoy haciendo todo lento, de a poco, día a día...

SOY: Hay quienes necesitan acelerar el paso y quienes necesitan ralentizarlo. La búsqueda del equilibrio no es unidireccional; todo dependerá de dónde te encuentres. Es cuestión de saber observar, analizar, manejar la polaridad con agudeza.

YO: Es un juego de estrategia... Me recuerda al ajedrez. Me encanta jugar al ajedrez; es uno de mis juegos de mesa preferidos; pero con la única persona con quien lo juego es con mi hermana de seis años. Siempre que estoy en casa ella me dice: *«¿Jugamos al Ajedrez?»*, y no me puedo negar. Le enseñé a jugar, y a veces hacemos varias partidas seguidas. Cada tanto ella es los blancos y yo los negros, y otras cambiamos. Hubo un día en que los dos jugamos tan mal y a la vez tan bien que quedaron nuestros reyes enfrentados. Orgulloso le dije: «*¡Empatamos! ¡Quedamos en perfecto equilibrio!*».

SOY: «Juego de suma no nula» (*non-zero-sum game*). La «estrategia» es un concepto griego que se refiere a «dirigir (*agó*) un ejército (*stratós*)»; mientras que «juego» se equipara al inglés *joke* que significa «broma»; estos vocablos provienen del indoeuropeo *yek* (hablar), que nos recuerda al concepto «juglar»: aquel que juega con las palabras y entretiene a la gente. Un juego de estrategia es una conversación que busca el menor daño posible, en que nadie gane ni pierda, y todos obtengan un beneficio. Esa es la clave de la Polaridad en una vibración armónica, la cual sólo consigues con la coherencia. En el caso de manifestarlo en la Dualidad, el juego se convertirá en discusión y la estrategia en batalla —sólo por un simple conflicto de preconceptos y malos entendidos.

YO: O sea que la única forma de salir de la Dualidad es entrando en la Polaridad Consciente.

SOY: Sin abandonar el juego, cambio la discusión por la conversación. Sin abandonar la estrategia, trasciendo la necesidad de ganar por la búsqueda de soluciones diversas. Quien en su mente pone la idea de competencia, creerá que la vida se trata de iluminarse y ascender; de sobreponerse a las sombras, a los malos; de competir para ganar mejores recursos, o lógicas; o de ser dueño de la razón y alimentar a un ego que no tendrá más de unos noventa años de vida. Y lo mismo pasa al revés con querer utilizar la oscuridad para sobreponerse a la luz. Nadie gana en las guerras; todos pierden. Pero todos ganan en la paz. Y la paz no se logra con estabilidad; se consigue con movilidad, con la libertad de transformación, pues los conflictos nacen cuando aquel que busca el cambio amenaza la cómoda estabilidad del rebaño.

YO: Allí es donde comprendemos que la polaridad y su diversidad sólo buscan generar, manifestar, transformar, evolucionar... Trascender la dualidad es aprender a utilizarle como una herramienta de la coherencia y no un arma de supervivencia.

SOY: Y para ello, debes tomar tu tiempo de observar el juego... Como en el ajedrez, cada paso que des, debe ser premeditado. Contemplar, observar los posibles resultados, pues cada vez que muevas una pieza, deberás esperar a que el opuesto se mueva y determine tus siguientes pasos. Tic-tac. Positivo y Negativo. Cuando vayas a quitarte los zapatos, contempla los cordones, y desátalos con estrategia.

YO: Como hicieron hoy los trabajadores de la pirámide; ellos ataron las sogas en los laterales de la escalera para darle estabilidad...

SOY: El nudo es para sostener, no para atar. Todos los nudos de tu ADN son los enlaces de tu existencia; son los datos de tu evolución. No hay existencia sin Polaridad.

YO: Entonces, para usar la Polaridad en mi vida, debo reconocerla como el tablero de ajedrez, sabiendo que cada movimiento en negativo o positivo que dé, dará lugar a un mecanismo de polaridad que equilibrará mis pasos. Si comprendo las reglas del juego, puedo utilizarle en mi favor.

SOY: Cada relación que tienes es una negociación polar. «Negociación» proviene de la palabra *nec* (sin) y *otium* (ocio); es decir, no hay momento de descanso; es una constante disputa de valores. La negociación es la relación de más de un sujeto o aspectos que tratan de encontrar un balance de valores, ya sean psicológicos, emocionales, físicos o conceptuales... La negociación siempre trae nuevos datos y aprendizaje para los seres involucrados y, por lo tanto, crecimiento. El problema es que soléis hacer esto con el objetivo de ganar, nunca de crecer. Utiliza la Polaridad como forma de negociación de avance, crecimiento, enriquecimiento interior, y descubrirás en el conflicto una llave al conocimiento y no a la guerra. Sólo necesitas mirar, contemplar el mundo desde la Consciencia Coherente.

YO: Yo Soy Polaridad; Yo fluyo por la existencia nutriéndome de todas las visiones...

SOY: Sólo así podrás crear, avanzar, expandirte, y volverte creador de tu propio universo...

GENERACIÓN

7 de Enero, 2021

YO: «¿Existe Dios? ¿Dios es el Creador de todas las cosas? Si Dios creó el Universo, ¿dónde vive Dios? ¿Dios es algo separado del Universo, o es el Universo? ¿Existe un propósito en la creación? ¿Si Dios me creó a su imagen y semejanza, entonces yo puedo ser también un Dios? ¿Puedo crear o sólo Dios puede hacerlo?».

SOY: ¿Qué sientes cuando vas a pintar?

YO: No sé cómo describirlo... Es como un impulso... De repente, un día, siento algo que recorre mi cuerpo, algo que no pasa por mi mente; de hecho, la mente se pone en blanco. Lo primero que hago es poner todo lo que voy a usar —aunque no sepa qué es lo que voy a pintar... Pero me gusta el orden al comienzo de las cosas —aunque luego se vuelva caótico y sucio. Pongo los pinceles a un lado —todos ordenados por tamaños—, la paleta con el mezclador, una gubia —por si acaso uso yeso—, y todos los colores acrílicos —los cuales a veces ordeno por gamas de colores delante de mí, así puedo encontrarlos más fácil. Normalmente sé que comenzaré por pintar un mapa; me fascina pintar la Tierra...

SOY: ¿Qué sientes mientras pintas?

YO: Extrañamente me surge un poco de responsabilidad; es decir, pienso cosas como: *«Si no logras el color correcto a la primera, estarás gastando material; si no trazas las medidas justas, todo el mapa quedará desproporcionado y tendrás que empezar todo otra vez»*. Pues normalmente empiezo por Europa ya que su forma me ayuda a tener un punto de referencia del resto de los tamaños; pero si la hago mal, es increíble cómo afectará a Australia y su distancia con Antártida y Sudamérica... Cuando he logrado tener el croquis del mapa y las distancias son apropiadas, entonces comienzo a rellenar con colores base: blanco, azul, amarillos, colores que ayudan a distinguir los contornos y contrastes y sirven de base para lo demás. Allí es cuando la mente comienza a ponerse en blanco, como en un proceso de meditación; observo fijamente el pincel pasar por las líneas establecidas y llenar los espacios hace que mi mente sienta éxtasis, placer. Cuando voy descubriendo los colores, me asombro, y me fascina ver cómo se ven al mezclarse con las otras capas. Siento que cada pincelada me hace descubrir algo nuevo; en cuanto los colores son más realistas, más siento que viajo por la superficie del mundo. Como en una meditación en la que, en lugar de cerrar los ojos para viajar por la Tierra, los tengo bien abiertos contemplando como creo cada uno de sus rincones...

SOY: ¿Para qué lo haces? ¿Cuál es el propósito?

YO: No lo sé... No tiene un propósito... Simplemente, cuando termino un continente, sonrío, y camino en círculos mirándolo fijo, sintiéndome parte de él. Y cuando termino con toda la Tierra, la observo maravillado... Como enamorado, contemplando cada rincón. Siento que, cada vez que la pinto, descubro algo nuevo en mí; me ayuda a saber cuánto he aprendido a contemplar... No encuentro un propósito más que la contemplación...

SOY: ¿Cuántas veces la has pintado?

YO: Muchas... demasiadas; la primera fue cuando tenía quince años, la semana antes de mudarme a España. Tomé un trozo de madera y pinté un mapamundi. Se lo dejé a mi abuela de regalo, antes de irme sin saber cuándo la volvería a ver... Fue la primera vez que la pinté; sentí que era la primera vez que me iría tan lejos; necesitaba plasmar que el mundo era mi casa, que nunca estaría realmente lejos si la Tierra estaba en la misma casa donde me vio nacer... Ahora que lo pienso con perspectiva, estaba tratando de diseñar algo que me hiciera sentir en casa...

SOY: ¿Qué sientes ahora que le miras?

YO: Mi casa... Wow... Acabas de sacarme lágrimas de los ojos otra vez... Veo mi casa; veo los limones del jardín; mi tía abuela regando sus plantas; mi bisabuela cosechando en la huerta; los animales en el jardín del galpón; mi madre pintando conmigo; mi abuela limpiando; mi abuelo escuchando música clásica mientras pule las monedas; mi tía cosiendo en la escalera. Cada vez que pinto la Tierra, estoy diciendo: «Esta es mi casa», aunque me vaya lejos... Sigo aquí, es pequeña; es un mundo pequeño... Y yo lo he creado; es mi hogar... Me siento en casa cuando veo la Tierra... Me siento un niño; siento la inocencia; siento los miles de oportunidades que hay... Me hiciste llorar...

SOY: Yo sólo hago las preguntas... Tú haces el proceso de reconocimiento. ¿Quién es Dios?

YO: *«Había una vez un ángel solo en un rincón oscuro del universo, sin nadie que le amase, ni nadie a quien amar... Entonces un día decidió crear vida que pudiera amar, y así poder sentirse amado... Y los vivos de su creación le llamaron 'Dios'».*

SOY: *«Dios es un niño jugando sólo en una habitación del cosmos, esperanzado a reencontrarse con su familia, y sentir el amor»...*

YO: Esa historia me la contó un ángel cuando yo era niño. Me explicaba que Dios no es un Todopoderoso Omnipresente, sino un Niño que Ama lo que surge de él...

SOY: Y lo Ama porque lo ha creado; pero más importante aún, la razón por la cual ama a su creación, es porque le recuerda a ese niño; le recuerda todo lo que puede hacer; le recuerda su hogar, su imaginación, su infinita capacidad de creatividad.

YO: O sea que Dios no creó la vida para que le ame, sino para recordarse el amor propio...

SOY: «A imagen y semejanza». Dios es la Luz (del indoeuropeo *dyew*= día), y esta luz decidió jugar creando miles de colores que se ramificaron por el universo. Dios no creó las cosas fuera de sí; todas las cosas surgen de Dios, de la Luz, de la Consciencia. Todas las cosas son producto de Dios como los frutos en un árbol. Los frutos son productos de este gran árbol de la vida, que caerán, separándose del Gran Árbol, sufriendo la caída, pudriéndose, muriendo; pero es en esa muerte que dan poder a la metamorfosis de la semilla, quien encuentra estabilidad y nutrientes para crecer formando un nuevo árbol. Cuando la manzana cae del árbol, ve al Árbol en los cielos, contemplándole desde sus ramas y hojas; entonces, se siente «ángel caído», viviendo en un mundo de insectos, alimañas rastreras que dañan la piel, la integridad, que devoran y descomponen los cuerpos mientras Dios contempla. Lo que no sabe la manzana, es que por debajo las raíces del árbol le sostienen, acompañándole en el proceso de resurgir de las sombras, extendiendo raíces y buscando la luz en sus brotes.

YO: O sea que Dios no es un Árbol, sino un Bosque...

SOY: Una Selva... la más grande que puedas imaginar... Una vez, fue un sólo árbol; pero encontró la forma de trascender replicándose a sí mismo, diseñando nuevas opciones de su ser. Cada brote nuevo, cada flor, cada fruto, generaba una nueva semilla con una nueva información, mejorando, pero a su vez, sintiéndose parte de lo anterior y lo nuevo. Dios se crea a sí mismo trascendiendo en los miles de formas que se replica...

YO: Como yo pintando la Tierra una y otra vez; y cuando mejor me sale, más cerca de casa me encuentro...

SOY: La Luz que se da a Luz a sí misma, buscando el Origen. ¿Sabes cómo se llama eso?

YO: No...

SOY: En griego, «origen» o «nacimiento» se dice *gen*, del indoeuropeo *ghen*, que significa «dar a luz; parir».

YO: Dios no nos creó a nosotros, pues, sino a sí mismo... Nosotros somos simples espejos de Dios; somos aspectos de la Divinidad, y como tal, somos Creadores... Y en cada creación, nos damos a luz a nosotros mismos, llevándonos a la consciencia lumínica...

SOY: Este es el principio o ley de Generación.

YO: La Generación de las cosas es la acción de dar a luz; es parir algo nuevo con el único propósito de replicarse y volver al Origen, a casa...

SOY: Pero como te ha pasado a ti, ya vives en esa casa; sólo debes recordarlo. La Tierra está en tus manos; donde la veas, sabrás que allí está el hogar, en la memoria, pues nada más existe; sólo existe en tu mente.

YO: Cada vez que pinto vuelvo a la sensación del origen en mi mente, de mi niño creador, de mi hogar… Cada vez que hago algo, que genero un proyecto, un viaje, una relación, un cuadro, una canción, un hijo, un libro, sin importar qué es lo que esté generando, todo es inevitablemente la ley de generación, el impulso natural de buscar el origen…

SOY: Y eso no es ningún propósito; pues el propósito es buscar algo delante, cuando el hogar y origen de todas las cosas siempre estuvo dentro de ti.

YO: «Yo Soy»…

SOY: La generación nos recuerda que, mediante la Polaridad, mediante el Eje, las fuerzas magnéticas del positivo y negativo impulsan nuestra vibración a transformar sus ritmos; la búsqueda en sí es la causa del efecto que será generado, proyectando una respuesta correspondida a una idea que sólo habita en tu infinita imaginación.

YO: Lo que genero es producto de mi mente…

SOY: Allí radica la intención de todas las cosas. Por ello, tú creas tu propósito; tú diseñas la estrategia; tú eres la causa de tu vida; tú atraes lo que resuenas; tú vives al ritmo en que late tu corazón; tú eres Dios siendo manifestado; por lo tanto, eres generado y generador.

YO: Yo Soy Creador en cada paso, cada actitud…

SOY: A mayores creadores, mayor potencial divino. Por esto una de las claves de encontrar a Dios es despertar la capacidad generadora de todo humano.

YO: ¿Cómo se hace?

SOY: Volviendo a despertar a ese niño que aguarda el reencuentro con su familia, que eres tú mismo. Regresa a aquel niño y abrázale; dile que su imaginación es la única que te hará libre. Devuélvele la fe de crear desde el juego, desde la diversión. Vuelve al niño dañado, abusado psicológicamente por el sistema; abusado emocionalmente por la cultura; y, en algunos casos, abusado físicamente por el entorno. Abrázale y dile que su sonrisa eleva mundos, genera bosques. Dile que puede renacer, volver a casa, y crear mundos nuevos. Dile al Adolescente que hay en ti que la sexualidad no es tabú; que está bien sentir deseo sexual; que está bien experimentar; dile que no tiene por qué reprimirse; que la fuerza de su creación está en sus genitales; que no tiene por qué tener miedo ni vergüenza de su propio poder creador. Dile que es un superhéroe, que es una superheroína; dile que es Dios y la Diosa. Que es el Universo Creador manifestado en un humano, capaz de crear su propio universo.

YO: Yo Soy Generador de mi propia realidad; yo diseño mi propósito, Yo Soy Creador de mi propio Universo.

SOY: Atrévete a crear sin miedo. No hay límites más que los que crees. Crea, y al volver a casa serás millones. Serás un Bosque en constante generación, dando a luz a la Existencia.

LEY

8 de Enero, 2021

YO: Cuando hablamos de Leyes Universales, por alguna razón suena fuerte, como si hubiera una obligación. Y además está esta idea de que toda la Ley se hizo para romperse. Entonces, ¿qué implica una Ley Universal?

SOY: El uso de esta palabra tiene dos connotaciones; pero la que le ha dado peso a tu percepción de la ley radica en un tema cultural. Veamos primero qué significa «Ley», como lo hemos dicho en otros momentos. «Ley» viene de *Leg* en lengua indoeuropea y significa «elegir». Por principio etimológico, la ley no es una obligación, sino una elección. Ahora bien, vayamos al contexto humano de hace diez mil a dos mil quinientos años. Durante este periodo, la humanidad se sumió nuevamente en una época de conflicto y perdición; todos los pueblos se dividieron, lucharon entre sí, y las civilizaciones se convirtieron nuevamente en tribus que formaban imperios que se alzaban y caían. Pero primordialmente, la mayoría de las culturas se componía de tribus alrededor de Asia, Europa y África. El contexto cambiante hacía que hubiera mucha confusión entre los individuos; por lo tanto, era necesario establecer ciertas reglas acorde a los ambientes.

YO: Hablamos de esto; es lo que llamamos «moral»: aquellas normas establecidas por la normalidad de un pueblo que habita un sitio concreto, entendiendo que «habitar» en latín se dice *moris*.

SOY: En el espacio habitado, se realizan ciertas acciones que por naturaleza pueden interpretarse como buenas o malas para la comunidad: acciones como matar, todos saben que genera desarmonía social; y acciones como sembrar, todos saben que produce algo bueno para el conjunto. Así, se constituye la idea de lo objetivamente «justo» que en latín llamaron *ius*, origen de la palabra «Justicia». Pero a esta moralidad justa, le faltaba algo más: un consenso de reglas que dieran calma a los conceptos subjetivos de lo que está bien o mal; como podríamos decir hoy: cruzar un semáforo en rojo, invadir la propiedad privada, etc. Estas reglas se establecen en una asamblea, donde se «eligen» las normativas y, por lo tanto, donde por consenso se «legisla». Así nace la «ley». Mientras la Moral es la norma que hace a una cultura que habita un espacio y tiempo concretos, y la Justicia es el derecho natural objetivo de lo que está bien y lo que está mal, la Ley es un consenso subjetivo de normas o guías elegidas por la moral para mantener viva la justicia.

YO: O sea que las leyes son las páginas de un libro donde se escriben subjetivamente las reglas de un juego; en este juego, por más que sepamos que hacer trampa está mal, sin las reglas no tendríamos idea de cuál es el límite entre la estrategia y la trampa.

SOY: Así es.

YO: ¿Y por qué se le llaman «Leyes Universales»?

SOY: Porque el Universo es un Juego con libre albedrío. Entonces, la Mente, dividida en sus tres niveles: consciente, inconsciente y subconsciente, eligió ciertas reglas subjetivas que le ayudasen a mantenerse en orden dentro del juego. La ley no está allí como una imposición, pues, sino como una guía.

YO: Entiendo... Pasa que, a lo largo de la historia humana, las leyes no han favorecido a todos en el juego; entonces, han creado esta idea subconsciente de que una ley debe romperse, de que no son justas para el pueblo.

SOY: Esto se debe a que las leyes no las escriben los ciudadanos, sino los políticos. Las leyes, en la mayoría de los casos, representan a los ideales de los poderosos y no a la perspectiva de los pobladores. Durante mucho tiempo, los sistemas se han abusado del Poder Legislativo, utilizándolo según sus ideales o necesidades propias, ajustadas a sus intenciones por sobre otros. Las leyes no las elige la gente sino individuos presionados por la gente, ya sea pueblo, empresas, ideales o políticas. No son objetivas; están cargadas de intereses y condiciones. La Ley ayuda a que no exista el caos de distintas formas. La Ley constituye la idea o intención conjunta de una tribu o nación; por ello, los países poseen su propia «Constitución», que significa: «aquello que está unido». Y a veces, se han unido a la fuerza. En un reino, es el Rey y los señores feudales quienes establecen las leyes; en una Dictadura es el dictador, según el humor del día; en un Imperio es el emperador o la Junta parlamentaria; en una república es el Parlamento; en un plano religioso es el líder espiritual quien las elige; y en una democracia, es la asamblea popular.

YO: ¿Hoy existen asambleas populares?

SOY: No, al menos no a nivel republicano. Todas las repúblicas existentes utilizan el sistema representativo parlamentario, por lo que no hay pueblo involucrado. La gente no elige Leyes; elige personas que elegirán leyes.

YO: O sea que no existe la democracia...

SOY: No. Pero eso es otro tema. Lo que nos concierne aquí hoy es la creación de la Ley. Como verás, a lo largo de la historia, pocas veces los individuos de un pueblo han podido elegir realmente todas las leyes bajo las cuales viven en un consenso común.

YO: Igual es difícil que todos se pongan de acuerdo...

SOY: No es necesario, pues es imposible. El sistema democrático justamente tiene como objetivo permitir que la mayor cantidad de personas que piensan de una forma puedan plasmar la ley, pues representa a la mayoría de ese pueblo. Imponer una ley que represente a la minoría no tendría sentido; para ello, la minoría deberá proponer mejores formas que sean aceptadas por la mayoría, y así se evoluciona. Así ves cómo la ley, que es subjetiva, depende más de la democracia que de otros sistemas; pues fuera de la república parlamentaria representativa, todos los demás sistemas no tienen Leyes; tienen mecanismos de control y castigo.

YO: Esto indica que la Ley fue hecha para transformarse según el contexto evolutivo... No para ser algo fijo.

SOY: Las reglas del juego cambian. Por ello, las leyes universales son moldeables. No siempre tienes por qué estar en baja vibración; no es una ley; es un estado evolutivo, y las leyes se amoldarán a él. Eres libre de cambiar tu vibración y usar las leyes a tu favor en lugar de en tu contra. Juzgar a las leyes universales con los ojos de la dictadura, la opresión, es como juzgar a la comida por hacerte gordo.

YO: Claro, entiendo. La comida es una opción que mi cuerpo necesita hasta el día en que logre vivir del prana, de la luz; mientras tanto, seguiré usando la comida; pero sólo yo soy quien decide cuánto como, qué como, y la manera en que lo hago...

SOY: Por ello, percibes que la ley fue hecha para romperse, pero no es así... Fue hecha para transformarse en función de tu propia transformación. La Ley no es tu enemiga; la Ley es quien guía en la existencia cuando estás perdido y sin poder propio; la ley te protege y, por ello, la ley es un Patrón (de *Pater*: proteger).

YO: Y me protegerá hasta que yo recupere mi propio poder y moldee la ley para mi siguiente nivel, en consenso con mi nueva realidad... Los patrones son leyes que me limitan tratando de guiarme...

SOY: Pero si le entregas tu poder, en lugar de guiarte te controlarán; creerán que ellas tienen el poder. Y el poder es la Voluntad; tener poder no es controlar, es tener responsabilidad; es decir, responder acorde al conjunto. Un ser sin responsabilidad personal recibe todo el peso natural de la ley y se ve prisionero de los patrones. El poder no te posiciona por encima de los demás; el poder te otorga responsabilidades de acción para el equilibrio de todas las partes, libre de condicionamientos.

YO: Por esto creemos que las leyes nos limitan, porque somos irresponsables... Entonces la ley se pone más intensa... O se corrompe.

SOY: La corrupción de la Ley demuestra un sistema sin poder alguno, sin responsabilidad conjunta. El Universo no oprime con leyes; no castiga. No existe Cielo que premia a los justos ni Infierno que castiga a los injustos. Esa fue una ley religiosa que se aseguraba la estabilidad social en tiempos de caos. La verdad es que el Universo sólo ha dado siete leyes, y mediante ellas aspira a que cada uno encontremos la responsabilidad de saber manejar las reglas del juego con libertad.

YO: La Ley es el Patrón que me cuida en mi tiempo de inconsciencia. Un pueblo consciente no necesita más que siete leyes...

SOY: Un pueblo que reconoce que su mente es creadora, que responde en coherencia al mundo según su sentir interior, que vibra en la verdad, que se adapta a los ritmos de la existencia, que es consecuente en sus actos, que vive en eje en sus emociones, y que es capaz de permitirse manifestar su potencial interior, no es controlado por patrones; es libre de usarles para crear realidades; es un ser humano que no necesita más que las siete Leyes Universales para vivir en armonía.

YO: Así como las Leyes conforman una Constitución Nacional, los Patrones conforman la Constitución de un Individuo. Si el individuo cambia, también lo hace su constitución, y modifica sus patrones con libertad y responsabilidad... Y lo mismo una Nación.

SOY: Toda norma fue hecha para guiarnos; sólo se volvieron herramientas de control en el momento en que las personas olvidaron su responsabilidad en la existencia. Recupera tu poder siguiendo las leyes universales, y no necesitarás nadie más afuera para recordarte lo que ya sabes.

YO: Podemos decirles «Principios Universales» entonces...

SOY: Los siete son el inicio de todas las cosas. «Principio»: el que toma el primer lugar... Los siete surgen en el mismo instante, y son aspectos entre sí —como los diferentes ángulos en que puedes ver a una persona. Hablar de Principios Universales nos recuerda que son los fundamentos de la Existencia; pero no nos recuerda que son una guía, una forma de no perderse; por ello, las conocerás como «Leyes». Son los Patrones de Dios... Y cuando seas capaz de ser como Él, como el Universo, podrás establecer tus propias Leyes. Mientras tanto, presta atención a tus patrones. ¿Cuáles son tus mayores patrones? Aquellos que te controlan, que te condicionan en la vida. ¿Dónde has perdido el poder? Es decir ¿dónde, cuándo y en qué has dejado de ser responsable?

YO: Aquello de lo que no soy responsable, me controla...

SOY: Te somete... Así que, conoce tus patrones, y conocerás tus leyes. Y si eres digno de recuperar tu poder, serás Justo.

YO: *«De los Justos será el Reino de los Cielos».*

SOY: La Tierra ya flota en los Cielos... Sólo falta que recuerdes que eres un Rey Justo.

YO: Y lo seré cuando reconozca todos los patrones heredados por aquellos que componen mi Árbol Genealógico, que escriben mi Constitución.

SOY: Transforma tu idea de ti, y extiende tus ramas escribiendo nuevas leyes.

YO: Yo Soy la Ley...

SOY: Yo Soy la Ley Universal.

SISTEMAS

9 de Enero, 2021

YO: Cada día que voy a la pirámide, los guardias me saludan de la misma forma, hacen los mismos chistes, y controlan mi mismo tiquete. En Julio, mi guía aquí en Egipto, Ahmed, me consiguió algo inusual para un turista: un pase anual. Esto significa que con el mismo ticket puedo acceder a las pirámides durante trescientos sesenta días. Todos me conocen en el área de Pirámides: desde el que barre hasta el director general de Giza, el señor Ashraf. Sin embargo, cada día me piden el mismo tiquete; controlan la fecha de caducidad mientras entre todos repiten o gritan: *«Matius, emberah enta fyn?»;* o *«¡Enta kolyum!», «My friend!»* (*«Matías, ¿dónde estabas ayer?»;* o *«¡Vienes todos los días!», «Mi amigo!»*). A lo que yo respondo: *«Marhaba, ana fyn fondok. Kolu tamam?»* (*«¡Hola! Yo, en el hotel. ¿Todo bien?»*). Y luego de la misma canción de siempre —a veces con más intensidad, otras con menos— me dan la bienvenida. Y lo mismo se repite en la entrada de Keops. Las mismas conversaciones, el mismo mecanismo... Pero en mi día a día, en la monotonía, hago lo mismo... Despierto, leo algo; camino, desayuno; voy a la pirámide, vuelvo; escribo, pinto; miro algo en Netflix; hago la charla y alineación; hablo con amigos, y a dormir... Una y otra vez. Lo extraño es que me estoy acostumbrando, e incluso ya me molesta un poco cuando me cambian la rutina, como si no tuviese tiempo —aunque tengo todo el tiempo disponible que desee. Pero siempre me pongo algo para hacer, para manifestar. Comienzo a ser como un reloj... Como los que me reciben cada día. ¿Sabes? Antes viajaba tanto que no tenía la posibilidad de entender lo que significaba la rutina; no estaba en mi mente. Tal vez la última vez que tuve rutina fue a mis dieciocho años, los últimos meses del bachillerato en Barcelona. Desde que tengo dieciocho años que no vivo la rutina. Hasta ahora... Y veo cómo vive la gente: haciendo lo mismo; yendo a los mismos sitios; viendo las mismas personas; diciendo las mismas palabras... Es como un reloj, como un patrón esquemático...

SOY: Es un sistema.

YO: Sí. Los Sistemas. Solemos decir que cuando algo es repetitivo se vuelve sistemático, como mecánico, donde todas las piezas se comportan de la misma forma para obtener siempre el mismo resultado esperado. No hay sorpresas en un sistema...

SOY: Y por ello otorga seguridad...

YO: Por ello, los sistemas parecen basados en patrones, que significan «protección».

SOY: En la supervivencia se desarrollan los sistemas como forma de asegurarse la perpetuidad. Las plantas poseen un sistema; cada especie animal posee un sistema; y los humanos crean sistemas con el objetivo de trascender, de sostenerse en el tiempo.

YO: Por ello las personas repiten sus acciones diariamente, porque les da estabilidad... Seguridad.

SOY: Un sistema te quita la responsabilidad de pensar constantemente en las necesidades básicas. Sabes que tienes formas sistémicas de acceder a la comida; sabes que tienes sistemas de transporte, de seguridad, de gobierno, de Justicia; incluso muchos se sienten tranquilos con sus sistemas religiosos, pues un individuo sin sistemas dedica más tiempo a pensar que a vivir.

YO: ¿Cómo es eso?

SOY: Piensa en lo que sucede a la gente que comienza a darse cuenta de que los sistemas oprimen, y deciden salirse del sistema... Pasan la mayor parte del tiempo diseñando ideas de algo distinto, filosofando, indagando, buscando en su interior. No todos los humanos pueden hacer esto, al menos no al mismo tiempo, o habría hambre; todo se detendría, sería el caos. Por esto, los sistemas se aseguran la continuidad sin esfuerzo de tener que adaptarse constantemente. Los sistemas otorgan estabilidad y ahorro de energía; puedes gracias a ellos, pueden dedicarse a vivir en lugar de sobrevivir.

YO: ¿Qué es un sistema?

SOY: «Sistema» proviene del griego *syn isteh ma* que significa «medio por el cual las cosas se unen de manera organizada». Sistema Inorgánico (elementos químicos, subatómicos y atómicos; el orden de las partículas y moléculas); Sistema Orgánico (combinación de compuestos que unidos generan vida); Sistemas Biológicos (Nervioso, Óseo, Linfático, Circulatorio, Respiratorio, Excretor, Digestivo, Tegumentario, Inmune, Endocrino, Reproductor, Muscular). Sistemas Ecológicos (Bosques, Mares, Desiertos...); Sistemas Espirituales (Dogmas, Doctrinas, Sectas, Religiones...); Sistema Solar (el Sol y sus planetas); Sistema Social (civilización, economía, educación, política...). Y todos sus subsistemas como el Económico con su visión proteccionista, liberal, neoliberal, comunista... Así como el Político, de derechas, izquierdas, centro... Como verás, los sistemas surgen como métodos de orden.

YO: Si «Orden» en griego se dice «cosmos» entonces el Universo también tiene sus sistemas...

SOY: Exactamente. Como el Sistema de las Siete Leyes, o el Sistema de Trinidades, o los Sistemas Geométricos. Los Sistemas Universales son aquellos que hacen del Universo un Cosmos, un ser que vive en orden y armonía. Entiende al sistema como un enorme mandala.

YO: Como el rosetón de la foto.

SOY: Sí, donde en sus partes se narra una historia mediante el color y la forma. Un mandala es un sistema; las emociones son un sistema... Y los sistemas surgen de la unión armónica de los patrones.

YO: Entonces, si no me equivoco, acorde a lo que hablamos ayer, una Ley es una elección que al repetirse una y otra vez se convierte en un Patrón; esto es así porque al individuo le da seguridad que algo se repita hasta el punto de ni tener que pensar; entonces, pasa al subconsciente y se vuelve una reacción mecánica. Así, la unión de muchas leyes juntas se llama «Constitución»; es decir que, siguiendo este paralelismo, muchos patrones juntos conforman un «Sistema».

SOY: Un sistema es una constitución de distintas cosas; es la asimilación y unidad ordenada de distintos aspectos.

YO: Entiendo. O sea que los sistemas son muy útiles.

SOY: Bueno, mejor dicho: no existiría nada si no fuera por los sistemas. El sistema no es una herramienta; es una forma de ordenar las herramientas; el sistema es como el método para ubicar los libros en una biblioteca, o para ordenar las herramientas en un taller. Un sistema da orden a la mente, al alma y al cuerpo. La Rutina es un sistema que da seguridad al cuerpo. Los sistemas se vuelven repetitivos en tanto más seguridad necesita el individuo para vivir.

YO: ¿Y por qué la gente odia tanto a los sistemas?

SOY: Porque, al igual que a las leyes, los ve como trampas. Un sistema es como una jaula. Imagina que dentro de la jaula hay un canario que nació en cautiverio. Y tú dices: «*¡Voy a liberarlo!*» Abres la jaula y dejas que salga volando. ¿Cuánto vivirá?

YO: Si al salir no se dio contra el primer vidrio de una ventana, probablemente llegue a vivir una semana como mucho...

SOY: ¿Por qué?

YO: Porque no sabe lo que es ser libre. Nació en una jaula. No sabe defenderse; no sabe conseguir comida; no sabe cuidarse del frío. No conoce enemigos naturales. Y por más que en su información genética haya datos, dicha información está muy lejos, pues sus ancestros también nacieron en jaulas.

SOY: Aquí tienes tres opciones, pues. Primero, puedes abrirle la jaula y dejar que sienta la libertad por unas horas, o que se estampe contra un vidrio o que muera a la semana de hambre y frío... Por otro lado, puedes enseñarle de a poco lo que es ser libre, haciéndole sentir que la jaula es una casa y que puede salir cuando quiera de ella en un espacio reducido; entonces, le pones comida camuflada para que la encuentre, dándole experiencia y despertando su sabiduría interior en el ejercicio. O bien puedes encerrarlo y asustarlo, haciéndole creer que todo lo que pase afuera podría matarlo, y así nunca dejará la jaula. ¿Es acaso la jaula el problema?

YO: No. La jaula es un sistema... pero no quien nutre este sistema.

SOY: Entonces volvemos a culpar a la comida por ser gordo. Un sistema es configurado por una enorme cantidad de leyes, que son elecciones conjuntas. Los sistemas no tienen la culpa de existir; de hecho, ningún sistema es realmente malo; el gran y único conflicto es la forma en que utilizas el sistema. Y normalmente se lo utiliza desde la distorsión.

YO: Esto me recuerda a la Matrix.

SOY: La Matrix es el nombre que incorpora a todos los sistemas posibles. Pero la Matrix no está aquí para controlarte... Recuerda... ¿Qué es lo que te controla realmente?

YO: La falta de poder propio.

SOY: ¿Y cómo has perdido el poder?

YO: Eliminando mi Voluntad; es decir mi capacidad de respuesta, conocida como «Responsabilidad».

SOY: ¿Por qué has eliminado la Voluntad?

YO: Porque no encuentro equilibrio en mi energía, en mi Amor.

SOY: ¿Por qué no sabes amar?

YO: Porque vivo desde los impulsos de la Inconsciencia; y la forma de Amar en equilibrio es desde la Consciencia... la Sabiduría.

SOY: O sea que, al perder tu capacidad de discernir, has perdido el control de tu emoción; esto te ha llevado a una falta de energía que te impide responder al mundo; entonces, prefieres adherirte a un sistema para sentirte seguro ya que el sistema te da orden en medio de tu propio caos...

YO: Wow...

SOY: Y encima le criticas...

YO: Entiendo...

SOY: Son tus elecciones las que han conformado el sistema en el que vives. Nunca lograrás eliminar los sistemas de los que te quejas si no transformas las elecciones que haces en tu vida.

YO: Es como criticar al capitalismo liberal de derechas desde una cuenta de Facebook mediante un iPhone.

SOY: Así es. Criticar sistemas caducos es como juzgar a un perro por no saber hablar. Si lo que buscas es hablar, relaciónate con otros humanos.

YO: O consigue un Loro.

SOY: Bueno, esto sería un reflejo directo y sin evolución real, ya que sólo repetiría sin consciencia propia...

YO: Como algunas personas...

SOY: Sistemáticas...

YO: Entonces me queda claro. Un sistema es sólo un método de ordenar de una manera armónica cosas que estaban separadas; es útil para resolver temas a nivel general de manera rápida. Pero si lo que busco es cambiar el sistema, debo transformar las bases que le sustentan, que son justamente esas partes que ordena, y todas ellas tienen que ver con nuestras elecciones. O sea que lo más importante es aprender a elegir mejor.

SOY: Y sólo se puede elegir mejor desde la Coherencia Accionaria, no desde la Incoherencia Reaccionaria.

YO: Más Evolución, menos Revolución.

SOY: Pues todos somos un sistema, y en nuestra evolución generamos nuevos.

YO: Yo Soy un Sistema, pues me dispongo a unificar desde la consciencia todo aquello que antes estaba caótico en mí.

SOY: Yo Soy el Eje en el cual el Sistema se sustenta.

YO: La coherencia de mi propio Ser.

ESTABILIDAD

10 de Enero, 2021

YO: Cuando pienso en Capricornio, se me viene a la mente la idea del Trabajo, pero a su vez, de una cueva, de estar encerrado, lejos de los demás.

SOY: Capricornio, en su mentalidad, es un trabajador compulsivo; aunque no esté haciendo nada, siente que está haciendo todo; y cuanto más solo esté para lograrlo, mejor. Capricornio surge de la imagen de un solitario, de la cabra montañera que vive en las cimas de las colinas, duerme en cavernas, y se esfuerza por conseguir mínimos resultados en las pocas hierbas que encuentra por caminos donde no puede ir acompañada —ya que sólo puede pisar con una de sus patas a la vez. La cabra, el carnero, fueron relacionados a la divinidad solar, pues el punto más cercano al cielo es la cima de las montañas donde habita el carnero; por ello, su símbolo representa al Sol. Esta imagen del ser que prefiere la soledad de lo alto —al cual es mejor no molestar cuando está concentrado— dio origen a la idea griega del Fauno llamado «Pan».

YO: Nuestro pesado amigo Peter Pan...

SOY: Pero cuando la guerra del Olimpo tuvo su momento más álgido, el fauno decidió esconderse en el lugar más impensado para un carnero: el agua. Y por ello, bajó de las montañas y se sumergió en el Río Nilo. Allí, sus aguas de sabiduría convirtieron sus patas traseras en la cola de un pez. La sabiduría solitaria de los cielos, del sol, se unió a la sabiduría divina de la vida, del agua, creando la imagen de Capricornio. Esto describe el proceso metódico del recorrido del agua desde las altas montañas, desde ser hielo hasta fluir en las corrientes hacia el mar: la transformación de la luz solar en hielo, en roca, en montaña, en mineral, en arroyo, en río. El Camino de Capricornio describe el esfuerzo de la transformación, la constancia y perseverancia del agua para moldear la roca y convertir la más grande montaña en el ínfimo granito de arena. Para la mente capricorniana, el recorrido del agua no es un trabajo rígido; es una labor fluida. En tanto para los otros signos puede ser agotador pensar en moldear una y otra vez la misma roca sin encontrar un resultado final o esperado, para capricornio esto le trae paz, seguridad, estabilidad.

YO: Allí radica otra gran clave de este signo: la estabilidad. ¿Cómo se logra la estabilidad?

SOY: «Estabilidad» viene de las palabras latinas *stare* (estar, permanecer) y *habilitatem* (habilidad); por lo tanto, es la habilidad de estar fijo en un lugar.

YO: Pero describiste su atributo mediante un río que fluye...

SOY: Y que siempre está. Son las aguas las que se mueven en un río, más el río permanece allí. El ciclo del agua es algo fijo, una constante; tal vez se traslade de sitio en función de los siglos, milenios, e incluso —en la mayoría de los casos— durante millones de años. Pero el sistema se repite. A pesar de que todo se modifica, de que el clima cambia, de que la erosión abre o cierra caminos, el agua sigue siendo agua; sigue experimentando sus formas gaseosa, líquida y sólida: el ciclo del agua. Es como un carnero que se mantiene fijo en su objetivo —por más mínimo que sea— y cabezadura como es, no importa lo que suceda alrededor; seguirá intentándolo una y otra vez. Esa es su habilidad de permanecer, de estar. Aquí la clave, el atributo, yace en comprender que no importan las formas; la esencia de las cosas debe permanecer; el propósito debe quedar intacto; la constancia debe ser un alivio; el «Yo Soy» de la mente espiritual debe ser un eje estable para los movimientos del alma y el cuerpo. Es como si el movimiento del alma se comparase en la Tierra a la precesión de los equinoccios, y los movimientos del cuerpo a la rotación terrestre de veinticuatro horas, siendo el espíritu el eje norte y sur.

YO: ¿Cómo reconozco ese potencial de la mente capricorniana en mí?

SOY: Tu espíritu es tu eje, pero jamás podrás descubrir el eje si te quedas quieto. Necesitas moverte, transformarte; debes pasar por tus caídas y frustraciones (otoño), tus crisis y depresiones (invierno), tus propios florecimientos (primavera) y vivir tus frutos (verano). Deberás cambiar de perspectivas; conocer nuevas personas que te muestren distintos aspectos de ti en distintas culturas, religiones, filosofías, creencias. Deberás girar como el mundo, mirando cada uno de los grados de su circunferencia. Y a su vez, deberás recordar que, en cada giro, te enfrentas a situaciones similares a las de tus ancestros, pues eres su reflejo y ellos viven en ti y a través de ti. Así, cada uno de los estadios precesionales, será una rama de tu árbol genealógico, del árbol de la vida. Y así como encontrarás aspectos útiles en el pasado, descubrirás también procesos densos que sanar y trascender. Son las ramas y las raíces del Gran Árbol. Tú eres un fruto de dicho Árbol que, como el río, se ha ido repitiendo a sí mismo una y otra vez, en una constante evolución, que ha encontrado la estabilidad en sus profundas raíces decoradas de creencias y patrones, en sus fuertes ramas de leyes y comuniones. Así, no encuentras la estabilidad en la creencia de separación, en la intención de sentirte apartado del resto, libre de sus condiciones, pues todos viven en ti; eres el Árbol y ese es tu eje. Tu cuerpo ha cambiado miles de veces siendo miles de frutos; tu alma ha pasado por muchas estaciones, cambiado sus hojas, su corteza, creando nuevas ramas, creciendo en todas direcciones. Pero su tronco estará allí, inamovible, estable.

YO: Por ello relacionamos a este signo con las estructuras mentales, con la planificación, el diseño de proyectos, de fundamentos y esfuerzo en lograr algo que no tiene fin, en la constante búsqueda de mejorarse a sí mismo... Capricornio nos recuerda lo que hace la evolución: tratar de mejorarse una y otra vez, reconociendo que el eje, el origen, el centro, la estabilidad se encuentran sólo en el giro, en la transformación, en la observación de lo diferente, en el atreverse a cambiar. Y en ese cambio encuentro lo fijo, el eje, lo estable, la coherencia... Un capricorniano nunca verá el final; nunca será suficiente; pero no porque busque algo delante, sino porque lo que se busca es a sí mismo; y si no se perfecciona una y otra vez, dejará de verse; no podrá encontrarse.

SOY: *«El joven en 'repulsas' es un ser en desarraigo que piensa esperanzado a solas... en un reencuentro...».*

YO: Es una de las *psicografías* de Parravicini, del año 1972.

SOY: Describe este concepto de aquellos que se encuentran, como tú, en este camino. Como toda *psicografía,* describe muchas cosas a la vez. Sin embargo, todas las circunstancias históricas tendrán un mismo origen, como ya lo hemos visto. Su origen es un concepto mental; en este caso, habla de la necesidad de perder la estabilidad para seguir buscándose, de sentirse expulsado por el propio ser o entorno, donde creí tener estabilidad relacionada a lo externo. En cada momento que deposites tu estabilidad en otros, la vida te regalará una crisis, para recordarte que la esperanza radica en el reencuentro contigo mismo; por ello, debes iniciar la búsqueda. Durante toda la vida la gente gira y gira buscando a su alrededor el brillo de otros que los guíe por el buen camino en este bosque de oscuridad. Como la Tierra gira observando a las estrellas, pasa una y otra vez por enfrente de ellas; y, aunque a veces cambien su punto de vista, no dejan de significar lo mismo. Esto sucede en la vida normal cuando un individuo se lanza girando por el mundo mirando 360 grados a su alrededor; se proyecta en el brillo de las estrellas, queriéndose parecer a ellas, imitándolas; adopta sus características, siendo espejo; conoce personas con estas estrellas en su interior, que le muestren el camino.

YO: Lo que describes es que —igual que la Tierra al girar ve todas las estrellas, y al rotar en la eclíptica solar puede ver las doce constelaciones en doce meses— un humano ve esas doce constelaciones en personas de distintos signos zodiacales a su alrededor; estas personas representan cosas para uno mismo; reflejan ideas, potenciales y vivimos buscando su luz para encontrarnos...

SOY: Cuando en realidad, lo único que te está permitiendo verles a todos, es tu propio eje de rotación. La estabilidad no se encuentra cuando logras apoyarte en el tronco de un árbol, sino cuando te conviertes en tu propio árbol.

YO: Mi eje es mi estabilidad... y sólo le descubro en mi movimiento...

SOY: Un eje sólo existe por dos polos: uno que sube en positivo, y otro que desciende hacia el negativo. Los árboles no crecen hacia el cielo buscando la luz; los árboles, desde su eje, se expanden hacia el cielo y la tierra en una misma proporción, como un espejo en distintas direcciones, dimensiones; de igual manera, una escalera no es unidireccional; ambos lados sirven para subir y para bajar a la vez.

YO: Siempre que busco afuera, la fuerza me puja hacia dentro; siempre que busco ascender, la fuerza me pujará a descender...

SOY: Esa es la estabilidad: la habilidad de moverse y transformarse y aun así permanecer, ser, estar...

YO: Me permito moverme como el agua y encontrar mi estabilidad en la transformación...

SOY: Esta es la Ascensión Eterna: cuando recuerdas que no existen distintas realidades, entidades o consciencias, sino que sólo existe una escalera, y el punto de vista desde el escalón en que decidas posicionarte...

YO: Hasta que reconozca que Yo Soy toda la escalera...

SOY: Y allí seré Todo.

RAZÓN

11 de Enero, 2021

SOY: Siendo que entramos a la semana del Alma y por ende a la Emo-
       ción, seré directo y sin vueltas: ¿Cuál es tu razón de ser? ¿En qué
       crees que tienes razón y otros no? ¿Qué pasa si descubres que no
       la tienes?

YO: Uf... qué tema, directo al grano, a la herida...

SOY: Cuando se trata de Capricornio no podemos perder mucho
       tiempo en decorar las emociones: es lo que es, y hay que hacerse
       cargo, responsable, de las cosas que uno siente. Así que, esta
       semana trabajaremos con preguntas claves en relación a lo que
       nos mueve emocionalmente para trabajar sobre ello. Así que
       pongo a tu disposición estas preguntas.

YO: ¿Debo respondértelas?

SOY: Bueno, no a mí, sino a ti mismo. La tarea de toda esta semana
       conllevará a tratar de comprender cómo nos ubicamos en los
       lazos emocionales respecto a los vínculos energéticos de nuestra
       vida. Por lo tanto, te recomiendo escribir la pregunta, y debajo,
       desarrollar en una serie de puntos, enumerando las razones, las

cosas que piensas que tienes razón, y cómo reaccionas cuando descubres que no la tienes. Debes hacer conscientes estas tres formas para que tu ser se vuelva consciente de estos mecanismos de reacción y estructura de tu constitución.

YO: Empecemos como siempre, recordando lo que significa «Razón».

SOY: «Razón» viene del latín *reris* que significa «pensamiento», y *-tio* que significa «acción»; *retionis* sería el acto de pensar, que fue evolucionando o deformándose a *reatione* y luego a «razón» en español (*reason* en inglés). «Razonar» es el verbo que describe la acción de pensar. «Razonable» describe el atributo de algo que es consecuente con la forma de pensar de manera lógica y coherente. Y, por lo tanto, «tener la razón», es poseer la capacidad de pensamiento lógico.

YO: Aunque hoy, tener la razón ya no es tan lógico...

SOY: Y te explico por qué. Porque «la razón» proviene simplemente de la idea de pensar, algo que tranquilamente puede darse sin necesidad de estudio, ni de comprobación, y que puede nacer netamente de tu imaginación. Tú, por ejemplo, ¿has comprobado alguna vez lo que explicas?

YO: Bueno... algunas cosas sí, pero la mayoría no; surgen de mí, de mi interior...

SOY: De tu mente. O sea que tranquilamente todo lo que dices podría ser imaginario, un invento de tu interacción neuronal, y ya está.

YO: Si lo pones así... Sí, claro; yo siempre digo que realmente me da igual comprobar lo que digo. Es decir, hay gente que me dice: *«¿Cómo sabemos si lo que dices es verdad? ¿Cómo podemos comprobarlo?».* Y yo suelo decir que yo no vine a demostrar si es o no verdad lo que digo, porque no es mi misión demostrar nada; mi misión es ser, compartir; si sirve y es útil, pues bien; y si no es útil, pues igual está bien.

SOY: Bueno, es un punto de vista desapegado de lo que entregas; está bien; sin embargo, sigue siendo sólo una idea. ¿Es tu idea de desapego a la veracidad un producto de tu esencia en eje o de tu ego tratando de sobrevivir?

YO: Creo que es una lucha constante, ¿no? Bueno, más que lucha, es una cuestión pendulante entre la razón de mi ego en la percepción de las cosas, y la razón de mi esencia en la verdad de las cosas.

El ego busca sobrevivir, y será inevitable que se defienda de alguna manera; si no fuese útil, la esencia nunca hubiera creado al ego...

SOY: Me atrapaste, ¡jeje!

YO: Voy aprendiendo, ¡jeje!

SOY: El ego es una herramienta; pero a veces, le dejamos conducir la vida, y es normalmente cuando tenemos accidentes. El ego es una suerte de conductor con un mapa desplegable, cuando la esencia es el GPS. Cuando el ego trata de ver el camino o decir *«Tranquilo, yo sé dónde estamos»*, las cosas suelen siempre salir mal y terminas perdido en medio de un lugar peligroso.

YO: Me ha pasado varias veces...

SOY: Lo mismo pasa con la Razón. La línea que separa el pensamiento del ego y el pensamiento de la esencia es muy delgada, pues ambos son mapas, pero con distintas formas de abordarles. No respondiste a mi pregunta.

YO: Pues... muchas veces me doy cuenta que ignoro adrede algunos datos, por la necesidad de sostener mi integridad. Es raro, porque, sé con todo mi ser que no vine a demostrar nada a nadie, que me da igual, y que yo vine a compartir lo que sé, lo que siento, lo que vivo, y ya está; no pienso volverme loco en esta vida perdiendo tiempo en que me crean. Y allí es cuando el ego a veces toma el control, en el concepto *«Me da igual»*. Cuando vas oyendo cada vez más cosas en el mundo, te vas dando más cuenta que la gente quiere creer cualquier cosa; entonces, por más que enfoques toda tu energía en querer explicar ciertas verdades o aclarar y justificar lo que sabes o dices, sus mentes no cambiarán. A veces pienso que lo mejor es compartir, sin querer convencer a nadie; desde allí, cada uno, tomará lo que le sea útil y hará su propio discernimiento. Sin embargo, entiendo a lo que vas; no es una cuestión de cómo lo ven los otros, sino cómo yo lo proyecto...

SOY: *«Me da igual»* puede convertirse en una forma de justificar cualquier cosa que surja de tu mente. El ego, defendiendo tu integridad, puede cerrarse a aprender nuevos conceptos que nutran tu propia visión.

YO: Siempre hay que estar abierto a aprender algo nuevo. Gracias a hablar contigo, conmigo, todos los días, puedo identificar cada día más cuándo es mi ego el que responde: *«Me da igual»*, y cuándo es la esencia diciendo: *«No está en mi camino hoy»*.

SOY: Vives en un mundo lleno de mentes, y cada una proyecta su propio pensamiento en el mundo exterior; pero lo hacen sólo para referenciarse en lo externo y saber cómo moverse en el entorno —lo que se resume en tratar de sobrevivir al ambiente. Por lo tanto, el ego utiliza el pensamiento como un mecanismo de defensa, y a ello le llama «Razón». Los religiosos creen que tienen razón; los científicos creen que tienen razón; los estudiosos creen que tienen razón; los conspiranoicos creen que tienen razón; el ignorante cree que tiene razón...

YO: En esta época, muchos de esos pensamientos se vuelven extremistas, y no se abren a ver otras opciones, al punto en que no pueden creer ni en lo que están viendo con sus propios sentidos. Por ejemplo, esta semana recibí un video de alguien en España que decía que la nieve era plástica, porque al acercarle fuego con mechero no se derretía, sino que se quemaba... Y a veces nos olvidamos de que hoy tenemos acceso a la mayor red de información, a la mayor biblioteca de conocimientos colectivos del mundo: Internet; y muchas veces, antes de buscar datos, hablamos sin saber. Y me incluyo.

SOY: Hemos hablado de la diferencia entre el que desconoce y el ignorante. Quien Desconoce no sabe que tiene medios para conocer. El Ignorante es el que niega conocer aun sabiendo que tiene la posibilidad de hacerlo.

YO: Me tomó menos de un minuto buscar un video donde explica cómo es la combustión del fuego la que deja marcas de carbono (quemado) sobre la nieve, cuando es el calor (en la parte azul del fuego o la externa que rodea a la parte amarilla) el que derrite la nieve volviéndola agua. Pero es verdad que, en nuestro tiempo, perdimos la costumbre de preguntar. Creemos que nos ocultan conocimiento, y a veces es simplemente que no le hemos buscado bien o hecho las preguntas correctas.

SOY: Por ello, la razón tiene tres formas de manifestarse. Proviniendo del pensamiento, tenemos la razón subconsciente, la inconsciente y la consciente.

YO: ¿Cómo es la Razón Subconsciente?

SOY: Es la que llamamos «ilógica». Es decir, el pensamiento que resuena como un eco, que reconocemos como verdad en nuestras células, en nuestra emoción, sin necesidad de hacer un proceso cognitivo. Nuestro ser lo reconoce. El Inconsciente es la razón que se obtiene por cultura o pensamiento colectivo en que no se duda del grupo por miedo a ser expulsado del clan y morir en el exilio. Y la razón Consciente es la que se produce en la búsqueda y aprendizaje de distintas opciones.

YO: Pero esto puede ser aplicable a muchas cosas... O sea, la razón subconsciente puede equiparar en el mismo nivel a mis explicaciones holísticas resonando en miles de personas, y a las posturas de que la tierra es plana o hueca, que también resuena en miles de personas...

SOY: ¿Y qué es lo que te hace pensar que tú tienes la razón y los otros no?

YO: Los datos... Es decir, datos desde hace miles de años, de matemáticos, geólogos, astrónomos, arquitectos, científicos, de diferentes culturas; los datos empíricos como la rotación de estrellas, planetas, los solsticios y equinoccios; o simplemente subirte a un vuelo de Sídney a Buenos Aires o Sudáfrica, mirando la Antártida por la ventanilla... cosa que yo mismo he hecho y cualquiera puede hacer...

SOY: Si entramos en los aspectos filosóficos de la razón, podríamos decir que ni tú ni ellos tienen razón, o todos la tienen; pues cada uno ve el mundo con la realidad de su propio cerebro. Es decir, hay gente que la misma caricia en un brazo, con la misma suavidad, la siente como un placer o como un dolor insoportable. Todo se debe a la percepción cerebral. El mundo externo no puede ser exacto nunca si lo percibes con los ojos de tu percepción encefálica.

YO: Pero hay datos concretos; es decir, más allá de la percepción de las cosas, los experimentos contrastados por cientos de individuos componen una verdad colectiva...

SOY: Según esa verdad colectiva, todo lo que tú sabes no es más que una esquizofrenia bien gestionada.

YO: Buen punto...

SOY: Como verás, nadie tiene La Razón, pero todos tienen razón. Y una razón colectiva moldea una idea del grupo. Hay científicos que van a misa los domingos —aunque sepan que la existencia empírica del Dios cristiano sea imposible. Pero tienen fe y la fe engloba todo lo que no se puede entender desde la razón; abre las puertas a todas las posibilidades. El problema que surge tanto en la Fe como en la Razón, es el mismo: aferrarse a la idea de que es la única respuesta. Tanto la Fe como la Razón tienen el mismo principio: abrirse a las infinitas posibilidades, no cerrarse a nada; pero ambas cometen este error ancestral de creer que sólo hay una posible respuesta. ¿Qué sientes ahora que sabes que nunca has tenido la razón?

YO: Me pasan dos cosas... Siento náuseas, como si de repente no hubiera dónde aferrarse, no supiera dónde ir... Y, por otro lado, me siento libre, sin el peso de tener que buscar la razón y poseerla...

SOY: La Razón se construye mediante el aprendizaje; la razón nunca se puede poseer; no se puede tener; sólo se puede pasar, compartir, integrar y trascender. Quien dice tener razón, por más seguro que se encuentre, pecará de apego y ego; es decir, demostrará que vive desde la necesidad de supervivencia de su «yo» ligado a este concreto tiempo y espacio.

YO: Nadie posee la razón, pero todos la construimos...

SOY: En cada pregunta que haces, construyes la Razón; y cuando descubres una nueva pregunta, le llamas Fe. ¿Cuál es tu razón de ser?

YO: Descubrirme a mí mismo y de lo que mi mente es capaz de manifestar...

SOY: ¿En qué crees que tienes razón y otros no?

YO: En la forma en que veo el universo desde la integración holística y armónica; creo que los que lo ven desde la conspiración y la dualidad no la tienen...

SOY: ¿Qué pasaría si un día descubres que tú no tenías razón y que el universo es realmente una matrix de control creada por fuerzas opositoras de la oscuridad viviendo en una tierra plana que es un experimento?

YO: Me costaría aceptarlo... Me produciría ansiedad; se rompería el sentido de todo lo que soy, lo que hago, lo que creo... No tendría sentido nada... Y probablemente, eventualmente, trataría de ajustarme a esa nueva realidad viendo de qué manera lo que yo sé puede ser útil para trascender ese sistema y crear otro diferente...

SOY: Ahora sabes cómo se siente cuando en tus palabras rompes los patrones de otros para reemplazarlos por nuevos... Entonces reconoces la única razón posible en el juego de la vida: no se trata de tener razón, sino de adaptarse y trascender los patrones de raciocinio para evolucionar, aprender, expandirse... conocerse.

YO: ¡Ya sé! Yo no tengo la razón; Yo Soy la Razón.

SOY: Ese es el mayor pensamiento de liberación que encontrarás en la existencia...

PROYECTOS

12 de Enero, 2021

SOY: ¿Qué es lo que proyectas al Mundo? ¿Cuáles son tus proyectos? Todo lo que haces al mundo se proyecta de ti; tus proyectos nacen de tu necesidad de proyectarte. ¿Eres sincero con lo que proyectas?

YO: ¿Qué es un Proyecto?

SOY: De la palabra *Pro-iectus* originada en los conceptos *pro* (hacia delante) y *iacere* (lanzar) más el sufijo de adjetivo *-us*, significa: «lo que es lanzado hacia delante».

YO: Como un «proyectil»...

SOY: En el Universo, todo surge de la Mente que genera una idea. Y esa idea busca manifestarse; la forma de hacerlo, es expresándose de dentro hacia afuera; es decir que, desde una visión humana, el ser se mueve hacia delante. A esto le llamamos «Proyectarse». Toda proyección es la acción de lanzarse hacia delante, moverse, avanzar, expandirse, evolucionar. Tras millones de pruebas y prácticas las proyecciones pasan de ser una vibración a ser energía, y la energía convierte a la proyección en materia. Es decir que, en términos humanos, el Universo se proyecta en el nivel mental, de allí se proyecta al emocional, y de este al físico. Todo lo que existe es una proyección; es un movimiento continuo que genera evolución mediante la proyección de la idea original.

YO: Y en la materia se convierte en un atributo del ser.

SOY: La proyección mental de una percepción preconceptual sobre una expectativa genera la proyección emocional sobre la distorsión polarizada que llamarás «dualidad». Y es esta polaridad que, en su interacción, se reconoce como capaz de proyectar en la materia aquello que interactúa en el alma, volviéndose atributo de sí mismo, surgiendo el proyecto.

YO: Espera... este párrafo es tan simple como complejo... Vamos por partes...

SOY: Vuelvo a comenzar. «*La proyección mental de una percepción preconceptual sobre una expectativa (...)*»: Cuando tienes una idea sobre algo, no es más que tu propia percepción de ello por experiencias previas; por lo tanto, colocas una expectativa en lo que eso que observas pueda realizar. Por ejemplo, alguien observa un cielo nublado. Porque esta persona sabe que cuando se nubla llueve, espera que el resultado siempre sea el mismo y que caiga agua en forma de gotas. «*(...) genera la proyección emocional sobre la distorsión polarizada que llamarás 'dualidad'*»: en resumen, y siguiendo el ejemplo sencillo, al ver el cielo nublado se activan emociones preconcebidas en relación a la lluvia que pueden pendular entre la melancolía, la tristeza y la incomodidad —si la lluvia se relaciona con situaciones de interiorización en tu vida—, o la alegría, diversión y expansión —si la lluvia se relaciona a momentos positivos de tu vida. «*Y es esta polaridad que, en su interacción, se reconoce como capaz de proyectar en la materia aquello que interactúa en el alma (...)*»: las reacciones que tengas en función de tu emoción ante el cielo nublado, te llevarán a planificar el día, cómo vestirte, cancelar o agendar actividades, etc. «*(...) volviéndose atributo de sí mismo, surgiendo el proyecto*»: es decir que, es la misma persona la que, en lugar de hacer algo hacia afuera, se convierte en su propia actividad, al vestirse, al avanzar, al moverse, al transformarse. Por lo tanto, lo que antes fue una idea, ahora es un hecho: se puso las botas, tomó el paraguas y salió a caminar hacia algún encuentro.

YO: O sea que el alma es el proyecto del espíritu y el cuerpo es el proyecto del alma...

SOY: Así es... Y la vida es el proyecto del cuerpo. Todo es una proyección en el universo; por lo tanto, todo tiene el atributo de la proyección.

YO: Esto me recuerda a aquella idea de que somos un experimento holográfico de consciencias superiores. ¿Es así?

SOY: Claro. Vuestro problema es que lo veis desde los ojos de la dualidad, pensando que las consciencias superiores y las inferiores son individuos diferentes. Sin embargo, hablar de consciencias superiores e inferiores es como hablar de un cerebro y un hígado; ambas son partes indispensables de un mismo organismo.

YO: Claro... Se necesitan mutuamente... No están separadas ni una controla a la otra, sino que interactúan en diferentes estados.

SOY: Tú eres la proyección de tu cuerpo; tu cuerpo es la proyección de tu alma; tu alma es la proyección de tu espíritu; y tu espíritu es la proyección del cosmos; así como el cosmos es la proyección de la idea original. Por lo tanto, en cada nivel encuentras el experimento (es decir la experiencia) del plano anterior. Si el alma es una proyección espiritual, significa que el espíritu busca experimentarse a sí mismo mediante el alma. Esto nos lleva a entender que el alma es un experimento del espíritu; es decir, es un proyecto espiritual. Lo mismo sucede con cada nivel. Tu vida es un experimento; es un proyecto y cuando tú proyectas, generas nuevas experiencias para descubrirte a ti mismo. Dime... ¿qué proyectas?

YO: ¿Cómo saber qué es lo que proyecto en la vida?

SOY: Bueno, piensa en tus proyectos.

YO: O sea que, si observo mis proyectos de vida, podré saber lo que proyecto de mí al mundo...

SOY: Así es.

YO: ¿Y qué pasa con los que no tienen proyectos?

SOY: Todos tienen proyectos; tal vez no son grandes, son pequeños; pero son proyectos. Algunos tienen proyectos conjuntos, otros individuales; otros viven proyectos ajenos; otros consideran que tener una cita es un proyecto; otros consideran proyecto hacer una buena comida, otros crear una revolución social. ¿Tú?

YO: Yo... Mi proyecto hoy es el «YOSOY», y nunca había estado tan en mi centro en mi vida. Desde 2015 que planifico este proyecto, pero siempre fallaba...

SOY: ¿Por qué?

YO: Porque me di cuenta que el lugar desde donde lo proyectaba no era el mejor... No estaba siendo yo mismo; estaba queriendo abarcar demasiadas cosas, con demasiada gente, haciendo planes demasiado forzados. Cada semana hacía un nuevo itinerario; modificaba la manera de realizarlo: con gente, sin gente, con crowdfunding, pagándolo yo con mis viajes con gente, haciendo un documental, volando en avión por el mundo, buscando sponsors... Todo mi foco estaba en el «¿Cómo?» y el verdadero foco era «¿Qué?». Y ese qué me llevó al «¿Quién?» y de ahí al «Dónde» y al «Cómo». El camino era al revés.

SOY: Todo lo que realizas como proyecto, sólo funciona cuando te vuelves el proyecto. Es por esto que lo demás que tienes en mente aún no florecerá, pues no está vibrando en ti aún; no puedes proyectarlo, pues la idea no está aún formada. La mente capricorniana buscará planificar todo a largo plazo, por muchos años, haciendo cientos de planes o sus opciones; pero todos fracasarán si no te vuelves tú el proyecto.

YO: Ese es el problema... Todo lo que he proyectado, lo he hecho desde el Ego... no desde la esencia. Es decir, cuando dejo mis proyectos de vida en manos de mi personalidad, negando el sentir de mi alma, la razón de mi espíritu, la comunión con el cosmos, por más que me esfuerce, no obtendré resultados, pues estaré construyendo sobre un pantano. Debo conectarme con el proyecto de mi alma, con el de mi espíritu, y desde ahí sentir la coherencia proyectada hasta mí... Pero... ¿cómo lo hago?

SOY: El primer proyecto que todo humano debe tener en cuenta es el construirse a sí mismo. Primero: conoce la historia de tu cuerpo (árbol genealógico, familia, ancestros, traumas, dones, sucesos, historia humana, biología...). Segundo: conoce la historia de tu alma (emociones encerradas, placeres, voluntades, amores, vidas pasadas...). Tercero: conoce la verdad de tu espíritu (registros akáshicos, kundalini, ayahuasca, meditación, viajes a sitios nuevos, lectura y estudio). Cuarto: busca la concordancia entre todo ello, los puntos de conexión. Quinto: observa en tu vida qué de todo ello pones en tus proyectos a futuro a nivel físico, emocional y mental. Así identificarás lo que proyectas al mundo, y desde dónde. ¿Qué proyectas?

YO: Mi gran proyecto de vida es el «YOSOY», pues todo lo que hago lo realizo para mí, para mi crecimiento, mi descubrimiento. Me importa mucho disfrutar, divertirme, y proyecto eso en las aventuras de mis proyectos. Pero también proyecto confusión muchas veces, pues sé que en mi interior aún existe la lucha entre el revolucionario espiritual y el ermitaño educador. Uno está tratando de hacer cosas grandes y dejar huella en el mundo social, espiritual, marcando la diferencia hacia otro nivel de consciencia planetario; y el otro está queriendo encontrar una casa en la montaña y ver a la menor cantidad de personas posibles, viviendo en paz y educando cada tanto cuando quiera salir de la cueva.

SOY: ¿Cuáles son tus proyectos?

YO: A nivel planetario y colectivo, es el «Yo Soy» y la «Ontocracia». El primero, es lo que estoy haciendo: compartiendo mi descubrimiento del «Yo Soy» con el objetivo de que sea útil para la red consciente y su manifestación a nivel global. El segundo es poder manifestar un sistema social útil para la era de Acuario, sin proyección espiritual ni nada, sino simplemente útil para el desarrollo evolutivo de la humanidad a nivel social. Y en tanto a nivel personal... creo que es poder tener mi propio espacio donde vivir, escribir mis libros, lograr hacer alguna película. En cierta forma estoy haciendo todo ello, así que, me siento completo y realizado en el andar... Este año me he dado cuenta que estoy haciendo todo lo que esperaba hacer, pero trataré de hacer las cosas mal, ya que no pretendo morir pronto... ¡Jejeje!

SOY: Tranquilo... Aún hay cosas por hacer. ¿Consideras pues, que eres sincero con lo que proyectas?

YO: Mmm, a esto tal vez ahora diga que sí, pero debería pensarlo más... ¿Cómo saber si soy sincero?

SOY: Bueno... hay una manera. ¿Para quién haces lo que haces?

YO: ¿Mis proyectos? Para mí. Estoy seguro de que lo que hago lo hago para mi propio bienestar, mi propia estabilidad, mi propia seguridad...

SOY: Entonces ahora sabes que eres sincero. Hay distintas formas de identificarlo, pues el «Yo» puede entenderse como el «Yo Soy» o el «Soy Yo». ¿Buscas, pues, crear estos proyectos para que el mundo obtenga beneficio y no esperas nada a cambio de ello?

YO: Soy sincero: sí espero algo a cambio. ¿Sabes? Recuerdo las vidas en que lo di todo por el mundo, y aprendí que nada tenía que ver con la verdad. Ser un mártir, un siervo del mundo, no te hace más iluminado; no es lo que haces sino cómo lo haces. Y soy sincero en ello: en esta vida no haré servicio a no ser que dicho servicio esté en equilibrio con hacerme sentir bien y tener un buen paso por esta Tierra. Pero aun así no me cierro al servicio, pues sé que vine a dar todo lo que esté en mí para este mundo que amo; pero no seré un mártir de este mundo, no otra vez.

SOY: Que tus proyectos no proyecten sobre otros, y que las proyecciones de otros no te conviertan en sus proyectos, es difícil de esquivar; aunque hay una única forma de hacerlo...

YO: Reconociendo que Yo Soy mi propio Proyecto.

SOY: Yo Soy tu Proyección...

YO: Yo Soy tu Proyecto.

AYUDA

13 de Enero, 2021

SOY: ¿Puedes con todo? ¿Eres capaz de pedir ayuda?

YO: Creo que fue por Abril de 2018 que decidí alquilar una autocaravana en París y dirigirme a Escocia... una de esas cosas absur-
das que hago sin pensar mucho. Recorrí Normandía y Bretonnia
antes de cruzar a Inglaterra en ferry. Esa misma noche en el
barco atravesando el Canal de la Mancha, comenzó a nevar, y
al llegar a Inglaterra era tan tarde que decidí buscar un sitio
tranquilo donde poder aparcar y pasar la noche. Pero la nieve
lo hacía imposible, además de que uno no puede parar en cualquier sitio con una caravana. Así que encontré un pueblito, en
las afueras, cerca de Old Harry Rocks, en Poole. Pero no había
luces y era imposible ver bien el camino, así que tuve que apagar
todas las luces internas de la caravana para poder ver con mejor
detalle las de afuera, y entonces un horrible ruido se escuchó.
Me detuve, y salí a ver qué era... Antes, al tocar los botones para
apagar las luces, había tocado también el botón que saca la escalera, y debido a que las calles eran muy estrechas y rocosas, la

había arrancado y arrastrado por unas calles. No podría seguir, así que me metí en una granja, y esperé. Nevó tanto que el agua que mantiene circulando la calefacción fue liberada por el sistema de emergencia, así que dejé de tener agua y calor. Dentro hacía cinco grados bajo cero, afuera hacía ocho bajo cero. Al día siguiente, todo estaba cubierto en nieve, y traté de arreglar la escalera, mojado, helado... Era tal vez la primera vez en mi vida que intentaba hacer algo mecánico... Pero no podía. No entendía nada, cables, destornillador... Posición incómoda, imposible hacerlo con guantes... Mi pantalón mojado comenzaba a congelarse; ya no sentía las extremidades; y había ensuciado todo adentro, sin tener agua para limpiar. Me hice un té derritiendo nieve, y seguí intentándolo.

SOY: Testarudo...

YO: Lo sé... Entonces opté por la solución más ariana posible: arrancar la escalera. Comencé a arrancar todos los cables, y luego pensé: *«Si se mojan, hará cortocircuito y no sólo dejaré la caravana sin luz ni electricidad, sino que también me electrocutaré»*. Entonces corté los cables sin saber el resultado, y los pegué con cinta adhesiva a la estructura inferior. Tomé un hierro que había allí y empecé a hacer palanca para arrancar la escalera. Entonces apareció un granjero en tractor diciéndome que no podía estar allí, a lo que respondí: cuando termine de sacar la escalera avanzaré. El señor se bajó y tomó un mejor hierro de su vehículo; sin decirme nada, comenzó a jalar la escalera hasta que logró arrancarla en minutos —cuando yo había estado una hora. *«Hay cosas que necesitarás acomodar abajo, y para ello precisas de herramientas»*, dijo. *«¿Dónde puedo ir?»*, respondí. Entonces me indicó que más abajo había una tienda; podía preguntar allí. Me acerqué sesenta metros más abajo, y una pareja de abuelos que atendían el negocio me preguntaron qué necesitaba. Entonces lo dije: necesito ayuda. No podía irme de allí sin arreglar el resto de las cosas que colgaban, y necesitaba herramientas que no tenía. El señor me miró fijo, y me hizo seguirle. Atrás de la casa, había un taller y me entregó todo el botiquín de herramientas; en plena confianza me dijo: *«Toma el tiempo que necesites»*. Así lo hice. Dejé una nota a la gente de la granja agradeciendo por dejarme estar allí hasta solucionarlo;

arreglé todo lo que pude, y me sentí orgulloso de ello. Volví a la tienda, devolví todo, y agradecí por la confianza. Me di cuenta en ese momento que había estado toda una mañana tratando de solucionar un problema a la fuerza, cuando con un simple: «*¿Me ayudarías?*» lo hubiera solucionado en treinta minutos.

SOY: ¿Por qué os cuesta tanto pedir ayuda?

YO: Creo que es orgullo. Me da la impresión de que, en la vida, se premia mucho el éxito individual. Desde pequeños se nos dice que tenemos que esforzarnos para conseguir lo que queremos, que no siempre estará mamá o papá para hacerlo por nosotros, que las cosas que quieres debes aprender a obtenerlas por ti mismo. En la escuela los exámenes son individuales, y casi siempre se trata de competir por quién tiene la mejor nota. Pedir ayuda, culturalmente, se considera una debilidad, un fracaso; demuestra nuestras incapacidades. Y siento que despierta la frustración y la vergüenza.

SOY: ¿Vergüenza?

YO: Sí... De decir: «*No puedo...*». De mostrarse débil, vulnerable.

SOY: Palabras difíciles de pronunciar... Pues como hemos visto al principio de nuestro año, la clave era decir «Yo Puedo». Y tal vez, hay que entender que esta afirmación también incorpora el concepto «Yo Puedo pedir Ayuda»...

YO: Sí... es verdad.

SOY: En el aspecto de la verdad capricorniana, el esfuerzo de lograr los objetivos, de cumplir con las metas, del trabajo incansable de mejorar, el foco se pone tanto en conseguir lo esperado mediante la constancia, que se pierde el foco en reconocer que cuatro manos son más útiles que dos. A veces, no puedes sostener todo tú mismo; además, se optimizan los resultados cuando hay más perspectivas. El atributo capricorniano que vive en cada humano, es la creencia de que lo importante es demostrar que se puede llegar sin ayuda de nadie; demostrar que puedes hacerlo solo. Y este es uno de los grandes errores que se comete tanto en el mundo inconsciente como en el consciente.

YO: ¿En qué sentido?

SOY: Comencemos por el inconsciente. En la cultura humana se ha desarrollado esta idea de éxito en diferentes etapas de la existencia.

Vamos desde lo más novedoso a lo más ancestral. Hoy la gente vive en un mundo de competencia exacerbada. Todo se trata de tener éxito, de competir, de obtener mayores resultados. En el mundo empresarial, político, económico, educativo, cultural, está todo ligado a ver quién logra llegar más lejos o más alto. El impulso es constantemente promovido por la fuerza de la comparación con otros, en lugar de la colaboración con otros. Esto parte del principio que mencionabas: el éxito personal es ejercido por la familia que, en su afán de sobrevivir y encontrar estabilidad en todos sus aspectos, fuerza obligadamente a sus hijos a ser mejores que los otros, a esforzarse para conseguir mejores resultados, a hacer las cosas solo y no depender de nadie.

YO: *«Debes lograr ser tu propio jefe y no empleado de nadie».* Por ejemplo, es una de esas ideas... *«Debes ser doctor, o abogado; no artista o músico que eso no da ganancia»,* es otro de los dichos.

SOY: Esto nace de la Revolución Industrial en el siglo XVIII. Cuando la mayor parte del pueblo salió del campo hacia las ciudades, la comida ya no se podía obtener de la tierra, sino trabajando en las fábricas por unas doce, catorce o dieciséis horas diarias. A cambio, recibías un dinero para vivir. Cuanto mejor o más trabajabas, más dinero. Esto hizo ver que quien trabajaba duro, obtendría mejores resultados; le daría libertad económica para crear su propio emprendimiento. Así surge la Clase Media, algo impensado antes: pobres con recursos y libertad económica. Aquellos que lograban tener sus propios capitales y vivir en la ciudad sin dependencia del campo, se les conocía desde el Renacimiento como «los ciudadanos», que en latín les llamaban «burgueses» (*burgos* = ciudad).

YO: Por eso tantas ciudades se llaman así, *burgos*: Hamburgo, Estrasburgo, San Petersburgo... Los burgueses eran los productores de empresas en las ciudades.

SOY: Trabajadores que se volvieron ricos como los antiguos feudales. Así nos vamos hacia atrás en el tiempo, cuando la mayor parte de la población vivía del campo, y los únicos que vivían en las ciudades eran los príncipes, los feudales, los reyes. En ese periodo, el éxito no se conseguía por el trabajo duro y el esfuerzo, sino por batallas, muertes, estrategias, contactos, traiciones, robo o herencia... El pueblo, por lo general, debía esforzarse para sobre-vivir; y para lograrlo, no bastaba el esfuerzo personal, sino el de todo un grupo, una familia. Allí se forjó la idea de clan, en que ningún individuo consigue nada sin la ayuda del otro. Como verás, es la visión opuesta a la época industrial. El siglo XVIII trajo la revolución que demostró que todos tenían oportunidades de volverse feudales —algo que hasta entonces era sólo un sueño. Es así que puedes entender que «clan, ayuda, comunidad» eran sinónimos de «supervivencia, opresión y feudalismo». Al llegar la primera revolución industrial, el feudalismo trató de seguir con el sistema llevando a los campesinos a las fábricas; pero la Revolución Francesa cambió esto para siempre, dando la posi-bilidad al campesino de elegir el feudo, y tomar control de las libertades. Así, las ideas de comunidad y ayuda colectiva pasaron a ser sinónimos socioculturales de derrota, control, enemigos del éxito personal.

YO: Ahora tiene más lógica...

SOY: Pero vamos más atrás. Los feudos, príncipes y reyes buscaban este éxito, amparados en las ideas de los antiguos linajes de san-gre azul, elegidos por la mano de Dios. Para las clases altas, la competencia sí existía fuera de los ojos del pueblo común. La lucha de poder y de divinidad de los reyes, de sentirse cerca-nos a Dios, nace de las antiguas tradiciones de buscar un Rey del Mundo, hijo directo del Dios de los Cielos. Esta es una tradi-ción judeocristiana, aportada por los pueblos semíticos; es decir, todos aquellos surgidos de Medio Oriente. Y ¿por qué?

YO: Supongo que por las tradiciones de los Anunnaki...

SOY: Así es. Es en Medio Oriente donde los «dioses de los Cielos» descendieron y tuvieron hijos con las mujeres de la Tierra y sus hijos eran especiales; tenían capacidades extraordinarias y eran llamados «de sangre azul» o «héroes y heroínas».

YO: Como Hércules...

SOY: Exacto. Aquiles, Odiseo, Héctor, Perséfone, Victoria para los roma-nos o Nike para los griegos: todos y todas hijos e hijas de dioses de los cielos con humanos de la Tierra. De ellos provienen las ideas de aquellos individuos de sangre real capaces de cualquier cosa; todopoderosos, imponentes, que no necesitan ayuda de nadie, pues lo pueden todo. Pero esto no proviene sólo de esos dioses. Antes, en los más ancestrales humanos, existía la idea del Tótem: un ser mitológico que tenía los atributos de animales y plantas. Los brujos y brujas trataban de incorporar estos tótems en su ser, para despertar habilidades únicas. Las historias hablaban, pues, de hombres pájaro, de hombres lobo, de hombres oso, mujeres serpiente, mujeres búfalo, mujeres araña; y se habló del árbol de la vida y el conocimiento.

YO: Todos querían ser como ellos...

SOY: Todos querían tener el poder de la naturaleza; ser omnipotentes.

YO: Entonces, pedir ayuda siempre ha sido sinónimo de debilidad en el mundo humano... Está en nuestro subconsciente...

SOY: Y aquí hemos llegado al concepto que debíamos hablar. En un momento te dije que en el mundo consciente también está arraigada esta idea. Todo lo que hemos recorrido hasta ahora, ha sido el inconsciente. Pero, ¿qué pasa cuando comienzas a despertar? Empieza la búsqueda de la iluminación, la búsqueda de otros mundos, de ver quién tiene mejores explicaciones, respuestas, maestría, capacidades; comienza la búsqueda de ver quién tiene razón, quién es más divino, más despierto, más consciente, iluminado...

YO: Sí, es verdad; sostenemos esta misma idea en el plano de la consciencia...

SOY: Pues al buscar la Fuente de todas las cosas, llegas al «Yo Soy» y encuentras una verdad absoluta: Tú eres Todo. Y en esa verdad, la consciencia se pierde en la omnipotencia; se considera que un sabio no pregunta, que el universo no se pierde, que el cosmos no se desordena, que el iluminado no se ofusca, que el equilibrado no se emociona, que el maestro no aprende; que Dios no se equivoca.

YO: Pero sí...

SOY: Porque el «Yo Soy» es una red compuesta de millones de «Yo»; es una red neuronal que, sin interacción, sin compartir, no crea pensamientos, ideas, acciones, evolución... No sueña, no razona, no manifiesta... «Ayuda» viene de la etimología *ad* (hacia) y *iuvare* (respaldar) que a su vez encuentra su origen en el indoeuropeo *yeu*, que significa «joven, juvenil, juventud». En inglés *help* surge del indoeuropeo *kelb* (sostener). El concepto se refiere a «sostener al joven que aprende». El Universo es un ser en constante aprendizaje, en la necesidad de ampliar su forma de ver el mundo... Y sin otros, es imposible ver otras opciones. En el subconsciente, hemos registrado ambos conceptos: La ayuda nos hace sobrevivir; pero, a su vez, le consideramos una derrota ante el éxito personal. ¿Sabes cómo corriges esto?

YO: No...

SOY: Recordando que no existes como persona. La persona es una de esas herramientas que utilizas. Lo único existente es el «Yo Soy», y vive en ti, a través de ti, pues eres parte del Uno; y cuando pides ayuda, la estás pidiendo a ti mismo, a otro aspecto de ti con la capacidad de ver lo que tú no puedes ver. Por eso tienes dos ojos y no uno, dos manos y no una, dos pies y no uno, para recordarte que el equilibrio no se logra con un sólo aspecto, sino con el sustento, apoyo, ayuda de otro. Nunca hubieras dado un primer paso sin el concepto de la ayuda. La Ayuda es la oportunidad que tu joven ser posee de aprender algo nuevo sobre sí mismo. ¿Puedes con todo?

YO: Sí, pero no como individuo, sino como el Uno que soy. Mi ego no puede con todo; necesita la ayuda de muchos más; solo jamás hubiera hecho nada de lo que hice; pero todos los que me ayudaron y me ayudan soy yo; somos Uno.

SOY: ¿Eres capaz de pedir ayuda?

YO: Ahora lo soy, más que nunca... Me reconozco como el joven que tiene la voluntad de aprender; todos a mi alrededor tienen algo para enseñarme, así como yo hago lo mismo con ellos.

SOY: Entonces, puedes decírmelo...

YO: Está bien... ¿Me ayudas?

SOY: Toma mi mano.

RELACIONES

14 de Enero, 2021

SOY: ¿Qué esperas de los demás? ¿Los consideras herramientas? ¿Cómo son tus vínculos? ¿Son libres o se basan en la necesidad?

YO: ¿No son todos los vínculos una relación de necesidad?

SOY: Exactamente así es. ¿Sabes lo que es una «necesidad»?

YO: La búsqueda de algo que no tengo, llenar un vacío con algo externo...

SOY: Ese es el sentido que se le ha dado a la palabra «necesidad». Sin embargo, no es su verdadero origen. «Necesidad» viene de los conceptos latinos *Ne* (no) y *Cessare* (parar; detenerse). Es decir que el término se refiere a algo que no cesa, que no termina nunca; algo eterno. El concepto «cesar» se refiere a encontrar un punto de tranquilidad, de quietud; con lo cual negar la quietud, implica movimiento —algo que no se detiene jamás.

YO: Acabas de romperme la cabeza... Es decir, estamos en un mundo lleno de necesidades; buscamos todo el tiempo suplir las necesidades, eliminar las necesidades —incluso como si fuera una mala palabra; y de repente, en tu explicación, es casi como si la necesidad cobrase un sentido muy diferente...

SOY: Y te diré por qué. Porque la visión que tienes del mundo, culturalmente hablando, es desde la negatividad, la crítica, el dolor, el martirio. Dependiendo del punto desde el cual mires el mundo, sus mismas palabras o hechos cobrarán un sentido mucho más amplio. La necesidad vista desde lo negativo habla de algo que no encuentra calma, que se ve ansioso, nervioso, y busca la tranquilidad desesperadamente, sin cesar. Esto nace de la concepción de que los humanos y la vida en general no se detienen nunca; por lo tanto, en ese cambio constante busca la estabilidad, la quietud, la seguridad. Pero desde el lado positivo, lo que se detiene, lo que cesa, se enferma y muere (lo que origina la palabra enfermedad en inglés: *disease*). Por esto, es inevitable moverse, avanzar. Recuerda: el eje se encuentra en el movimiento; la estabilidad se encuentra en la expansión. La evolución es una necesidad, pues nunca se detiene; es un constante aprendizaje en expansión que lleva lo que está dentro hacia afuera, una y otra vez. ¿Sabes cómo se dice en latín «la acción de expandirse una y otra vez»?

YO: ¿Cómo?

SOY: «Relación». Proviene de las palabras *Re* (otra vez), *Latio* (expandir; lleva hacia; extensión), y *-tio* (acción). La palabra «Relación» tiene codificada la palabra «Latín», que tanto hemos utilizado. Hace referencia a la región llana y extensa de la península itálica rodeada de la cordillera de los Apeninos, una región llamada «La Extensión Llana»; es decir: *Latio*, que origina la región italiana de «Lacio». Aquí se originó el imperio Romano; por ello, al pueblo surgido del rey Rómulo, se le conocía como «la gente de la llanura extensa», es decir: los *latinus*. Hoy la palabra «Latino» se refiere a todos los surgidos de las culturas del Lacio extendidas al mundo por la expansión y colonización global de las culturas Romances; es decir, aquellas surgidas del Imperio Romano, como Francia, Italia, España y Portugal.

YO: Todos están «relacionados», debido a la expansión...

SOY: Así es. Los pulsos de la historia terrestre, la historia humana y la historia individual, hacen que las cosas se repitan una y otra vez, como el latido del corazón.

YO: Recuerdo que en español las palabras «latir, latido» vienen del latín «ladrar» (*glattire*, con la «g» áfona); aunque, filosóficamente, tiene más sentido decir que el corazón se expande y lleva la sangre, que suena igual: *latire*.

SOY: Está en resonancia. La expansión del corazón es una clave para entender las relaciones. Así como Europa es el corazón del mundo que en cada expansión ha conquistado a otros a su alrededor, cada persona es también un corazón que se expande a su alrededor conquistando otros corazones. Ahora bien, ¿no te parece extraño que cuando se habla de un país conquistando a otro es considerado una invasión a los derechos humanos, pero cuando se trata del concepto de una persona conquistando a otra se considera romántico?

YO: Es... absurdo, sí. Además, la palabra «romántico» proviene justamente de Roma: el imperio que conquistaba a otros pueblos...

SOY: Porque en la época medieval, los escritores romances, es decir, los que utilizaban las lenguas romanas para describir la belleza de las culturas latinas del Medioevo, eran llamados «Románticos»; es decir: aquellos que se relacionan a Roma. Para ellos, los escritores sajones, otomanos o eslavos eran incomprensibles porque sus lenguas sonaban como «*bla-bla-bar-bar*»; por ello, les llamaban «Bárbaros o Barbáricos»; es decir relacionados con los que hablan «*bar-bar*».

YO: Wow... Acabamos de matar todo el romanticismo moderno y contemporáneo...

SOY: El Amor está visto hoy desde una tradición imperialista, machista, dominante, controladora, de conquista e inquisición.

YO: Madre de Dios... ¡Cada vez es peor! ¡Jajaja! Ya no sé si quiero ser romántico...

SOY: Bueno, habrá que resignificar la palabra tal vez. Podrías llamarle «*Parísico*» o «*Hollywoodístico*».

YO: Sí, más conectado hoy a quienes producen o venden las ideas de amor... ¡Jeje!

SOY: Sin embargo, más allá de los datos históricos, vemos cómo ha encarnado en el subconsciente e inconsciente colectivo la idea de que el amor y las relaciones se tratan de conquista, de romance, de tener, de querer. La palabra «conquista» surge de *conquerir*; es decir del latín: querer todo junto. Cuando en español se dice: «*Te quiero*», la palabra «quiero» surge de la voluntad de posesión, de tomarlo todo para uno mismo. En inglés el equivalente es «*I want you*», aunque su «*I love you*» proviene de la necesidad sexual de la lujuria y el placer.

YO: Toda nuestra idea de una relación está condicionada por la historia de dominar a otro. Como cuando se vendían o daban en matrimonio a las niñas de entre once y quince años a hombres con tierras o negocios, ya que entraban en etapa reproductiva y así agrandaban sus recursos uniendo por sangre a dos familias. Los hombres conquistaban a las jóvenes niñas para asegurarse su legado, no por amor. Igual que los profesores que se acostaban con sus alumnos para asegurarse su relación con los discípulos. Las niñas aseguraban su futuro; los niños aseguraban su lugar en la élite. Los conceptos sociales cambiaron; pero en muchos este concepto sigue existiendo en el subconsciente, en la genética.

SOY: La pederastia, pues, es una herencia cultural no sanada en la memoria celular de individuos estancados en un sistema que preparaba a los niños y niñas para un contexto caótico desde hace mil quinientos años hacia atrás en el tiempo. Esto condicionó a que las relaciones no se daban por amor, sino por continuidad, por necesidad de supervivencia y presión social. Así, las palabras «romance», «conquista», «relación» se construyeron para describir un contexto socio-cultural de la edad antigua. Y, debido a los poetas medievales, se reutilizaron para describir conceptos del alma y no de la sociedad. Así, hemos heredado estas palabras para el amor, y hemos pasado sus ideologías a nuestras relaciones.

YO: O sea que no existen relaciones sanas propiamente dichas...

SOY: Vamos a partir de la base universal: Todo es una red interconectada; todos son aspectos del Uno; por lo tanto, hay una continuidad de la conectividad inevitable; esta es la Expansión de la Consciencia, algo que llamaremos «la primer Relación universal», entre el Consciente, el Inconsciente y el Subconsciente. Seguimos por los principios del Ser: los tres niveles de consciencia mencionados, se vuelven lo que llamamos «Espíritu, Alma y Cuerpo»; estos entran en una relación directa, que llamamos la «Expansión del Ser». El tercer paso es el físico-biológico: cada individuo posee interiormente una relación inevitable entre sus células, órganos, moléculas y partículas; a esto lo llamaremos la «Expansión Evolutiva» que se da mediante la alimentación y la reproducción. El cuarto paso sería la interacción entre individuos: Aquí, las relaciones se basan en la capacidad de interconexión de personas que comparten ideas, emociones y acciones, con el objetivo de trascender y expandir su ser a otros; a esto lo podríamos llamar «Expansión Interpersonal». Todos son distintos tipos de relación; todos están relacionados a la necesidad intrínseca de expandir su ser, de trascenderse, de continuar; y ese «sin cesar», esa «necesidad», es sin fin, constante, eterna; nunca muere («amor» en lenguas latinas) y produce un enorme gozo divino (*love*, en lenguas sajonas).

YO: ¿Cómo hago para tener una relación libre entonces?

SOY: Siendo consciente de tus necesidades. No existe tal cosa como una relación libre en el universo, pues todo es una constante consecuencia de relaciones, de enlaces, vínculos que intercambian; de igual manera que una partícula de electrón y una de protón se necesitan la una a la otra, tú necesitarás de otras también para crear un átomo. También necesitarás expandirte, abrir tus posibilidades de nuevas necesidades que se conviertan en moléculas, y expandirte a más relaciones que se conviertan en sociedades, culturas, en la humanidad. La clave no está en ver cómo amar libremente o liberarte de las relaciones; está en entender realmente desde dónde y por qué te unes a los demás.

YO: Hay relaciones de diversas índoles... negativas, dañinas, positivas, familiares, de amistad, de amor, de pareja, de maestría... ¿Cómo sé cuáles son las mejores para mí?

SOY: Todas. Porque todas son claves para tu expansión. Pues de todas aprendes algo nuevo de ti.

YO: ¿Podría decir que entonces yo uso todas mis relaciones con un interés personal? Recuerdo que cuando era adolescente solía decir: *«Las personas son como escalones que hay que subir»*. Luego sentí que era horrible pensar así.

SOY: Recuerda, las personas son sólo aspectos de ti mismo; si les usas, sólo te estás usando a ti mismo. Pero si intercambias, estás expandiéndote. Cuando una persona usa a otra para su propio beneficio, no entendió que todo es Uno. Cuando una persona se niega a usar a otros, a su vez, está negando el entendimiento de que todos somos uno.

YO: ¿Cuál es el punto medio?

SOY: Comprender que toda relación surge por una necesidad de volver a expandirse; que los demás son catapultas para crecer, aprender, expandirse; y que siempre sacarás algo bueno de los demás al relacionarte con ellos. El punto medio se encuentra en saber aprovechar esa energía de expansión sin creer que, para lograrlo, debes poseer o conquistar al otro.

YO: A nivel de imperios y naciones, sería el ejemplo de España conquistando las Américas para obtener minerales para la Corona Europea quitando los recursos de los Andes y las Rocosas; en contraposición, estaría la idea de permitir que los países andinos sean libres y de generar una relación de intercambio en que España da algo a los países Andinos y éstos intercambian igual valor a España. En equilibrio. Allí hay necesidad desde los dos lados, pero desde la libertad del otro, una relación sana de interacción.

SOY: Y lo mismo sucede con las relaciones interpersonales; las parejas, los amigos, los familiares, los amantes que buscan poseer, controlar, dominar al otro, *conquerir* mediante el querer, amar mediante el recelo, enamorar mediante la condición, romantizar por la imposición de cariño (palabra que se origina en el concepto latino de proteger lo que está falto de algo), todo ello es la colonización de un ser libre buscando obtener un resultado. ¿Y tú, conquistas o intercambias?

YO: Sinceramente, he utilizado la conquista muchas veces en mi vida, el romanticismo como una forma de utilizar a los demás, de manipular desde las emociones y el amor para obtener los resultados esperados... En muchos casos, me he relacionado desde el condicionamiento, desde el usar al otro. Ese concepto de los escalones... Pero antes no me daba cuenta de esto tan claramente...

SOY: Todos lo han hecho alguna vez; está en las células... en la programación.

YO: Ahora me doy cuenta de ello; pero no sé si soy libre del mecanismo... ¿Cómo hago para relacionarme sin esperar nada de los otros?

SOY: No puedes; siempre esperas algo de los demás en una relación. A no ser...

YO: ¿Qué?

SOY: Que recuerdes que los demás no son más que aspectos de ti, y que lo único que esperas de los otros es lo que aún no has descubierto en ti mismo...

YO: En tal caso, sólo esperaría cosas de mí, y los demás serían las herramientas para recordarme lo que no veo aún en mí.

SOY: Allí liberas a los demás del peso de ser quienes tú esperas; pues ahora sabes que eres tú quien proyecta la necesidad en los otros, y puedes hacer lo mismo con todo el mundo en esta red. Así, siendo consciente de esto, liberas a los demás del peso de ser, y simplemente les dejas ser quienes son.

YO: Y allí está la incondicionalidad...

SOY: Recuerda: las relaciones son inevitables, son una necesidad; el amor es eterno; los vínculos son necesarios, pues somos seres en constante expansión...

YO: Y mi corazón sólo podrá expandirse en libertad si, en lugar de conquistar a los otros, les invito a expandirse conmigo.

SOY: Nuestra relación es de expansión constante.

YO: Yo Soy Expansión, y mi hogar es el Corazón expandido.

SOY: Y desde él podrás dar ese abrazo intenso sintiendo que cuanto más apretados se encuentren, más libres se sentirán.

FAMILIA

15 de Enero, 2021

SOY: ¿Cuáles son todas las cosas que te mantienen unido a tu familia? ¿Es amor o necesidad? ¿Es incondicional o condicional? ¿Qué rol cumples en esta estructura?

YO: Familia... aquellos que tienen hambre... Recuerdo cuando me lo explicaste... Todos se reúnen porque tienen hambre, alrededor de una mesa, a compartir la comida... ¿Es acaso la familia fundada en amor realmente o en el hambre?

SOY: Familia viene del latín *fames*: tener hambre. En el contexto antiguo, los grupos de personas que se unían para crear un clan que les permitiera defenderse y mantenerse, lo hacían con un fin único que era sobrevivir, alimentarse. El pobre y sin recursos propios era considerado un hambriento, *famulus* (famélico) y, en la mayoría de los casos, estas personas sobrevivían al convertirse en sirvientes de por vida de una *Domus* (casa). Para algunas culturas, estos desahuciados eran Sirvientes, para otros eran Esclavos. «Siervo» viene de «servir»: aquél que sirve, que está al servicio. «Esclavo» es una mala pronunciación itálica de la palabra «eslavo», un verbo que identifica a las personas de la Europa del Este que significa «hablar»; habla de quienes fueron sometidos por el Sacro Imperio Romano, para los cuales «todos hablaban igual». Con el tiempo, los conceptos de «servidumbre» y «esclavitud» fueron relacionados al hambre, y el Protector de la *Domus* se volvió el encargado de alimentar a estos desahuciados o esclavizados. «Protector de los Sirvientes Hambrientos» en latín se diría *Pater Familias*: Padre de Familia.

YO: La Familia es un vínculo de servidumbre y esclavitud entre las partes por la simple necesidad de sobrevivir a las adversidades. La semana emocional de Capricornio está destruyendo paso a paso cada uno de los fundamentos de nuestra cultura social...

SOY: Era la idea. Vamos al concepto original de todo esto. Antes de ser seres culturales y pensantes, los humanos eran animales como cualquier otro; sobrevivían de la caza y la recolección, viviendo en cuevas, madrigueras, bosques. Los grupos eran pequeños, pero sabían que solos, como individuos, no podrían sobrevivir. Al menos una o dos mujeres en el grupo aseguraban la continuidad de la especie, y debían ser protegidas, pues durante cinco meses (los meses en que antes se reconocía el embarazo), eran vulnerables. Un guardia debía protegerlas, normalmente el joven de la manada, mientras recolectaban plantas y frutos cerca de la madriguera. Los mayores, tal vez dos o tres, emprendían sus largas caminatas para cazar y traer así muchos elementos necesarios: carne para vivir durante muchos días y hasta semanas; cueros para abrigos; pelo para tejidos; huesos para herramientas. La manada describe un grupo pequeño de individuos, ya que la palabra «manada» se origina en la palabra «mano»: puño, con cinco dedos. En inglés, *herd* surge del griego *korthys* (montón). Cuando el grupo se agranda, se crean diferentes manadas interconectadas, algo que se llama «clan». «Clan» es la malformación de la palabra «plan»; es decir, «plano; algo extenso y ramificado», que origina la palabra «Planta»; por ello, se les conoce a todos unidos en el concepto del «Árbol Genealógico». Este Árbol es un Clan compuesto de diferentes Manadas que interactúan entre sí relacionándose por la comida, el hambre; es decir, en Familia.

YO: La familia es el grupo de individuos con quienes te sientas a compartir un plato de comida, en la misma mesa. Mi familia es hispano-italiana; es decir que, cada domingo teníamos que juntarnos todos a comer y pasar el día juntos; y a veces, más días en la semana este ritual se repetía, pasando de una casa a la otra. Los anglosajones no tienen esta cultura... ¿Por qué?

SOY: Clima y geografía. En las zonas frías de Eurasia, hay escasez de comida y recursos, lo que impedía mantener a una sola familia de muchos integrantes; por esto, debían esparcirse por el territorio, alejados entre sí. Los clanes nórdicos salpicaban los territorios de fiordos o humedales. Sin embargo, en las zonas mediterráneas, había más recursos por mayor tiempo y para más gente, lo cual les permitía compartir más. Además, el calor les llevaba a construir las casas muy cerca las unas de las otras para mantener una temperatura justa tanto en invierno como en verano, lo que conectaba las casas casi bajo el mismo techo. Así fue más normal para los pueblos mediterráneos vivir en comunidades de muchos clanes, mientras en el norte los clanes protegían amplios territorios de escasos recursos. Lo mismo sucedía en pueblos asiáticos, indios y americanos. Como decía, la estructura de un clan se da por el intercambio de los individuos para mantener el linaje vivo. Surge de la necesidad básica de comer, nutrirse. El hambre vuelve a los humanos esclavos de quien tiene el alimento; por esto, todo familiar es un esclavo del clan o manada que comparte la comida.

YO: ¿Dónde surge el amor de familia?

SOY: El amor es un desarrollo ancestral compartido por varias especies, no sólo por los humanos. Muchos animales sienten amor por los individuos de su propio clan. El amor es un mecanismo evolutivo que mantiene a la manada unida, que hace que los individuos se sientan parte, en una red equilibrada. Sintiendo amor los unos por los otros, se asegura la continuidad de la especie. Por esto en las lenguas indoeuropeas se conoce al «amor» como: *A-mors*, sin muerte; es decir, la vida continúa. La palabra *love* en inglés, proviene de la lujuria, del placer sexual que se siente al interconectarse con otro ser para reproducirse creando una unión para asegurar la continuidad.

YO: Wow... Sigues matando toda la magia posible del alma humana.

SOY: Bueno... para entender lo que realmente siente el alma, hay que limpiarla de todos los conceptos biológicos.

YO: O sea que amar a la familia es casi una obligación biológica más que una libertad del alma...

SOY: Sí. Pero recuerda que ese amor fue diseñado por el alma, que en su estado puro no veía necesidad de sobrevivir, sino de expandirse. Vamos a hacer los dos recorridos. Desde el punto de vista del Alma, de la energía, se genera la materia para permitirle al alma crear, manifestar, experimentar todas sus capacidades infinitas en un plano de creatividad y transformación constantes. No se puede crear sin modificar, y la energía eterna no se modifica, así que la materia da esa oportunidad de cambiar. La construcción de extensas redes da más opciones al alma para conocerse y crear; esa expansión (¿te acuerdas de ayer: «relación»?) es el pulso que lleva a la acción constante, lo que nunca cesa (¿te acuerdas de ayer: «necesidad»?). Y esa necesidad es eterna, lo que llamas «amor». El alma no ve el amor como supervivencia sino como expansión creativa. Ahora bien, en la materia, esta expansión se va entrelazando como un árbol; una red que conecta todos los puntos entre sí, y los hace depender por resonancia, lo que genera la condición. Así se construye el camino genético; es decir, el trazo evolutivo desde el origen, en que un mismo punto se repite y condiciona al siguiente. Ahora, desde el punto de vista humano, el cuerpo físico es el resultado de todos esos enlaces de la red, de estas ramificaciones, por lo que su ser se ve totalmente condicionado por cientos de potencialidades. Desde el punto de vista material humano, el amor se ha convertido en una necesidad de sobrevivir, de pertenecer, pues cuando más me expando, más cantidad de nodos se generan a los cuales estoy ligado.

YO: Es lo mismo, pero desde extremos polarizados.

SOY: Así es. Desde lo biológico, el amor es un desarrollo hormonal que permite mantener los nodos unidos entre sí para que el tejido de las redes se mantenga en armonía. Desde la visión del alma, el amor es la capacidad de esa red de expandirse.

YO: ¿Cómo sé cuándo amo desde el alma o desde la biología?

SOY: Te darás cuenta de esto cuando no tengas hambre.

YO: ¿Eh?

SOY: Cuando no necesites de tu familia para existir. Cuando encuentres el amor en la expansión a una familia más grande, y esta no se limite al hogar del que provienes, a la casa donde naciste. Cuando veas en muchas mujeres a tus madres y tus hermanas. Cuando veas en muchos hombres a tus padres y hermanos. Cuando veas en muchas personas alrededor del mundo a tus amigos y parejas. Cuando sin juicio te atrevas a compartir un plato de comida con cualquier cultura en cualquier idioma. Cuando no te afecte alejarte de tu familia pues sabes que sin ellos sigues vivo; cuando puedas amarles sin esperar nada a cambio. ¿Puedes hacerlo?

YO: Sólo hay una persona con la que aún no me veo capaz de hacerlo.

SOY: ¿Quién?

YO: Mi madre. Puedo hacerlo con todo el mundo; de hecho, he pasado mucho tiempo sin relacionarme con mucha gente y no me afecta. He perdido contacto con parte de mi familia, y no me afecta; he estado veintisiete años sin contacto con mi padre y nunca me afectó. Antes era muy dependiente de mi familia, mucho; para mí lo era todo; debe haber sido por la sangre italiana en mí; necesitaba hacer todos mis planes con ellos, cada semana. Si un domingo no nos juntábamos, me deprimía. Les necesitaba... Pero en 2019, todo cambió. Creí que fue por sentirme frustrado, traicionado, dolido, no lo sé... Pero no; no fue eso; fue que yo había cambiado. Al conectarme contigo, desde el «SOY», la forma en que mi ego dependía de las demás personas empezó a desaparecer. Siento emoción, pero dejé de depender emocionalmente. Y ya no siento ni traición, ni frustración... No siento «nada»; es decir, nada negativo, pero tampoco positivo; siento que todo está bien como es. Me siento libre. Me di cuenta que no es necesario estar, vivir juntos, pertenecer, para poder ser parte del todo. No necesito una familia, porque ya no tengo hambre emocional de otras personas. Me siento libre de elegir. Y la única razón por la que sigo ligado al concepto de «familia» con mi madre, es porque sigo dedicando mi vida al amor por la Madre Tierra, y no lo veo como un peso; al contrario, ahora lo veo como un entendimiento, una razón, un propósito. Creo que puedo decir que mi clan ya no es De Stefano ni Bide; mi clan es la Vida en la Tierra, y yo elijo los vínculos a los que me expando... Ya no tengo hambre.

SOY: ¿Qué sientes cuando ves a tu familia en esta foto?

YO: Que los he elegido a todos. Y que ya no me siento en deuda con ninguno de ellos. Las cosas que ahora elijo compartir con ellos son porque yo lo deseo, no porque sea una obligación. Y claramente, cuando nos reunimos, comemos. Y vaya si comemos. Menos cuando estoy con mi madre; con mi madre tomamos té. Y ahí me doy cuenta de que nuestro vínculo pesado se daba a la Familia De Stefano y su clan; pero desde 2019 nos hicimos libres del clan; hemos creado una nueva historia para nosotros.

SOY: ¿Qué te mantiene unido a ellos?

YO: Con casi todos, menos con mi madre, me une la diversión, el reír, viajar, pasarla bien, historias en común. Con mi madre nos une la misión, el propósito.

SOY: ¿Te diviertes con ellos por amor o por necesidad?

YO: Por necesidad. Como Luna en Sagitario que soy, necesito mucho divertirme, crear planes, viajar, reír; lo necesito. Acepto que hay condiciones en estos vínculos. Pero, ¿sabes qué? Soy libre y consciente de que yo elijo eso, porque podría elegir a otros si quisiera; pero es el amor de mi alma el que los elige.

SOY: Entonces, ¿hay condiciones?

YO: Sí, hay condiciones, al menos con varios de ellos, no con todos. Reconozco esas condiciones emocionales que nos hemos puesto. Estoy dispuesto a trabajarlas, consciente de que son las que me hacen crecer y conocerme; no que me limitan.

SOY: ¿Cuál es tu rol en este clan?

YO: Soy el que impulsa, el que genera opciones, caminos, salidas. Soy el Camino.

SOY: Aún tienes hambre...

YO: ¿Por qué?

SOY: Porque les quieres, les amas. No estás desnutrido; puedes elegir qué comer y cuándo; pero aún tienes hambre; aún perteneces a una familia; aún dependes de conceptos de tu clan y sus condiciones. Reconoce, aún necesitas la familia...

YO: Sí... Ahora que lo dices así, aún les necesito, como si fueran mis pilares para sentirme bien, tener como un eje...

SOY: ¿Sabes cuál es la emoción que me preocupa en ti?

YO: ¿Cuál?

SOY: Creer que para ser libre tienes que dejar de tener hambre. ¿Cuántas veces has visto a tantas personas luchar por liberarse de los patrones familiares, salirse del clan, romper los lazos de dependencias con los padres, ancestros...?

YO: Muchas...

SOY: ¿Y qué es lo que siempre has dicho ante eso?

YO: Que eliminar patrones para liberarte de la familia es como querer construir una nueva casa y tirar la caja de herramientas porque te pesa demasiado...

SOY: El objetivo no es dejar de tener hambre, es aprender a comer: Desayuno, Almuerzo y Cena, y de vez en cuando, una Merienda. Sé consciente de que no estás aquí para ser libre de la familia; estás aquí para disfrutar de lo que eres compartiendo una mesa cada domingo, sin la dependencia de hacerlo por obligación.

YO: Expandirme sin perderme... Compartir el plato porque lo elijo.

SOY: Tus preguntas son el hambre de mi alimento que son las respuestas...

YO: Somos Familia, pues...

SOY: Porque somos Uno.

FRUSTRACIÓN

16 de Enero, 2021

SOY: ¿Qué te frustra? ¿Logras lo que te propones? ¿Buscas la perfección? ¿No te importa que salga mal?

YO: Uf... ¡Qué palabra! Si hay algo que es constante en mi vida es la «frustración»; pero el hecho de que sea constantemente intermitente es porque siempre encuentro la manera más rápida de salir. Avanzo muy rápido, pero me frustro de la misma manera...

SOY: ¿Por qué crees que sucede esto?

YO: No sé; sé que es una característica muy típica de las energías capricornianas; después de los treinta años, uno vive más por su ascendente que por su signo, y el mío es Capricornio. Sin embargo, siempre me ha sucedido; no sé bien por qué. Es como una mala reacción química que desgasta la energía demasiado rápido...

SOY: Te diré por qué. Tu mente vive en el ensueño del futuro.

YO: Sí... Siempre pensando hacia delante.

SOY: Haces demasiados planes. ¿No es así?

YO: Justamente ayer hablaba de esto con algunas personas. Cada vez que hago un plan, necesito tener un plan «B» bien armado como si fuese el plan «A». Pero, nunca es sólo plan «A» y «B»... A veces hay más...

SOY: ¿Cuántos?

YO: Bueno... Sólo diré que la forma en que estoy haciendo el proyecto «YOSOY» de 2020-2021 es el plan «J».

SOY: A, B, C, D, E, F, G, H, I... J.

YO: Hay que ser precavido...

SOY: ¿Tanto?

YO: Mi mente está todo el tiempo pensando en posibilidades, como si todas existiesen en el mismo instante; voy creando y planificando redes de posibles resultados en mi cabeza; y, aunque no lo comparto con todo el mundo, de cada cosa, relación, idea, arte, proyecto, de todo, en mi mente hay diferentes opciones, de las cuales acabo eligiendo dos o tres para manifestar... Y al final resulta saliendo una de ellas; pero como las tres me parecían óptimas, luego me adapto fácilmente al cambio. Es decir, soy un cocreador nato; tengo facilidad para manifestar las cosas que me propongo; por ello, al manifestar tres de ellas, sé que cualquiera que salga estará bien.

SOY: ¿Y si no sale ninguna de las tres?

YO: Así es como se llega al plan «J».

SOY: ¡Jajaja! ¡Qué gracioso! Pero la verdad es que el Universo es así, pues desde el inicio de todas las cosas, coexisten todas las posibilidades; y, en función de las acciones, decisiones, emociones, pensamientos, intenciones, se manifiesta una u otra. O incluso se lanza a vivirlas todas igual...

YO: Realidades y Universos paralelos.

SOY: Pero hay una gran diferencia entre cómo el Universo ramifica los planes y como lo haces tú, como humano.

YO: ¿Cuál?

SOY: La psiquis limitante. El Humano genera potencialidades y las diseña como planes de posibilidades. Esto se produce en la mente inteligente, es decir, la que lee entre líneas, la que interpreta e imagina. La imaginación es clave en el proceso de creación, y como la mismísima mente universal, la mente es ilimitada e

115

infinita —a no ser que tengas una mente recubierta en cientos de patrones de creencias. Cuanto más amplia, libre, infinita es una mente, mayor cantidad de posibilidades potenciales existen. Pero luego, esa idea debe manifestarse, llevarse a cabo, plasmarse en esta realidad, y ello implica acción, energía, voluntad, fuerza, trabajo, constancia, experiencia, prueba y error. La evolución misma, por ejemplo. Hay tradiciones religiosas que creen que las cosas, los animales, las plantas y los humanos, fueron creados por Dios con el chasquido de sus dedos, moldeados con barro como una escultura de arcilla. Sin embargo, sabes que demora un poco más que eso...

YO: Hay muchos factores a tener en cuenta...

SOY: Primero la correcta intención que da lugar a las vibraciones específicas y armónicas, que permiten que las cuerdas resuenen en sintonía sinfónica. De allí, las cuerdas se enroscan creando tensión vibracional, que descarga energía; la energía vibrará cada vez más velozmente hasta crear una partícula, que empezará a buscar balance, equilibrio en la descarga de polaridades, creando átomos. Los átomos deberán unirse para ahorrar energía e intercambiarla, manifestando moléculas, que formarán compuestos químicos, de los cuales surgirán estructuras inorgánicas; éstas, en su interacción simbiótica, darán lugar a estructuras orgánicas que se irán adaptando a distintos ambientes en el proceso que llamas «evolución», generando comunidades de organismos celulares, virales y bacterianos; estas comunidades, en su interacción e intercambio, conforman un cuerpo que engloba distintos organismos multicelulares llamados «órganos biológicos». Y la interacción de memoria celular crea el entramado neuronal, que produce una red inteligente de registro e interpretación de información, que permite que la mente original se manifieste en la materia y actúe, viva, sienta... ¿Cuánto tiempo lleva este proceso?

YO: Uf... mucho... Trillones de años básicamente...

SOY: Y tú te frustras cuando no te sale un dibujito...

YO: Visto así... la frustración no tiene lógica... Si la mente universal se ha tomado la eternidad para diseñar lo que hoy vemos como producto final, con el fin de poder vivir sus pensamientos, cualquier pensamiento que no surta efecto en los plazos esperados según mi ego, ya no tendrán sentido. Entonces, ¿por qué nos frustramos tanto si somos un diseño que ha esperado millones de años para aparecer? ¿No deberíamos tener la experiencia de la paciencia?

SOY: «Frustración» viene de la misma etimología latina que da lugar a la palabra «Fraude». Su origen es el indoeuropeo *dhwer*, que significa «Decepción»; es decir, cuando no puedes obtener lo esperado (*de-ceptus / de-kept*: fuera de lo capturado, de lo guardado). *Fraus* o *Frus* son los modos en que se reconocía un error por engaño; algo que pensaba poder poseer, guardar en mí, y que se escapa o cae de las manos pues pensaba que sería diferente.

YO: Entonces, si entendí bien, el engaño es producido por la mente que se considera ilimitada y que no considera los tiempos, ritmos, limitaciones espaciales y orgánicas del cuerpo...

SOY: En español, «engaño» proviene de *in gannire*, que significa «aullido sollozante del interior». Es como ese quejido silencioso que confunde, que nos hace oír algo que no es. La voz en off constante que narra nuestras vidas y que a veces las decora con imaginación. Lo mismo con el concepto inglés *deception*, que se refiere, como lo dicho con anterioridad, a aquello que no fue obtenido, guardado en el interior; es decir, algo que creía tener, pero al final, no. El Universo es un creador nato, un artista, dispuesto a manifestar todo, a gestar todo tipo de pensamientos; pero en su propio diseño, encontró herramientas que hicieron de la eternidad etérea un concepto limitado llamado «tiempo y espacio». A mayor cantidad de aspectos, en la multiplicación y doblegamiento del tiempo y el espacio, más rígida la opción de modificarles; entonces, manifestar algo lleva más tiempo y desgaste energético. Es así como un átomo se mueve como la luz, a gran velocidad, mientras que una galaxia tarda millones de años en girar sobre sí misma —aunque todo su ser esté compuesto de los mismos veloces átomos y partículas de luz. La mente es como esas partículas de luz: veloz; tiene la habilidad de viajar a gran velocidad, ir y venir miles de veces cuando un objeto físico aún está tratando de salir con su fuerza inicial. Ahora bien, desde el punto de vista de esa partícula de luz, todo es posible, y ve cada cosa que pueda suceder. Desde el punto de vista del objeto, sólo puede ver una dirección, y está poniendo todo de sí para alcanzar dicho punto. Entonces, ¿qué pasa cuando el objeto puede percibir lo que las partículas de luz observan?

YO: Verá todo lo que es capaz, pero le parecerá que no se mueve, que no logra llegar a ello.

SOY: Cuando un ser humano empieza a volverse consciente de su ser eterno y lumínico, pasa por los procesos de frustración. Y no me refiero a un «ser consciente» como alguien espiritual, sino consciente de que es capaz de hacer mucho más de lo que el entorno le condiciona. El ser inteligente, se conecta con la luz de la consciencia, la gran velocidad de la imaginación y el sueño, y ve todos los planos, los diseños de la existencia de su ser. Entonces proyecta expectativas, y se proyecta a sí mismo viviendo esas circunstancias. Pero su cuerpo sigue aquí, anclado a un espacio y un tiempo, viviendo los procesos de manera lenta, orgánica... Como la mente ve el resultado, no asimila el proceso, y considera el error como una derrota.

YO: Wow... La lentitud del cuerpo y los procesos biológicos son los que dan la sensación de incapacidad a la mente ilimitada... Así la mente se frustra; se siente engañada, pensando: «*No puedo, me sale mal; seguramente no es lo mío...*». Y abandona...

SOY: La frustración es la incapacidad de estar y ser aquí y ahora; es la incapacidad de reconocer que el cuerpo tiene que pasar por procesos de error para mejorar la experiencia. No hay evolución sin prueba y error, sin intentos. El engaño que te hace percibir la frustración no es más que tu incesante búsqueda de cumplir un propósito sin disfrutar del camino.

YO: Esto es lo que suelo decir muchas veces. Esta es la razón por la cual las personas no pueden recordar sus vidas pasadas, o su futuro, por la que no pueden saber su misión o propósito. Muchos dicen: «*Tal vez todo sería más fácil si pudiéramos recordar nuestro propósito; así no perderíamos tiempo ni sufriríamos*». Pero allí está el gran error: No se trata de cumplir el propósito; el Universo no es una empresa que busca resultados positivos en el balance de fin de año.

SOY: Así es. El Universo es un ser en desarrollo de sí mismo, en auto-conocimiento; no busca ganar, obtener, tener, conseguir, cumplir, llegar, terminar... Esos son conceptos de la materia, de la limitación de tu consciencia. El universo es ilimitado, y por ello no busca que cumplas tu misión o propósito; lo que busca es desarrollarse en el camino hacia el propósito. ¿Te das cuenta que el cosmos colocó delante la idea de cumplir un propósito sólo para incentivarse a realizar el camino?

YO: Vivimos nuestras vidas creyendo que lo que hay que conseguir es llegar a la meta y cumplir lo pactado, cuando lo pactado y la meta fueron lo primero en ser creado sólo para impulsar al ser a realizar el trayecto hacia el destino... No importa el destino, importa el camino...

SOY: Lo importante aquí es el proceso.

YO: Hay algo que no entiendo... Si la mente es la que se acelera y ve todas las opciones, pero a la vez es quien tiene la consciencia del propósito y sólo busca vivir la experiencia, entonces ¿por qué es la que confunde al cuerpo llevándolo a la frustración por sus limitaciones?

SOY: ¿Qué te hace pensar que es la mente la que hace eso?

YO: Bueno, tú lo dijiste...

SOY: No, yo dije que es lo que la gente percibe de la mente, pues se mueve muy rápido. Pongámoslo de otra manera: ¿Te frustra que un pájaro pueda volar y tú no?

YO: A veces...

SOY: ¿Es culpa del pájaro que vuela que tú te sientas frustrado?

YO: No...

SOY: ¿Es culpa tuya que no puedas volar?

YO: No...

SOY: ¿Entonces por qué sería culpa de la mente ilimitada el que tú seas limitado? ¿Por qué sería culpa de tu cuerpo limitado el que no puedas ser ilimitado?

YO: No hay culpa... Sólo hay expectativas...

SOY: ¡Aja! Sólo hay expectativas. Pierdes más energía en la expectación de las cosas que en las cosas en sí. No puedes volar como un pájaro, pero puedes construir un avión, con paciencia, estudio, inteligencia, prueba y error. La frustración es sólo una percepción, un preconcepto de lo esperado. Recuerda, no hay nada realmente que esperar... Todos los planes que construyes, no son para ser cumplidos; son para descubrir las capacidades que tienes de hacerlos posible.

YO: Esto quita tanto peso... tanto, que no te das una idea...

SOY: Me doy la idea, pues yo soy la idea.

YO: ¡Jejeje! Es verdad.

SOY: Sé libre... Camina, y cada vez que te frustres, recuerda: *«El propósito fue inventado sólo para que te atrevas a andar»*.

TRABAJO

17 de Enero, 2021

SOY: ¿Haces lo que te gusta? ¿Eres esclavo de un sistema? ¿Vives sometido a tus propias proyecciones? ¿Eres libre?

YO: ¿No es acaso el trabajo una contradicción a la libertad?

SOY: Etimológicamente hablando sí...

YO: E históricamente...

SOY: Sí.

YO: ¿Entonces?

SOY: La idea de «Trabajo» cambió con el paso del tiempo; pasó de ser una tortura animal a una tortura humana, a representar la labor del parto y luego a describir la dignidad de ganarse el pan de cada día, hasta el día de hoy que es un sinónimo de «bienestar y éxito». Habría que ver desde dónde percibes tú el trabajo.

YO: Cuéntame... ¿Qué es el trabajo realmente?

SOY: Iremos por cada uno de los aspectos mencionados, teniendo en cuenta que hay muchas formas de nombrar a este concepto, y muchas formas de interpretarlo también. Pero vamos a entender los significados. La palabra «trabajo» proviene del latín *tri-palu*;

es decir: tres palos. Estas tres tablas de madera se colocaban en forma de «X» con un eje en medio, como la letra «ZHE» en cirílico: «Ж». Esto se empleaba como herramienta para los herreros, quienes ataban a los animales de granja para realizar sus tareas de cambiar las herraduras y limpiar los cascos de las uñas o pezuñas de los equinos y bovinos. En los tiempos de guerra, los *tri-palu* fueron utilizados para torturar enemigos y privarlos de su libertad. Durante los tiempos del imperio, el *tri-palu* se utilizó como método de prisión, de castigo, de privar de la libertad a los que pensaban diferente. Fue una herramienta de tortura durante la inquisición.

YO: No entiendo por qué en español y otras lenguas latinas relacionamos la palabra «trabajo» con esta herramienta de tortura.

SOY: Porque antes no lo era. Tú puedes torturar y matar a alguien con un cuchillo, lo cual no significa que haya sido creado para ello. Usas el cuchillo para cortar comida, para cortar cosas, y el hecho de que algunos lo utilicen para matar, es diferente. Un bolígrafo también puede destruir vidas, si lo piensas desde un sentido amplio, ya que la firma de muchos dictadores ha ocasionado genocidios.

YO: Claro... Nosotros hemos tomado la otra raíz, la anterior... la del herrero.

SOY: Ser herrero era uno de los oficios más importantes en la Edad Romana y la Edad Media. Todos tenían un *tri-palu* en sus fraguas, y todos acudían a ellos: zapateros, joyeros, guerreros, artesanos, feudales, campesinos... En cierta forma, era uno de los oficios más consultados.

YO: Claro... tenían mucho «trabajo».

SOY: Y era un trabajo duro... Mucho esfuerzo, día a día, de manejar elementos difíciles. Todas las actividades que implican hacer con las manos, «manufacturar», labrar la tierra en el campo, producir con las manos, con la paciencia, el esfuerzo de manipular la materia. Este esfuerzo implica sufrimiento, dolor físico, y hace que quienes ejercen esta presión cotidiana se encuentren cada día al borde de desfallecer, de caerse, colgando de un hilo al terminar el día, vivir en el límite del agotamiento sólo para sobrevivir. A ello, los latinos le llamaban «labor».

YO: ¿Cómo? Siempre pensé que la opción positiva de «trabajo» era «labor»... entonces, ¿no es así?

SOY: Oh, no, claro que no. «Labor» viene de *leb*, que en indoeuropeo significa «colgar». El concepto se refiere a aquello que está al borde de caerse, que cuelga de un hilo, que puede resbalarse, deslizarse, caer. *Leb* ha dado origen a palabras como «lapsus», «colapso», «prolapso», y también «labio» y «lóbulo». Así, el verbo que describe el «pender de un hilo; estar al borde de caer, desmayarse» sería «laborar», y el nombre que designa al concepto de «laborar», es «labor».

YO: Por eso se llama «labor de parto»... Porque la mujer sufre desde las contracciones y durante el nacimiento...

SOY: Innecesariamente, pero sí, lo hace. «Labor» nos ha traído la idea de sufrir trabajando la tierra de sol a sol, algo que llamas «labrar», que sería «sufrir arando», abriendo surcos de tierra para las semillas. En las lenguas latinas y anglosajonas, las palabras «labor» (*labor/labour*) y «trabajo» (*travail*), se refieren a acciones realizadas con esfuerzo, sufrimiento...

YO: *«Ganarse el pan con el sudor de tu frente».*

SOY: Este concepto se acuñó a lo largo de toda la humanidad, en que para obtener recursos había que poner mucha fuerza física, lo que llamaron «esfuerzo». El esfuerzo produce contracción muscular, y al finalizar dicha presión y distenderse, se produce la sensación de dolor. En inglés, la palabra *job* también designa situaciones de dolor. Desde la visión religiosa (Jacobo, Jacob o Job, proveniente del nombre hebreo Yag, que en latín dices *Iagus* y, que al volverse Santo, reconoces hoy como «Santiago») Job se volvió un sinónimo del martirio, del sufrimiento por cumplir la labor de Dios encomendada por Jesús en la tierra. Su nombre recuerda al esfuerzo de conseguir algo mediante el dolor constante. Pero a su vez, tiene muchas otras etimologías compartidas; entre ellas, probablemente la más lógica sea del griego *kópos* (golpear) que da el verbo inglés *chop*, que significa «picotear» o «cavar», como un pájaro carpintero, dedicado a trabajar la madera con eficacia y constancia.

YO: «Sin dolor no hay ganancia» (*No pain, no gain*), se suele decir por ahí... Lo cual me recuerda exactamente esto. Sin esfuerzo muscular, no había comida en la mesa. Era preciso labrar la tierra para obtener alimentos, esforzarse para construir una casa, enfrentar el dolor para crear herramientas, e incluso luchar para sobrevivir y defender los logros.

SOY: Así es como «labor y trabajo» se convirtieron en sinónimos de «éxito y seguridad». Hacer, hacer y hacer, una y otra vez, es lo que nos da el trabajo repetitivo, esclavizante, rutinario; es decir, que rota como una rueda. Y aquí te sorprenderás de otras palabras que definen este concepto. La palabra «hacer» proviene del indoeuropeo *dhë*, que significa «poner, colocar», que dio el latín *dhac / fac* (portugués *fazer;* francés *fair;* italiano *fare*), y a las lenguas sajonas y eslavas *dhu* (inglés *do;* alemán *tun;* ruso *delat*). Aunque la palabra «hacer» en indoeuropeo se decía de otra forma: *werg* que define una acción. Cuando los indoeuropeos se dividieron, unos yendo a India y otros a Europa central, los últimos convirtieron el verbo *werg* en tres conceptos: uno sajón (*ärb*, que dio origen a *arbeiten* en alemán), otro nórdico (*verk*, que dio origen a *work* en inglés) y otro griego (*ergon*, que da origen a palabras como «ergonómico»). Pero por el lado de la India, *werg* originó *kër*, que dio lugar a la famosa palabra «karma».

YO: Wow... Trabajar es un karma, y está directamente relacionado con el mismo origen de la palabra... «Karma» significa «acción».

SOY: Como verás, buscando hacia atrás en el tiempo, descubres que, en realidad, todo se conecta al concepto de la «acción». «Acción» viene de la palabra *agere* o *ag* que significa «mover», «agitar». Y todo lo que realizas en tu vida, es un movimiento, pues el universo es movimiento constante. En dicho movimiento, tienes dos opciones: Hacerlo por la voluntad de tu espíritu y por placer de tu ser creador; o hacerlo por reacción, impulso externo, presión del ambiente, condición del medio, lo cual inflige fuerza, sufrimiento, dolor.

YO: A ver... Entonces, muéstrame los dos caminos.

SOY: El camino más conocido al que todos se enfrentan, es el que está condicionado por el medio que les rodea. En el Universo todo es acción; pero cuando un ser es Inconsciente o dominado por su Subconsciente, no existe ninguna acción que surja de sí, todo se realiza por reacción. Come por hambre, se reproduce por sentir placer, labra por necesidad, trabaja por obligación, todo lo que hace es por sobrevivir, encajar, pertenecer. El entorno, la familia, la sociedad, las creencias, la cultura, la naturaleza, el medio, todo lo que está a su alrededor es lo que le lleva a la acción; por lo tanto, sus actos son condicionados, controlados, manipulados por factores externos. No es libre. Esto lleva a concebir la acción como un gasto de energía, y esa energía está en el cuerpo, y para sacarla hay que hacer fuerza, y la fuerza produce dolor muscular, que al repetirse una y otra vez se llama «labor», y la labor del herrero es estar bajo el peso del hierro, ¿te acuerdas?

YO: Sí... *sub-ferrum*: sufrimiento (bajo hierro).

SOY: Así, la memoria celular traspasa estos datos al cerebro, quien interpreta el dolor ya no sólo como algo físico, sino como algo emocional y psicológico. Debido a esto, la sociedad empieza a utilizar la «labor» como sinónimo de «castigo»: esclavitud, servicio, trabajo forzado. Las mismas herramientas que las personas usan para sobrevivir, se convierten en herramientas de dominio y control, en que los sistemas de reinos, feudales, imperios y empresariales utilizan a los individuos para producir bajo presión. Y quien no lo hace, es castigado... ¿Cómo? Con sus propias herramientas. *Tri-palu, tripalium*, trabajo, *travail*... Llega la inquisición, las torturas, y el concepto del trabajo como forma de opresión y castigo a la población.

YO: Wow... Y ¿cuál es el camino Consciente de esto?

SOY: Volvamos al inicio de la Acción. La Acción sólo puede ser llevada a cabo por una mente original, un ser consciente que decide crear un movimiento desde el punto cero, sin ser reacción de algo anterior, condicionado por experiencias previas. Es una mente libre, que elige su propio camino. Es decir, es un ser creador. Para un ser consciente, los conceptos de «trabajo», «esfuerzo» y «labor» no tienen ningún sentido, pues nadie ejerce presión sobre sí; pues un ser consciente es un artista libre, creador de magníficas obras. La creación es una Obra de arte, y quien le construye es un «obrero». «Obra» es también conocida como «ópera», pues el origen de la palabra indoeuropea es *op*, que significa «producir en abundancia». En latín llamaron a esto *Opus*; así, todo trabajador, en realidad, era un artista, creando, manifestando una obra.

YO: El ser consciente no sufre el trabajo; crea obras libres donde encuentra satisfacción.

SOY: ¿Eres libre o eres esclavo?

YO: Me doy cuenta que soy esclavo de mis propios proyectos, de mis propias intenciones. A veces, en lugar de disfrutar de lo que estoy creando, siento la presión de culminarlo para quitarme un peso de encima... Claramente, mi subconsciente sigue creyendo que, si no trabajo, si no siento la presión, no estoy haciendo nada. Muchas veces me siento un inútil, como si viviera de hacer nada; entonces pienso en frases que algunas personas me han dicho: *«¿Cuándo piensas dejar de hacer lo que haces y trabajar de verdad?»*; *«Búscate un trabajo digno»; «Trabaja como una persona normal»; «Deja de vivir del cuento»*. Y muchas veces creí que esas frases eran la verdad. Sentía que si no había esfuerzo o sufrimiento, rutina o sensación de esclavitud, no era trabajo. Recuerdo mi primera pareja, él decía que lo ideal para su salud mental era tener un trabajo de ocho horas diarias, con contrato y días de vacaciones establecidos que le dieran la sensación de que se ha ganado el descanso tras el buen trabajo. Como un premio, una recompensa. Siempre me pareció que esa visión era como la zanahoria de un burro que hacía todo el trabajo, el esfuerzo, sufriendo, sólo por saborear una ínfima y jugosa raíz naranja. Llegué a pensar que la única forma de realización sería esa en este mundo. Pero no, me di cuenta de que no; entonces hice algo que no estuvo nada bien: Convertí a mis propias ilusiones en mi trabajo. Sentí que hacía lo que yo deseaba, que yo elegía y por lo tanto era libre; pero lo único que hice fue decorar de trabajo lo que yo amaba, con la intención de encajar en el sistema... Ser aceptado y no creer que *«vivía del cuento, del humo»*, creyendo que así tendría *«un trabajo como la gente»*.

SOY: Pero no...

YO: No, justamente fue así como todo salió mal: Cuando forcé y sufrí innecesariamente para hacer algo que en realidad pasaba por mi corazón, por mi libertad y creación. Era mi obra y la convertí en mi *tri-palium*. Hoy estoy día a día, poco a poco, retomando lo que hago como una obra de un artista, en lugar como el trabajo de un misionero. La pregunta es si todos los humanos podemos hacer lo mismo. Porque hay cosas que implican sí o sí trabajo duro.

SOY: Lo que tú ves como trabajo duro, para otro puede ser su liberación. Lo que para ti es libertad, para otro puede ser un sufrimiento. Cada individuo tiene una forma diferente de aplicar su obra en la existencia, y hay obras para todos. El error de este mundo es forzar a unos a hacer los sueños de otros. Un mundo que despierta al ser creador de un niño, es un mundo que encuentra la obra de toda una civilización que se desarrolla en la armonía de la expansión y no en la supervivencia de la competencia. Hoy, la humanidad sigue siendo esclava del trabajo, pues el sistema se las ingenió para hacer creer al humano que *«el trabajo dignifica»*.

YO: ¿El trabajo no dignifica?

SOY: No... Es la Obra la que dignifica. El sistema jerárquico construido en base a la supervivencia y la desconfianza, ha hecho creer a la población, a los individuos, que la forma de ser libre es ganarse el propio pan. El Capitalismo considera el trabajo como única forma de acceder al recurso y la riqueza mediante la competencia del trabajo. El Comunismo considera el trabajo como lo que dignifica a un ser humano que genera cosas con sus manos, pero que obtiene la riqueza de manos de un estado que elige por él lo que necesita. Ninguno de los dos sistemas incorpora la libertad del creador. En ambos, el sistema convierte a los individuos en esclavos; pero ambos han construido la idea colectiva de que sólo el trabajo dignifica, pues es lo que te permite conseguir comida por ti solo.

YO: Es la mejor esclavitud de la historia, en la cual el feudal o rey no tiene que mantener a los esclavos, porque ellos mismos pagan por sus cosas.

SOY: Algo así, sí. Pero no puedes juzgar a estos sistemas, pues ambos son nacidos de la visión del individuo inconsciente mediante la visión del sufrimiento para conseguir comida. Los individuos no son sometidos nunca por sistemas, sino por sus creencias. Los sistemas son los resultados de las ideas y creencias de un colectivo de individuos.

YO: ¿Cómo me libero del trabajo de este sistema?

SOY: Recordando que eres un creador ilimitado. Lo que hagas es tu obra y tu obra es lo que te da la vida.

YO: Pero, ¿y si no funciona?

SOY: No será porque debes trabajar, sino porque debes encontrar las formas de crear mejor... Un artista no se detiene porque su primera pintura salió mal; un artista se crea a sí mismo en cada obra.

YO: ¿Y cuándo da la última pincelada?

SOY: Cuando su obra le trasciende a sí mismo, y gracias a ella todos han recordado que son también el Creador.

YO: Dejo de usar las palabras «trabajo, labor»... La clave de mi obra radica en aquello que me gusta y me da placer. La trascendencia de la obra se da cuando esta me trasciende y es útil a los demás.

SOY: Allí eres libre, y en esa libertad, liberas a los otros. Libera tu sagrada trinidad de las ataduras limitantes del *tri-palium*. Haz, pues, que tu espíritu, alma y cuerpo descubran lo que son capaces de crear, y en ello serás abundante.

YO: *«Libérate del fruto de la acción»*.

SOY: Pues el fruto es la zanahoria del burro, pero la acción es el amor.

ADVERSIDADES

18 de Enero, 2021

SOY: ¿Cómo vives las crisis y conflictos? ¿Cómo asimilas las derrotas y los retos? ¿Tienes enemigos? ¿Son reales o inventados?

YO: Tras seis meses de buscar las respuestas más profundas del universo, creo que hablar de enemigos o pensar que los tengo es casi absurdo.

SOY: ¿De qué color es el cielo?

YO: Emm... ¿Celeste? Aunque ya hablamos que en realidad no es celeste, sino que es como mis ojos perciben los fotones reflejando los átomos de argón, nitrógeno y oxígeno...

SOY: O sea que el color celeste no existe; es sólo tu percepción de la luz reflejada en ciertos átomos.

YO: Sí...

SOY: Pero, aun así, lo ves celeste, ¿no?

YO: Sí, lo veo celeste.

SOY: Por lo tanto, esa distorsión, para tu cerebro, se reconoce como celeste. Esencialmente, no existe, es una creencia; pero conceptualmente sí existe, pues te ayuda a interpretar el espacio en que te encuentras. Si no, no podrías diferenciar la tierra del cielo.

YO: ¿Con esto intentas decirme que más allá de que yo sepa que esencialmente los enemigos no existen, pues todo es Uno, mi cerebro necesita crear enemigos para tener puntos de referencia?

SOY: Sí, lo has entendido bien.

YO: Entonces... uf, explícame. ¿Son necesarios los enemigos?

SOY: Sí, pero sólo conceptualmente.

YO: ¿Cómo diferenciar un enemigo real de uno conceptual?

SOY: Fácil. Los enemigos reales no existen; sólo los crea la mente.

YO: ¿Cómo? Pero, cuando hay una guerra, hay enemigos reales pues la amenaza es real.

SOY: ¿Por qué surge una guerra?

YO: Conflictos de intereses, ya sea religiosos, culturales, ideologías y filosofías o por recursos económicos, naturales, territoriales... O a veces simples malentendidos...

SOY: Define «interés».

YO: Algo que deseo, que busco para mi propio beneficio.

SOY: «Interés» surge de las palabras *inter* (entre) y *esse* (ser); es decir: «estar entre algo». El «interés» define al concepto de «aquello que mantiene a alguien conectado a otro». Podemos decir que un sinónimo de «interés» es «importante», que proviene del latín «traer algo hacia mí». Lo que nos importa, es una materia, material, que se intercambia por interés. ¿Qué hace que algo nos importe y lo consideremos importante o interesante?

YO: Nuestra necesidad sobre ello... Por el valor que le damos.

SOY: ¿Qué es el «valor»?

YO: Un peso o fuerza conceptual que atribuimos a las cosas.

SOY: Es decir que el valor es subjetivo.

YO: Sí. Para algunas culturas el oro es lo más valioso, para otras es una piedra más. Para algunos el dinero tiene valor, para otros lo tiene una semilla. Para unos una relación tiene más valor que una posesión material, o al revés. Es subjetivo.

SOY: Por lo tanto, el interés nunca se fundamenta en algo real sino conceptual, basado en la percepción que yo poseo sobre el mundo. De igual modo que ves el cielo celeste.

YO: Entiendo...

SOY: Es decir, que la creación de un amigo o un enemigo es meramente conceptual. El conflicto que posees es por un interés de valores que surgen de defender lo que observas desde tu punto de vista. Una religión que genera un conflicto no es más que un conflicto de ilusiones no fundamentadas en hechos objetivos. La pertenencia de algo físico es la subjetividad de creer que algo te pertenece y al otro no, cuando la base del interés es el compartir, no el poseer. La lucha por una filosofía entre seres humanos, es totalmente subjetiva; no está fundamentada en los procesos naturales, sino en los imaginarios utópicos. Un conflicto emocional surge de las necesidades no atendidas de un ser que siente vacío y espera en el otro que llene ese hueco para sentirse completo. Pero el vacío es conceptual, pues en tu interior tienes todo lo que necesitas. Una guerra es un conflicto de intereses nacido de la confusión y el desorden interno de un ser o grupo. La palabra «guerra» proviene del indoeuropeo *wers*, que significa «desorden, mezcla, confuso, distorsión». Pero, ¿qué otra palabra origina el sonido *wers*?

YO: Supongo que «verso»...

SOY: Cómo «Universo».

YO: ¡Ah! ¡Claro! Universo: el giro único; todo vuelve a la unidad; lo que dobla sobre sí mismo; la torsión del uno.

SOY: Pero eso es lo que define el volver a la Unidad. ¿Cómo se definiría aquello que se torsiona hacia afuera y sólo busca la división, distorsión y confusión?

YO: Adverso.

SOY: Del latín *ad* (hacia) y *versus* (torsión).

YO: La «adversidad» sería «iniciar el conflicto externo». El Universo expandiéndose, alejándose del Uno para crear todas las experiencias...

SOY: El Universo sabe que nada fuera de sí realmente existe; pero necesita posicionarse en su reflejo, distorsionar su imagen para poder ver distintas opciones. Así, en los doblegamientos del tiempo y el espacio, encuentra diversas formas, nuevas perspectivas; se percibe de diferentes modos, y esto le lleva a aprender, evolucionar.

YO: Mediante la distorsión uno se nutre de distintas opciones...

SOY: Y allí es donde la adversidad cobra sentido. Aquí es donde el conflicto encuentra su lógica.

YO: Wow...

SOY: La lucha es el mismo ser observándose desde distintas direcciones contrapuestas, relacionadas por un mismo interés. Tras millones de dobleces, el «Soy» se convierte en el «Yo», y el «Yo» busca sobrevivir; tiene miedo de volver a doblarse y perder lo que construyó; es decir, teme a la muerte; en ese temor a perder, se aferra a lo que puede; entonces, el interés se convierte en una lucha por poseer, por ocupar espacios que le lleva al conflicto con su entorno.

YO: ¿Esto justifica la guerra?

SOY: No; no justifica la guerra, la explica. El Universo no genera Guerras; genera opciones; lo que sus partes deciden hacer con las opciones es «libre albedrío»; y esa libertad a veces, provoca confusión, lo que lleva a vivir adversidades, que, desde la consciencia, nutren a la experiencia; pero desde la inconsciencia, generan guerras, desde lo mental, emocional y físico.

YO: Entonces un enemigo es la construcción mental de nuestro ser tratando de trascender un conflicto.

SOY: Es la idea a resolver. La mente necesita proyectar el conflicto interno en algo externo para poder observarlo. Así, la imagen del opositor, del adversario, del enemigo, es útil a la mente consciente para ver sus propios defectos fuera cuando no puede verlos dentro. Al ver la proyección, puede analizar todos los conflictos surgidos de este reflejo, y así honrar al enemigo como quien le permitió trascenderse a sí mismo a un nivel superador de consciencia.

YO: Pero...

SOY: Sin embargo, la mente subconsciente busca sobrevivir, e interpreta todo lo externo como una amenaza; crea así preconceptos, creencias limitantes, patrones, que consideran esa proyección una amenaza real y, por lo tanto, la lucha como forma de defensa. Así, el inconsciente cultural crea enemigos comunes, como otras naciones, culturas, religiones, sistemas o individuos. Entonces, echar la culpa de la amenaza, libera al subconsciente de la presión de tener que transformarse mediante la observación.

YO: Es decir que, por necesidad biológica de ahorrar energía para no transformarse, es más fácil colocar lo que debes trabajar en un enemigo externo y culparle e incluso tratar de destruirle pensando que así desaparecerá la amenaza.

SOY: Así es. Entonces, tienes dos caminos para elegir aquí. El Universo se proyectó en lo Adverso, para buscar vías de manifestación, de desarrollo, de experiencia. Y en este aspecto Adverso, ahora debes elegir entre vivirlo desde la Consciencia o la Inconsciencia.

YO: Desde la Inconsciencia generaré enemigos todo el tiempo afuera: ex parejas, familiares, abusadores, dictadores, Illuminati, reptilianos, religiones, el Papa, las empresas, los gobiernos, los extraterrestres, otras naciones, razas, culturas o filosofías... buscando liberarme a mí mismo de la responsabilidad de transformarme, trascenderme y encontrar la coherencia. Desde la Consciencia veré las adversidades como mecanismos de evolución y aprendizaje, que nutren mi experiencia y me hacen expandirme hacia niveles superiores de entendimiento y manifestación.

SOY: Como verás, no es el problema la adversidad, sino tu posición mental ante ella. Es tu percepción de las cosas la que genera el conflicto. Y esta percepción se ha vuelto sistémica tras millones de años de repetición cíclica. Si realmente buscas transformar el mundo, entonces deberás perdonar a tus enemigos y crear una nueva realidad donde no seas víctima de la adversidad. Así, podrás utilizar la adversidad para la expansión de tu infinito ser creador.

YO: Aun así, creo que muchas personas no entenderán esto, pues han vivido en la lucha; al ver o escuchar esto suelen pensar que entonces todo vale, que no hay que hacer nada ante las injusticias.

SOY: Bueno, vamos a explicarlo muy fácil. Cuando alguien está tejiendo una bufanda, los hilos se entrelazan creando un entramado. Pero si se produce un nudo en medio, si se genera un conflicto, ¿cuál es la solución que buscarás? ¿Cortarlos? ¿Quemar la bufanda? ¿O remendarlo, buscando dónde está el problema desde el origen y empezar a tejer esa parte nuevamente?

YO: Lo que dices me trae un recuerdo muy emocional que está estancado en mi mente. Una vez, mi madre estaba tejiendo una bufanda de regalo a mi pareja para su cumpleaños. Pero la bufanda había quedado con nudos en medio y ella no sabía bien por qué. Entonces, con mi carácter de querer solucionar todo ya, le dije: «*Puedes cortar eso que sobresale con una tijera; no afectará*». La convencí y le ayudé, pero el resultado final fue que la bufanda quedó con muchos agujeritos en medio. Mi madre había estado mucho tiempo haciendo ese hermoso tejido, y yo lo arruiné en un minuto queriendo ayudarla. Sentí su dolor y frustración, y aún hoy me duele, porque quiso disimular lo que sentía. Luego se tomó un tiempo más para reparar los agujeros... Pero aún hoy siento el dolor de todo lo que significó hacer eso... Me di cuenta que al querer eliminar las cosas que creía malas en el entramado, lo único que hice fue arruinar todo el tejido, todo el esfuerzo que una madre había hecho con cariño. A veces veo a la humanidad como me vi a mí mismo; creemos que, al eliminar lo que consideramos que está mal, mejoramos el tejido del mundo, cuando tal vez sólo hacemos agujeros en el hermoso tejido de la madre Tierra, que tardó millones de años en hacerlo. Y sí, hay nudos; pero es necesario enmendarlos con cuidado, con delicadeza; debemos comprender de dónde vienen, por qué, y retejer desde allí, entendiendo el patrón.

SOY: Las guerras no sólo se producen por los nudos, sino por cortar dichos nudos. Ahora entiendes que las adversidades son sólo herramientas de evolución; son nudos que están allí para recordarnos que siempre podemos mejorar.

YO: Me enfrento a las adversidades, pues, no para luchar contra ellas, sino para mejorar lo que soy.

SOY: Tú eres tu mayor aspecto Adverso; obsérvate y recordarás el Universo.

CREER

19 de Enero, 2021

SOY: ¿En qué depositas tus expectativas? ¿En qué crees? ¿Qué te mueve? ¿Es real lo que te moviliza?

YO: Mmm... Me lo pregunto, y tal vez sea extraño de responder. A veces creemos que tenemos las cosas claras, porque simplemente vamos en esa dirección y no nos cuestionamos por qué... ¿A dónde me lleva lo que hago? O sea... ¿Qué me impulsa a ir en esa dirección?

SOY: Empieza por contarme sobre tu camino de vida.

YO: Bueno... mi «Yo», es decir, mi personalidad, tiene una necesidad constante de pensar en los social. Si me pongo a pensar en lo que proyecto a mi futuro, es la política social, la revolución de sistemas, la educación social de individuos conscientes que vivan armónicos en la Tierra. El camino que elegí para lograrlo es la espiritualidad; es decir, es lo que me sale naturalmente. Así como algunos aportan a su misión planetaria desde la música, la arquitectura, el arte, la medicina, la ciencia, o el deporte, mi herramienta es mi espiritualidad; es mi atributo; es algo natural que no debo forzar, que me es inherente al ser. Mi objetivo no es la espiritualidad; mi misión no es la iluminación, ni busco convertirme en un maestro espiritual. Ya me considero espiritual; es mi naturalidad, mi camino, pero no mi objetivo. Lo que proyecto delante de mí es lo social, lo político, el mejorar las vidas de las personas, pero no por las formas, sino por la esencia.

SOY: La política del ser...

YO: Algo así, sí.

SOY: Y, ¿de dónde viene esto?

YO: Bueno, surge de dos caminos diferentes. Por un lado, la memoria de mi alma, y por el otro, la memoria de mi cuerpo.

SOY: ¿Cuál es la memoria de tu alma?

YO: Cuando cumplí doce años, empecé a recordar todo lo que había pasado antes de nacer; pero el primer recuerdo que tuve fue de mí mismo como mujer, junto a mi marido, frente a la Gran Esfinge; pero la Gran Esfinge era como un enorme León rojizo, sin cara humana; estaba rodeada de hermosos templos y plantas más atrás. Mi nombre era Shiw y el de mi marido, Sobek; reconocí que ese tiempo fue hace doce mil años atrás, en un país llamado Khem, en el actual Egipto —colonia de la famosa Atlántida. En esa época, pertenecía a una de las doce Familias Azules, descendientes de los Atlantes y, como mujer en un matriarcado, estaba en los círculos de mujeres que gobernaban cíclicamente las regiones de África. Tenía a gran parte del pueblo a mi cargo, como hijos e hijas, y me sentía responsable de lo que decidiera por ellos. Los videntes, astrónomos y maestros habían anunciado que nuestro tiempo estaba pronto a terminar, y que sería imposible reunir al pueblo nuevamente en una red hasta pasados los reflejos del espejo; es decir, doce mil años adelante, en la Era de Acuario, opuesta a nuestra Era de Leo. Con doce años, al recordar esto, sentí la responsabilidad de una líder de aquel momento, tratando de unir a su pueblo para que no se pierda en la caída de la civilización. Tratando de que no olviden... Esto condicionó mi vida. Me hizo sentir que fue mi responsabilidad el que las cosas no hayan funcionado durante mi tiempo, durante el periodo de mi familia; sentí que debía volver a unirlos a todos, hacer que recuerden. Me sentí responsable de no saber cómo cuidarles, cómo impedir lo que la historia anunciaba... Viví esta vida recordándome como Shiw, y tratando de buscar las formas de reconstruir aquella civilización, ese pueblo, esa sociedad en red otra vez. Mis guías me dicen siempre: *«No puedes construir una sociedad sin individuos conscientes; es primordial preparar al ser, no las formas».* Por esto, creo que en esta vida la espiritualidad me es innata, porque es la única forma de preparar a un ser desde lo profundo, no forzarlo a la modificación de sistemas si su ser sigue nutriendo los viejos.

SOY: ¿Y el cuerpo?

YO: Nací en Argentina. ¿Qué más se puede decir? ¡Jeje! Argentina es un país de Cáncer, pues su independencia fue un 9 de Julio, su Ascendente es Libra, y su Luna se encontraba en oposición al Sol, en Capricornio. Es un país Madre, que ve a su pueblo como a sus hijos, que debe cuidar de todo y no les permite ser libres, emanciparse; les controla bajo su techo haciéndoles creer que es amor de madre. Y sus hijos están enamorados, dependientes de ella. Pero su ascendente recuerda que vivimos en máscaras, decorando cosas que no son ciertas; terminamos creyéndolas verdad sólo porque parecen ideas bonitas; a la vez, esto hace que la Madre y sus Hijos se peleen, en constante búsqueda de un equilibrio que nunca llega. Y esto es por su Luna, Capricorniana, que marca el esfuerzo, la insatisfacción, el que nunca sea suficiente; vivimos crisis constantes que nos llevan a un estado de incapacidad emocional para gestionar el crecimiento y desarrollo, por estar en oposición a la emoción del grupo, la familia de nuestro Sol en Cáncer. Somos una familia distópica. Y eso se refleja en todos los ámbitos. Nací escuchando sobre crisis económicas, peleas del pueblo y el gobierno, luchas sociales, pero no de esas que marcan la historia, sino de esas que parecen moscas en la cara o mosquitos en la noche, esas que se convierten más en una estática repetitiva e insoportable. Al crecer en un entorno de inestabilidad constante, la sensación fue la de pensar: *«Tengo que ayudar a este país; este país necesita un cambio de raíz, desde su fundación; necesita un cambio estructural, pero sobre todo esencial».* Y nunca se ha ido de mi cabeza el volver a Argentina a buscar la forma de generar ese cambio. Pero para hacerlo debía soltar la idea de la madre. Si hay algo que la mayoría de los Argentinos hacen, es criticar todo del país; pero cuando se van de él emigrando, suelen comparar las cosas del mundo con lo bueno de Argentina, diciendo que no hay nada como ser argentino (típica reacción de ascendente en Libra); eso es lo que nos hace tan insoportables a los ojos del mundo en una conversación: la dicotomía constante de quien odia y ama a la madre; una suerte de tragedia italiana en que nadie tolera a la madre, pero todos se desviven por ella (Cáncer). He oído a tantos decir: *«Eres argentino; vuelve, habla castellano»*, o *«Orgullo argentino»*, cosas así; y la verdad es que cuanto menos me siento argentino, más puedo ver formas de ayudar al país en que nací. Liberándome de la creencia de la Madre.

SOY: Y, sin embargo, como has dicho, a tu madre es lo que más te cuesta soltar...

YO: Acabas de darme con un palo en la nuca.

SOY: Gracias por reconocerlo.

YO: Es verdad... Es algo que está ahí; es como, un código... No entiendo...

SOY: Es una creencia.

YO: Una creencia...

SOY: Todo en el mundo es una creencia. ¿Cuándo piensas en el término «creencia», qué te viene a la mente?

YO: Precisamente, la mente. Creer es algo que piensas, que tienes en tu cabeza. Un patrón.

SOY: Vamos al origen de todas las cosas. Nuevamente, la mente es un todo sin punto de referencia alguna. Por ello, decide doblarse a sí misma para observar lo que es, y de esta manera crear la correspondencia. La misma genera los conceptos de «polaridad» y «causa-efecto» en aquel mismo instante. Y la razón por la cual es posible ver las dos opciones reflejadas es la vibración y el ritmo, que permiten la generación de algo nuevo. Cuantas más veces se multiplique, se divida, lo que antes era un todo, comienza a constituirse en partes; es decir, fractales de sí mismo. Estos fractales empiezan a crear un entramado, una red que llamamos «Matriz», generando la idea del «útero creador», donde todo surge. Y la matriz protege a la semilla de la creación; por lo tanto, la misma matriz se dispone a cuidar, lo que llamamos «patrón». Madre y Padre, Matriz y Patrón, son la esencia creadora. Mientras la matriz es una red de patrones, los patrones son las partes de una matriz. Y cada patrón surge de la correspondencia de la mente, de un punto de vista diferente de la idea original. Así, la mente se vuelve idea, la idea pensamiento; pero cuantos más pensamientos hay, más se distorsionan de la idea original, y llega un momento en que la única forma de percibir la imagen verdadera es mediante la Fe. La Fe representa la confianza de que lo que percibo es parte de una verdad que no puedo ver por estar distorsionada. Así, a mayor doblamiento del tiempo y espacio, la fe es la única forma de guiarte por un entramado complejo del cual no puedes ver su origen puro; de esta manera, lo que antes llamabas «pensamientos», pasan a ser mecanismos de fe —algo que llamas «Creencia». La fe no tiene que ver con la espiritualidad, por más que hoy la relaciones con la religión. La fe tiene que ver con la confianza en algo. Un científico, por ejemplo, tiene fe en que lo que busca sea así, pero se dedica a seguir los patrones hasta encontrar la matriz y dar sentido a lo que percibía. Un religioso no busca en esa experimentación, sino que confía ciegamente, esperando que la respuesta llegue a él o ella en lugar de buscarla por prueba y error. Ambas son creencias de fe. Una creencia, pues, es un entramado de pensamientos confiados en que son parte de la idea original.

YO: ¿Un ejemplo?

SOY: Tomas una bicicleta por primera vez en tu vida y te decides a andar en ella. Tienes fe de que saldrás andando como los mejores pues has visto cómo se hace. Pero en la primera vez que pedaleas, te caes. Aun así, al saber que hay mucha gente que lo hace bien, tienes la fe de que puedes seguir intentándolo hasta que te salga como a los mejores. Pero cada vez que te caigas, irás creando un camino de experiencia que se registrará en ti, y que te repetirá: *«Tengo fe en que puedo hacerlo mejor, pero creo que voy a caerme de nuevo».* La diferencia entre tener fe y creer radica en la experiencia. La Fe es una expectativa a futuro que te impulsa a lo desconocido; la Creencia es un patrón de experiencia conocido que te protege desde el pasado en tu camino de Fe.

YO: Ahora lo entiendo.

SOY: Ambas están relacionadas, pero son extremos de una línea temporal de acción. Sigamos. Ahora bien, has descrito que la creencia radica en el mundo del pensamiento, cuando en realidad, surge de la experiencia registrada en tus células. Los humanos colocan la Fe en el corazón, y la Creencia en el cerebro. Pero, ¿qué pasa si te dijera que es al revés?

YO: Me romperías una creencia.

SOY: Jeje, pues vamos a ello, ¡con mucho gusto! La palabra «Fe» proviene del indoeuropeo *bheidh*, que significa «lealtad, confianza; asesorar»; es decir, depende del asesorar (del latín: sentarse a hablar) en la ley (del latín: leal) y así convencer al otro de lo dicho (del latín: confiar). La Fe, pues, implica una actitud mental de convencimiento, de debate, de ajustar una ley, de conversar para entender lo que significa. Fe es fiarse; es oír una palabra tan convincente que suena lógica, aunque no tenga las pruebas para demostrarlo; con lo cual, nace de la percepción de una idea, de la capacidad de imaginación.

YO: Wow, entiendo... Por esto se dice: *«Tener Fe a la palabra de Dios»*; es la palabra escrita, la ley, el discurso poético e imaginario a lo que se le tiene Fe... No al hecho en sí, o al origen y la verdad, sino a lo discursivo...

SOY: Así es. Ahora vayamos a la Creencia. «Creer» viene del latín *credere*, que a su vez proviene de dos conceptos indoeuropeos: *kerd* (corazón) y *dhe* (poner). En inglés, *Believe* (creer) y *belief* (creencia) provienen del indoeuropeo *leuph* (amor) y el verbo *be* (ser); es decir, *believe* significa «estar enamorado».

YO: «Poner en el Corazón»... «Vivir desde el Corazón».

SOY: Cuando pasas de la etapa de la Fe, de la confianza en las cosas que no ves, de las expectativas de lo que será, tienes la experiencia de lo vivido, de lo sentido ahora no por tu mente, sino por los sentidos que nutren a tu mente. Lo percibes por el tacto, gusto, olfato, vista y oído; lo registras en tus células y pasa a formar parte de tu cuerpo; y el centro de tu cuerpo, el que nutre la consciencia orgánica, es tu corazón. Una creencia, pues, no vive en tu cabeza, sino en el latido de tu corazón. Y dime... ¿quién ha creado tu corazón? ¿De quién fue el primer latido que oíste?

YO: De mi madre...

SOY: Por ello todos creen en su madre; por ello, la base de toda creencia cultural y social, religiosa, espiritual, política, emocional, familiar, todo nace del corazón de la madre, de creer en ella... Por ello los mamíferos están vinculados a la madre más que al padre, y viven sus vidas ligados o tratando de desligarse de ella. La Madre es un fractal de la Matriz Cósmica de la Mente Universal; representa la idea, y es en sí todas tus creencias, pues es quien te ha creado. Por ello, el primer vínculo de creación y creencia es la madre, luego la cultura, luego una nación, luego la madre Tierra, y luego la madre Cósmica, y allí te reencuentras con la Matriz de la Red. Toda tu vida está condicionada por la creencia en la Madre...

YO: La Madre Universal es la gran Biblioteca del Akáshico donde obtuve mis primeros recuerdos... La Madre Tierra es la que me llamó con su latido a vivir en este mundo... Me convertí en una madre en este mundo para experimentar lo que se siente ser creadora, y me volví madre de un pueblo para saber lo que es conectar una red de individuos... La Madre Red Planetaria diseñó mi camino, y debo mi vida a ella. La Madre Nación Argentina unió las madres Italia y España para hacerme nacer; y mi Madre Claudia me dio la vida. Mi mamá es el resumen de todas las madres a las que le debo mi existencia hacia el pasado y hacia el futuro...

SOY: Así es como ves la Creencia fundamentada en el concepto de la Madre, y por qué tienes Fe hacia el futuro en seguir intentándolo a través de ella, de la Red, de la Madre Tierra, de la Matriz.

YO: Mi madre es como la bicicleta que dijiste: a pesar de que me caiga muchas veces, sé que, si lo intento una y otra vez, llegaré muy lejos. La clave está, pues, en liberarme de la idea de la caída, no de la madre.

SOY: Jejeje, lo vas entendiendo. No es cuestión de soltar a la madre, de dejar ir la creencia; es cuestión de comprender que la creencia es lo que te guía hacia lo que tu mente imagina. Las madres viven todas en tu corazón; ahora son parte de tu latido, son tu creencia.

YO: Entonces, «eliminar creencias» ¿qué sería?

SOY: Una irresponsabilidad.

YO: Pero... hay creencias que no nos permiten avanzar, que nos mantienen atrapados...

SOY: No es culpa de la casa que no encuentras la llave... ¿Acaso romperías las puertas y ventanas para salir de una casa por el simple hecho de no buscar las llaves?

YO: Supongo que no...

SOY: Los humanos creen que si hay un muro hay que romperlo; si hay una barrera hay que tirarla abajo. Ese pensamiento revolucionario es lo que los hace involucionar en lugar de evolucionar. Si cada vez que la Naturaleza decidiera que es tiempo de transformarse en algo nuevo tendría que eliminar todo lo anterior desde cero para volver a comenzar, hoy seguirías siendo una bacteria en el océano. Es debido a los patrones de creencias que sigues vida tras vida construyendo futuro, sumando herramientas, mejorando las formas en que haces lo que haces; y ciertos códigos te recuerdan las experiencias que has tenido para llegar hasta aquí. Los patrones te guían, te protegen. Las estructuras están allí para algo. Que no seas consciente de por qué, no les quita importancia; que no seas responsable de ellos, no los hace una carga. Todo depende de tu perspectiva, de tu estado de consciencia. Cada paso que das, es un escalón hacia tu propio ser; todos llevan a ti, al centro, a tu corazón; pero sin los escalones de tus creencias, tus patrones, nunca llegarías, pues no encontrarías el camino; y si te pierdes, es porque te has enredado en ellos, olvidando cómo subir la escalera al centro de tu ser, creyendo que debes llegar a lo alto, cuando no hay nada allí...

YO: Gracias por mostrarme esto; hace que la relación con mi pasado y mi futuro se libere en función de mi relación con mi madre y las madres en mi presente...

SOY: Recuerda... Recuerda... Recuerda...

YO: Volver al Corazón...

SOY: Allí están las respuestas; las llaves que abren las puertas del Hogar están allí, en el baúl de tus Creencias.

YO: Yo Soy la Llave de mi Hogar... Yo Creo en mí.

PLAN

20 de Enero, 2021

SOY: ¿Cuál es tu Plan? ¿Existe realmente un Plan Divino? ¿Qué harías si supieras que no existe un plan en tu vida? ¿Tener uno te da seguridad o libertad?

YO: El Plan... es algo que ha rondado mi mente desde pequeño... Todo lo que hago es por «El Plan».

SOY: Cuéntame sobre «El Plan».

YO: Cuando a mis doce años me recordé a mí como Shiw junto a Sobek frente a la Esfinge, a quien llamábamos *Tul-Bassík* (Gran Guardián), sentí unas palabras en mi voz que resonaron profundamente entre el diálogo que teníamos... *Dhu Ater Tumti, kei dhu urnus Aterti* («Traer el Cielo a la Tierra, y llevar su luz al Cielo»). Lo llamábamos «El Plan». Los Sacerdotes Atlantes contaban que todo lo que existe forma parte de un Plan, un plan divino que hace que todo tenga sentido, lógica; pero es tan grande que no podemos entenderlo. Comparado con el Universo, los humanos somos como hormigas tratando de entender a toda la Tierra. Pero decían que, si observas bien las cosas, entenderás que hay patrones que se repiten y, si comprendes esos patrones, puedes entender el plan. Los Atlantes lograron resumir toda la existencia en simples planificaciones; así, los Arquitectos se volvieron nuestros líderes. Ellos entendían los códigos de la creación; se volvieron matemáticos, filósofos, médicos, músicos, artistas y constructores. El plan divino fue llamado en honor a ellos: los *Sikhir* (diseñadores del entramado), y de allí, «El Plan»: *Sikhot*. Ellos nos explicaron que todo había surgido del uno, y la forma de compararlo era con el tejido de una telaraña. En la mitología *Khemul* del Nilo Atlante, llamábamos al «Gran Arquitecto» como *Manik*, la Araña tejedora del Universo. Sus ocho patas representaban las ocho direcciones del Espacio y el Tiempo, el Cubo de la Densidad. Sus ocho ojos representaban el Cubo de lo Sutil, con sus direcciones a lo Interno y lo Externo. Con su cabeza y torso se forma la Consciencia que brilla en los astros, y con su cola conecta la red del subconsciente y el sueño cósmico. Desde el centro de su unidad, teje una red perfecta, con patrones diseñados según la necesidad del entorno. Desde el centro lo siente todo; todo está unido a ella, y su tejido es invisible y sutil. Pero si el rocío baña su telar, en cada intersección podrás ver una gota brillando. Para nosotros, eso eran las estrellas. Por delante, *Tut*, el Escarabajo, movía el Sol de este a oeste. Y la *Nuth*, la Polilla, volaba empujando a la Luna. Cada veintiocho días, la polilla era atrapada por la araña desapareciendo en su telar, siendo devorada por las estrellas. Pero una nueva resurgía en los cielos, una y otra vez, en un nuevo y diferente sector del telar. Esto nos mostró los ciclos, la estructura del tiempo en el espacio. Así pudimos comprender los códigos de la existencia. *Manik* era el Primer Tejedor del Plan.

SOY: «Primordial», que en griego dices *Arkhós*, y «Tejedor», que llamas *Tekton; Arkhitekton*, el Gran Arquitecto. Arquitecto es aquel que realiza el primer tejido, el que diseña lo que los otros habrán de construir...

YO: Por esto, los arquitectos miraron el Cielo, y dijeron: *«Para hacer que lo Divino se manifieste aquí, debemos construir el Plano del Gran Arquitecto en la Tierra».* Así surgió la idea: «Traer el Cielo a la Tierra». Diseñar las estrellas en forma de templos que brillarán descargando la información de la Red Cósmica. En las historias que nos contaban de niños, dividían el plan en varias partes, pero sobre todo en tres: Plan Universal, Plan Galáctico y Plan Terrestre. El Plan debía ir densificándose hacia nosotros para poder tocarlo y vivirlo, sabiendo que, si lo hacíamos en la materia, mediante unir el Plan del Cuerpo, el Plan del Alma y el Plan del Espíritu en nosotros, incorporaríamos el tejido cósmico; así, nos volveríamos tejedores, creadores, alquimistas del ser. Los arquitectos descubrieron que todo se dividía en doce sectores más uno en el centro, y encontraron las formas de manifestar estos conceptos en la materia de una forma sencilla, sin preconceptos religiosos ni filosóficos mentales, sino tangibles y objetivos. Les llamaron *Yku, Phyru, Tumu, Wassu y Hïru*: Semilla, Fuego, Tierra, Agua y Aire, que esquematizaron en Octaedro, Tetraedro, Hexaedro, Dodecaedro e Icosaedro respectivamente. Y así, diseñaron los templos estelares: las Pirámides. Todas, alrededor del mundo, pretendían manifestar en nuestra realidad el tejido de *Manik*. La Araña se convirtió en un símbolo clave para los sacerdotes arquitectos, y empezaron a ser conocidos como «Hombres y Mujeres Hormiga», «Hombres y Mujeres Araña», «Hombres y Mujeres Polilla», «Hombres y Mujeres Abeja», todos relacionados a insectos. Se debía a que los insectos tenían el plano en sus mentes, en sus corazones, y sin cultura ni razón alguna, mostraban la lógica del plan, los entramados, los patrones, las estructuras. Los sacerdotes, pues, pasaban horas observando los insectos para aprender el plan universal. Decían que inevitablemente debía existir una planificación divina, pues todos en la naturaleza seguían los mismos códigos: minerales, plantas, insectos, animales, humanos, los astros... Todos seguían un patrón, y ese patrón era tan grande que no podíamos verlo...

SOY: O tan pequeño, que parecía invisible...

YO: Exacto. El Plan del *Ater Tumti* marcó nuestras culturas. Tomó al Nilo como la Vía Láctea, y los templos y pirámides fueron construidas a sus lados para representar las constelaciones. Los humanos, pues, debían pasar a través del entramado por el Nilo, conectando el brillo de cada estrella hasta brillar en el interior. Los *Sikhir* se volvían médicos cuando se trataba de conectar las redes invisibles de nuestros órganos. Se volvían músicos cuando debían calibrar la energía y vibración de nuestras almas. Se volvían matemáticos y filósofos cuando debían calibrar la lógica del espíritu. Y al unir todos los aspectos, cuerpo, alma y espíritu, te convertías en una araña, en un hombre araña o mujer araña, en un arquitecto de la realidad. El mismo camino del Nilo se trazó en muchas regiones del mundo, todas con el eje de Orión. Y todos estos caminos juntos formaban uno más grande a lo largo de los trópicos. Por ello, las civilizaciones nacidas de Atlántida seguían las zonas tropicales, siguiendo el flujo de las estrellas. Fue así como construyeron la Red Planetaria, la que nos hizo a todos parte de la Red; pero esta misma red se volvió nuestra prisión...

SOY: Se volvieron moscas...

YO: Sí. Esa fue la conversación con Sobek aquella vez. Estábamos perdiendo la conexión de la Red, y temía olvidarme de él. Sentía la enorme responsabilidad de un pueblo al que guiar por las sombras y, aun así, no podría hacer nada para sacarlos de allí. *«Son los ciclos naturales»*, decían, aunque me parecía injusto... *«Sigue el Plan»*, me dijeron. Y así lo hice... Sigo el Plan. Sigo las estrellas, los eclipses; sigo la red de *Manik*, buscando los datos dispersos en una biblioteca desorganizada. El mundo hoy se parece a los restos de la Biblioteca de Alejandría tomada por los insurrectos cristianos. Caos. El Plan exige reconectar la Red.

SOY: ¿Por qué?

YO: Porque somos las hormigas de la consciencia. Somos las arañas de la mente cósmica... ¿Acaso se pregunta una hormiga el por qué? ¿Acaso se pregunta una araña para qué? Creo que está en nuestra naturaleza.

SOY: Aun así, sigues siendo una mosca cuando dices que no tienes opción.

YO: ¿La hay?

SOY: No en el «qué», sí en el «cómo». ¿Qué es un plan?

YO: El otro día lo explicaste. Plan viene de *plat* que significa «extender»; a su vez, proviene de *lat* que significa «llanura» o *pelët* (llano). La palabra habla de todo aquello que se expande, que se mueve; lo que se extiende y ramifica. Planta, Planeta, Plano, Planificar, Plasma, Piano, Planisferio, Paladar, Palma.

SOY: El Universo es un único ser que se expande, que se mueve, que vibra, que se ramifica...

YO: El Plan Universal...

SOY: Las Galaxias son cúmulos de compuestos y elementos químicos que se expanden y mueven por la gravedad...

YO: El Plan Galáctico...

SOY: La Tierra, como otros mundos, giran sobre sí, se mueve por el espacio erráticamente tambaleándose alrededor de un sol, una estrella, extendiendo, ramificando la vida en evolución constante...

YO: El Plan Terrestre...

SOY: Y un humano, con su mente inteligente, encontró los códigos de expansión; vio cómo se mueven las cosas e interactúan entre sí con una lógica fractal. Entonces, entendió cómo manejar el tiempo, y planificó las etapas cíclicas temporales.

YO: Calendario...

SOY: Medir los ciclos del tiempo es el primer paso de la Planificación; tener la noción de etapas o estaciones. La palabra «Calendario» es romana y significa «El Grito», proveniente de *calare;* a su vez, surge del indoeuropeo *kel* (clamar, clamor, reclamar), y hace referencia al grito con que los cobradores de impuestos llamaban a la puerta de los ciudadanos cada Luna Nueva, momento que se llamaba *calendas.*

YO: O sea que nuestra forma de llamar a la planificación del tiempo hoy nace de la imposición de las tasas romanas...

SOY: Sí. Por otro lado, «Almanaque», del árabe *al-Manakh*, se refiere a las estaciones de la Luna frente a las mansiones o casas de cada constelación (significando: *«Donde el camello se arrodilla, se detiene»*). Así, el humano comenzó a dominar el tiempo, llevando lo que llamas «agenda» (participio del verbo *agere, agendum*: lo que se debe mover adelante). Pero luego, logró dominar el espacio a través de poner todas las cosas que estaban separadas, juntas en un sólo lugar de manera ordenada; es decir una «Estructura», del latín *Struere* (juntar, amontonar) y *-ura* (resultado). Al ver los patrones geométricos de la naturaleza, empezaron a extender las bases en una mesa, en una superficie llana y extendida donde trabajar, uniendo los códigos geométricos, patrones numéricos, matrices naturales, y reorganizándolas en un nuevo diseño que llamaron «plano». Así, mediante «la planificación», lograron dominar el espacio. ¿Y sabes qué pensaron?

YO: ¿Qué?

SOY: Que, si ellos podían planificar, entonces toda la existencia también estaba planificada. Lo que veían les parecía tan perfecto, que crearon la idea de una mente capaz de planificar algo infinito, y le llamaron «El Primer Tejedor».

YO: El Gran Arquitecto... como le llamaron desde los Atlantes hasta los Masones de Europa.

SOY: Y desde hace miles de años, el humano, en su capacidad de planificar, proyectó al cosmos la idea de que hay una mente que planifica, que diseña, que *tiene un plan para todos*»; y nosotros somos sus obreros, albañiles...

YO: ¿Al decir *proyectó*, me estás queriendo decir que no existe un plan ni un planificador?

SOY: Sé que habéis confiado vuestra existencia a un Plan Divino, que, por no comprender, adjudicáis a una Mente superior. Sé que habláis de «Plan de Vida», el «Plan del Alma», el «Plan del Espíritu». *Dios tiene un Plan*», soléis decir. *El Universo tiene un Plan*», se hacen eco aquellos que no les gusta decir *Dios*», por más que hablen de lo mismo. Relegáis vuestras vidas a la idea de que lo malo o lo bueno que os pasa se debe a la estructura de una mente planificadora que vive en el cosmos... Pero no.

YO: Pero no...

SOY: Los humanos, los tejedores, los arquitectos diseñaron este concepto filosófico desde su percepción...

YO: Pero, hemos dicho que el Universo es Mente, o sea que hay una mente que lo crea todo. Una Mente que, en cierta forma, se busca a sí misma y planifica una red para hacerlo...

SOY: Es una Mente que se expande... «Mente» significa «Pensar» en indoeuropeo (*mens*), que a su vez proviene del concepto *spen*, que significa «estirar; hilar». El concepto de «pensamiento» es la capacidad de hilvanar cosas, de estirarlas, extenderlas, lo cual llamas «plan». «Mente» significa justamente «aquella red que se expande». Y la razón, la inteligencia, es parte de esa red; es inherente a ella, no externa. Cuando el humano describe la planificación de algo, lo hace desde los conceptos de separación en que ve a una persona, individuo, agente, que usa su mente para manifestar algo en el mundo externo. Esta forma de ver el mundo, proyectó hacia afuera la misma idea en el cosmos: la de tener una mente externa en un ser inteligente que planifica, diseña algo en lo externo, separado de sí. Ahora bien, las hormigas, las plantas, los átomos, los animales, las arañas, ¿utilizan la inteligencia para moldear el mundo exterior?

YO: No... No hay un plan; no hay una mente planificando...

SOY: ¿Y te has preguntado por qué?

YO: No...

SOY: Porque ellas son la inteligencia encarnada. Son el plan en sí mismas. El humano desarrolló la inteligencia porque es el plan en sí mismo. El único Plan existente en el Universo es la Expansión de uno mismo en la interconexión de todo lo expandido.

YO: Somos la mente expandida; somos la red hilvanada... El Plan no es un mandato; es la naturaleza de la expansión.

SOY: Dios no tiene un Plan... Dios es el Plan. Tu Alma no tiene un plan, ni tu espíritu, ni tu vida... Tú eres el Plan. ¿Y sabes cómo le harás posible?

YO: Si me expando...

SOY: Si te expandes... exactamente. Lo único que hace posible y coherente un plan es cuando te permites expandirte a la existencia; pues si buscas cumplir un plan te estarás aferrando a las estructuras que has creado; si esperas que el plan resulte, nunca te expandirás y morirás a la espera. Si no te expandes, las constelaciones, el mundo, harán de ti su plan, manipulando tu historia, condicionándote a través del grito del calendario sumido en los patrones del espacio. Pero si te expandes, trascenderás los límites; serás libre del grito del tiempo, y podrás crear el tuyo propio...

YO: Guiarse por las constelaciones, es entonces vivir en una prisión...

SOY: Lo es si les consideras como tal desde la inconsciencia, desde creer que no tienes escapatoria de un ciclo eterno de doce mansiones; pero, la verdad es que las constelaciones están en tu mente, sólo tú las ves. En el espacio, no existe tal cosa, pues las estrellas que para ti están juntas, no lo están; algunas pertenecen a galaxias lejanas, otras están muy cerca; sin embargo, sólo toman lógica desde tu punto de vista. Pero el cielo se mueve; el cielo se expande... Eres libre; el cielo no es una prisión de doce celdas; es un jardín que se expande en un bosque, una selva; y tú, caminando en círculos en un claro de doce árboles a tu alrededor, te sientes atrapado en un plan de tiempo y espacio.

YO: Estás destruyendo todo lo que he considerado como mi plan de vida... el Plan de mi existencia, el por qué estoy aquí...

SOY: Oh, no, amigo mío. No estoy destruyendo los árboles que te rodean; estoy mostrándote el bosque en que vives. Tu visión del Plan, algo que crees tan magnánimo y maravilloso, en realidad es una visión acotada y limitada. No estoy destruyendo el plan que te mueve; estoy recordándote que tú eres el Plan. Tú no eres alguien externo que debe cumplir algo proyectado; tú eres la mente que se hilvana a sí misma expandiéndose. Esa es la única verdad. ¿Sabes cuál?

YO: Dime...

SOY: Que el Universo nunca tuvo un Plan para ti; el Universo se expandió en ti para que crees un Plan.

YO: Libertad... De repente, vuelvo a sentir libertad... Mis hombros no sienten el peso...

SOY: Nunca fuiste esclavo de ningún plan divino ni ancestral. El Plan que explicas, eres tú mismo llegando de los Cielos a la Tierra...

YO: Y volviendo de la Tierra a los Cielos... *Amma Ater Tumti*... Yo Soy el Cielo en la Tierra...

SOY: Ese es el único Plan. El que tú construyes mediante la coherencia de tu ser. Expándete, y estarás cumpliendo el único plan divino posible...

YO: Yo Soy...

RELIGIÓN

21 de Enero, 2021

YO: Sistemas. Si algo caracteriza a Capricornio es la planificación de sistemas, la estructuración de patrones en forma casi arquitectónica. Podríamos decir que los huesos, fundamentos, articulaciones del pensamiento Capricorniano son los Sistemas Sociales. Recuerdo que, allá por Septiembre 2011, comencé un camino por las provincias occidentales de Argentina —Salta, La Rioja, Mendoza y Río Negro—, bajando los Andes hacia el Sur. Todo ello preparando la energía del territorio para el Encuentro 11:11 en Noviembre de ese mismo año en Capilla del Monte. Cuando llegué a Mendoza, me dirigí a la base del Aconcagua y me senté frente a la montaña en el Lago Espejo, aunque estaba cubierto de nieve aún. Medité mirando fijamente la montaña y un ser apareció; era una voz femenina cuya voz sólo he oído unas pocas veces más en mi vida. Dijo que su nombre era *Intaka*, una de las voces de *Isidris*, una ciudad interna de los Andes. Su tarea es guiar a las nuevas generaciones de esa tierra, para construir un mundo más consciente. Pregunté qué era lo que debía hacer para lograrlo, para hacer posible que la consciencia se eleve. Y su respuesta me desconcertó: *«Une arquitectos y odontólogos, biólogos y economistas, científicos y religiosos, músicos y médicos, educadores e ingenieros... Y cuando estén unidos, recuérdales quiénes son; y cuando sean, tendrán el poder del ser».* «¿El poder del Ser?», pregunté. Y su voz susurrando me dijo: «...Ontocracia...».

SOY: Del griego *On-, Ontós* (participio del verbo *eimí*: ser); es decir, lo que describe la cualidad de ser: «ente», «entidad». Y del griego *Kratos* (poder). *Onto-kratos*, Ontocracia, es «el Poder del Ser».

YO: Entendí en ese momento que la finalidad de lo que hacía no tenía que ver con la espiritualidad, sino que lo espiritual era un camino interno para construir un ser coherente que se manifieste como ciudadano responsable. Y entonces me mostró la lógica de todo: la fractalidad universal. Solemos llamar a las partes de una sociedad como «Organismos Sociales» o «Sistemas». También nos referimos al pueblo como «Cuerpo Social». Un país, pues, es como un cuerpo físico, y sus sistemas son los órganos. Me dijo que uno de los grandes conflictos humanos es que viven la realidad desde la utopía; es decir, desde el mundo de las ideas. *«A veces parece que los seres de otras dimensiones tenemos más noción de la Tierra que aquellos que la habitan día a día»,* me dijo. Probablemente por la ley de correspondencia y polaridad, los de la materia solemos proyectarnos en lo sutil como objetivo, y los sutiles se proyectan a lo denso como camino. Así, los seres vivos nos movemos por conceptos idearios, y los seres celestiales se mueven por voluntades manifestadas. Esto funcionaría si en lugar de poner expectativas, fuéramos conscientes. Entonces me dijo la clave: *«Pasar de la Ideología a la Biología».* Vivir aquí y ahora es un concepto real, no espiritual, más aún, si contemplamos que «espiritual» significa «aquel que tiene la cualidad de respirar». Todos los que respiramos, buscamos al espíritu en las ideas, en las utopías (*u-*: «negación» y *topós*: «lugar»); es decir, un lugar inexistente, sin fundamentos. Sin embargo, el espíritu está en los pulmones y bronquios, en el corazón que distribuye el oxígeno, en las venas y arterias. Y la misma acción de respirar es la que nutre las células y todo el sistema nervioso. Somos el espíritu; el espíritu no es una idea, es biológico. Por ello dijo que, en la interacción de distintas áreas de conocimiento, se encontrará lo orgánico. Un cuerpo no tiene presidente; no tiene jerarquía; es una estructura interconectada de organismos auto referenciados. El éxito de la evolución no es un sistema jerarquizado ni representativo; ello ha fracasado siempre en la historia de la Tierra. Las plantas, los insectos, los hongos, los animales, toda la naturaleza funciona orgánicamente; la sociedad humana, creyéndose superior, buscó estructuras inorgánicas que no hacen más que convertirse en un cáncer regenerativo, una y otra vez. Esto me hizo entender que mi tarea, mi misión, mi propósito, no son la espiritualidad. Son recordar la cualidad innata de lo espiritual en lo humano; recordar que somos células en un cuerpo y que, si nos auto referenciamos, lograremos construir un cuerpo real, un cuerpo biológico: la más avanzada tecnología que jamás se haya podido inventar en el universo. Y este era el momento, pues un cuerpo funciona por redes, tejidos; y este es el tiempo de las Redes; por ello, era necesario volver a conectar la Red Consciente.

SOY: Lógico. Entonces, para lograrlo, hay que respirar profundo y conectarse al espíritu... Y para hacerlo, hay que atravesar el primer sistema humano que rodea a la Idea: la Religión.

YO: Uno de los temas más complicados, pues es de los primeros sistemas generados en la cultura humana y el más difícil de trascender. ¿Por qué?

SOY: Vayamos a los «por qué». ¿Te acuerdas de aquel homínido que se puso de pie tomado de un árbol en el bosque, mirando al horizonte para divisar el siguiente árbol en la sabana?

YO: Sí...

SOY: Por su experiencia en el bosque, sabía que los árboles dan frutos, y esto generó una creencia. Pero cuando el bosque dejó de dar frutos, necesitó lanzarse a la búsqueda de nuevos árboles. En su creencia existía la idea de que posiblemente, en otro bosque, encontraría frutos; esto le llevó a comunicarse con otros que opinaban lo mismo, aún sin saber si sería así. Despertaron, pues, el sentido de la Fe. La Fe, la confianza, en que había algo más allá del horizonte. Y su necesidad los llevó a moverse, avanzar, y cada día esperaban poder encontrar ese árbol con sus frutos. Así nació el concepto de «Esperanza»: la cualidad de la espera.

En la tradición, los homínidos comenzaron a compartir la idea de que más allá del horizonte, había un árbol que tenía frutos para todos; su esperanza y su fe crecieron en la búsqueda de aquel Árbol. Todos, humanos y animales, podrían nutrirse de sus ramas y raíces; era una idea alucinante que movilizó a los primeros humanos a poblar todo el mundo, buscando aquel famoso árbol del que todos hablaban. Le llamaban «el Árbol de la Vida». Pero nunca nadie lo encontró. Entonces, un día, uno de ellos miró a los cielos, y vio las Estrellas que parecían colgar de algo, de una conexión invisible; entonces, con su imaginación, pensó: «*¿Y si ese árbol no está en la Tierra? ¿Y si las estrellas son los frutos de ese Árbol Cósmico?*». Entonces empezaron a ver los Cielos. Y entendieron que había seis ramas y seis raíces, y que, a lo largo de ellas, el Sol y la Luna danzaban en un orden específico. Pudieron medir los ciclos y manejaron el Tiempo. Ahora sabían lo que vendría; sabían qué esperar; aprendieron a prepararse para el invierno mucho antes de que llegara, a construir sabiendo las necesidades de cada momento. Y entendieron que este árbol les estaba entregando otro tipo de fruto: el Conocimiento. Así le llamaron «Árbol del Conocimiento». Decían que todos éramos semillas de este árbol divino. Las Semillas se activaban a la luz de la Luna, y florecían a la luz del Sol. A la noche la llamaron «la Madre que gesta la semilla en el útero de la tierra fértil», y al día lo llamaron «el Padre que guía a expandirse por el territorio». La Fe y la Esperanza fueron depositadas en el Cielo y las semillas de agua que venían de él en forma de lluvia. Así el agua se volvió vehículo de la vida espiritual. Donde hubiera un oasis, un pozo de agua fresca, sería un lugar sagrado. Y los pueblos en desarrollo comenzaron a proteger estos pozos de agua fresca y pura, construyendo templos a su alrededor, cuidando el agua que provenía del cielo y que permanecía en la tierra. Las estrellas enviaban su luz a la materia...

YO: *Ater Tumti*... el Cielo en la Tierra...

SOY: Los pueblos rodeaban los aljibes, y compartían el agua en comunidad. Se bañaban en ella para volverse divinos, dándose los baños de luz. Defendían el agua, la luz hecha materia. Todos estaban unidos, conectados al agua y a la vida que emanaba de ella. Los chamanes y sabios homo sapiens-sapiens, describían las cualidades divinas del Árbol de la Vida y sus aguas internas, de las estrellas, el sol y la luna. Durante todo el periodo del Holoceno (desde hace doce mil años hasta hoy), se fueron desarrollando distintas formas de contar sus atributos. Cada nuevo chamán descubría algo nuevo al beber de sus aguas y comer de sus frutos, y narraba su iluminación a los grupos. Las historias de los sabios generaban sed espiritual en los pobladores que venían a ellos a pedir consejo, hambrientos de conocimiento. Y esto fue bueno, pues fortaleció a los individuos, pues les hacía pertenecer en comunión. Todos dándose los mismos baños, compartiendo las mismas afirmaciones de sabiduría, repitiendo palabras de conocimiento mediante el canto, oraciones que se volvieron mantras. El Verbo les unía, una y otra vez en comunión, les «Religaba».

YO: Así surge la «religión»...

SOY: «Religión» viene del latín *Re* (volver a repetir una y otra vez, intensamente) y *Ligare* (unir, atar, amarrar). Piensa en el contexto ancestral. Ser individuos sueltos por el mundo era igual a muerte. Un ser sólo no podía sobrevivir, necesitaba estar unido al clan, a la familia, al grupo o manada. La única forma de permanecer era en comunión, ligados, atados unos a otros. Por esto, cada cierta cantidad de días, el grupo debía unirse bajo una ceremonia, en que el chamán les «volvía a unir» para que el grupo sea fuerte, permanezca unido. «Ceremonia» es un nombre etrusco que celebra la cosecha, momento en que se obtiene el Cereal, la semilla; el nombre «Cereal» se originó por la diosa de la agricultura, Ceres, honrada en la ciudad romana Caere, donde todos los ritos se llevaban a cabo, lo cual la convertía en el único altar (del latín *monium*: único, uno). Toda ceremonia surge de épocas del año relacionadas al campo, a la vida, la siembra, la cosecha, la comida, mediante solsticios, equinoccios, fases lunares y ciclos solares.

YO: ¿Y cómo surgen las religiones que poseemos hoy?

SOY: Tras siglos de repetición, cada chamán o sabio empezó a narrar la historia de una forma específica. No es lo mismo comer en Siberia que en Egipto, en el Amazonas o en India. En Siberia y el norte Europeo, el frío cubre todo durante seis meses, y las tierras no son tan fértiles, por lo que es necesario cazar y ahorrar la sangre. Así, no son las semillas lo que se honra, sino la sangre y los animales con cuernos como ciervos y venados, o las garras de los osos. En el Nilo, todo depende de las crecidas que hacen al río fértil, y por ello sus ceremonias se relacionan al agua. En el Amazonas la comida abunda, y por lo tanto los pequeños grupos funcionan bien; sin necesidad de defender recursos, se mantienen en tribus utilizando todos los recursos de las plantas, imitando a los animales de poder. En India, la extensa y abrupta geografía dividió los terrenos fértiles en muchas opciones de alimentación, y cada alimento se relacionaba a una divinidad; por el contrario, en Tíbet la paz y la lentitud por la falta de oxígeno hacía que las personas debieran ralentizarse y meditar, respirar llevándolos al interior. Según la geografía y el clima, los chamanes adaptaron la interpretación del gran Árbol de la Vida. Hasta que llegó el momento de la expansión humana, y las culturas se volvieron a encontrar —aunque muchas de ellas se enfrentaron. Empezaron a haber muchas visiones diferentes, y los chamanes comenzaron a debatir sobre qué historia era la mejor o la más acertada. Esto hizo que la interpretación sea más importante que la información. Y desde ese momento, surgieron los relatos, los discursos, los textos sagrados, los dogmas. La intención era demostrar que lo que decían era la verdad, la única verdad. Así, se empezó a reglamentar la unidad de los pobladores en leyes espirituales, una serie de normativas religiosas. De repente, lo escrito era más importante que lo sentido; el discurso era más importante que la verdad. El pueblo dejó de mirar al cielo y empezó a guiarse por los sacerdotes quienes, más que intérpretes del cosmos, se volvieron juglares de lo dogmático.

YO: ¿Qué es un dogma?

SOY: Una opinión. Del griego *dokein* (opinar). Pero esta opinión fue enseñada, mostrada como verdad, lo cual dio origen a *dokto*, que genera palabras como «doctrina», «doctor», «docente».

YO: La opinión se volvió una enseñanza, y dejó de ser una lectura para volverse una ley, transformando a la religión en un sistema cerrado.

SOY: Todo humano necesita comer. Y la necesidad de alimento para el cuerpo generó la necesidad de nutrir el alma. Mientras el Árbol de la Vida nutría los cuerpos, el Árbol del Conocimiento nutría el alma y los espíritus. Todas las religiones del mundo surgen de las raíces y frutos de un árbol.

YO: Yggdrasil para los nórdicos, Sefirot para los hebreos, el Árbol del Edén para los cristianos, el Baobab de los africanos, el Roble celta, Ceibo para los mayas, el Fresno a los griegos, la Higuera para los budistas, y tantos otros...

SOY: Y de ellos... surge Dios, pues entendieron que el árbol florece por la Luz, y el «día» se llamaba *dyew*, origen de la palabra «Dios». La idea de que la luz desciende al Árbol haciendo florecer la Vida, hizo pensar que algún día Dios podía nacer en la consciencia de las personas, o encarnado en sí mismo. Y surgieron las tradiciones del Mesías, de los Profetas. Así, los pobladores dejaron de seguir los conceptos de la naturaleza, y empezaron a diseñar la Utopía Divina del Iluminado, del mesías, el salvador. Los voceros de los profetas empezaron a expandir el mensaje, a planificar esta idea, diciendo que si no se sumaban a la palabra estarían perdidos; crearon así la idea del infierno como contraparte a quien no siguiera los pasos del dogma. Y por miedo, hambre e inseguridad, o por obligación imperial, el pueblo naturalizó esta visión haciéndola propia.

YO: Algo que empezó como una forma de comprender y unir familias, acabó por ser una imposición ideológica distorsionada de la idea original.

SOY: Las religiones son un espejismo del universo, de cómo el Uno se fragmentó distorsionado en millones.

YO: Esto significa que cada ser existente es como una religión en sí mismo.

SOY: Míralo de esta forma. Todo es Uno; hay un único ser existente que empieza a dividirse, creando la luz y la sombra, día y noche; y de ello se ramifica como las ramas y raíces de un árbol, en galaxias, estrellas, planetas... Y cada mundo o sol es un fractal del todo que religa átomos por la gravedad, a formar parte de un núcleo auto referenciado. Pero a su vez, sigue fragmentándose en minerales, vegetales, animales y seres conscientes o inteligentes como el humano. Estos se distribuyen en nuevos grupos llamados «especies», y éstos en grupos llamados «culturas» y a su vez dentro hay clanes, que incorporan familias, atravesados por necesidades que los religan. Y cada individuo a su vez es un cúmulo de células religadas entre sí creando un organismo, un cuerpo de órganos, que cada uno es único ligando células y moléculas que le componen. Y cada átomo religa partículas... y así sucesivamente al microcosmos.

YO: Todo es una religión...

SOY: Y todo es uno volviendo a la unidad a través de la distorsión. El problema no son las religiones; el problema es creer que son la verdad.

YO: O sea que, si todas las religiones aceptasen que son formas de llegar a Dios, al Uno, podríamos seguir teniendo religiones sin que nos afecte...

SOY: ¿Qué es un jardín con la misma flor?

YO: Un monocultivo, ¡jeje!

SOY: Exactamente. Para que un jardín no sea monotemático y aburrido, es preciso que haya muchos colores y formas. Si te gustan las rosas, eso no implica que los lirios, las margaritas, las amapolas y las lilas deban ser descartadas o eliminadas. Que reconozcas la perfección en una flor que se abre buscando la luz del sol, no resta importancia a todas las otras que hacen lo mismo. Un Jardín vivo está compuesto de muchas flores, muchas formas de ver la Luz; no hay una sola. Diversos diseños, colores, estructuras, abriéndose en distintos tiempos, algunas a la mañana, otras a la tarde, otras a la noche. Pero todas son flores nutriendo y embelleciendo la vida. El problema de las religiones es creer que el jardín debe tener una sola flor y que debe ser monocromática; y ¿sabes en qué se convierte una flor como esa?

YO: ¿En qué?

SOY: En una plaga.

YO: Hoy vivimos con varias plagas que ahogan a otras especies de flores...

SOY: Porque han olvidado lo más importante que debe hacer una flor: buscar la Luz; no impedir que los otros la encuentren o forzarles a que lo hagan a su manera.

YO: Es como si el Girasol o la Margarita forzasen al Baobab o a la Dama de Noche a florecer al mediodía cuando ambas florecen en la noche...

SOY: Su flor moriría, y perderíamos una visión hermosa e importante: el brillo de estas flores durante la noche captando la más sutil de las luces.

YO: ¿Cómo trascender la religión y poder convivir con todas ellas?

SOY: Por un lado, es necesario que se comprenda que la religión no es mala; lo malo es creer que es la única poseedora de la verdad. Es fundamental recordar que son caminos para entender y recibir la luz en un jardín variado. Es fundamental recordar que la diversidad floral nutre el suelo; el monocultivo destroza la Tierra; es la diversidad la que nutre el suelo y le hace fértil como el Amazonas. Los religiosos deben recordar esa premisa; así, las religiones serán útiles a la evolución en lugar de un conflicto. Y los anti religiosos deben recordar que, al creer tener la verdad por sobre las religiones, están haciendo exactamente lo mismo. Recuerda, es la luz lo que busca una flor.

YO: Y la flor de Loto florece al llegar la noche...

SOY: Porque es la flor que te recuerda que el mayor brillo de todos es cuando encuentras la Luz en tu Interior.

YO: Yo florezco como el Loto, gozando del fértil jardín en que me encuentro; y, amando incondicionalmente a cada flor libre, gozo de la existencia y la divinidad aquí en la Tierra.

SOY: *«Convierte la Fe en Sabiduría, y la Esperanza en Responsabilidad».*

POLÍTICA

22 de Enero, 2021

YO: Desde la primera vez que fui a Rosario, y vi el Monumento a la Bandera, quedé maravillado. Cada vez que he vuelto y pongo un pie en el primer escalón, siento que he pasado a otro tiempo, a la antigüedad, a una especie de Roma, Grecia, Egipto o incluso Atlántida, a un Templo Sagrado que más que a la Bandera, es un templo al espíritu de una Nación. Frente al Río Paraná, al que llamo «el Nuevo Nilo», el Monumento me hace sentir que es nuestra Gran Esfinge del Sur. Su forma es la de un barco que lleva a los Libres del Mundo a un nuevo puerto, al nuevo mundo. Este monumento fue construido con piedra y mármol; está abierto a los vientos de norte y sur, llevando a los pueblos por el gran río, cargando la historia en estatuas rodeadas de aguas por detrás; contiene en su centro la Llama Votiva, que mantiene encendido el espíritu y alma de aquellos que viven y mueren por la Nación. Los cuatro elementos se hacen presentes allí de manera libre, y en su inscripción, el primer verso del Himno Nacional Argentino: *«Oíd mortales, el Grito Sagrado: Libertad, Libertad, Libertad...»*. Considero que este es el Primer y único templo que permanece vivo en todo el país. Rosario está al mismo nivel que El Cairo, pero espejado: al inicio del Delta del Río, en la latitud 33, pero del Sur. En tal caso, mirando los mapas como un espejo, yo nací en esta vida en el mismo sitio donde morí en aquella hace doce mil años: en el valle fértil del actual El Fayum, antiguo lago Habbadaptra, espejo al más allá, Ojo de la Divinidad que en aquel momento era mucho más grande; su espejo sudamericano es el territorio de las lagunas cuyo centro es mi ciudad, Venado Tuerto, el de un solo Ojo. Pero esta vez, ya no en el Meridiano 30, sino en el 60, un salto cuántico a otro nivel de consciencia. La Latitud y Longitud son las coordenadas de una misión, de un propósito de mi existencia: nacer en el brazo argentino de la Santa Fe, en el reflejo de mi antigua muerte entre los espejos de agua, pasando de un desierto de arenas a un desierto de cultivos, cerca de la Gran Esfinge del Nuevo Nilo... Como he dicho, mi primer recuerdo fue verme a mí frente a la Gran Esfinge en Egipto, mirando su rostro, y recordándome nuestro lema ancestral *«Emmesdah»* («Por la Memoria»), diciéndome a mí misma como Shiw que debía volver doce mil años después y que, al mirar nuevamente a los ojos del Gran Guardián, recordaría. Así como al mirar la Esfinge Egipcia recuerdo mi pasado, al mirar a los ojos a la Esfinge Argentina, recuerdo mi futuro. Yo mismo me envié a nacer a esa tierra; pero para entender mi propósito, debía volver a Egipto, y hacer que Egipto hable.

SOY: *«Egipto hablará, dará la pauta».*

YO: Lo que hemos venido a hacer al nuevo mundo es continuar con lo que no hemos podido en el viejo mundo, pero esta vez de una forma totalmente diferente. Y la clave de todo ello está en la Política. Pero, la política es algo oscuro hoy en día; ya no es algo honrado como en la antigüedad. ¿Cómo sanar la visión de lo que la política y sus males nos implica hoy?

SOY: Es menester recordar el origen de las cosas para determinar su futuro; es fundamental entender que los sistemas son creados por humanos; no son los sistemas quienes deben cambiar, pues; es el ser humano como tal.

YO: Hace doce mil años la política no era una elección, sino una obligación. Veníamos de la Era de Virgo, un tiempo de orden y estructuras de programación ancestral matriarcal, y pasamos a la Era de Leo, una época de autorreferencia y jerarquía del Ser. La búsqueda del sistema era ser más que Reyes y Reinas; era convertirse en Dioses y Diosas. Las *Dasnái*, o Familias Atlantes, eran las que mantenían ese orden virginiano en un sistema leonino. Hoy podríamos pensar que algo así era un sistema de control y, sin embargo, no lo era. Tal vez, por el simple hecho de que las personas que estaban en el poder, no tenían poder sobre los demás, sino sobre sí mismos. Las Familias éramos obligadas a pasar por una serie de pruebas que duraban años, una preparación exhaustiva de nuestra coherencia para poder gobernar nuestro interior antes de gobernar lo externo. El Camino Iniciático convertía a los líderes en iniciados espirituales que comprendían la naturaleza de las cosas divinas en cada átomo de la existencia, comprendiendo al pueblo como una extensión de sí mismos. El poder radicaba en el interior, no como hoy que radica en la capacidad de manipular. Esto generaba confianza, colaboración y sensación de unidad en los ciudadanos; hasta que todo cambió.

SOY: Por ello estás aquí, nuevamente, en el Nilo... para recordar ese camino; para hacer que Egipto hable, que recuerde lo que debemos hacer hacia delante. Llevarlo al Nilo del Sur, el Paraná.

YO: Lo cual realmente me tomo como un reto personal. Argentina es uno de esos países que no comprendo, no entiendo del todo, y en los que sinceramente me incomoda estar. Por ello, sé que es mi misión, pues es mi reto. Como ascendente en Libra, es un país con grandes conflictos de justicia, división, corrupción, confusión, conflictos de valores; y está claro que todos los países tienen esto en sus sistemas, pero por alguna razón, el que vive en Argentina puede notar que es mucho más cultural que político. Es el ser y no el político el que está corrompido. Es un reflejo del mundo. Así como en mi país la «política» es una mala palabra, en el mundo también lo es, y cada día más.

SOY: El concepto de «Política» surge en Grecia, en la edad antigua, especificada por los filósofos griegos, quienes describían la organización helenística a través de sus ciudades-estado. Para ello, debemos entender la geografía, otra vez. Las civilizaciones más ancestrales nacieron a las orillas de los ríos Nilo, Tigris, Éufrates e Indo. Todos ellos estaban en las zonas de Medio oriente, siendo que el Nilo comienza en África y termina en las costas del Sinaí Mediterráneo, el Tigris y Éufrates desde Turquía bañan el desierto arábigo hasta el Golfo Pérsico en el medio, culminando la región en Pakistán con el Indo que desciende desde Kachemira en el Karakorum. Esta región rodeada de desiertos en el sur y mar salado, montañas y mar dulce (Mar Negro, Cáucaso y Mar Caspio) en el norte, construyó la base de toda sociedad humana ancestral, mucho antes de Egipto y Persia, desde la época Atlante. Recuerda, que los primeros grupos humanos eran manadas, y todo se ordenaba en clanes y familias. A mayor cantidad de individuos, mayor orden y unión necesitaban. La religión fue clave para unificar los individuos, y el chamán, sacerdote de la familia, se volvió en una especie de consejero. Él aconsejaba sobre la siembra, la cosecha, las ceremonias, la administración y, con su sabiduría, trataba de resolver conflictos. Así, fue considerado como guía. Pero muchas veces, el mismo sacerdote designaba al más fuerte y determinado de la familia para liderarlos. Así surge aquel que decide por el grupo, el que rige: el rey. La reina organiza la manada mientras el rey la guía, y el sacerdote aconseja. Esto crea la formación de un primer sistema social. En la expansión por Medio Oriente, las vastas extensiones de desierto, montañas y valles hacían que la organización se volviese imperial, tratando de controlar lo que se veía en el horizonte, guiando a quienes vivían bajo el mismo terreno; sin embargo, en la expansión mediterránea, los pobladores se asentaron en islas; y, sobre todo, aquellos que desde Anatolia pasaron a los Balcanes, se encontraron con un Mar Egeo salpicado de pequeñas islas. Cada una creó su propio reino, pues el horizonte era el mar. Cada isla tenía una sola ciudad, y algunos pobladores de campos alrededor. Cada ciudad tenía su propio rey, y cada tanto, ellos se reunían a hablar entre sí sobre todo lo que sucedía en sus ciudades. Así surgió por primera vez lo que llamamos «Ciudades-Estado» de los pueblos Helenísticos. «Ciudad» en griego, se dice *Polis*, y el sufijo *ikós* significa «referido a; lo que tiene que ver con». *Politikós* es aquello que se refiere a las ciudades. Los Políticos griegos eran los reyes representantes de los estados de las islas, y los filósofos eran sus sabios consejeros. Los filósofos eran los amantes de la sabiduría (*philós* = amor; *sophé* = saber), una nueva rama de sacerdo-cio al estilo griego. Su interpretación de la realidad diseñó el Naci-miento de la Cultura actual, que sería retomado varios siglos más tarde en el Renacimiento. Ellos establecieron distintas formas de «política» y establecieron, como los antiguos egipcios, que había distintos tipos de manifestación de poder; a eso le llamaron *kratos* (democracia = poder del pueblo; aristocracia = poder de los mejo-res; tecnocracia = poder del conocimiento; plutocracia = poder de los ricos; autocracia = poder de uno mismo; burocracia = poder de escritorio; timocracia = poder del que tiene valor u oro; meso-cracia = poder del medio). A sus principios organizacionales les llamaron *Arkhé* (Oligarquía = gobierno de unos pocos; Anarquía = sin gobierno; Autarquía = gobierno de uno solo, como la dic-tadura; Jerarquía = gobierno de lo sagrado; Sinarquía= gobierno compartido; Poliarquía = gobierno de muchos).

YO: O sea que éstos son sistemas políticos; es decir, describen las formas en que se llevan a cabo las relaciones de organización de un grupo. Es decir que el Reino, Imperio y Dictadura entran en las definicio-nes de «Jerarquía» (porque el poder es otorgado por lo sagrado, por Dios), «Autarquía» (porque lo concentra uno solo), y «Plutocracia» (porque suele ser el que más dinero o recursos tiene o genera).

SOY: Así es.

YO: ¿Y una República?

SOY: La República puede darse desde la Oligarquía, la Democracia, la Poliarquía, la Burocracia o la Tecnocracia, pues la República es un concepto Romano surgido por el Senado. En la antigüedad, los reyes griegos decidieron crear un espacio donde los voceros de cada *Polis* pudieran sentarse a debatir las cosas importantes y llegar a acuerdos comunes. Los reyes no tenían tiempo para estas cosas, entonces crearon «El sitio donde se Habla» = Parlamento, del verbo *parlare* (hablar). Allí, se dirigían los Viejos, los ancia-nos sabios, que con su experiencia tomaban decisiones. «Viejos, Ancianos» en latín se conocen como *Senex*, que dio origen a «grupo de ancianos que se unen» = *senatus* (Senado).

YO: Un grupo de viejos que se juntan a hablar, como ahora... ¡Jeje!

SOY: Así nació. Estos ancianos debían ser de confianza del rey, y solían ser unos pocos terratenientes con dinero, es decir: oligarcas plutonianos. Sin embargo, ellos tenían cada vez más poder, y se reunían en espacios públicos donde los ciudadanos podían sentarse a contemplar las charlas, lo que llamaban «Ágora». Así, el pueblo dejó de tener contacto con el concepto de «Rey o Emperador», y pasaron a sentirse más representados por los Senadores y Parlamentarios. Por ello, los mismos viejos decidieron encarnar el poder del pueblo, y apelaron a las *Res Pubblicas* (del latín: las cosas del pueblo), que originó la «República». Así, los senadores se hicieron con el poder. Sin dejar de ser un puñado de viejos con dinero, continuaron representando al pueblo de una manera abiertamente feudal, en que los problemas eran escuchados en público para ser resueltos.

YO: ¿Democracia?

SOY: Claro que no. La Democracia funcionó pocos años en las islas griegas; y, desde el crecimiento poblacional, fue descartada y nunca más se habló de ella hasta la Revolución Francesa.

YO: ¿Por qué? Hoy todos dicen que vivimos en Democracias.

SOY: Lamento decirlo, pero no. Nunca lo habéis hecho. La Democracia es un sistema formado en las islas griegas en el cual no hay representantes discursivos con visiones ideológicas, sino conflictos que deben ser resueltos por concurso.

YO: ¿Cómo funciona?

SOY: Tres o más ciudadanos se ofrecen para resolver problemas. Un Ágora abierta y pública corea los problemas que hay, y cada uno de los conocedores de soluciones proponen las mejores maneras de lograrlo como una especie de teatro público. El pueblo corea la mejor opción. Pero luego, comienza el concurso. Los nombres de aquellos que proponen son puestos en una urna, y quien salga por azar deberá llevar a cabo el proyecto con la asesoría de los otros como sus ministros. Así, el pueblo eligió el proyecto, pero no a la persona que lo hará, pues sólo el azar podía hacerlo. Esto hacía que el pueblo decidiera lo que necesitaba, pero que nadie pudiera venderse como la mejor opción; el sistema democrático no permitiría jamás que un individuo venda su imagen para lograr sus objetivos.

YO: En la democracia no existen partidos políticos.

SOY: Exactamente. No existen nombres, solo proyectos. Nadie vota personas, sólo soluciones. Y si la persona elegida por sorteo al azar no cumple con lo que el pueblo ha pedido en el plazo esperado, es inmediatamente revocada de su puesto y nunca más elegida para proponer soluciones.

YO: Wow... Claramente nunca hemos tenido democracia.

SOY: No, sólo habéis tenido Repúblicas Oligo-Plutonianas Autárquicas o Sinárquicas. El concepto de «Partidos Políticos» hace referencia a «aquello que parte»; es decir, define algo que inicia la voluntad de una parte de la sociedad, que representa un sector, pero que divide a la sociedad en ideologías. Y, como los mismos romanos armaban «Campañas» en la batalla para ganar territorio, los actuales siguen luchando guerras territoriales de ideologías y poder externo; pues «Campaña» es el concepto de armar campamento en una guerra.

YO: Claro. Por ejemplo, todos están de acuerdo con que la Educación es importante, pero en lugar de resolver la educación y sus problemas, se defiende en una lucha a la persona con una cierta ideología sobre la educación; entonces, nunca se hace nada en la educación por perder tiempo en defender ideales o personajes. Algo que siempre he visto como ridículo es hablar de «ismos» (movimientos); sobre todo lo veo en Argentina donde enseguida tratan de poner «ismo» detrás del nombre del político para definir la corriente que defiende sus ideas. Absurdo.

SOY: Eso es Autarquía Partidaria. El sistema no deja de ser feudal, y casi jerárquico, cuando se define la elección de una persona casi por la mano divina o espiritual. La jerarquía no es un sistema piramidal; es un sistema basado en la creencia de que quien es elegido es casi divino. La Democracia es un sistema basado en que es la mayoría del pueblo quien toma el control directamente en la elección de los proyectos, sin necesidad de un Senado ni Parlamento representativo.

YO: Por eso nunca ha funcionado... Porque los *Senex Plutus* (ancianos ricos) no querían perder el control y detuvieron la plaga de la democracia en las islas del Egeo lo antes posible...

SOY: Así es...

YO: ¿Y qué es la «Ontocracia»?

SOY: Es un sistema democrático basado en dos tecnologías fundamentales: la externa y la interna. Toma a la biología como ejemplo a seguir y el concepto de redes para resolver conflictos y financiar las soluciones; sin necesidad de bancos centrales, ni parlamentos, ni representación, las soluciones llevadas a cabo son aquellas que mayor gente elige y financia. Pero hay un detalle: este sistema se basa en el Poder del Ser, es decir, en dar la total responsabilidad a un individuo íntegro, coherente.

YO: No funcionaría nunca... ¡Jeje!

SOY: La coherencia es una búsqueda constante, igual que el equilibrio; ningún sistema es perfecto; cuando reconoces esto, eres libre de buscar soluciones infinitamente. La coherencia te hace responsable de que los resultados son directamente proporcionales a tu actitud ante el grupo. El mismo sistema te impulsa a ser coherente entre lo que piensas, sientes y haces, sin depender de lo que otros crean. Hoy la tecnología es usada en esto para medir encuestas, cambiar métodos de publicidad y empresas... pero aún no es aplicado a la política...

YO: Porque perderían poder.

SOY: ¿Y qué es el poder externo sino el miedo a reconocer que no posees poder interno? Una persona que busca controlar a otras, es una persona sin poder interior, pobre de alma, perdida en su falta de filosofía, hambrienta en la escasez de recursos personales.

YO: Por eso, en la Atlántida preparaban tanto nuestro mundo interior para gobernar... Por eso Egipto nos alineaba para ser gobernantes y ciudadanos, para ser espíritus conscientes en la materia y civilización...

SOY: Por ello, es Egipto quien debe dar la pauta; es el Nilo quien dirá cómo; es quien recordará el regreso de los elegidos para gobernar el mundo, sólo aquellos que encuentran el poder en su ser... en el «Yo Soy».

YO: ¿Qué es lo que la política debería ser en el futuro?

SOY: La política debe olvidarse de las polis; ahora somos una red. La política se corrompe pues sus territorios se han expandido a aspectos que ya no puede controlar. La política representa todo lo malo de una sociedad pues es el reflejo de una consciencia popular. No es la política quien debe ser transformada; es el pueblo el que da sentido a la política. Los políticos son humanos; la única respuesta a la política del futuro es el Humanismo. Un político en el futuro debe ser considerado un Humanista, aquel que da opciones y herramientas a los humanos, que brinda libertad de elegir soluciones, no personas. La política representa la visión, la mirada hacia el futuro y la lectura del pasado; es la guía y reflejo de la Correspondencia de un pueblo.

YO: *«Cada pueblo tiene el Gobierno que se merece».*

SOY: ¿Sabes qué es un Gobierno?

YO: No... realmente no...

SOY: Viene de la palabra griega *Kybernaein*, y significa «dirigir un navío». Pilotar un Barco.

YO: El Monumento a la Bandera... El barco...

SOY: Quien sabe navegar por las aguas del mar del subconsciente, por el río de la vida, cargando la responsabilidad de las estructuras internas, impulsado por los vientos y las voces del mundo, encendiendo el fuego de su corazón, es capaz de gobernarse a sí mismo al puerto de la Consciencia; el Nuevo Faro ante las arenas argentadas.

YO: Gobiérnate a ti mismo... y gobernarás el mundo...

SOY: Súbete al barco, pues, y mira al horizonte de tu interior. Reconoce al humanista en ti, y recuerda que la política es sólo la brújula del navío, un indicador de la consciencia de un pueblo. Si liberas la mente del pueblo, si liberas el alma de un pueblo, y liberas su cuerpo de la opresión de su entorno para romper las cadenas de su propio interior, oirás el grito sagrado de un pueblo consciente que construirá una política consciente en un mundo que despierta su consciencia.

YO: Pasar de la Ideología a la Biología... Liberarnos de los preconceptos políticos; comprender que la corrupción es la distorsión de nuestra propia cultura e irresponsabilidad; es nuestra incapacidad de dirigir nuestras vidas y de navegar el mar del subconsciente; nos dejamos llevar por las corrientes del inconsciente. No debemos luchar contra la corrupción política en más campañas partidarias de ideologías que nos movilizan en nombre de personajes teatrales; debemos construir seres que se autogobiernen y que, en redes, construyan la consciencia humana desde el sistema biológico y espiritual.

SOY: Reconoce. Cierra tus ojos... Inspira... Sostén... Exhala... Abre tus ojos... Mira al horizonte. ¿Estás listo para navegar?

EDUCACIÓN

23 de Enero, 2021

YO: *Ex-duco*. La primera vez que escuché el significado de «Educación» fue en el bachillerato en clase de Latín. La profe Elisabeth, un personaje a quien apreciábamos mucho, dijo el significado de esta palabra tan mal usada en nuestra sociedad, y al oírlo me cambió completamente la visión que tenía de ella.

SOY: *Ex* (hacia afuera) y *ducere* (llevar algo). La Educación es la acción de llevar lo que está dentro hacia afuera.

YO: Lo opuesto a lo que se nos vende como idea. En realidad, cuando la gente habla de educación describe siempre la «Enseñanza», que es el concepto de «señalar algo», mostrar o apuntar lo que está afuera, señalar lo que se considera real o verdad.

SOY: ¿Has podido vivir ambas?

YO: Por suerte sí. He tenido profesores que enseñaban y profesores que educaban, y he podido experimentar ambas. Los que enseñaban nos daban todas las respuestas, y si nos equivocábamos se enfadaban o nos hacían notar que no prestábamos atención. Los que educaban, lanzaban una pregunta, y entre todos buscábamos la respuesta, y sus apuntes eran nuevas preguntas. Sólo afirmaban la respuesta cuando alguno de nosotros en el aula la habíamos dicho, y de allí desarrollaban mediante oratoria o actividades experimentales. Desde niño siempre creí que mi vocación sería la veterinaria, ya que siempre buscaba sanar animales, entenderlos; sin embargo, cuando aparecían adultos u otros niños, lo que más gozaba era explicarles sobre los animales. Recuerdo que organizaba jornadas estilo programas de televisión o aulas donde hacía una serie de preguntas y juegos donde mis vecinos aprendieran sobre cada animal. Pero lo mismo hacía con otras cosas, como escribir o escuchar música.

SOY: Jugar a la maestra.

YO: Sí, fui descubriendo que era mi vocación desde muy pequeño. Recuerdo que mis guías me dijeron: *«Allí donde veas la palabra 'Educación' encontrarás tu camino».* Y por ello siempre seguí la palabra. Sin embargo, detestaba la escuela. Recuerdo lo mucho que me molestaba ir al parvulario; pero creo que lo que más me incomodaba era la gente. Esto me pasó siempre en la educación; creo que los profesores se concentran mucho en el contenido y no lograban ver que lo que más nos cuesta es adaptarnos y convivir; por eso tenemos tantos problemas en la adolescencia y adultez, porque el tiempo de aprender a relacionarnos en armonía lo hemos perdido aprendiendo datos inútiles. Durante toda la primaria disfruté aprender; me encantaba hacer las tareas, llevar las carpetas ordenadas al día, hacer todo lo que los profesores pedían. Cuando a los doce años empecé a recordar mi pasado, muchas de las cosas que antes me eran fáciles, como matemáticas, dejaron de serlo, y parecían imposibles. Me confundía entre realidades y dejé de ser el mejor alumno... Al mismo tiempo los profesores se volvieron más intensos, y más exigentes. Iba a un colegio agro técnico, o sea que no sólo teníamos materias normales de las escuelas públicas, sino que además teníamos materias de campo: aprender a sembrar, cosechar, granja, faenar, criar pollos, cocinar; en total eran treinta y cinco materias que se esparcían por trimestres en comisiones. Desde las 7:30 am hasta las 17:30 horas estábamos en el colegio, y en invierno sólo estábamos en casa de noche. Lo detestaba, aunque era una buena escuela con buena enseñanza, y algunos a veces nos educaban. Muchos creían que «educar» significaba tener buena educación; o sea, comportarse, saber decir *«Buenos días»*, comer bien, ser respetuoso con los mayores —aunque ellos se equivoquen—, no decir malas palabras, sentarse correctamente, masticar con la boca cerrada... Creaba la idea de que «educación» era igual que «adoctrinamiento en modales». Como si adiestrasen perros para sentarse.

SOY: Bueno... No está lejos de la realidad.

YO: Cuando me mudé a España, el sistema era muy diferente; sólo teníamos nueve materias; parecía facilísimo, pero eso fue lo que a su vez me hizo restarle importancia. Algún profesor o profesora tenía alma de educador; pero, aun así, el sistema nos forzaba a ser evaluados como productos. Recuerdo que, tanto en Argentina como en España, aunque en España se notaba más, nos dividían en tres comisiones: la de los inteligentes, la de los normales, y la de los tontos.

SOY: ¿Tontos?

YO: Bueno... Me refiero a los que menor rendimiento tenían o más problemáticos eran. Algunas clases eran compartidas, pero otras estaban divididas; así los más lentos no retrasaban a los inteligentes. Pero con el tiempo vi que esto generaba el efecto contrario. Los inteligentes no aprendían, sino que luchaban por pertenecer a esa clase y vivían un estrés constante de sentir que eran superiores. Los más lentos empeoraban su rendimiento, pues eran tratados como aquellos que no aportarían nada a la sociedad; entonces, no se les exigía más que hacer algún taller que los prepare para oficios de necesidades básicas o servicio. Y los del medio éramos tratados como futuros trabajadores de un sistema que había que nutrir desde la clase media.

SOY: La lucha de clases, de Marx...

YO: A veces lo parecía. Los dos últimos años había un examen que definía si eras apto para hacer el bachillerato o si era mejor que se hiciera un curso de preparación de un oficio específico; esto cerraba oportunidades y vaciaba al Bachiller de niños molestos. Y luego, la Universidad, con su horrible examen de «Selectividad», que seleccionaba personas hacia profesiones por sus notas y calificaciones, no por sus intereses. Y en la Universidad muchos van cayendo, sin posibilidades de seguir por los costos o las temáticas, o lo que sea. Cuestión, que la Educación nunca educa, sino que enseña; separa e impulsa a la competencia.

SOY: Y, aun así, la elegiste.

YO: Cuando se trata de despertar al ser divino de cada uno, no hay otra forma más que la educación.

SOY: La Educación es la facultad humana de despertar sus propios potenciales para enfrentar el mundo. La Enseñanza es el acompañamiento y guía de los que poseen la experiencia para que descubras por ti mismo de lo que eres capaz.

YO: El que enseña muestra un camino, no da la respuesta... no debería al menos. Y la educación parece ser algo que sólo puede hacer uno mismo, no otro.

SOY: Ambos se integran. La Educación surge de uno mismo, y la Enseñanza acompaña dicho proceso. Como hemos hablado en el «Aprendizaje», uno aprehende o aprende lo que está fuera y lo incorpora como propio devolviéndolo al mundo transformado, de una manera única y personal; a esto se le llama «Educación». Los Educadores eran compañeros de camino, guías y maestros que buscaban mostrarle a los aprendices diversas formas de encontrar la respuesta en su interior. La educación surge de la imitación, en que los animales muestran a sus crías cómo hacer las cosas por sí mismos. Podrás pensar que mostrar algo es enseñanza, no educación; y sí, así es; sin embargo, nadie resuelve el problema de la cría, lo debe hacer por ella misma. De esta forma es que los animales van mejorando sus capacidades. La educación atraviesa al reino animal, pues sus habilidades se adaptan por aprendizaje, por desarrollo de sus propias capacidades. En la enseñanza encuentran herramientas; en la educación encuentran evolución. En este desarrollo, el humano como animal, fue mejorando sus habilidades mediante la comunicación. La palabra empezó a transmitir conocimientos de una manera más detallada y específica. Las madres y los padres enseñan a los hijos; la manada y la familia transmiten conocimientos en el compartir; y surgen los guías, chamanes, líderes —de los que ya hemos hablado—, como inspiración para varios. Los chamanes se vuelven sacerdotes, quienes transmitirán a los aprendices el conocimiento universal mediante el concepto de «Caminos». En distintas zonas del planeta, las culturas diseñaron sus propios Caminos Iniciáticos, que desarrollaron las religiones y culturas ancestrales. Los caminos se dividieron entre aquellos que labraban la tierra, aquellos que buscaban entender el cielo y aquellos al servicio del grupo, en defensa y caza. Las tres iniciaciones ordenaron a los grupos, como tus comisiones en el colegio.

YO: Se hizo siempre...

SOY: Porque el humano no busca el conocimiento, busca la practicidad. «Praxis» es ponerse a la acción; y, tomando en cuenta que un humano tiene tres necesidades básicas —comer, reproducirse y dormir—, entenderás que la intención primordial es cubrirlas; el resto es aparte. Las escuelas sacerdotales eran elegidas por unos pocos, pues, daban riqueza, pero no eran prácticas. Las otras dos eran fundamentales.

YO: ¿Y por qué entonces siempre el poder religioso estuvo por encima de todos, controlando la educación?

SOY: Por la «Jerarquía». Recuerda que, desde que el humano comprendió que la vida proviene de los aspectos invisibles del universo, la existencia material sólo obtiene poder gracias a lo sagrado espiritual. Por ello, entendían el cielo y lo que estaba por venir, y aconsejaban a los guerreros y agricultores. Los líderes, pues, consultaban siempre a aquellos que entendían los cielos; entonces, se empezó a considerar que el poder de un líder provenía sólo del poder de Dios, del Cosmos, el poder Divino. *Jeros* significa «sagrado», como el «jeroglífico» (escritura sagrada); así, el poder de lo sagrado es la «Jerarquía». Los únicos capaces de otorgar divinidad, de elegir al rey o reina, eran los sacerdotes; sin ellos, la persona jamás sería elegida ante los ojos de Dios. Por ello, los Caminos Iniciáticos del espíritu eran intocables, y se creó la costumbre, cultura, tradición, de que todo agente social debe tener la aceptación de lo divino para poder ejercer su «praxis».

YO: Entiendo...

SOY: Y para asegurarse de que esto sea así, los sacerdotes, los consejeros, se dedicaron a la Educación. Y en la búsqueda de obtener el poder, moldearon la Educación para convertirla sólo en enseñanza espiritual religiosa. Hasta que, nuevamente, en las islas griegas del Egeo, algunos decidieron salirse de este sistema, y en lugar de ser religiosos, pasaron a ser excelentes cuestionadores, buscando respuestas mediante la duda eterna.

YO: Los filósofos.

SOY: Amantes de la Sabiduría. Dejaron las tradiciones religiosas para dedicarse al cuestionamiento de las cosas. En Grecia, la enseñanza dejó de ser religiosa y pasó a manos de los filósofos y militares. Los últimos se relacionaban por oficio, deber; eran elegidos para defender y servir a los demás; su enseñanza se llevaba a cabo en el concepto de «colegio», de co- (junto) y legós (elección). Pero los primeros compartían sus conocimientos en espacios abiertos y públicos llamados «Ágoras» o «Aulas»: patios donde las personas se dirigían en sus tiempos libres a oír a los filósofos, a responder sus preguntas existenciales luego de cumplir sus tareas políticas (cívicas). Este momento de ocio y relajación era llamado skholé (ocio, recreo).

YO: ¿«Escuela» significa ocio y diversión?

SOY: Contrario a hoy, pero lógico. En aquel tiempo no había video-juegos; no había Netflix, Internet ni cafés, y el punto de encuentro era sentarse en un patio a hablar de la vida. La escuela surge como un momento de relajación para compartir. Tras la aceptación de la religión cristiana por parte del Emperador Constantino en el Imperio Romano con sede en la actual Estambul, la escuela deja de ser bien vista pues eran cuna de librepensadores no religiosos. Así, las escuelas se prohíben, y los colegios pasan a formar parte de la Iglesia. La enseñanza pasó a estar en manos de la religión, en latín. No será hasta el Renacimiento, en el siglo XVI, que se empieza a traer las ideas de Grecia y Roma antiguas, y con ello, el librepensamiento de la filosofía y las escuelas. Esto da origen al pensamiento Científico Cartesiano, a la experimentación, la búsqueda de la información mediante la duda, y ya no la fe. Desde el colonialismo, la iglesia impuso su visión colegial a nivel planetario, adornando la educación en un concepto militarizado y eclesiástico en manos del Papa, los Jesuitas y Franciscanos. Pero a partir de las Revoluciones industriales y sociales del siglo XVIII, los librepensadores laicos vieron la oportunidad de crear repúblicas donde las personas pudieran volver a aprender de la duda, retomando la educación; crearon las Escuelas otra vez, pero adornadas del sistema tradicional colegial.

YO: Y con la Revolución Industrial y la visión capitalista surgida en Europa, en lugar de crear ágoras de personas libres, se crean fábricas de personas que compiten, evaluando sus conocimientos en números y letras de calidad de producto.

SOY: Así es como se acaba por diseñar la escuela y educación actual. En la que sientes que compites por una evaluación; en donde ya no buscas ocio y educación, sino que te ves forzado a la enseñanza de conceptos impuestos por un sistema. Recuerda que, en la búsqueda de hacer a las personas libres del colegio religioso, los padres del Iluminismo crearon la enciclopedia y educación laica obligatoria con el fin de eliminar la ignorancia y construir un pueblo libre de espíritu... Pero...

SOY: Pero la clave de la educación es la duda; no se puede forzar a alguien a aprender la respuesta de lo que aún no conoce la pregunta.

YO: ¿Qué podemos hacer para que la educación sea diferente?

SOY: En primer lugar, se debe recordar que estamos en el siglo XXI, no en el XVIII. La Educación, junto a la Política y la Religión, son los únicos sistemas que no se han modificado a nivel global. Y esto pasa debido a que los tres conforman uno solo. La Religión da poder a la creencia Política, y la Política controla a los pueblos mediante la Educación. Un pueblo libre deja de tener representantes políticos, y deja de tener religión para conectarse al espíritu. Nadie en el sistema querrá transformar la Educación; por ello, hay dos caminos.

YO: ¿Cuáles?

SOY: Desde arriba o desde abajo. Desde abajo implica una revolución educativa, en que las poblaciones sean las que exijan un cambio específico de todo el sistema; sólo que no saben cuál es ese cambio. Todos exigen mejor educación, pero no saben a qué se refieren. Piensan mejores evaluaciones, mejores contenidos, mayor preparación o acceso a la educación, cuando ese no es el problema; el problema es la esencia de que no se educa en la duda liberadora, pues se enseña en la respuesta preconcebida. Una revolución educativa es replantearse qué tipo de humanidad buscamos gestar, no qué tipo de ciudadanos queremos producir.

Y por arriba, es un cambio político que transforme la ideología de poder representativo para devolver el poder al pueblo de la toma de decisiones directas mediante la guía adecuada.

YO: Es un gran tema a tratar que daría para mucho...

SOY: Y lo haremos. A su debido tiempo. Pues la Educación es la voz de un pueblo, y hoy la palabra está distorsionada. En el tiempo de las redes, la educación debe ser en Red; es fundamental replantear todo lo que conocéis como educación, pues habéis dejado el Holoceno; ya no sois la humanidad que fuisteis por doce mil años... Este es un nuevo tiempo, que dará una nueva palabra, la Educación del niño nuevo será diferente; pues los nuevos niños sabrán desde el nacer.

YO: Recordarán...

SOY: Y para que recuerden, deben aprender en Red. La duda es el mayor regalo para la educación del Ser. Si eres humano de certezas, jamás evolucionarás.

YO: ¿Cuál es la primera pregunta de la que debo dudar para despertar toda la nueva educación?

SOY: ¿Yo Soy?

ECONOMÍA
24 de Enero, 2021

YO: Si hay algo controversial en el mundo, y sobre todo en el mundo de la espiritualidad, es la Economía. Es algo que siempre nos cuesta comprender, reconocer, aceptar o entender si quiera. La verdad es que el mundo ha utilizado la economía como una forma de control, y esto se ha quedado grabado en nuestro subconsciente... Pero, en cierta forma, todo surge de la economía, y sin ella, no existiría nada, ¿no?

SOY: Así es. «Economía» viene del término griego *oikós* (casa) y el verbo *neméin* (distribuir). El concepto *oikonomía* se refiere a la administración de una casa. Y con administración, me refiero a la distribución de las tareas y recursos. Cuando los primeros humanos se organizaron en grupos pequeños, manadas de homínidos sapiens, vieron que la mejor manera de sobrevivir era si cada uno de ellos tenía una tarea específica, encargándose de una función concreta. Esto aseguraba la subsistencia, pues cada uno tenía una responsabilidad que cumplir, lo cual generaba seguridad y recursos. Cuando los humanos nómades se dedicaron a cazar y recolectar, esos frutos, carnes y huesos, eran repartidos entre los miembros del clan con la finalidad de distribuir el peso en el viaje. Cada uno llevaba lo que podía comer, y cargaban algunos más por su fuerza. Cada uno se ganaba su comida por formar parte del equipo, pues aquellos que no aportaban, retrasaban a la manada. Cuando los humanos sapiens descubrieron la agricultura, se volvieron sedentarios, y comprendieron que la mejor manera de subsistir era acumulando bienes para pasar el invierno o la sequía. Durante una parte del año sembraban, recolectaban, cazaban, producían; uno de ellos se encargaba de administrar lo que pasaba a la reserva de invierno—sequía, y qué porcentajes se dividían entre los individuos.

YO: Me parece justo.

SOY: Esto aseguraba la supervivencia, aunque no siempre. En ciertas épocas del año, por más que se trabajase duro, los recursos comenzaban a escasear, y era imposible pasar el invierno. Entonces no tuvieron otra opción que pedir ayuda a otros clanes, otras familias. Si una familia tenía escasez de semillas y la otra de carne, intercambiaban el peso de carne por el peso de semillas, creando el trueque.

YO: El sistema de intercambio por valores. Es algo bastante subjetivo, porque ¿quién define el valor de las cosas?

SOY: Por esto mismo el peso era la forma de evaluar. «Valor» es un término indoeuropeo (*wal*) que significa «Fuerza». La fuerza que un individuo poseía para trabajar, luchar, discutir, era lo que aseguraba la vida; por ello, se evalúan las cosas de la vida en función de lo que da fortaleza al cuerpo. Debido a esto, la forma más clara de dar valor a algo es por su fuerza en peso. Un kilo de Semillas es igual que un kilo de Carne.

YO: Aunque no es tan así, porque conseguir la carne y las semillas exigen diferentes tiempos de producción y habilidades...

SOY: Ese fue el pensamiento que algunos tuvieron en el trueque, y por ello, fracasó. Y esto se debió a algo muy clave: ¿Qué diferencia el trabajo de un médico de un agricultor, de un arquitecto y el de un maestro, el de un artesano y un artista, el de un cocinero y un transportista?

YO: No lo sé...

SOY: Es la fuerza del ser. El valor que uno mismo o el grupo dan a esta función en relación a la necesidad del entorno. En un entorno donde faltan transportistas, el transporte será más caro; en un sitio donde sobren artesanos, las obras serán mucho más económicas. La cantidad de un producto o servicio es lo que regula el valor. Pero a su vez, hay otro factor: la calidad. Pues puede haber muchísimo de lo mismo, pero será todo de baja calidad; por lo tanto, un mismo objeto de mejor calidad, con mayor dedicación, tendrá más valor. Por ejemplo: en relación a la cantidad, la lechuga y el tomate son más baratas que el ananá o el aguacate, pues crecen mucho más rápido que los últimos que necesitan al menos dos años y medio para dar su primer fruto. Y en relación a la calidad, no es lo mismo una lechuga mordida por insectos y débil, blanda, que una rugosa, fuerte y crujiente con sus hojas sanas. La relación de valor de cantidad se comienza a dar cuando hay abundancia de opciones. La relación de valor de calidad se da cuando hay abundancia y estabilidad, seguridad en la supervivencia. El mismo valor de calidad atribuido a un alimento, comienza a ser dado a las herramientas, a los trabajos, a los servicios, e incluso a las ideas. En el momento en que los clanes formaron reinos y dieron origen a las civilizaciones, el valor dejó de ser por el peso del producto y pasó a ser por el valor conceptual del conocimiento y las habilidades. Esto trajo un problema: Había tanta cantidad de servicios y productos, que todos tenían algo que aportar, pero no todos tenían los mismos valores para intercambiar. Entonces, se tomó una decisión inteligente: crear una moneda de intercambio.

YO: Metales...

SOY: Para que no haya problemas con el intercambio de valores, los reinos decidieron crear una forma de intercambio que fuera fácil de administrar y distribuir, contabilizar y pesar, y que su peso pudiera equivaler al peso de cualquier objeto. De esta forma, si alguien era pagado por un servicio, no tenía que intercambiar de nuevo este servicio para poder comer, pues sería imposible o esclavizante para algunos. De esta forma, se buscaron minerales que pudieran ser contabilizados y controlados en su cantidad y calidad, como el bronce, la plata, el oro. De todas formas, muchas culturas optaron por otra forma: intercambiar semillas. Las semillas eran una forma de intercambio excelente en tiempos en que el 99% de la población mundial era agricultora. El intercambio de semillas era un dinero que nunca escaseaba, pues siempre se reproducía, ya que, de una semilla, podían crecer muchas plantas y hacer más dinero.

YO: *«Que se reproduzca en tus manos»*, algo que se suele decir en los momentos de intercambio. Es un sistema genial.

SOY: Pero inútil para una civilización como la actual. Hoy en día, un pequeño porcentaje de la humanidad vive de lo que siembra, pues la mayoría de los trabajos se relaciona a temas intangibles, o a la producción de servicios. Intercambiar semillas hoy no tendría sentido; es una utopía.

YO: ¿Por qué?

SOY: Porque para lograr que dicho sistema funcione, primero cada poblador humano debería ser poseedor de al menos un huerto de unos doscientos metros cuadrados, con terreno para algunos animales, como aves de corral. Así, podrían intercambiar huevos y semillas fértiles que se reproduzcan. Pero exigiría que cada humano tenga que cosechar su propio dinero. Nadie podría viajar; nadie podría comprar una casa; nadie podría salir a comer a un restaurante; nadie podría hacer un curso... Pues para que todo dé sus frutos, todos los trabajos deberían estar relacionados al campo. ¿Entiendes? ¿Qué podría hacer aquel que se dedica a otra cosa que no se relaciona a la agricultura? Nada.

YO: Entiendo.

SOY: Por ello, hablar de trueque o intercambio de semillas en el siglo XXI es un concepto anticuado. Es momento de mirar a Acuario...

YO: Y allí la economía será diferente...

SOY: Pues ya no será una casa; la casa será el Mundo, y la administración será en Redes. Como decíamos antes, se eligió la opción del metal. Al mineral se le otorgó un valor por su peso, pero también en función de su rareza o cantidad y calidad: un diamante pequeño valdría lo mismo que un enorme puñado de oro, y un puñado de oro equivaldría a una gran cantidad de plata. Esto fue generando distintos tipos de valores. Las minas se encargaban de asegurar el valor de los metales en circulación; es decir, «que corrían entre las personas» (de ahí el inglés *currency*, proveniente del latín *currens* = correr). En Roma, en las minas del Capitolio, se extraía el mineral a los pies del templo de «Juno Consejera» la anunciadora o quien advierte de los enemigos que se acercan. En latín, «Anunciadora» se dice *Moneta*, del verbo *monere* (avisar); entonces, debido a que desde allí se producían los valores de pesos, se estampaban con la imagen de Juno Moneta; así surgió el concepto de «Monedas», que en inglés generó la palabra *Money*. En Iberia, circulaba otro mineral que valía su peso en diez unidades, algo que en latín se llamaba *Deni* (diez veces), y que nombraba a la moneda como *Denarius*; entonces, se originó en iberia el concepto de «Dinero» en español. A partir de aquí, el administrador de la casa ahorraba en monedas, en metales, y les utilizaba para intercambiar por objetos o servicios. En el colonialismo, los países invasores de las Américas encontraron montañas con toneladas de plata y oro en las minas de los Andes y las Rocosas. Así se volvió a evaluar en peso por mineral; esto dio lugar a las monedas americanas conocidas como «pesos», y al pago de pesos le llamaron «Salarios», debido a que se pagaba a la gente en sacos de Sal de las minas.

YO: De todas formas, es un sistema injusto, pues hay algunos que tienen más que lo que necesitan...

SOY: El sistema es injusto porque las personas que lo usan no son justas. Volvamos al concepto de «poder». La falta de poder personal y coherencia interior hace que los humanos busquen obtener el poder en lo exterior mediante la herencia exterior. Es decir, que consideran que la consecución de su subsistencia se debe a mantener la cantidad de poder necesario para controlar a otros. En un mundo donde la fuerza pasó de ser del cuerpo a estar evaluada en minerales y su intercambio, la fuerza, el peso, comienzan a tenerlo los ricos, no los fuertes; y los débiles y pobres pasan a ser súbditos de los primeros.

YO: ¿La solución cuál sería? ¿Eliminar la pobreza? ¿Eliminar la riqueza?

SOY: Ninguna de las dos. La solución es ser coherente y hacerse las preguntas: «*¿Realmente necesito lo que tengo? ¿Controlo a otros con lo que tengo o con lo que otros no tienen? ¿Para qué necesito lo que quiero?*». Preguntas como estas ayudan a darnos cuenta de si somos coherentes o no. Mira, la palabra «pobre» viene del latín *pauper* y significa «infértil».

YO: ¿Infértil? ¿Como una mujer u hombre que no puede tener un hijo? ¿Como una tierra que no puede dar frutos...?

SOY: Así es. Se conjuga de *pauco* (poco) y *parere* (parir, engendrar). En su contrario, encontramos a los que poseen mucho, los poderosos, los «ricos», que proviene del gótico *reik*; es decir, quien rige, quien tiene el derecho, la fortaleza. En el mediterráneo, debido a aquella familiaridad de los oligarcas con la divinidad por herencia jerárquica, se les conocía como los *divos*; es decir, los que tienen todo, como un Dios. Esta percepción de los ricos oligarcas proviene de las visiones antiguas en que los poderosos eran un grupo que heredaba el poder por lazos de sangre y divinidad. Y el pobre era aquel que no sabía producir por sí solo, que dependía de otros para vivir. Durante siglos, los ricos, para mantener el poder, quitaron más y más derechos a los individuos para que dependieran constantemente de la jerarquía. Sin embargo, con la Revolución Industrial y la Revolución Francesa, esto comenzó a dar un giro histórico, pues muchos de los que antes no podían producir, ahora tenían la oportunidad de crecer. En el último siglo, el desarrollo de la clase media liberó a muchos a ver que era posible encontrar una equidad, saliéndose de la pobreza, sin necesidad de entrar en la riqueza, o al revés.

YO: Sin embargo, sigue siendo un sistema de control.

SOY: Es fácil quejarse de ideologías desde un barco en el Nilo mirando el paisaje.

YO: Buen punto...

SOY: Cuando miras toda la historia de la humanidad, no hubo otro momento de mayor riqueza, oportunidad y libertad como lo hay ahora. Es importante que puedan valorar lo logrado. Vuestras mentes son como aquel pesimista que empieza a mejorar tras una larga y tediosa enfermedad y su reacción es: «*Sí, pero no me he curado*». Para curarse, primero hay que sanarse. No es magia; la única forma de sanarse es reconociendo el pasado, liberándonos de él y reconociendo los logros del presente. Lo que hoy ves como conflicto, hace cien años era el mayor de los sueños.

YO: Entiendo; es lo que siempre decimos; nos quejamos una y otra vez de lo que nos pasa, sin evaluar lo mucho que hemos avanzado. Tras miles de años de trueque, se inventó la moneda, y tras miles de años de monedas, se están recién hoy inventando nuevas formas electrónicas mediante Internet... ¿Esto significa que el dinero desaparecerá? Mucha gente considera que el mal del humano es el dinero.

SOY: Jeje, no; no es el dinero. Te propongo imaginar un mundo sin dinero donde habitan ocho mil millones de habitantes que quieren ser libres en el mundo.

YO: Se me complica.

SOY: Desde luego... Porque la única solución a un mundo sin dinero, es una Dictadura. ¿Por qué?, te preguntarás; porque sin algo externo que evalúe el peso de las cosas según las necesidades de los individuos, su valor debe ser impuesto por una ideología. Esto haría que todos tengan lo mismo, y generaría el proteccionismo de los recursos territoriales. Allí comienzan a inventarse nuevas formas de intercambio. El humano es nómada, es inteligente; busca soluciones a conflictos, y por ello siempre estará intercambiando cosas. El dinero es una de las tantas. El dinero con que pagas alimentos para tu familia y tus estudios es el mismo dinero con que se pagan armas para la guerra y drogas a la mafia. ¿Fue acaso el dinero el problema, o es la desviación distorsionada de la consciencia humana?

YO: Claramente la consciencia humana.

SOY: No gastes energía peleando una batalla contra un pedazo de metal o papel, cuando la verdadera transformación está dentro de ti. Las ideologías políticas manipulan a los individuos a creer que hay grupos oligárquicos que controlan sus recursos a través del veneno del dinero, sólo para obtener el poder de sus consciencias.

YO: Esto es lo que se ve en muchos países, ¿verdad? La creencia de que protegiendo lo propio y repartiendo los recursos en partes iguales, se distribuye la riqueza.

SOY: Exacto. La riqueza no puede distribuirse, sólo puede generarse. Nadie es rico por acumulación, sino por generación. Obtener un recurso sin ser el partícipe de la generación, vacía de poder al individuo, dándole poder a quien se lo entrega.

YO: Esto me recuerda a *«Enséñale a pescar, no le des pescado»*.

SOY: Cuando le das el pescado, le quitas poder, valor, al individuo. Cuando le enseñas a pescar, le das poder y valor a su ser. La riqueza, como dijimos, significa «poder, regir»; no significa «tener». Los ricos no poseen nada; simplemente administran su poder.

YO: Pero existe una lucha histórica entre ricos y pobres. Existe aún la oligarquía.

SOY: Sólo existe debido a la ignorancia.

YO: ¿En qué sentido?

SOY: La Religión ha construido una idea espiritual en torno a la pobreza, describiéndola como el camino hacia la salvación. *«De los pobres será el Reino de los Cielos»*. Esta idea fue utilizada en la edad medieval para controlar y conformar a las clases serviciales y agropecuarias. *«Trabajen mucho que, aunque en la vida no ganen, ganarán en el Cielo»*. La idea fue adoptada por la Política, pues fue útil para controlar grandes territorios imperiales con grandes poblaciones. Así, pasó a las ideologías que se plasmaron en la Educación; se canalizaron así las ideas del oprimido, la lucha de derechos, de igualdad, todas embadurnadas en conceptos clasistas, en la mayoría de los casos con un claro mensaje: *«Elige al correcto representante y te dará todo lo que pidas»*.

YO: Manipulación.

SOY: Así es como todos llegaron a creer que viven en Democracia, cuando nunca lo habéis hecho. A base de repetición, os han hecho creer que la riqueza es el enemigo, que la pobreza es una condición, que la única forma de salirse de allí es eliminando una de las otras y dependiendo de estados capaces de actuar de madres y de padres. Algunos más liberales que otros, y, sin embargo, la idea es la misma.

YO: ¿Y las empresas?

SOY: «Empresa» viene de «emprender», de realizar algo con el objetivo de conseguir algo a cambio. Todo humano es emprendedor por naturaleza; pero en la pérdida de poder personal, al crecer en una cultura basada en el miedo y la manipulación de sus individuos, el ser humano ha dado todo su valor a emprendedores sin temor. En la Revolución Industrial, la expansión de las fábricas hace que los mercaderes obtengan muchos más recursos que los ricos oligarcas del siglo XVII y XVIII. Surge así la Mercadocracia, es decir, el poder de la compra, del latín *merx* = mercancía.

YO: Qué paradoja que Marx en latín signifique «Mercado».

SOY: El Mercado pasa a formar parte nuevamente de la oligarquía, cuando, en realidad, había venido a acabar con ella.

YO: ¿Por qué pasa esto una y otra vez?

SOY: Por lo que una y otra vez volvemos a repetir: El problema no está en los objetos ni los sistemas, está en el humano, en su incapacidad de ser coherente y armónico. En la búsqueda de sobrevivir, se asegura el poder en distintas formas de jerarquías. Esto es algo que sucede en cualquier familia, y de allí, al mundo. No puedes juzgar al mundo por ser mundo; el mundo se compone de familias, y son éstas las que lo moldean. Las pequeñas consciencias son las que crean la supra consciencia; y, si las pequeñas consciencias no toman poder de sí mismas, entregarán siempre la decisión a la supra consciencia.

YO: ¿Cómo se soluciona todo esto?

SOY: En la casa. Allí surge la Economía. Sobre todo, en el sitio donde se empezó todo esto... en la cocina. Los antiguos administraban la comida para sobrevivir; de allí surge la verdadera economía; por lo tanto, está ligada al miedo a morir de hambre, a perder el control de la vida. La Economía no se soluciona con filosofías de carácter económico, o estrategias de los ministros o economistas; la economía se soluciona con aquello que nutre a mi corazón.

YO: El corazón...

SOY: El sistema económico se relaciona en la naturaleza biológica al sistema circulatorio. El corazón es como el Banco; pero, en lugar de acumular y guardar, administra haciéndole circular hacia cada órgano. Las venas mueven los recursos que llamas «sangre», y los órganos absorben de ellas lo justo y necesario para su funcionamiento. Hay días que necesitan más, y otros que necesitan menos. Nunca acumulan, pero tampoco son iguales. Los órganos saben lo que necesitan, y colaboran entre sí haciendo circular los recursos. Esto es posible porque cada célula, individuo, es consciente de sí misma, del lugar que ocupa, y no depende del gobierno central llamado «Cerebro», para administrar su propio hogar. La pregunta que hay que hacerse es si somos capaces de administrar nuestros propios recursos emocionales y físicos. Como humanos, ¿sois capaces de intercambiar? ¿Cuáles son los recursos que tenéis? ¿Sois fértiles? ¿En qué? ¿Compartís vuestra cosecha? ¿Dependéis de algo externo? ¿De qué? ¿Tenéis el poder y control de vuestras vidas, o a quiénes se lo debéis y entregáis?

YO: Creo que son las preguntas más difíciles de responder porque tienen que ver con cómo vivimos nuestra economía emocional y física.

SOY: Vuestro dar y recibir comienza en el corazón, en la forma de relacionarse. Si no sabéis dar y recibir emocionalmente, tendréis un caos en vuestra vida económica. Y con caos me refiero a pobreza o riqueza, pues ambas son extremos innecesarios en un ser equilibrado.

YO: La clave de reestructurar una nueva economía es volviendo al corazón. ¿Qué decir a los que dicen que las cosas invisibles no pueden cobrarse? Es decir, que los trabajos espirituales o de consciencia no pueden cobrarse.

SOY: Hay una gran diferencia entre «Servicio» y «Trabajo». El Servicio tiene un gran valor que es incalculable; por lo tanto, es absurdo cobrarlo, pues si realmente dicho servicio posee el valor que se le da, todo lo que necesites llegará a ti para que puedas hacerlo por ley de correspondencia. Si el servicio no surge del corazón, habrá pobreza. Por otro lado, uno puede utilizar su Don como forma de trabajo en la tierra, sin ser un servicio. Todos los trabajos remunerados en la Tierra se deben al don de quien lo ejerce, y la espiritualidad no está exenta de esta ley. Tienes un cuerpo con necesidades básicas en la tercera dimensión, y la economía nació para administrar dicho cuerpo.

YO: Entonces, puedo trabajar de la espiritualidad como cualquier don y valorarlo como yo lo considere; pero cuando me disponga a hacer un servicio, ponerle un valor o cobrarlo es absurdo, pues significa que no confío en tal servicio. Este año me he puesto al servicio y he recibido más que nunca gracias a ello. Y, aun así, seguí trabajando, pues considero que merezco vivir en esta vida como yo valoro mi propio ser.

SOY: Como siempre... Sabes lo que es dar y recibir en equilibrio cuando sabes hacerlo desde tu corazón; no importará después qué uses, servicios, minerales, sal o semillas; si vuestro corazón no es coherente, tratarás de ahorrar o luchar por cualquier cosa a la que le hayas puesto valor.

YO: Y el valor es conceptual.

SOY: Es una idea, es imaginario. Sólo hay un valor real en la vida: Comer y Dormir. Sólo hay un valor trascendental en la vida: Reproducirse o Producir. Sólo hay un valor existencial en el Universo: la Unidad que se contabiliza en Amor.

YO: Viene Acuario... y la economía será diferente...

SOY: Las formas lo serán, no así el valor si no recuperas tu poder perdido. Valórate, vuelve al hogar de tu corazón, y entenderás la verdadera economía. Dime: ¿Cuál es tu valor?

TECNOLOGÍA

25 de Enero, 2021

YO: El Espíritu creó al Alma, y el Alma creó al Cuerpo. Solemos decir que el Cuerpo es el vehículo del Alma, y, por lo tanto, el Alma sería el vehículo del Espíritu. Sin embargo, esto suele confundir mucho a las personas, pues la forma de describirlo da la sensación de que el alma y el espíritu son agentes externos al cuerpo. ¿Están realmente usando al cuerpo o son el cuerpo?

SOY: Recuerda, «Espíritu» significa «Respirar», y «Alma» significa «Movimiento». El Cuerpo es el conjunto de sistemas que interactúan entre sí. Es decir, un ser vivo, un Ser, es aquel conjunto de sistemas orgánicos que se mueve y respira. Así puedes comprender, que lo que llamas «espíritu» y «alma» son atributos de un ser vivo. Ahora bien. Tras la muerte, la respiración se esparce en el último aliento, uniéndose al aire, al oxígeno que atraviesa todas las cosas, volviendo al cosmos, a la totalidad del espacio. El alma continúa, pues la vida es vibración, y todo se mueve, es continuo; y dicho movimiento sigue en las siguientes generaciones, o en el mundo que se nutre del cuerpo. El Espíritu es visto como la esencia del universo. Desde el punto de vista humano, esa esencia es el aire, al cual sólo le perciben en el viento y, por ello, a esa masa invisible le solían decir «Éter». Es el concepto del «Aire Puro», y se atribuye al aire cálido, contenedor, debido a que su raíz proviene del indoeuropeo *aidh* que significa «quemar». Muchos siglos después, se empezó a describir al éter como la reacción química de la combinación de moléculas de alcohol. En la antigüedad el concepto de que todo era conectado por este aire puro hacía entender que el aliento espiritual, la respiración, era la esencia del espíritu; la nariz, entonces, era el elemento sagrado por el cual el aire entraba o salía del cuerpo. El sonido podía viajar por el espíritu, por el aire; por ello, interpretaban que el espíritu era música, canción, palabra, verbo. Sin embargo, en espacios vacíos era imposible oír nada, pero si ver la luz; esto generó otra visión más amplia. La luz debía moverse por algo mucho más sutil, un aire aún más puro; por lo tanto, atribuyeron el concepto «Éter» al espacio: un fluido invisible donde se mueve la luz —aunque la ciencia moderna de la Relatividad acabó demostrando que no existe ningún fluido llamado «éter» en el espacio. El Espíritu, pues, está conectado a los mundos gaseosos, donde el sonido puede expandirse.

YO: Espera... ¿cómo? Acabas de decirme que el mundo espiritual no se expande por el espacio, por el cosmos, sino que sólo se mueve por los mundos «gaseosos»...

SOY: ¿Eso te molesta?

YO: Mmm... no; o sea, no sé... ¡jeje! Es, raro, porque rompe con...

SOY: ¿Tu estructura de creencias?

YO: Sí...

SOY: Pues, lo siento. Bueno, en realidad no lo siento. Hay otra fuerza más que se expande en el Universo, en el cosmos, y que va por encima del plano espiritual: la Unidad. La Unidad se explica mediante las cuerdas de resonancia, de la cuántica y la relatividad. Allí no respiras, por lo tanto, no hay espíritu. Es el Ser mismo. Mente.

YO: O sea que la Mente, la Supra Consciencia no es espiritual...

SOY: Así es. Sólo los seres vivos poseen espíritu, si en su composición vibran en ambientes de menor densidad, como oxígeno, metano, hidrógeno, helio... Allí hay conducción, y los espíritus pueden viajar.

YO: O sea que lo que llamamos «mundo espiritual» al hablar del «cosmos», no es exactamente el mundo real espiritual.

SOY: Aja... Los mundos espirituales, como los describís vosotros, son aspectos interdimensionales de mundos con gravedad. Pero su interconexión se da por otros factores más allá de lo espiritual, pues son las Redes, y allí no se respira propiamente...

YO: Pero cuando decimos que lo primero que existe en el Universo es la Respiración Divina... ¿a qué se refiere?

SOY: Se refiere a aspectos mentales. Vamos a ver... El plano de la Supra Consciencia, es la Unidad, una red de conexiones en expansión. El plano de la Consciencia es el Espiritual, ligado al reconocimiento de los mundos físicos. El plano Inconsciente es la acción o voluntad de dichos mundos, y el Subconsciente son las estructuras y patrones de registros que actúan por reacción y preconceptos. Y el primero es el que les une a los tres.

YO: O sea que la Unidad de las redes diseña pulsos que llamamos «Espíritus» con esa sensación de inspiración y exhalación, que, en sus espasmos, generan energía, movimiento; esto es lo que los humanos llamamos «Alma».

SOY: «Alma» es lo animado, lo que se mueve; en realidad es el mismo espíritu que, al generar energía en su movimiento, se expresa de una manera diferente.

YO: Y la Energía se manifiesta en distintas opciones, creando patrones de polaridad que dan lugar a la materia, por las partículas, átomos, etc.

SOY: La materia es un diseño inteligente de ahorro de energía, y la energía es el resultado de un movimiento espasmódico espiritual de las redes de la supra consciencia cósmica que llamamos «Mente».

YO: Pero todos son lo mismo...

SOY: Agua. Las moléculas de agua (dos de Hidrógeno y uno de Oxígeno), dependiendo del contexto, se ordenan para formar estados sólidos gaseosos o líquidos. Nubes, Lluvia y Nieve. Humedad, Río, Hielo. Pero siempre Agua. El Agua es el cuarto estado que llamamos «Unidad», que da sentido a las otras tres.

YO: El plano espiritual entonces no diseña algo en el exterior; se rediseña, se adapta a sí mismo en algo trascendental, creando más opciones de sí. El Alma no diseña un cuerpo al que ingresará iniciando la vida; el alma se programa y diseña a sí misma para generarse como cuerpo...

SOY: El mejor ejemplo para comprender esto, más allá del agua, es la metamorfosis de una mariposa. De Oruga pasa a Crisálida, y de este estado, a Mariposa. ¿Es la oruga algo externo a la mariposa? ¿Acaso la oruga se mete dentro de una crisálida o la crea de su propio ser? ¿La mariposa que vuela, no tiene relación con la oruga?

YO: Claro... Las tres son lo mismo; por más diferentes que sean, no habitan espacios distintos; no están en dimensiones diferentes viviendo realidades diferentes y luego se meten uno dentro del otro como una muñeca rusa... En realidad, se transforman en el siguiente paso. Por esto, el espíritu en realidad no está arriba; está en cada parte del ser; y el cuerpo es un diseño espiritual, pero es el mismo espíritu transmutado...

SOY: Así es.

YO: Lo que no entiendo, entonces, es por qué —más allá de los preconceptos culturales y biológicos de que lo espiritual está en el cielo y lo material en la tierra—, los que percibimos cosas, podemos decir que el espíritu desciende sobre nuestras cabezas, o sentir cómo el alma sale o entra, o que hay seres en dimensiones que son espirituales. ¿Cómo se explica?

SOY: ¿Por qué existe un norte?

YO: Uf... Tus preguntas me descolocan... Mmm, existe un norte porque existe un sur.

SOY: ¿Por qué existe un sur?

YO: Diría que por que existe un norte, pero al parecer no... ¡Ah! ¡Porque hay un centro, un eje, con dos extremos!

SOY: Y ese eje se retroalimenta magnéticamente de norte a sur y de sur a norte en una estructura que llamas...

YO: Toroide.

SOY: El Toroide es una estructura que se expande y que hace que todo lo que está dentro se expanda afuera hacia abajo y se retroalimente hacia arriba volviendo al centro; esto da la sensación de que hay planos externos a los cuales el alma sale, y desde los cuales el espíritu desciende...

YO: Wow, o sea que, es sólo una sensación que lo creemos viene de arriba.

SOY: Sólo hay centro.

YO: ¿Y ese centro es el corazón?

SOY: El corazón es la máquina que impulsa este sistema, pero se asimila en el Plexo. El Plexo utiliza todos estos mecanismos generados por la expansión del espíritu en forma de alma, y utiliza las expresiones del alma en forma de cuerpo para desarrollarse, nutrirse, crecer, expandirse, evolucionar. En cada experiencia encuentra nuevas herramientas. El sistema funciona de la siguiente manera: El espíritu tiene la respuesta, pero no sabe cómo llegó a ella; entonces, se moviliza para crear la pregunta que diseñará, mediante el alma, los caminos para encontrar las opciones a través de la experiencia del cuerpo. El cuerpo asimila las experiencias y construye con ello herramientas que lanza al campo magnético sur de su ser; desde allí, del aparente «pasado», circulan por la interdimensionalidad del magnetismo toroidal hacia el aspecto norte del ser, por donde vuelven hacia el centro; esto da la impresión de «canalización», de descarga de información, de la respuesta que está llegando «desde el espíritu».

YO: Pero siempre fui yo. Yo soy el espíritu que diseñó el camino, y es mediante el cuerpo que puedo encontrar las soluciones, las herramientas a las dudas de mi mente que se balancean como un péndulo polar. Es mi cuerpo quien genera los datos para ser comprendidos y utilizados por mi consciencia espiritual, que reconoce la respuesta o herramienta por resonancia, porque él o ella misma le creó. Wow...

SOY: Cada paso vamos entendiendo un poco más. ¿No es magnífico? ¿No es hermoso conocer las claves de este hermoso tejido?

YO: Es el bello tejido de creación...

SOY: Es lo que llamas «Tecnología».

YO: ¿Tecnología?

SOY: Viene del griego *Tekhné* (arte, belleza) y *Logós* (conocimiento, estudio). A su vez, *tekhné* proviene del indoeuropeo *tek*, que significa «tejer, tejido». El estudio del tejido, la belleza del conocimiento.

Todo está entrelazado; y cuando ves las conexiones, encuentras la perfección y la belleza.

YO: ¿Por qué relacionamos nosotros a la Tecnología con aparatos electrónicos o cosas así?

SOY: La tecnología no describe al instrumento en sí, sino la capacidad del humano para hacerlo posible. La combinación de los aspectos espirituales, del alma y físicos, desarrolla las capacidades humanas de plasmar sus sueños internos en el mundo externo. El tejido de las distintas cualidades del ser, de los distintos tipos de inteligencias, de los distintos niveles de consciencia, permiten el enriquecimiento del ser; así, la evolución y las capacidades de manifestación se incrementan. La tecnología describe este proceso del tejido que manifiesta la belleza de dicha interconectividad. La primera tecnología fue el arte y las piedras, el desarrollo de herramientas de caza, pesca y recolecta, siendo en tal caso, piedras y redes, canastas y sogas. Al descubrir los pigmentos, se diseñaron los primeros registros en las cavernas y se dejó huella de cómo se desarrollaban las actividades para que los otros por venir siguieran sus pasos. Toda la tecnología estaba relacionada a la capacidad humana de imaginar, de plasmar sus sueños en el mundo, y con ello, facilitar el desarrollo de la vida. El arte, en todos sus aspectos, los artistas en todas sus facetas, eran los grandes diseñadores de ideas y soluciones. Nunca fueron los religiosos los que produjeron los mayores avances de la historia, aquellos que hablaban con Dioses en los cielos; eran aquellos que sentían a Dios en su interior, en sus sueños, y le permitían vivir en este mundo mediante sus dones, su arte. Los pintores y escribas, poetas, juglares, escultores, encontraron las técnicas de cómo entrelazar el espíritu a la materia, mediante la conexión de distintos elementos de la naturaleza, para producir algo único y original.

YO: Como Da Vinci, que más allá de ser pintor, diseñó la base de muchas de las máquinas que hoy poseemos... Como el avión.

SOY: Es así como el arte es la base de la tecnología. No sólo son herramientas que facilitan la vida, la tecnología es la capacidad humana de manifestar sus sueños, de canalizar las soluciones a las preguntas de su mundo interior.

YO: ¿Y cómo se entiende que la tecnología hoy esté destruyendo al mundo, alejándonos los unos de los otros, volviéndonos autómatas...?

SOY: Reformula la pregunta.

YO: ¿En qué sentido?

SOY: Piensa bien...

YO: Oh... ¿Por qué el humano permitió que la tecnología hoy nos vuelva autómatas y destruya el mundo?

SOY: De la misma forma que el dinero, la tecnología nunca tendrá la culpa; es el propio humano en su afán de poseer y controlar, de enajenarse, de no responsabilizarse, que utiliza la tecnología como una forma de control y opresión. Detrás de las máquinas y del arte, están los programadores, los humanos. Acuario es una era tecnológica y de innovación; no hay vuelta atrás de la era más avanzada que hayáis imaginado. La pregunta es... ¿Está el humano a la altura de la tecnología que ha producido?

YO: No creo...

SOY: La tecnología actual es como el producto de aquel artista que es el mejor en lo que hace, pero un desastre en su vida personal. ¿De qué sirve ser el mejor, si lo que haces con ello es sólo drogarte y buscar escabullirte de la responsabilidad de la vida? Un artista posee una gran capacidad de imaginación, mucha energía de su directa conexión al mundo espiritual y emocional del alma; por ello, si no sabe gestionarla, ser coherente, acabará por ser un loco, desequilibrado, inadaptado, drogadicto y conflictivo. Un ente perdido en la vida sin propósito ni sentido más que su arte. Así es la humanidad, un creador sin propósito, un técnico sin ideas, un pintor sin lienzo.

YO: La Era que viene será esa era futurista que siempre dibujan en las películas de ciencia ficción; pero nuestra forma de vivir y sobrevivir sigue siendo precaria, relacionándonos aún como en la época de las cavernas y gobernándonos como en la edad Grecorromana.

SOY: Vuestra capacidad espiritual es tan grande que habéis podido encontrar las tecnologías, las respuestas de vuestro interior, y las habéis plasmado en el mundo; pero aún les utilizáis como si fueran piedras y palos, redes de pesca y armas para la caza o la batalla.

YO: Volvemos a lo mismo. La Tecnología no es el problema, sino quienes la usamos. Es fundamental que podamos pasar de orugas a mariposas...

SOY: No podéis volar como una mariposa, aun devorando el mundo como una oruga. Hoy sois una oruga con alas, incapaz de volar por el peso de vuestras almas, deseos y apegos. La tecnología os muestra la belleza de lo que sois; os muestra lo que sois capaces de lograr; os muestra que sois creadores, y que podéis lograr lo que sea en redes. El Espíritu y el Alma son los factores de la creación que proyectan la idea de lo que debe ser, pero es el cuerpo el protagonista capaz de manifestarlo. La tecnología es lo que nos permite ver nuestros sueños, tocarlos, disfrutarlos. Es la única forma en que el espíritu y el alma pueden gozar de su propia existencia.

YO: Yo soy en mí mismo la mejor de todas las tecnologías, pues son un tejido interdimensional de conocimientos por ser descubiertos. Mi biología es la tecnología más avanzada de la existencia, y desde ella soy capaz de lograr lo que sea.

SOY: Honra la tecnología de tú cuerpo, y podrás construir mundos en coherencia y armonía. El artista de tu espíritu se pinta de los colores de tu alma, que diseña los trazos de la red de tu cuerpo. Tú eres arte, y sólo reconociéndote como el artista sabrás darle sentido a tu obra.

YO: Yo Soy Tecnología.

SOY: Yo Soy el Tejido Cósmico que diseña la Vida. Cuéntame, ¿cuál es tu arte?

CULTURA

26 de Enero, 2021

YO: Ayer me quedó una duda... Muchas veces hemos hablado del espíritu como algo tan grande que no puede habitar un cuerpo; por ello, se expande como el wifi por el universo, y los cuerpos lo descargan como aplicaciones de móvil. Sin embargo, no es lo que ayer describiste, de que el espíritu es la base de todas las cosas en su interior, y que es la semilla expresada en el cuerpo... Entonces, ¿Cómo se entiende?

SOY: *«Mïrkabayn-há»*.

YO: ¿Cómo?

SOY: Vuestras lenguas se han preocupado tanto por describir los detalles del mundo que han perdido la capacidad de expresar lo esencial. Es casi imposible explicar en vuestros idiomas un concepto tan grande e interdimensional. La expresión *«Mïrkabayn-há»*, proviene de la frase *«Mïr kah bah aeynon há»*, que describe el atributo del hombre siendo el propio hogar donde se desarrolla la consciencia y la energía. *Mïr*, describe la mente individual de un humano, hombre o mujer, el auto referenciado y su consciencia del ser;

196

esta consciencia existe sólo por su manifestación interconectada en redes pulsantes, la conexión espiritual llamada *kah*; y todo ello habita en uno mismo, en la energía del cuerpo, en la esencia material llamada *bah*, el hogar del ser. *Aeynon* es una construcción que no existe en las lenguas actuales, y que describe un lugar, locación, que se convierte en un sujeto realizando una acción; en este caso, es aquel aparente ser del interior que en su observación se moviliza a desarrollarse desde la percepción interior, pero atreviéndose a ir más allá y evolucionando en la vida, lo cual se llama *há*. La frase se traduce en un solo concepto: «*Mïrkabayn-há*». Este concepto trata de narrar que todo lo que vive fuera es adentro; que lo que se expande es tan grande que sólo puede encontrarse en lo interno, pues nada de lo que existe realmente es; por ello, lo que está dentro se mueve constantemente por el afuera. Vuestro idioma está construido por conceptos duales, polarizados, y les es imposible describir el concepto *bah*; es decir: hogar que vive dentro. *Bär* describe la casa física, concreta, material, y *bahab* el hogar celestial, lo sutil, que da origen a la palabra «trascendencia»: *buhub* (misma palabra para «muerte»); es decir, algo que va más allá y aun así sigue estando aquí pues regresa al hogar. La palabra describe la forma en que algo puede estar dentro y fuera a la vez; puede ingresar en el cuerpo y, aun así, al hacerlo, ver que está saliendo de él. Son palabras que naturalizan lo que llamáis «paradojas», porque describen la realidad desde una dimensión diferente a la cual habéis construido vuestra realidad. Todos los tejidos, la creación, vuestra tecnología, fue diseñada para adaptarse a un entorno específico, y entendéis, pues, todas las cosas desde ese punto de vista.

YO: Entiendo; o sea que, el espíritu es tan amplio que no puede pertenecer a un cuerpo; pero a su vez, es el espíritu o una parte de él la que se manifiesta en la materia.

SOY: Así es...

YO: Es complejo de visualizar.

SOY: Es un Teseracto. La araña tejedora de realidades. Es vuestro propio espíritu interior generando a su alrededor la estructura de crisálida de un cuerpo y, a su vez, expandiéndose fuera de él de manera eterna para volver a ser descargado en el mismo. Es la tecnología de retroalimentación más perfecta.

YO: Hablando de retroalimentación, me surgió otra duda: La Tecnología es el arte que nuestro Espíritu manifestado mediante el Cuerpo. ¿Qué es lo que nuestro Cuerpo entrega o manifiesta al Espíritu?

SOY: La Cultura.

YO: Emm, ok. ¿Cómo?

SOY: «Cultura», tal como la conoces hoy, es un concepto utilizado más que nada a partir del siglo XX para describir el conjunto de conocimientos, tradiciones, características, atributos, capacidades artísticas de un grupo humano específico o general. La cultura describe el aglomerado de informaciones que nutren a los individuos. Se puede considerar una cultura por sí sola la construcción de diversos individuos que desarrollan formas de interrelacionarse; también puedes conocer el concepto de «cultura» como el bagaje intelectual adquirido de un individuo por estudio o experiencia. Pero la cultura no siempre fue considerada así. La palabra «Cultura» no tiene más de seiscientos años, y describe la acción o cualidad activa (-*ura*) de habitar o cambiar el hábitat. Su raíz etimológica proviene del indoeuropeo *Kwel* que significa «cambiar; mudar; habitar un nuevo sitio». Esta palabra dio origen al griego *kyklós*, es decir «ciclos»; se refiere a círculos de tiempo repetitivos, como las estaciones del año; por ello, en latín, «ciclo» pasó a ser llamado «círculo», dando el verbo *colo*, es decir: colectar, recoger; *colo* origina, a su vez, a *colere* que es «recolectar el fruto de lo sembrado en los ciclos de las estaciones»; su participio es *cultus*, traducido como «recogido, recolectado». Por esto, en la Edad Media, se llamaba «Cultivo» a lo que se recogía en la cosecha y «Cultivar» se volvió el verbo de realizar todo el proceso de siembra, cuidado y cosecha. Así, del indoeuropeo *kwel*, «dar vueltas, girar, mudar, cambiar de sitio», llegamos al concepto de las estaciones como círculo de tiempo mediante el cual se realiza la siembra y colecta de los frutos y granos.

YO: ¿Qué tiene que ver el «Cultivo» con el «Culto a un Dios»?

SOY: Todo. En primer lugar, recuerda que los humanos realizan todo lo que hacen por la comida; necesitan alimentarse, y los dioses son una especie de seguridad para conseguir la comida. Así, de la misma forma en que se realizaban las tareas agrarias, se debía pedir ayuda a los dioses para la buena siembra: la lluvia, el cuidado de plagas, la buena cosecha, etc. Por lo tanto, honrar a los dioses y darles ofrendas estaba sincronizado con los ritmos cíclicos del campo; y, debido a que era cíclico, también el concepto era llamado «Culto», participio de algo que se repite en un cambio o mudanza. Los términos «habitar» o «mudarse» se relacionaban con las casas astrológicas, casas o mansiones de los dioses en el cielo, que iban cambiando, mudando, según la estación o mes del año. Por ello, por la mudanza y repetición reiterativa de los rituales a los dioses año a año, se conoce como «Culto» el seguir una divinidad específica.

YO: Entiendo. Y, alguien considerado «Culto», ¿quién es?

SOY: Aquí podemos entenderlo desde dos posibles visiones. La primera, describe el hecho de que esta persona no se queda con una sola postura o visión de las cosas; se atreve a mudar, a cambiar su forma de ver, a mirar distintas perspectivas, a ampliar su visión de las cosas; por lo tanto, circula reiterativamente por distintas áreas de conocimiento, nutriéndose de cada uno. Así, alguien «culto», es una persona con distintos conocimientos que ha adquirido en su movimiento por la vida. Pero, por otro lado, llegamos al concepto que estamos buscando. Una persona «culta» es aquella que «se ha cultivado». Imagina que tu cuerpo y tu mente, son como un terreno con muchos minerales y potenciales que no despiertan si no agrego los elementos necesarios: agua y semillas. Si tu cuerpo es un huerto o una tierra rica en minerales con el potencial de crear frutos para compartir como sus dones con el mundo, deberás saber que para lograr crearlos se necesita labrar la tierra. Arar la tierra es crear los surcos que flexibilizan el terreno. Un terreno plano es más propenso a secarse y a crear una capa rígida donde el agua y las semillas simplemente se deslizan y no nutren el suelo. Por ello, los surcos crean curvas, arrugas en el terreno, que permiten al agua moverse y permanecer, permeabilizarse; permiten que otros nutrientes se aferren a los rincones de los surcos y sean absorbidos por el suelo. También, hacen de casa, cobijo, para las semillas que vuelan o que depositas en la tierra. Una mente lisa y llana es una mente vacía e infértil. Una mente con muchas curvas y laberintos, es una mente rica y fértil. Naturalmente, tu cerebro se ha ordenado con surcos, con dobleces para afianzar la información. Un terreno con arrugas tiene mayores posibilidades de crear vida, y uno liso, de convertirse en un desierto. Por ello, para que haya buen cultivo, colecta, cosecha, necesitas aprender a flexibilizarte, a doblar tu terreno, a tener otros puntos de vista, a abrir tu corazón, mente y cuerpo. Y luego, debes regar el terreno. ¿Con qué?

YO: Con agua...

SOY: Que tu ser llama «emociones». Hay que aprender a regar la cantidad justa para que no ahogues el terreno o no se seque. El agua trae vida, y sana las heridas del terreno moldeando los surcos, suavizando el terreno. Y así se plantan las semillas, el potencial espiritual que viene del Árbol de la Vida y el Conocimiento. Ahora bien, un monocultivo puede darte una sola razón, pensamiento, idea; por ello es necesario la variedad, pues un solo fruto no es nutritivo; para tener una alimentación sana, es necesaria la variedad: consumir distintas formas, distintos colores, y cocinarlos de distintas maneras. Así, tu Cuerpo es regado por el Alma y sembrado por el Espíritu. Y el potencial del Cuerpo, del terreno, sus minerales, su fósforo, hierro, calcio, silicio, nitrógeno, son los que harán crecer la semilla espiritual, nutrida por el agua emocional del alma.

YO: Qué hermoso verlo así...

SOY: Es hermoso. Así es como surgen los dones humanos, las habilidades del individuo, el arte, que, en la interacción de distintos terrenos y plantas, diseña más dones, creando arte. Y ese arte, es lo que el espíritu recoge, colecta; es el producto de su propia semilla. Las semillas no germinan sin el agua del alma, y por más que germinen, no se harán fuertes sin los minerales del cuerpo. Las raíces, las ramas, los frutos, crecen gracias a los nutrientes del suelo; sin ellos, no habría producto final, no habría fruto espiritual. Por ello, el espíritu necesita manifestarse, nacer, vivir, experimentar; pues por más que la semilla contenga todo el potencial en su centro, su interior, sin lo que el alma y el cuerpo tienen para entregar, jamás podría expresar lo que realmente es. Es su cosecha, es su cultivo. Y cuantos más interactúen, más cultivos habrá; y es así como cada semilla crea su cultura.

YO: Las culturas humanas son los frutos espirituales de los individuos.

SOY: A mayor cantidad de culturas, mayor es la capacidad del ser de cosechar los frutos del espíritu.

YO: Así es que cuantas más culturas conozcamos, cuanto más nos abramos a otras razas, países, tradiciones, más estaremos nutriendo nuestro espíritu, para descubrir el potencial propio. La forma de descubrir lo que soy es abriéndome a nutrirme de los demás. De cada cultura, de cada religión, filosofía, ciencia, visión, tradición, antigua o moderna, me nutro del arte humano que hemos creado entre todos.

SOY: La vida es un museo en transformación constante. La vida es un Museo. Hoy puede que la palabra «museo» te recuerde a un sitio frívolo de objetos viejos y muertos, acumulados y catalogados que describen la historia de artistas o activistas y sus logros. Sin embargo, para los antiguos, era todo lo contrario. «Museo» viene del griego *Mouseion* que significa «hogar de las Musas». Las Musas eran las divinidades griegas que describían los atributos de las artes. Calíope (épica), Clío (historia), Erato (lírica), Euterpe (música), Melpómene (tragedia), Polimnia (pantomima), Talía (comedia), Terpsícore (danza) y Urania (astronomía). En este espacio se cultivaban las almas y las mentes de las personas; se cosechaba el espíritu viviendo presentes plenamente en el cuerpo.

YO: Entonces, debo convertir mi cuerpo en un Museo donde todas las culturas del mundo tengan un espacio, donde pueda nutrirme de todas ellas para que crezcan mis propios frutos. La cultura deja de ser, pues, una tradición pesada para mí; deja de ser un constructo humano que nos aferra a apegos de grupos y manadas, para convertirse en la clave que nutre la semilla espiritual para que mi ser dé sus frutos al mundo.

SOY: Honra la cultura; cultiva tu ser; ábrete a todas las culturas del mundo, y encontrarás el fruto de tu espíritu.

YO: Yo Soy la Cultura Espiritual. Yo Soy el suelo de ricos nutrientes, potenciales que despiertan con el riego de mi alma, y que se manifiestan en la semilla de mi espíritu.

SOY: Y ciclo tras ciclo, te expandirás más y más.

AGRICULTURA

27 de Enero, 2021

YO: «Sembrando una Nueva Humanidad». Cuando en 2012 nombramos a la Fundación, enseguida decidí llamarla «Arsayian», en honor a aquellos que hablaban al mundo; y cuando debí mencionar nuestra intención, surgió esa frase: «sembrando una nueva humanidad». Los Arsayian eran uno de los tres grupos sacerdotales Atlantes del actual norte egipcio. Los Emenien eran los que enseñaban sobre el Árbol de la Vida y sus códigos. Los Arsayien eran los que enseñaban sobre la Flor de la Vida y sus leyes. Y los Idilien enseñaban sobre la Semilla de la Vida y sus potenciales. En la educación Iniciática, todos los aprendices debían primero estudiar con los Emenien. Los Emenien educaban sobre los códigos de la creación, de todas las dimensiones, letras, estructuras de la vida; enseñaban cómo funcionaban los reinos naturales y humanos. Y sus enseñanzas eran la base de los Arsayien. Los Arsayien enseñaban el poder de la palabra, y cómo era capaz no sólo de comunicar informaciones entre personas, sino que también podía modificar realidades, manifestar sueños, conectarse con otros reinos y seres.

Para lograr decir las palabras claves, realizar la magia, era necesaria la coherencia; por ello, educaban sobre las leyes del Universo y cómo gestionarlas como un ser consciente. Así, los Idilien podían convertirse en su propia voz, en su propia creación; enseñaban sobre los cimientos y patrones fundamentales de la existencia, los elementos, las geometrías, y desde allí, cómo hacer alquimia, transformándose en aquello con lo que antes se comunicaba. Activar el potencial divino de la semilla del gran árbol.

SOY: Los tres eran una sagrada trinidad de sabiduría.

YO: Sí. Pero fueron los Arsayian quienes organizaron la expansión del mensaje de la Red. Cuando en la Era de Leo todo estaba fracasando, y la civilización parecía colapsar inminentemente, los pueblos nómadas del sur empezaron a amenazar la estabilidad de las colonias atlantes, y los Idilien representaban dicho eje por quebrarse. Los Arsayien, leyendo esto en los cielos y la tierra, hablando con otras dimensiones, vieron claro el colapso de Leo y la esperanza de retornar en Acuario; por lo tanto, iniciaron una retirada donde los Idilien fueron escondidos en diversas partes del mundo. Algunos Arsayien fueron enviados a realizar caminos hacia los nodos de la Tierra para comunicar al mundo que, tarde o temprano, retornaríamos a activar la consciencia, la Red planetaria.

SOY: El Camino del Norte al Sur...

YO: *Harwitum* (*Hare* = norte; *Wifu* = sur; *Tume* = camino). Los Arsayian llamaron a una reunión de las doce Familias, la cual tenía por nombre *Harinfolink*, es decir: Sol, Estrellas y Luna. Esta reunión hablaba de una alineación estelar en que todas las cosas cambiarían; las doce Familias, cada una representante de una Casa Celestial, debían ponerse de acuerdo para saber cómo retomar las riendas de este cambio sin perder el control. Pero los Arsayian tenían otro plan, un plan «B». Reunieron a un grupo de jóvenes sacerdotes frente a la Gran Esfinge (*Tul-Bassik*), a hacer un voto por *Emmesdah*: la Memoria. El voto era defender la memoria mediante el recuerdo; para recordar, debían llevar la información y distribuirla mediante la sangre, generación tras generación, desde los nodos o casas celestiales en la Tierra. A éstos se les llamó «*Khem Bassikir*» (Guardianes del Nilo Atlante), y fueron quienes realizaron el camino *Harwitum* en tanto las doce Familias debatían. Recuerdo que, en aquella reunión, tres de nuestros ancestros celestiales se presentaron, los Inna, extraterrestres de Sirio, la estrella madre. Y uno de ellos dijo: «*Estáis entre espejos. La pregunta no es cómo, ni quién, ni qué, ni dónde; la pregunta es 'cuándo'. En el espejo del tiempo y del espacio os volveréis a hallar, y vuestros espíritus descenderán del Árbol para convertirse en semillas de un nuevo yo. Es tiempo de soltar la humanidad que sois; ha llegado el otoño y pronto vivirán el invierno de vuestros espíritus. Cuando llegue el momento, sabrán que habéis vuelto para sembrar una nueva humanidad*». Eso fue parte del plan. El «cuándo» era doce mil años más tarde, en el inicio de Acuario. La vieja Humanidad era la Edad de Leo, y la Nueva es la Acuariana. Ese era el «cuándo». Los Arsayian esparcieron su mensaje por la Red, y sería nuestra tarea volver a reconectarla, armar el puzle. Por ello, supe que la palabra creadora de consciencia y realidades tejió la Red; preparó el terreno para las semillas en que nos hemos convertido al caer al suelo en el otoño, cubiertos de la presión de la tierra a lo largo del invierno. Es tiempo de germinar, y lo hemos comenzado a hacer lentamente en los últimos siglos. Ayer cuando hablábamos de «Cultura», todo se parecía mucho a la «Agricultura». Esas culturas son producto de las expansiones vividas por cada grupo humano en el pasado, entrelazándose entre sí, creando nuevas, distorsionando la imagen original en miles de opciones. Entendí que, para encontrar la coherencia de toda esa red, debo abrirme a todas las partes en que mi pasado se fragmentó. El camino que cada uno realiza en su vida, yendo a sitios nuevos, viajando, conociendo, experimentando distintas culturas, es casi un viaje de recolección —como una abeja que recolecta polen de las flores esparcidas por el bosque para producir la miel. Y en tanto lo hace, expande el polen entre los árboles, fertilizando, polinizando, ayudando a que haya más flores, y mayor diversidad. Conocer cosas afuera, sólo me ayuda a conocerme a mí mismo, a realizar la tarea que los Arsayian habían encomendado: Recordarse a uno mismo.

SOY: «*Äyn-mem-py*» = «Recuérdate a ti mismo»; ese era el mandato Atlante; sabían que todo lo que existía era un sólo ser fragmentado en millones, y que, al conocer a los millones, sólo estabas reconectando, uniendo en consciencia las partes de ti mismo con mayor experiencia y sabiduría, pues cada uno se habría convertido en especialista de ese fragmento. En la cosmovisión ancestral, cada fragmento era una semilla nacida del Gran Árbol y, por lo tanto, posee el potencial total de sus raíces y ramas. Pero a su vez, es un nuevo árbol con sus propias cualidades y particularidades, lo cual lo hace único. Reconocer las semillas como parte del mismo árbol te permite ver todas las capacidades que posees en ti a través de los demás.

YO: Es lo que hablamos ayer; la Cultura, el desarrollo del arte interior, de la Tecnología nos permite cultivarnos, conocer opciones; es la siembra del espíritu, el riego del alma y el sostén de los nutrientes del cuerpo; y la cultura es el fruto a cosechar de la planta en la que me convertí: el Ser.

SOY: El Camino Iniciático que los Inna describieron a los humanos, es el método por el cual logras que esta semilla germine y se convierta en su propio árbol. El tiempo y el espacio del que hablaban, los ciclos, los pasos, las escuelas, todos describen el método por el cual lograr tamaña tarea.

YO: ¿Y cuál es el método que hace despertar la tecnología de nuestra cultura?

SOY: Le llamas «Agricultura».

YO: Podría llegar a pensar que me hablas de que, para lograr ser un ser espiritual, debo convertirme en agricultor...

SOY: Así es. ¿No es acaso lo que tuviste que hacer? ¿Crees que fue al azar?

YO: Supongo que no. Cuando mi madre me dijo que iría a una escuela de campo no me gustó nada la idea. Pero luego aprendí a valorarla, y más aún cuando supe la lógica de por qué. Tenía unos diez años cuando me lo dijo. Yo iba a una escuela cerca de mi casa, que llamaban «Escuela de los Padres» en calle Sarmiento, prócer de la Educación en Argentina. Me gustaba allí, era original. Pero mi madre, no sé por qué, dijo que quería apuntarme a otra escuela donde pasaría la mayor parte del día aprendiendo cosas de campo. Me negué muchísimo, detestaba la idea. Debíamos comenzar a las 7:30 am cada día, y volver a las 17:30 a casa. Comíamos, merendábamos, convivíamos con los profesores. Y cuando éramos más grandes, debíamos realizar tareas de campo;

entonces, si hacíamos algo mal, el «castigo» era quedarse más horas o todo un fin de semana trabajando en el campo. Parecía muy militar, y medio que sí lo era; pero a la vez, entendí algo con el tiempo: así era la vida real, la de siempre; así comenzó la humanidad. El colegio se llamaba «Centro Agrotécnico Regional» (CAR); sus aulas daban a jardines de flores y fuentes de agua; todos teníamos uniformes de campo, y además de las materias normales, teníamos las tareas agrestes: huerta, apicultura, ganadería, equitación, lombricultura, avicultura, compost, frutales, maquinarias, veterinaria de grandes animales... En el colegio aprendíamos de todo: desde la semilla hasta el producto final, desde el embrión hasta cocinar el animal. Aprendíamos a reciclar todo, a manejar tractores, a usar todas las herramientas del campo, a distinguir malezas de granos, a lavar los baños, a hacer cueros y artesanías a partir de los animales y plantas; aprendíamos a cocinar, a limpiar las aulas, a hacer jardinería, ciencia, química, filosofía, matemática, lengua, inglés, literatura... Era tanto que era imposible lograr comprenderlo todo; y, por más genial que haya sido, era estresante, y se olvidaban muchas veces de que éramos niños, no peones de hacienda. Sin embargo, ahora que miro hacia atrás, me pongo a pensar en mis propios ancestros, en los mismos padres de mi abuela; me doy cuenta que ellos habían vivido su vida así, haciendo lo mismo que yo, pero desde la falta de conocimiento general. Cuando iba al supermercado y veía una verdura, comprendía la labor que había detrás de su crecimiento, la paciencia, la dedicación.

SOY: Agricultura es la cultura de lo Agro. «Agro» viene del griego e indoeuropeo *ager* que significa «terreno, tierra». En griego, la palabra *ager* generó el concepto de *ageia*, describiendo el conjunto de tierras, que hoy llamamos «Gaia» = Tierra.

YO: Así que de ahí viene el nombre tan espiritual de nuestro planeta, de la palabra «terreno cultivable».

SOY: Como muchas veces hemos hablado, el humano debe su vida a la tierra, porque básicamente el humano es Tierra. «Humano» significa «tierra húmeda» (del latín *humus*); y la cualidad de «ser humano» se llama «humildad».

YO: Algo muy poco común del humano.

SOY: La humildad es la cualidad de estar conectado a la Tierra y, por lo tanto, de valorar lo que vive en ella y crece en ella. Su atributo es ser Humilde, que describe la idea de que un humano debe valorar lo que está bajo sus pies pues es lo que le da vida. Alguien que mira todo el tiempo al Cielo y busca lo divino en los estelar, manifestando la voluntad de abandonar el mundo, de liberarse de él y flotar en el cosmos, es un ser despojado de humildad, pues no mira a la Tierra, mira al cielo; no valora lo que está bajo sus pies, sino que prefiere no sentirle. La humildad se relaciona con llevar los pies descalzos, y no porque «humildad» se relacione con pobreza; «humildad» significa que no pone barreras entre su cuerpo y este mundo.

YO: Aun así, se suele pensar que «humildad» es de pobres, porque se suele describir al pobre como «humilde».

SOY: Es un error conceptual. «Humilde» no es quien tiene menos, sino quien valora y comparte lo que tiene. Un ser puede ser avaro y engreído, egoísta y ser pobre. El concepto «humildad» se relacionó a la pobreza por la misma razón que la pobreza se considera un regalo en lo celestial: es una estrategia política-religiosa de hacer creer que el reino de los cielos es de los pobres sucios que trabajan la tierra y se ensucian día a día en el barro. Esta idea relacionó «humildad» con «pobreza», aunque no tienen nada que ver. La humildad es la valoración del mundo, de la riqueza de la tierra, de gozar la existencia, de compartir lo que se consigue, de no poner barreras entre el suelo y el cuerpo, de atreverse a sentir el polvo y el lodo del cual provienes. Los primeros humanos se cubrían en lodo; usaban talcos y polvos para protegerse del sol y los insectos; por ello, se decía que los primeros humanos nacieron de la arcilla, porque se vestían con ella. Comían raíces, frutas y verduras, hasta que descubrieron cómo cultivar. Se maravillaron con el Cielo, pero no para ir a él, sino porque les indicaba cómo sembrar y cosechar. Todo potencial humano, toda tecnología, surgió de su relación con la Tierra; toda cultura surgió de lo cultivado; toda civilización se basó en la comida. Toda estabilidad se sustentaba en la alimentación. Toda seguridad se atribuía al terreno. Toda divinidad se manifestaba en los elementos. Toda ceremonia y celebración surge de honrar a la agricultura y sus ciclos. Todas las fechas festivas son producto tradicional de un producto nacido en la tierra. Y de repente, el humano decidió mirar al cielo y olvidarse de la Tierra, y creyó que la Tierra era simplemente un recurso creado para los humanos, a su merced. El humano se creyó divino, y su ser fue dominado por el ego; consumido por el fuego espiritual, se desapegó de la Tierra; le dio la espalda, y la utilizó a su merced. El humano se desconectó tanto del mundo, que puso zapatos para no ensuciarse. Y cada vez eran más altos para acercarse al sol y alejarse del suelo. En lugar de mirar sus pasos, levantó el mentón; parando la nariz, mirando al horizonte, quiso todo lo que había en él para sí. El Ego, creyéndose divino por sí solo, empezó a dominar la tierra y sus recursos, y se alejó del campo para vivir en la ciudad. Y llegó el punto más inesperado...

YO: No saber ni de dónde vienen las cosas que comemos...

SOY: Exactamente.

YO: Es increíble cómo muchas veces la mayoría de los humanos no saben de dónde nace un alimento, o que un pollo es una gallina, o de dónde sale un huevo, o una zanahoria, o una manzana, un tomate, una carne... Me asombra muchas veces que la mayoría no sepa de dónde vienen los alimentos y lo difícil que es producirlos; tampoco saben lo mal que se les produce en muchos casos, siendo que todo lo que hacemos se basa en comer. Sin comida nos morimos; sin embargo, parece no importarnos de dónde vienen las cosas.

SOY: El humano se pierde a sí mismo no porque no sabe a dónde va, sino porque olvidó de dónde viene. Un árbol se cae por perder sus raíces, no sus ramas.

YO: Entiendo por qué pasé cinco años de mi vida en un colegio agrotécnico... Necesitaba vivir la tierra, trabajarla, entender cómo se la labra, cómo surgen las cosas de ellas, comprender al campesino, al agricultor, al ganadero... Son oficios que parecen alejados y precarios a los ojos del mundo actual. Y la industrialización ha considerado que esas tareas forzosas las pueden realizar máquinas y han fomentado la superproducción, alegando que así generarían más recursos para la humanidad. Sin embargo, hay cada vez más hambre cuanto mayor producción hay. En muchos casos se culpa a los agricultores de «terratenientes», pero es que, para ser agricultor, hay que «tener tierras». En Argentina, por ejemplo, el campo es la única economía viva y fija que sostiene la historia del país; sin embargo, siempre se trata a la gente del campo como «Oligarquía». Una de las razones por las que esto ha sido así, es porque en los años '40 se atrajo tanta gente a vivir a las ciudades y trabajar en fábricas —sobre todo a Buenos Aires—, que se concentró la gente de campo en lo que hoy son barrios pobres y villas —o favelas—, dependientes hoy del Estado. Si el país hubiese centrado su capacidad en la tierra, posiblemente no hubiera un pequeño grupo con grandes extensiones heredadas desde las épocas feudales. Y esto ha sucedido en varios sitios de las Américas. Sin embargo, no es así en Europa, donde los huertos se han mantenido como forma primordial de alimentar a las familias de los pueblos, ya que, debido a todas las guerras, han comprendido muy bien la importancia de crear el propio alimento.

SOY: Un país es fuerte por dos cosas: su conexión a su tierra y su educación. La conexión a la tierra implica el reconocimiento de sus recursos naturales; implica saber que son parte del cuerpo humano que le habita, que lo que le hagas a la tierra, te lo haces a ti mismo, que lo que produces y cómo lo produces, es lo que nutre tu cuerpo y tu alma. Conocer el potencial del suelo, es despertar la humildad; es reconocer que las cosas no surgen por la magia de pensarlas, sino por la alquimia de manifestarlas. Puede parecer absurdo, pero saber cómo nace, crece y se reproduce un tomate, es la base de la verdadera humildad. Tienes que saber el ciclo del agua, la labor de una abeja, la paciencia de un árbol, la dedicación de una hormiga; tienes que saber de dónde surgen las frutas, lo que demoran en crecer; tienes que saber de dónde viene la carne, el tiempo y los recursos que requieren generarla, así como la emoción y el desarrollo de los animales que consumes. Saber que lo que te nutre está vivo, te hace ser responsable de lo que vive y lo que te nutre.

YO: Entonces, una clave fundamental de la espiritualidad, de la toma de consciencia planetaria, radica en la humildad de volverse agricultor, de al menos honrar la labor de quien produce y la capacidad infinita de la tierra de generarle.

SOY: Es en el campo donde surgió la humanidad, y es por el campo que sigue viva. ¿Cuánto más vais a tardar en reconocer lo básico de vuestra existencia? El aire que respiras gratuitamente es producido por los árboles. Si quieres respirar más, planta más árboles. La comida que te nutre cada día, ha recorrido un trayecto enorme de tiempo, un proceso extenso en el espacio: desde ser semilla, a ser sembrado, nutrido, cosechado, transportado, cocinado, manifestado desde las manos de quien cosecha hasta las de quien cocina. Una ensalada es una historia; un plato de comida es el resumen de una cultura milenaria. Cuando comes, consumes historia, sabiduría; consumes la capacidad humana de haber aprendido a manejar el tiempo y el espacio.

YO: Es una bella manera de ver lo que consumimos...

SOY: Porque la verdad es hermosa.

YO: ¿Y qué pasa hoy con todo lo que sucede con los transgénicos, con las empresas que controlan las semillas?

SOY: ¿«Hoy» dices? Esto sólo se ha modernizado... La modificación de la genética es algo ancestral. El trigo sólo tenía dos semillas, o cuatro, igual que el maíz. Las manzanas, peras y otras frutas que hoy comes jugosas y enormes, en la antigüedad eran pequeñas y duras. Las malformaciones siempre fueron utilizadas por los humanos para transformar las especies, para modificar la genética desde los primeros tiempos del sedentarismo. Y a su vez, entendiendo las semillas como moneda de cambio, estas siempre han estado bajo el control de los gobiernos que regulaban los alimentos —algo que hoy suelen hacer las empresas que financian los gobiernos. Sólo han cambiado las formas, pero no la idea.

YO: ¿Y cómo se cambia esto?

SOY: Como siempre. No luchando contra lo viejo, sino retomando el poder de lo humilde. Vuelve a ver a la tierra con el amor de la madre que es, que genera, que da vida, que nutre. Valora de nuevo cada alimento, descubre su origen, lo que cuesta que llegue a ti; maravíllate con el proceso de su ser e historia. Vuelve a la Tierra. En el camino de despertar soléis hablar de Gaia, el espíritu de Gea, el alma de la Tierra; pero olvidáis mirar y honrar a Ager, su cuerpo. Valora el cuerpo y sus minerales; echa raíces profundas, y conviértete en el agricultor de tu propia existencia.

YO: Eso es Sembrar una Nueva Humanidad; una humanidad que —aunque recuerde su interdimensionalidad, su origen estelar, y busque su iluminación— reconozca y respete a la Tierra, sabiendo sobre ella, siendo humilde en la riqueza de su potencial.

SOY: Labrar la Tierra cobrará otro sentido cuando, en lugar de hacerlo para sobrevivir, lo haces para descubrirte a ti mismo honrando tu origen. Recuerda, el origen está en el centro, y el centro más cercano a ti es tu corazón; y tu corazón está alineado al corazón de hierro de la Tierra. Ese es tu centro, y las estrellas son el paisaje. Mira hacia la Tierra, y encontrarás la verdadera fuerza de tu ser. Sembrar es depositar un potencial, y para que sea Nuevo, es necesario reconocer la originalidad de esta semilla como siempre se ha hecho en la modificación genética. Y esa novedad es volver a la tierra, Humana. Sembrar una Nueva Humanidad, significa permitirnos volver a la Tierra para germinar un potencial oculto esperando a florecer. Y la única forma de ver la flor y su fruto, es si la semilla vuelve a la Tierra.

YO: Toda mi cultura surge de la tierra; así, para crear una nueva cultura, debo volver a la tierra... Yo Soy Agricultura.

SOY: Tarde o temprano, todos los humanos vivirán en la mayor era tecnológica de su historia; pero será la tecnología correcta si, mientras voláis por el universo, tenéis la humildad de caminar descalzos por el suelo de vuestros jardines para colectar los frutos de las plantas que habéis sembrado con vuestras propias manos. Cuanto más negras sus manos se vean por el humus del huerto, más alto volarán sus naves a las estrellas.

YO: Yo Soy Semilla de esta Nueva Humanidad.

SOY: Camina descalzo, y recuerda: Yo Soy la Tierra...

YO: Yo Soy Humano...

FUNDAMENTOS

28 de Enero, 2021

YO: Hoy estábamos visitando la isla de Elefantina en Asuán, caminando por las ruinas de la antigua capital del sur egipcio en los tiempos Ptolomeicos, y contemplábamos las ruinas del templo de Khnum, el dios carnero de la Creación. Al observar los cimientos, veía que eran capas sobre capas, y me recordaba a todos los sitios antiguos que he visitado. Al mirar alrededor, podía ver casas precarias de ladrillos de barro construidas sobre grandes rocas con jeroglíficos, y algunas incluso se encontraban cubiertas de capas de tierra y lodo petrificado. El guía dijo: «*La isla fue reutilizada muchas veces en la historia; tras los terremotos que destruyeron el templo, llegaron las invasiones, luego los coptos, musulmanes, muchas grandes crecidas del Nilo; lo único que fue quedando son los cimientos de cada época*». Cuando visitamos los sitios más antiguos, podemos ver que la mayoría se encuentran en capas, reutilizados, habiendo sido reconstruidos o cubiertos según el caso, ya sea por otras culturas, por la propia, o por la naturaleza.

SOY: A lo largo del tiempo, cada cultura se reconstruye, y utiliza los fundamentos de la anterior para construir su presente. Las primeras rocas que delimitaron un corral, pueden volverse parte de los cimientos de una casa. La casa puede convertirse en templo, y al derrumbarse ser parte de un corral nuevamente.

YO: Como los templos Egipcios. Los templos que se visitan a lo largo del Nilo son conocidos por ser las maravillas de los jeroglíficos del antiguo Egipto y, sin embargo, no es así. Esos templos son de la época Griega o Romana, en que diversos reyes o regentes del territorio incorporado a los imperios grecolatinos, gobernaron sobre la provincia del Nilo. Sin embargo, en la época faraónica, los templos eran diferentes y pocos quedaron en pie, tales como Karnak y Luxor, ciudad de faraones. Las mismas piedras que fueron usadas para generar el camino iniciático Atlante muchos miles de años atrás, fueron usadas por los faraones para sus templos, y reutilizados sus cimientos para los templos grecorromanos egipcios; tras la caída de los imperios, se volvieron iglesias, abandonándose y recubriéndose de arena y barro; con la invasión de los musulmanes, fueron utilizados de cocinas y establos para los animales, razón por la que se llenaron de hollín, cubriendo los coloridos jeroglíficos de negro. Sobre algunos construyeron casas o mezquitas, iglesias y palacios. O simplemente la tierra les cubrió, convirtiéndose en terrenos de cultivo o secretos bajo las arenas. Se puede ver todos los usos que se le ha dado a los templos y ciudades a lo largo de los milenios en las ruinas arqueológicas; asimismo, en la historia más reciente se pueden ver en los muros escrituras en griego, en latín, en inglés, italiano y francés, pueblos que intentaron o lograron conquistar estas tierras. Y en la modernidad, cada edificación puede convertirse en las bases de otra. En Europa es muy común ver casas o castillos medievales convertidos a la modernidad, restaurados con la tecnología y estilos contemporáneos, y a su vez manteniendo las bases del pasado a flor de piel en sus muros. Recuerdo la primera vez que fui a Roma y observé el Coliseo desde adentro; me llamó la atención que, en lugar de ver la arena —como lo imaginaba de las películas—, vi un entramado de pasillos, como un laberinto en su interior. Pregunté a la guía qué era eso, y me explicó que eso estaba debajo de la Arena donde pasaban todas las cosas. Allí los artistas, los gladiadores, los que entretenían, guardaban todas sus cosas, sus vestimentas, herramientas, armas, animales, y a ellos mismos. Era el «detrás de bambalinas» del teatro, pero bajo tierra. A su vez, esperaba encontrar gradas, donde imaginar a las personas sentadas como público, coreando los nombres de los gladiadores; sin embargo, sólo podía ver arcos de ladrillos. *«Son los cimientos que sostienen la estructura, como los huesos del edificio»*, explicaba. Lo demás se había roto, caído, o reutilizado para construir otras cosas. *«Lo que recubre cambia, pero los fundamentos son los mismos»*.

SOY: Esa es la clave de hoy.

YO: ¿Cuál?

SOY: Los Fundamentos. Esta palabra proviene del latín *fundus*, que significa «hondo; base; raíz; parte inferior; profundo». La palabra *-mento* se refiere al medio instrumental por el cual se realiza algo. Así el fundamento es lo que se pone debajo y sostiene el resto de las cosas. Como dijiste, los huesos son los fundamentos del cuerpo físico humano, así como el cartílago para los peces y algunos invertebrados. Los huesos tienen su base en fosfato de calcio, y acumulan el mismo calcio para su uso en el cuerpo cuando es necesario. Son la estructura que sustenta el resto de los sistemas del cuerpo físico, cartílagos, músculos, nervios, venas, órganos; todo depende de la fortaleza de los huesos para mantenerlo unido y en orden; pero también parten de la flexibilidad, ya que sin las articulaciones la fuerza no podría distribuirse y el cuerpo colapsaría. A su vez, los huesos tienen una función mucho más importante para la vida: son los que permiten la existencia de la médula ósea.

YO: ¿No es la que produce la sangre?

SOY: La Médula ósea, llamada «ósea» por ser del hueso, es un conjunto de células madres en forma de tejido que originan las hematopoyéticas, las células que crean glóbulos rojos, unos quinientos mil millones por día.

YO: Wow... muchísimos. Es como sesenta y dos veces la población total de humanos de la actualidad por día.

SOY: Todos expandiéndose por tu interior, en tanto otros miles de millones mueren cada día. El sistema circulatorio y linfático de la mano del sistema inmune, dependen del sistema óseo.

YO: El sistema más rígido es la clave del sistema más fluido... «Paradójico».

SOY: Sin huesos, sin estructura, sin fundamento, no tendrías médula ósea; por lo tanto, no tendrías sangre y sin sangre, no tienes vida. Para poder fluir, circular, vivir, necesitas firmes cimientos. «Cimiento» nace del concepto de «piedra difícil de cortar», proveniente de *caedimentum* en latín, originado de la palabra *caedere* (cortar). Es parecido a la palabra *sedimentum* que significa «lo que está sentado en la base». Ambos definen minerales, materiales que se ubican en la parte de abajo, sosteniendo lo que fluye en la superficie, ya sea río, mar, plantas, animales, poblaciones... Pero referido a «cimiento», encontramos una clave interesante: Lo que nos lleva a fluir es aquello que nos mantiene estáticos.

YO: ¿Cómo sería eso?

SOY: Vamos a la descripción del Universo, y luego iremos a ejemplos fáciles. Recuerdas que hemos hablado de que todo el cosmos es en realidad un sólo punto fijo, estático, y que, de sí, todo vibra proyectándose, lo que da sensación de polaridad, y ésta genera movimiento. Toda existencia cósmica, universal, no es más que un movimiento constante nacido de un punto fijo. Ahora analicémoslo desde el punto de vista del tiempo: un reloj surge de la idea de mostrar la sombra de un pilar proyectada por el sol sobre una superficie semicircular, que permite medir las horas con marcas sobre los bordes y así identificar los momentos. El pilar es algo fijo en el tiempo-espacio, pero, debido a que todo a su alrededor se mueve, permite que veas el paso del tiempo. Más tarde, se comprendió que la misma medición podía hacerse durante la noche, haciendo del semicírculo, un círculo, en que las agujas atadas a un centro fijo, se desplazan mostrando el flujo del tiempo de manera conceptual. No podrías identificar el paso del tiempo sin un punto de referencia físico, ya sea un reloj, un árbol, un pilar, o tú mismo. Lo mismo sucede con el espacio. Puedes comprender el movimiento de las cosas gracias a la estrella Polar que, estando fija, te permite reconocer las direcciones del espacio; de igual manera, la Tierra gira sobre su propio eje, su propio centro, al cual todas las cosas son atraídas.

YO: Entiendo, la referencia de todas las cosas que se mueven en la existencia sólo puede darse por un punto fijo. El Universo es sólo un punto fijo proyectado en lo externo generando la sensación de Orden que llamamos «Cosmos».

SOY: Así es... Y como el Universo es mente, es conceptual, ese punto fijo es el «Yo Soy». De esta forma, igual que en el mundo proyectado a lo externo y manifestado en la materia, se necesitan de estructuras para que pueda surgir el flujo de la vida; sucederá lo mismo en los conceptos de la mente, donde el punto de referencia es uno mismo...

YO: La autorreferencia...

SOY: Y es así como puedes evolucionar: Teniendo un punto de referencia interno, una brújula que indica fijo el punto de centro y dirección, y que te permite regresar siempre a tu norte personal, aunque decidas navegar o caminar por sitios recónditos del mundo.

YO: Esos son los fundamentos de una persona.

SOY: Los conceptos más profundos que hacen a la base de un ser. ¿Qué es una persona?

YO: Una máscara, del griego *prosopón*, usada en los teatros griegos para que el actor y la actriz pudieran hacerse oír al público mostrando la emoción del momento.

SOY: Es decir que, la persona, el individuo, no es real. Es sólo una máscara de algo real que está abajo. Igual que observabas en el Coliseo, lo que el público veía en la Arena de batalla, no era lo real; eso era el teatro montado para el espectáculo; lo real estaba bajo la Arena, detrás de escena; lo que nadie veía. Cada semana, había un espectáculo diferente y único; pero por debajo, todo seguía igual. Los edificios, la arquitectura, el paso del tiempo y su reconstrucción y reutilización por diversas culturas, filosofías, religiones, actividades, es similar —sino igual— a cómo funcionan las personas. Para el universo no existen individuos, sino aspectos de un mismo ser que, como las células madres en la médula ósea, se multiplica creando miles y millones. Así, cada clan, cada etnia, cada grupo o especie, ha construido los cimientos, basándose en los fundamentos de la consciencia colectiva, construyendo caminos que todos han de transitar; y los individuos son esas diversidades, formas distintas de lograr lo mismo. Así, por ejemplo, los fundamentos de tu vida se han basado en las visiones italianas y vascas; generación tras generación, tus ancestros, tus abuelos, padres y ahora tú, han ido sumando algo nuevo, algo especial —una nueva capa, decoración, ladrillos, pinturas— a esta edificación, pero los cimientos siguen siendo los mismos. Tal vez, cubiertos por lodo, arena, pasto; tal vez ignorados y aún por descubrir; tal vez abiertos al aire libre, como heridas que no sé reparar, como un museo abierto o una construcción sin terminar por falta de arquitecto. Cada vez que alguien nuevo venga a habitar la casa, realizará un cambio en ella, pero los fundamentos seguirán allí.

YO: La pregunta es quién puso los fundamentos, y si son buenos o no.

SOY: Allí radica la cuestión, sí. Pero para conocer la respuesta, hay que reconocer los cimientos, buscarlos; hay que saber cuáles son los fundamentos fijos de la familia, de la cultura, del clan, los propios. Lo que tú buscas en tu vida, suele ser el norte marcado por los más antiguos ancestros que empezaron la búsqueda. ¿Por qué crees que tantos humanos comparten los mismos intereses?

YO: Porque teníamos ancestros comunes... Hoy somos ocho mil millones de humanos, cuando hace doce mil años éramos alrededor de un millón. O sea que de una cantidad muy pequeña de ancestros surgieron muchísimos individuos; y, si los fundamentos se cimentaron hace doce mil años, eso implica que, si la mitad eran mujeres, al menos dieciséis mil humanos compartimos un mismo ancestro común; y, si la mayoría vivía en comunidades, los mismos conflictos y necesidades se compartían; siendo que si cada tribu tenía un promedio de cincuenta personas, tal vez los conflictos y habilidades fundamentales sean compartidos en grupos de ciento sesenta millones de humanos. Es... increíble, exponencial, y a la vez simplifica; ayuda a comprender cómo tantos humanos comparten los mismos orígenes y destinos de vida, tanta gente trabajando los mismos traumas y propósitos...

SOY: Así como un templo o una casa es reconstruida y redecorada por miles de años por cada nuevo inquilino —y sus hijos la agrandan, la decoran, se rompe, se cubre, la vuelven a utilizar, modernizar, y así sucesivamente—, vuestros cuerpos son iguales; vuestra genética es evolutiva y cambiante, pero anclada en un punto fijo original sobre el cual todo gira a su alrededor...

YO: El fundamento. *«Sobre esta piedra construiré mi templo»*. La piedra fundamental, la piedra angular, el primer ladrillo, la primera idea, la primera creación, la primera creencia...

SOY: El origen ha marcado tu destino; como en un eje, en un polo, la aparición de un sur genera inmediatamente un norte. Tu norte fluye en el eje de tu sur, y el sur se mueve en el eje de tu norte. El destino sólo cobra sentido gracias al origen. El fin se comprende sólo por un inicio. Los fundamentos, los cimientos, las estructuras, son claves para tu evolución, para tu movimiento. La razón por la cual les interpretas como impedimento es debido a que no tienes en claro tu norte, y consideras que no puedes avanzar por el peso de tu pasado. En realidad, no es así. Es conociendo y reconociendo mediante honrar al pasado que desarrollas tu futuro.

YO: Sí, lo he experimentado en propia piel, pues todo lo que logro es por mi referencia de hace doce mil años, y lo que he hecho en esta vida se lo debo a reconocer la historia de mis ancestros cercanos.

SOY: La intención primordial da sentido a tu existencia. La sangre que fluye en ti se produce en las rocas que construyeron el primer hogar que tu clan ha vivido.

YO: ¿Y qué pasa si el fundamento es doloroso?

SOY: Nadie construyó por primera vez un hogar pensando en matar o controlar. Todos los hogares comenzaron con la intención de cuidar, de pertenecer. Es posteriormente que en los contextos se reconstruye para dominar... Atraviesa todos los arreglos y decoraciones, reconstrucciones, y busca en las raíces los fundamentos. Allí radica la Fundación de tu vida y existencia.

YO: ¿Puedo fundar algo nuevo?

SOY: Eso es una Fundación, la acción de poner una nueva base. Puedes generarla, pero sólo cuando has reconocido el hogar que habitas podrás construir tu propio hogar.

YO: Hoy es Luna Llena en Leo; siento que esto es clave hoy, pues reconozco que mis fundamentos de vida surgen en la Era de Leo, hace doce mil años, aquí, en Egipto, en Khem; para construir esta nueva casa en Acuario, de libertad, innovación, expansión, es necesario reconocer mis fundamentos de estructura, de pirámide, de ley.

SOY: Es el fundamento de Leo —con sus atributos y defectos, sus anhelos y potenciales— que te mostrará la clave de danzar libre en los cielos de Acuario. Reconoce los fundamentos de tu ser; recuerda a Shiw, y siendo ella, podrás descubrir lo que es ser tú hoy, ser Matías.

YO: El pasado vive en mí, en mis huesos; son ellos, su estructura, quienes crean la sangre que fluye en mí, que da vida a mi ser actual. Yo soy la máscara en esta escena de la gran obra, y debo hacer de mi papel un buen personaje para todos aquellos que conforman el cuerpo que soy... Y liberarlos en el arte de ser.

SOY: Enfréntate a tus rígidas estructuras antiguas, pero en lugar de romperlas para construir algo nuevo y sutil, reconstrúyelas; utilízalas para sostener el Cielo en la Tierra.

ESQUEMA

29 de Enero, 2021

YO: Paseando hoy por el templo de Horus en Edfu, al detenerme un momento frente al código indescifrable de su parte posterior, recordé una palabra que aprendí a usar mucho en la escuela: Esquema. Cuando teníamos clase de dibujo, aprendí que, para realizar ciertos diseños, es necesario primero trazar lo que se llama «croquis». Aunque originariamente «croquis» es «un pequeño mordisco seco y rápido» derivado del francés *croc*, su actitud veloz e inmediata se trasladó al arte para referirse a hacer un diseño rápido y seco de lo que se espera realizar luego por encima. Al ver los jeroglíficos, se me venía a la mente que, para lograr tamaña perfección en semejante estructura realizando tareas de tallado en altos y bajos relieves, los arquitectos y artistas tienen que haber realizado muchísimos croquis de los dibujos, y muchos esquemas de cómo distribuir el contenido para que quedase perfecto en el espacio deseado. Más allá del aspecto artístico, de los tamaños, dimensiones, espacios a ocupar por los diseños, gran parte de la tarea era de los escribas. Tenían que resumir, ser concretos o explayarse según el espacio poseído para desarrollar el contenido. Debían ser esquemáticos. Recuerdo que, en clase, muchos profesores nos enseñaban a realizar esquemas —como cuadros comparativos, cuadros sinópticos, esquemas de pensamientos, ideas, líneas argumentativas, resumen de texto, cuadros conceptuales— para esquematizar el contenido. Eso es algo que siempre me fascinó, encontrar la manera de resumir un texto, una idea, de leer entre líneas; es decir, *«inteligir»* y poder aprender un todo a partir de sus pequeñas partes. Cuando iba a la Universidad, vi que, a pesar de los esfuerzos de practicar la inteligencia, la esquematización de la información, muchos de mis compañeros seguían teniendo problemas para lograrlo; cuando debían resumir, subrayaban todo dejando pocas palabras sin marcar, o les era imposible relacionar ideas haciendo cuadros sinópticos de fácil acceso a los conceptos.

SOY: El humano ha esquematizado su vida desde tiempos inmemoriales. Las primeras esquematizaciones de la existencia fueron las pinturas rupestres, de *rupes*, rocas o peñascos. Utilizando pigmentos de plantas, mezclas de minerales con sangre o agua, los primeros humanos narraron su vida mediante imágenes sencillas de animales y personas realizando actividades de una forma esquemática. Aunque para nosotros hoy era arte, para aquel momento era una forma de dejar enseñanza, libros de historia y de actividad. Los ancianos o adultos contaban historias alrededor del fuego, y a través de dibujos en las paredes, dejaban esa historia por sentada en los corazones y mentes de sus descendientes. Así, generación tras generación las historias se volvieron más y más extensas, y fueron agregando más colores y dibujos, narrando sobre lo ya escrito, dibujado. Utilizando piezas sencillas, como la imagen esquemática de un humano con una lanza en la mano y delante un mamut, no hacía falta narrar todo lo que sucedía.

YO: Así, una historia como: *«Aquella mañana de invierno en la que nos disponíamos a salir de la cueva a cazar, nunca imaginamos que justo frente a nosotros estaría pasando la manada de mamuts, de la cual el más grande se detendría ante la nieve; el abuelo tomó su lanza y con cuidado, cubierto en sus pieles, se arrastró por la blanca nieve hasta abalanzarse sobre la enorme criatura la cual, si lograba atrapar, sería la salvación de la familia por los duros meses por venir...»*, se convierte en un esquema: Cueva... Persona... Lanza... Blanco... Mamut. Y la próxima vez que veas el esquema, si la historia fue contada, sabrás de qué va, y las sencillas imágenes narrarán la historia por sí solas.

SOY: *«Una imagen vale más que mil palabras»*, dicen, aunque en la mayoría de los casos fue una imagen la que generó las mil palabras. Los diseños rupestres fueron complejizándose, contando más detalles, detallando animales, viviendas, plantas, astros, personas, objetos e incluso acciones. Cada uno de ellos tenía un sonido específico, relacionado a lo que ellos emitían, una suerte de idioma onomatopéyico, donde perro se diría «guau» y gato «miau». Esto creó las lenguas con las que contar historias, y esos mismos ruidos empezaron a describir acciones: *«miau taptap»* = el gato camina —aludiendo al sonido de los pasos. Las palabras comenzaron a ser esquemas de las acciones y las realidades. De esta manera, no hacía falta ya ver al gato caminar; con que alguien dijera el sonido, la mente se encargaría de crear la imagen y diseñar la historia.

YO: Me parece fascinante, porque esto es algo que hoy naturalizamos como normal. Sin embargo, en el origen del humano esto fue casi como inventar una nave espacial o querer usar una avanzada tecnología; fue un descubrimiento impresionante que permitió al humano esquematizar y conceptualizar la realidad; esto impulsó al cerebro a ser justamente «inteligente»; es decir, a leer la historia entre las líneas, a ver una imagen, o escuchar un sonido, y desarrollar todo el contenido. Esto es algo que hoy describiríamos como abrir un archivo «ZIP» en el ordenador, en la computadora, donde el contenido se encuentra comprimido en bits, y al abrirlo se descomprime mostrando mucho contenido oculto dentro de sí. Es increíble cómo surgió nuestra inteligencia, de la interpretación esquematizada de la realidad.

SOY: Y no se quedaron con eso. A más largas las historias, más elementos necesitaban; pero era cada vez más difícil tener que pintar todo y ser dibujado para ser entendido. Entonces, se encontró una solución: esquematizar aún más, y hacer que los objetos se conviertan en conceptos, y los conceptos en sonidos.

YO: ¿Cómo fue?

SOY: Cuando miras los muros de los jeroglíficos, notarás que muchos de ellos se repiten, pero otros son extraños y únicos. Por ejemplo, encuentras muchos símbolos de plumas repetidos, o muchas aguas con sus ondas bien esquemáticas en punta. Estos representan sonidos, y son utilizados para armar un sonido más grande que sería imposible de describir en un dibujo conceptual. Por ejemplo, decir «Sol» o «Luz» es fácil = un círculo o un círculo con líneas saliendo de él. Pero decir: «La luz del sol es caliente y quema», requiere más palabras difíciles de describir en un dibujo; por lo tanto, se opta por buscar sonidos que se parezcan a los verbos «quemar» y «calentar», y los escriben. Además, utilizaron el conceptual; es decir, que, si se refieren a un sacerdote —es decir, el portador de la luz, o la consciencia—, lo que se hace es dibujar una persona sentada con un sol enfrente o sobre la cabeza, y todos sabrán lo que representa. Esto crea la escritura sagrada, los «jeroglíficos», que no son sólo egipcios, sino de todas las culturas que han utilizado el mismo concepto. Y luego de los jeroglíficos, viene algo mucho más interesante: las letras. Al esquematizar los mismos jeroglíficos para poder ser escritos en papel o barro, de una manera rápida y ágil, los mismos diseños rupestres o tallados en la piedra que buscaban esquematizar la realidad, pasan a ser meros esquemas de sí mismos llamados «hieráticos», que originan a los alfabetos fenicios y semíticos. En las tradiciones antiguas, la Vaca y el Toro eran símbolos de la creación, de maternidad, de fertilidad y riqueza; por ello, se les atribuía el aspecto divino de creadores de los cielos y la tierra, de ser quienes originan toda la vida, pues la leche y la carne de la vaca alimentan a familias, y la fuerza del toro abre los surcos para la agricultura. Por ello, eran el principal símbolo de la creación. El dios Apis, era graficado con el jeroglífico de un Toro, el cual acabó esquematizándose sólo en la cabeza con sus cuernos. Su símbolo representó a todos los pueblos entre el 4000 y 2000 antes de Cristo, pues este periodo de tiempo se conoce como la «Era de Tauro». Tauro iniciaba esta época de riqueza, y por lo tanto el toro era la conexión entre lo humano y lo divino. A lo largo de Medio Oriente y el Mediterráneo, el culto al Toro fue algo común en aquella época, originando los mitos y simbologías taurinas desde Persia a Iberia. En cada región, Apis se había vuelto el fundamento de las culturas, y, por lo tanto, el principio de todas las cosas. Su cabeza se esquematizó convirtiéndose en un triángulo con dos líneas hacia arriba, y todos le llamaban «Buey», que en lenguas semíticas dices «Alef».

YO: Y que en griego dice Alfa.

SOY: Alfa, Alef, Apis, todos suenan al sonido «A». Y, observa la letra «A»: Un triángulo con dos líneas, que en la época romana fue girada 180 grados.

YO: O sea que la «A» estaba en la posición de la «V».

SOY: Así es.

YO: Y cada vez que escribimos la letra «A» estamos escribiendo el esquema antiguo para «Toro», que representa «inicio», y por ello se la colocó en el principio del Abecedario.

SOY: Seguido de la «B», proveniente de *Bet*, que significa «Casa o Corral», donde se mete el toro, donde se guarda lo cosechado, la riqueza; era como una caja abierta por debajo con algo entrando a ella o en su interior, lo cual se esquematizó en una «B» acostada, y posteriormente se escribió de lado, girándola 90 grados.

YO: Es fascinante pensar que, en realidad, todos escribimos y leemos en jeroglíficos...

SOY: Pero tan esquematizados, que no logramos comprenderlos por separado; sin embargo, cada letra posee una profunda historia que cuenta la vida humana y de la tierra de los últimos al menos diez mil años.

YO: Todo lo que hablamos y escribimos es un esquema del Mundo, literalmente.

SOY: «Esquema» viene del griego *skhema*, que significa «forma o figura»; proviene del indoeuropeo *segh* que significa «sostener». Es la figura que sostiene un gran peso, significado, que contiene muchas cosas en un simple gráfico (de *grapho* = escribir).

YO: Y cada palabra contiene no sólo un significado, sino que cada letra en ella también contiene otro. Era una forma de ahorrar espacio, pero que acabó por darnos una herramienta mucho más expansiva; nos dio la capacidad de desarrollar ideas, sueños, de describir lo intangible, invisible, lo extrasensorial y de transmitir ideas complejas con detalles concretos.

SOY: En la antigüedad, el idioma era utilizado para narrar historias o dar indicaciones, nada más; y las historias eran básicamente indicaciones de vida, guías prácticas para la subsistencia. En cierta forma, la historia era un aglomerado de conceptos y actividades resumidas esquemáticamente, recolectadas para ser transmitidas en una misma narración. Así surgen las leyendas, de *legenda* (recolectado) del indoeuropeo *leg* del mismo significado. Es la agrupación de conceptos vividos que se transforman en leyendas, en mitos, y sobre todo en parábolas; es decir, historias cortas o frases hechas con la intención de dar guía, consejo, y de resumir las posibles respuestas a muchas preguntas en una sola.

YO: Esas son como las típicas frases de autoayuda de la actualidad, que parecen no decir nada y ser vacías de contenido, pero que cuando tu consciencia despierta un concepto oculto o realiza la pregunta correcta, la frase cobra sentido.

SOY: Así es... La pregunta es la contraseña de una información codificada en forma de esquema. Y así como esto es así para la palabra, es así para la existencia. Y para ti mismo. El átomo, la cuerda, la partícula, la molécula, el elemento químico, son esquemas de toda la realidad; y sólo con ver lo ínfimo del esquema puedes leer todo el universo, pues al ver el código H_2O, no sólo lees la composición de dos partículas de Hidrógeno y una de Oxígeno, sino que lees «Agua»; entonces, lees Vida, mares, ríos, plantas, animales, comida, humanidad, civilización. Y a su vez, en el mundo intangible, en ese esquema ves la trinidad, los conceptos del espíritu y alma convirtiéndose en un ser en la triangulación con el cuerpo. Las tres consciencias y los tres atributos, el amor, sabiduría y voluntad. Si empiezas a leer inteligiblemente los códigos esquemáticos del universo, podrás abrir todos los libros del Akasha, de los registros cósmicos, en cada átomo de la existencia.

YO: Wow...

SOY: Pero antes de hacerlo, antes de perderte por sus laberintos, debes abrirte a ti mismo; pues tú eres un esquema de todo tu pasado, de los fundamentos, de los senderos transitados, del arte, el desarrollo, de la educación, de la política, religión y filosofía —ni hablar de la genética y herencia familiar. Todo lo que existe se resume en ti; eres el esquema de la existencia, de la historia; el universo se resumió en ti como toda la era de Tauro, sus culturas, civilizaciones y sus dos mil años se resumieron en la letra «A».

YO: Yo soy un esquema del universo... Es verdad, en mí están los códigos de todo lo que existe...

SOY: Por ello, y sólo por ello, se comprende que el potencial del universo entero vive en ti, que eres Dios, el Cosmos, la existencia, un ser interdimensional. Tú eres la letra «A» del Universo.

YO: Alef... el Inicio...

SOY: El Inicio es el Fin.

YO: Alfa y Omega...

SOY: Omega es la última letra del abecedario griego, y significa «'O' grande». Su ubicación es especial al final de las demás, pues describe a quien todo lo ve. La letra «O» viene de las antiguas lenguas egipcias y proto semíticas, de la palabra *Ouyat* que derivó en *Oyn*, y que significa «Ojo». La «O» es el gran Ojo que todo lo ve, la divinidad suprema.

YO: Decir *«Yo Soy el Alfa y el Omega»*, es como el esquema de decir: *«Yo soy todo lo que nutre y hace existir al universo físico, y soy quien observa y sueña toda esta realidad».* Sueño y Soñador... Realidad e Ilusión.

SOY: El Ojo de Horus.

YO: Wow... ¡El templo donde estuve hoy!

SOY: Cada templo, sitio sagrado, es un esquema de la historia, y si te abres a recibir sin esperar, sin juicio, abrirás la información. Eso es lo que haces cada día al visitar estos sitios: decodificar los esquemas de su información. Ahora bien, esto lo logras porque te abres a tu propio esquema, a encontrar las informaciones no sólo fuera, sino dentro de ti. Cuando te reconoces como esquema de la existencia misma, tú eres todo, todo está en ti; eres el Alfa y el Omega, el resumen de Dios. «Resumen» significa «volver a sumar»; un resumen nunca quita información para quedarse con algo; un resumen esquematiza, cargando sobre pocas palabras o sonidos un peso enorme de datos. Resumir es expandir tu capacidad de *inteligir*, de comprender el cosmos.

YO: Así que primero debo entender que yo mismo soy un esquema, y seguir los códigos en mí que me ayudan a abrir los datos que yacen dentro. ¿Cómo lo hago?

SOY: *Gnothi Seautón* = Conócete a ti mismo...

YO: …Y conocerás al Universo.

SOY: Tu ser es el esquema de tu cuerpo, tu alma y tu espíritu. Empieza conociendo el esquema de tu cuerpo. Descubre sus sistemas, su biología, su historia. Sigue por el alma, conoce tus emociones, tus vínculos; trabájalos, haz terapias, busca tus orígenes. Y acaba por el espíritu, leyendo, aprendiendo, estudiando, buscando más respuestas; medita en el silencio. ¿Sabes cuál veo que es el mayor problema de las preguntas que hacéis muchas veces? Me refiero a «¿*Cómo lo hago? ¿Cómo lo logro?*».

YO: ¿Qué?

SOY: Veo que tenéis la necesidad de terminar, de hacerlo de una vez, como si la vida fuese una carrera para culminar algo; y, amigo mío, la vida culmina en la muerte. El desarrollo es eterno, y sé que la libertad asusta, pero es porque no conoces aun lo que significa. La vida misma es un proceso de expansión; no hay fin; no luches por acabar algo ahora mismo; lo importante es que lo hagas. No hay un objetivo tras abrir los datos que viven en ti; la única practicidad es descubrir tu libre potencial creador. ¿Acaso dejaste de usar la «A» cuando aprendiste a escribirla? ¿Acaso dejarás de usar la «A» ahora que sabes su origen?

YO: No…

SOY: Lo único que has hecho es decodificarla; hemos visto su potencial interior, su significado original; ahora, cada vez que la uses para crear palabras, prosa, poesía, leyendas, para compartir, charlar, verás la «A» con la consciencia que se merece, reconociendo que al usarla estarás creando, abriendo caminos como el Toro en los campos. Eso es lo mismo que haces al conocerte, al entender tu cuerpo, al indagar en tu alma, al activar tu espíritu.

YO: Es… muy bello.

SOY: Eres arte, recuérdalo; eres poesía, eres Verbo.

YO: Yo Soy el Esquema del Universo…

SOY: Yo Soy el Verbo de la Creación.

ORGANISMO

30 de Enero, 2021

YO: Si algo pude ver en este mes de Capricornio, es cómo todo está perfectamente estructurado en el Universo, incluso si parece caótico. Cada paso que dimos me mostró la importancia de los esquemas, de las estructuras, de los patrones, y cómo ninguno está ahí para limitarnos sino para sostenernos y acompañarnos en el camino de la creación. Sin límites, el infinito no podría experimentarse. Sin límites no podría observarse. Sin reflejo no podría comprenderse. Sin las estructuras no podría construir. Sin leyes no habría orden. Sin esquemas estaría perdido. Sin fundamento no hay futuro. Sin patrones no habría herramientas. La sensación de libertad, pues, no se da en ser libre de las estructuras sino en saber utilizarlas...

SOY: La clave de Capricornio a través del tiempo y el espacio, más allá de la constelación, es la idea de «Constancia». Etimológicamente, su valor es el lograr permanecer todo junto en un mismo lugar (*con* = todo junto; *stantia* = cualidad de estar en un sitio). Psicológicamente, la constancia implica la habilidad de sostener una acción o un proyecto en el tiempo. Esta cualidad es propia de los signos de tierra, pues habla de los ciclos que las cosas necesitan para darse, adaptándose a las diferentes circunstancias. La constancia implica paciencia, labor; implica comprender que todas las cosas, para ser, necesitan de un proceso, y que este es eterno y cíclico. La constancia es la cualidad física del Universo manifestado que refleja la potencialidad del individuo de adaptarse y readaptarse, de evolucionar, sabiendo que nunca nada se detiene, que todo avanza, y que ni siquiera la muerte es un verdadero final cuando te atreves a trascenderla. Tal vez sea duro observar al universo desde los ojos de una constante programación, pero la verdad es que es la idea de la planificación lo que permitió al Universo existir.

YO: Sí, eso es lo que siento. Reconocer que el mismo cosmos es sólo una idea, es mente expandiéndose de manera libre al infinito, y que, para reconocerse, saberse, manifestarse, gozar, sentir, vivir, necesitó limitarse para poder experimentar sus potenciales; nunca hubiera identificado sus potenciales sin fragmentarse, esquematizarse, trazando patrones en una matrix inmensa y flexible de vértices y aristas que, al interactuar, permiten la creación, el arte, la tecnología del alma... Es un mecanismo perfecto, un patrón de potencial... Es maravilloso que algo tan limitante nos haga tan libres.

SOY: La coherencia es la clave de ser un creador manifestante; y la coherencia sólo se logra estando en un eje, el cual implica orden, estructura, patrones, leyes. Y sólo debido a ello es que encuentra al cosmos y se permite ser flexible creando, utilizándoles como instrumentos.

YO: Esa es la clave de la practicidad... los Instrumentos.

SOY: «Práctico» viene de «Praxis», que significa «accionar, llevar a cabo una acción»; proviene del griego *prassein* (llevar, traer). La praxis representa al cuerpo y su capacidad de manipular los patrones, de «llevarlos y traerlos», creando una especie de red activa que, dicho redundantemente, interactúa.

YO: ¿Y qué es lo que manipula?

SOY: Instrumentos, herramientas, patrones. Un instrumento es lo que se encuentra en una estructura, y viene de la misma raíz *Struere* (amontonar). Si «construir» significa «poner todo amontonado en un mismo sitio», la palabra «instrumento» se refiere a «aquello que es amontonado». Piensa, pues, que para que exista un átomo, se deben amontonar tres partículas (electrón, neutrón y protón), con lo cual, estas partículas son los tres instrumentos de una construcción que se llama «átomo». Para una molécula, los instrumentos serán átomos, para un compuesto químico, las moléculas serán los instrumentos. Así, la Vida es la construcción de los instrumentos que llamas «compuestos químicos», que componen células, que se convertirán en instrumentos de los tejidos vivos, formando cuerpos. Y en un grupo, una familia, sus padres, hijos y abuelos, serán los instrumentos que la compongan, como los individuos son los instrumentos de una cultura y sociedad. Los instrumentos son las partes de la expansión que se agrupan descubriendo potenciales distintos del universo; para lograrlo, lo hacen por afinidad, por resonancia, por vibración, energía, intercambio de sustancias; interactúan en la praxis, en la experiencia evolutiva. Y como verás, dicha praxis no hubiera sido posible si los elementos, los instrumentos, no siguieran ciertas reglas, ciertas leyes, ciertos patrones, esquemas, estructuras, planificación...

YO: Entiendo. Suele pasar muchas veces que, desde nuestro punto de vista humano, nos olvidamos que estamos compuestos de un cosmos libre que ha decidido manifestarse; nos cuesta entender que es la misma expansión del universo la que generó la sensación de limitación; consideramos que para encontrar la libertad hay que salir afuera en lugar de ir adentro. Desconocemos que las leyes y los patrones son herramientas de libertad, no opresiones carcelarias de la matrix.

SOY: Cuando comprendes esto, eres libre. Todo aquel que lucha por la libertad de su alma olvidándose de que es libre en la esencia de lo que considera una prisión, estará luchando contra molinos de viento creados sólo en la percepción de su mente limitada.

YO: Es decir que, la verdadera libertad está tan adentro de los límites, que nunca la encontramos por tratar de alejarnos de ellos...

SOY: Conoce bien tus limitaciones; reconoce tus patrones; vuelve al pasado; reconoce tus herencias, tus construcciones ancestrales, las leyes que te rigen; cuando les hayas conocido, recuerda que eres tú mismo quien les ha generado para hacer posible tu existencia, para ser quién eres hoy. Y allí descubrirás que si quieres ser libre de quién eres, sólo tienes que recordar una simple verdad: Todo lo que te compone son instrumentos de tu consciencia.

YO: Hoy me compartieron un mensaje de la Abuela Margarita, que trascendió hace pocos días, y que creo resume esto. Dijo algo como: *«No es libre quien vive a través de las estrellas, sino quien utiliza las estrellas para vivir»*, haciendo alusión a la astrología. Esto me hizo mucho sentido con lo que hemos hablado de este mes; desde la inconsciencia, dejamos que sea el mundo exterior quien nos utilice como herramientas, cuando somos nosotros quienes tenemos que usar lo que está alrededor como instrumentos de nuestra libertad.

SOY: Las estrellas están ahí, no puedes hacer nada contra ellas; su fuerza gravitacional es mucho más poderosa, muchos más átomos las componen, y su peso arrastra y empuja al vuestro. Sin embargo, su viento solar puede quemarte, empujarte, arrastrarte a la destrucción, o puedes usar molinos y paneles para generar energía con su poder. No controlarás a una estrella, pero puedes usarla como un árbol que, en lugar de ser consumido por la luz, decide alimentarse de ella.

YO: Claro, tiene sentido.

SOY: El cosmos es un enorme compendio de instrumentos, y todos funcionan en redes. Para que la red funcione, para que haya flexibilidad y evolución, es necesario reconocer cada nodo como una herramienta, un medio, un instrumento de interacción, de interconexión. Es así como el conjunto de instrumentos compone un organismo.

YO: ¿Qué sería un organismo?

SOY: Es la interacción y movimiento incesante de los instrumentos. «Órgano» significa literalmente «instrumento; herramienta; medio para hacer algo». El sufijo «-ismo» significa «movimiento, actividad». Los humanos soléis llamar a la vida como «Organismos Biológicos»; es decir: instrumentos que interactúan en relación a lo que se conoce como «vida». Y dentro de este concepto, encuentras a todos los reinos de la naturaleza, desde los virus, bacterias, hongos, algas, vegetales, insectos, animales hasta los humanos. Los mismos humanos llaman a su sociedad como «organismos sociales», y a todas las partes de su cuerpo como «Organismo Físico». La verdad es que los organismos pueden ser conceptuales, filosóficos, religiosos, políticos, económicos, educativos, científicos, biológicos, naturales, culturales, estelares, cósmicos, mentales, pues un organismo describe simplemente distintos agentes que interactúan en forma de red de una manera, justamente, orgánica.

YO: Podría decirse que aquello que suelen describir como *«Somos instrumentos de Dios o del Universo»*, es literalmente así. Esta frase muchas veces hace ruido, porque se suele interpretar como que alguien me está manipulando, y es justamente lo que me hace creer que no soy libre.

SOY: ¿Y sabes por qué? Porque los humanos viven desde la inconsciencia y su incoherencia.

YO: ¿...Esto qué significa?

SOY: Cuando un ser es inconsciente, vive por el concepto distorsionado de la polaridad que llamas «dualidad». Como un péndulo, las fuerzas de uno y otro lado te impulsan a moverte por lo que crees son opuestos en lugar de complementarios. Esta visión, en lugar de llevarte a la interacción, te lleva a la contracción; es decir, a hacer una fuerza contraria esperando repeler algo, alejarlo de ti. Esto separa a tu cuerpo, alma y espíritu, llevándolos a una constante presión de separación que impide que se comuniquen y transmitan información entre sí, lo que llamas «incoherencia». Y cuando un ser es inconsciente e incoherente, no comprende la intrínseca relación entre lo interno y lo externo; no puede reconocer las leyes del universo que rigen su vida (mentalismo, correspondencia, vibración, ritmo, causa-efecto, polaridad y generación), y acaba por crear sus propias leyes para suplir la escasez de coherencia. Así es como un humano comienza a utilizar el mundo no como instrumento orgánico, sino como herramienta de trabajo forzado, basado en el dominio, control, manipulación y esclavitud, dejando de ser orgánico.

YO: ¿Y cómo lo hace el Universo?

SOY: El Universo es coherente y consciente; es decir, se autorreferencia e interactúa incesantemente como lo hacen las células, las neuronas en el sistema nervioso. Nadie controla a nadie, todo interactúa en plena libertad; y la razón por la cual esto sucede así, es porque cada célula, cada pequeña parte del ser, se autorreferencia, y saca lo mejor de sí. Dios, el Universo es un único ser fragmentado en millones que se utiliza a sí mismo como su propia herramienta de autoconocimiento. El error humano está en creer que Dios es alguien externo, que está por encima, pues considera que el universo no es más que su propia proyección de él.

YO: Quien manipula ve al universo como un manipulador.

SOY: Así es. Quien ama ve al universo como amor. Quien sueña le ve como un soñador; quien hace música le ve como músico; el químico le ve como química; el profesor le ve como maestro; el artista le ve como arte; el que no cree le ve como vacío; el que piensa le ve como mente; el que siente le ve como corazón; el que actúa le ve como acción; así como para el que sólo cree en lo que ve, el universo será materia.

YO: Porque cada uno de nosotros es el mismo Universo observándose por sus propios ojos...

SOY: Por ello somos instrumentos, no de una consciencia superior, sino de nuestra propia consciencia expandida.

YO: Esta visión me hace sonreír...

SOY: Descubres pues, que el Universo es un entramado orgánico de instrumentos utilizados bajo leyes que generan sistemas, estructuras, con la finalidad de entenderse, crearse, expandirse, descubrirse. Ninguna historia fácil es digna de ser leída o vista en la gran pantalla; todo se trata siempre de descubrir, de destapar lo cubierto, de ver los misterios; por ello el universo se complejiza, y lo hace tanto, que las estructuras son justamente las que nos ayudan a no perdernos en el mandala, en el diseño cósmico.

YO: Un mandala es la perfecta imagen para comprender esto: la belleza de la expansión, la libertad, de comprender la magia de los fractales; es comprender que existen gracias a matrices, patrones, caminos, senderos, estructuras, sistemas...

SOY: Tú eres tu propio instrumento, y conociendo tu organismo, conocerás de lo que eres capaz.

YO: Mi organismo biológico, emocional y mental... Mi organismo familiar, cultural y social... Mi organismo planetario, cósmico y divino...

SOY: Somos movimiento instrumental de la consciencia.

YO: Somos redes de sueños manifestados en acción.

SOY: Y en la constancia de aprender a utilizarles, es que te vuelves creador de tu propia creación.

YO: Yo soy Instrumento de mi propia Divinidad...

SOY: Yo Uso.

CONTENTS

Preface

In the spring of 2018 I began writing a blog regularly to force myself to become disciplined in the task. I didn't know exactly where to start, so I downloaded a free two-week list of blogs. That began what evolved from Prompt Me! to Musings of an Ungeisha, with a few side-tracks in-between.

I have always liked to write and now I begin my career in writing. These prompts were first published on my website blog, and to make access more widespread, I am offering them as books and eBooks and someday perhaps as audiobooks.

Enjoy the stories! And if you like what your read, send me feed-back or visit my Amazon author page and leave your feedback. You can find me on Amazon by putting my name in the Search bar. You can also find me on Goodreads.com and on my website, www.elainekoyama.com.

Elaine Koyama
2019

BREAKING UP WITH WRITER'S BLOCK

Breaking Up With Writer's Block. It's time for you and Writer's Block to part ways. Write a letter breaking up with Writer's Block, starting out with, "Dear Writer's Block, it's not you, it's me ..."

Dear Writer's Block, it's not you, it's me. I've spent the last year in dance class, waltzing, tangoing, two-stepping with the best of them. I can't do it all. You have got to go. It's nothing personal, please don't think that it is. As I said, it's me. I have to pick my passion, and today it is to write. Tomorrow it might be tennis, the next day reading. But it is not you. It was never you. It was always me.

You might think it strange that I would be writing this Dear John letter to you, rather than dancing it to your doorstep, or giving it to you in an overhead slam. I don't know, it just seemed like the thing to do. Now you can read it at your leisure, highlight, red-pen it to death. Pick your poison, but don't poison me.

(*They say that breaking up is hard to do, now I know, I know that it is true. Don't say that this is the end, instead of breaking up I wish that we were making up again.* Lyrics by Neil Sedaka)
I remember when I first met you. You didn't seem like a bad guy. Pretty normal, all things considered. You gave me lots of free time. But as we got to know each other, as I got to know you, you tainted everything I did and/or said. You were the elephant in the room. I couldn't go anywhere without your blasted shroud hanging around me. I never laughed anymore, I never took joy in the simple things. You stole that all from me. Writing brought me back to life. And today I choose life.

THE ONE THAT GOT AWAY

You bump into an ex-lover on Valentine's Day—the one whom you often call "The One That Got Away." What happens?

Par for the course, I'm travelling again. Nothing special, except that this is Valentine's Day, 1985. I'm young, strong and on a mission. Fly from Minneapolis to Dallas to Houston for the company. Interview some sales candidates over the course of two days, and then fly home. No big deal, been there, done that a million times.

I'm in my "serious" suit—navy blue blazer, khaki skirt, red silk scarf that serves as my tie. Sensible navy pumps, so practical for running through the airport, cutting it as close as I can before the gate closes. This isn't my best suit—I usually save that one for the occasional lunch with executives or senior leader meetings. No, this one is a working suit—a bit threadbare on the elbows, the imitation brass buttons lacking their original luster. The seat of my skirt a bit shiny from wear, the heels of my pumps worn on the outside edges—all things I've noticed in the past, but not worried about for my day to day work life.

Lugging my leather briefcase and carry-on clothes bag is just one of my daily workouts. I stay fit by hitting the gym after work and playing tennis. My long black hair's tied back in a chignon—a fancy word for a low bun—and the natural toned make-up, eye shadow and mascara are all part of my uniform. The only jewelry I wear is a gold Seiko watch, pierced earrings (small and gold, nothing dangly) and my new engagement ring.

The moving walkway is brand new, and there are still people having

trouble getting on and off. I step on blithely, and take a quick glance at my watch. Got time, but not much. I start walking on the left, passing people standing on the right. There's a woman with three squirming kids and all their paraphernalia halfway blocking my attempt to pass. I step over their gear. I skim past two business men, probably day-trippers, they have only their briefcases. There's a tall guy ahead of me, a framed backpack leaning on his left leg—I figure I can skirt him before the walkway ends.

I'm mentally planning my day. Land at the sprawling DFW. Pick up rental car. Drive to Plano—someplace in the middle of nowhere—when the guy shifts left. His backpack tips in front of me. He's turning to reach for it but too late. I hop to avoid it, my left hand drops my briefcase to grab the rail, my right reaching out to grasp the first thing it meets—the guy's left arm. Shit! So graceful.

My knee's on his backpack, but at least I didn't hit the ground. We're both saying, "Sorry, sorry," and then I am back on my feet, scrambling to find the handle of my briefcase to retrieve it before the end of the walkway.

The guy says, "Are you OK?" and then I realize, with a skin crawling foreboding, that I recognize the voice. He's tall, so I haven't seen his face yet—I mostly saw the buttons on his chamois shirt and his hiking boots. The end of the walkway is upon us, so I still haven't seen his face; I'm so focused on not crashing again.

I step off the walkway, my briefcase back in hand, my clothes bag back on my shoulder. We take a few steps away from the end and then I look up.

Ten years fall away. I'm back in college. It's spring, the sun warms me as I walk to class. Wesley is walking beside me. We're making a conscious effort not to touch each other as we approach the Quad. It's Valentine's Day. Thirty minutes earlier we had been lying in each

other's arms, the world only as big as my dorm room.

The recognition is immediate for both of us. The reaction is visceral. I can almost feel his arms, the weight of his body. But we do not touch. I say, "Wesley."

It's strange. I live in Minneapolis but am travelling to Texas. Wesley lived in Texas but is here in Minneapolis. I realize I don't know where he lives anymore.

He asks me how I am. I don't know if he means right now, after my fall, or if he means how am I in my life. I say, "I'm fine," an answer that would apply to either question.

We look at each other—I try to keep my eyes on his face, but they drift over his body. He was lean in college, not so much now, but still clearly fit and still clearly active, if his backpack is any indicator.

He holds my elbow and directs me to the first gate we come to. I sit, he sits beside me. He's got a grin on his face; it is clear he's happy to see me. I am much more reserved. I am, after all, a professional.

I make my living training, hiring, selling for my company, but for once I am at a loss for words. I know we are speaking, pleasantly, intensely, our bodies leaning into each other, but I am not aware of what I am saying.

The gate we are at is in the final stages of loading. Its destination is Puerto Vallarta. The voice over the loudspeaker announces final boarding. We look at each other, this man who at one time was as familiar to me as myself, and we simultaneously stand and go to the gate agent to change our tickets.

We are on the beach, the sun is intense. I've somewhere along the way abandoned my business suit and have a two piece bikini on

with a wide brimmed hat. I have Jackie O sunglasses on, and generous amounts of tanning lotion. I feel so relaxed, so calm. We're lying on loungers that the resort puts out, side by side, our heads turned to look at each other. We have umbrella drinks in our hands —the hands that aren't intertwined with the other's. Wesley's nose is already beginning to burn, but I hardly notice since the smile hasn't left his face, and I can't seem to get beyond his smile. I feel lighter, tuned in, turned on. The colors are intense, the sky so blue, the water so aqua marine, the sand golden, the palms like emeralds twinkling above us. The background noises are dim—there's music playing in the distance and voices nearby—those sounds barely register. But I can hear his every breath, I hear him say my name. My breathing is shallow, my heartbeat rapid. I feel flush.

Of course that didn't happen.

I blink, and suddenly I am back to the real world. Two people sitting side-by-side, talking intensely, travelers passing them without looking, destined for points unknown. I bring my wrist up to look at my watch, flashing Wesley with my diamond engagement ring. It looks enormous. It actually is but for some reason it looks even bigger right now. I'm late. I've got to hurry to get to my flight. I give Wesley a quick hug and say, "It was great running into you...hah! No pun intended." It's lame, but that's all I can think of. And then I'm gone— down the concourse to Dallas, then Houston, then home. Just in time to make my flight, make the meeting then the next meeting and then hundreds of meetings after that.

But never back to Wesley.

MYSTERY COOKIE

One Day you come into work and find a cookie mysteriously placed on your desk. Grateful to whoever left this anonymous cookie, you eat it. The next morning you come in and find another cookie. This continues for months until one Day a different object is left—and this time there's a note.

I work at a big conglomerate in sales and marketing. I'm pretty good at it and it's more than a job for me. It's my life. I never saw myself as a traditional housewife—that was my mom. I pictured myself running the show, deploying troops of sales people, on stage recognizing the good works of my team.

I have a private office, but it's not in the corner. There's nice wood furniture, a matching filing cabinet and a bookcase. Today is special because I am meeting with the ad agency on a new campaign. I'm wearing my power suit—black with a stark white shirt, pencil skirt.

On my desk there's an unexpected item. I gaze at it, wondering if it will move. It doesn't. It looks like a sugar cookie with fancy frosting that has a pink tinge. The kind of cookie people (not me) pay two or three dollars per cookie. I look for a note, but there is none. I look around the area outside my door. The Admin Assistant is at her desk, as are all the program managers.

I walk up to Cheryl and ask, "Did you put a cookie on my desk?"

She looks at me blankly. Clearly she has better things to do. She returns her gaze to her computer screen and just shakes her head.

I eat the cookie. I don't even wait to get my morning cup of coffee. I savor the sweetness of the cookie, the smooth buttercream frosting, thinking sprinkles would have made it perfect. I lean back in my executive chair (a bit too big for me, but standard issue for executives and most of them are men). The last bite melts in my mouth. I prolong the experience.

And then I get to work.

The mysterious cookies continue to come. Every day when I arrive a variation of that first cookie waits for me. Sometimes sugar, chocolate, ginger, peanut butter. Sometimes flavored with vanilla or almond. The occasional chocolate chip, macadamia nut, refrigerator cookie. Drop or cookie cutter shaped. One day a rum ball appears. My mysterious cookie monster knows my schedule. He/she knows when I will be out of the office. There are never cookies left when I'm not in. I try to come in extra early, but the cookies always precede me.

It's three months later. Every day I have savored the cookie *de jour*. I have given up trying to find out who my cookie monster is. Now I expect a cookie. I look forward to the surprise of what kind of cookie awaits me. I get my coffee before going to my office so I waste no time letting the sugared delight melt in my mouth.
Today I have a meeting with senior management. We are going to review next year's plan.

I put on my power suit, the black one with the white shirt. Except today I can't zip the skirt. I suck in my gut, the zipper makes its way up. "What happened," I wonder?

I park my car, thinking about what cookie will be at my desk. As I go up the elevator, I am thinking it will be a red velvet chocolate with crème cheese frosting. Or maybe it will be an extra large Snickerdoodle. I detour to the break room for my coffee. I swing left towards my

office door.

But there is no cookie. "What?" I think. "Where's my cookie!!" I'm indignant. I want my cookie. Then I notice a note. It looks like a gift card. I don't want a gift card. I want my cookie.

I open the card, thinking it will reveal who the mysterious cookie monster is.

One year's membership to Weight Watchers Anonymous.

SENT TO THE WRONG PRINTER

You're at work and you print something personal (and sensitive). Unfortunately, you've sent it to the wrong printer and, by the time you realize it, somebody else has already scooped it up.

It's a Tuesday morning, not unlike most mornings during the week at our house. Three kids to get ready, a husband who doesn't think cooking is his domain, and I am still putting on the last touches of makeup, hot curlers cooling down. It's our anniversary—number 10—and I still haven't had a definitive commitment for a dinner out tonight. Carl's "Maybe," was all I could get. But I've lined up a baby-sitter anyway, just in case.

I leave for work, kids eating cereal at the counter, Carl behind a newspaper. I'm only 35, but I feel a hundred. Until I get to work.

The doors to our offices are double wide, glass and chrome, the employees streaming in, Starbucks in hand. They're well dressed, professional, smart. I look like all the rest of them, in my designer suit, heels, toned body all packaged nice and tight.

My office reflects the taste of the entryway—chrome and glass, floor to ceiling windows, contemporary but comfortable furniture. I am a well-paid, respected contributor to the teams. My main responsibility is to keep our key clients happy and coming back for more, both of which I do extremely well.

The admin outside my door has my schedule printed out, she's talking before she's fully in my office. I have a busy schedule. She tells me Wesley was by earlier looking for me. He works for a company

on a floor above us and we met at the coffee bar on the first floor. I know what he was by looking for, but my day is too jammed to think about it right now. I'm beginning to feel the Flow. I'm powerful. In charge. I'm good and I know it.

At 10 am I look up from the contract I'm reviewing. I stretch my arms above my head, swivel my chair around so I can look out at the skyline of the city. It's finally spring, and the pale lime green of new leaves flows over the dormant branches, all on the cusp of bursting forth. I feel the hopefulness of spring, feel renewed, my thought drifting towards tonight and wondering if Carl will make time for us.

I get an email from the health clinic. My test results are back. I log into my health portal, and the document is queued up. I steel myself, and double click on the icon. The doc opens.

Positive.

My worst fear.

It was what Wesley was waiting for. I compose an email to him, cut and paste the pertinent information from the document to the email and hit Send. I'm not totally surprised—who is—but I had hoped the precautions we had taken would have been enough. Obviously not.

It had all started innocently enough. I stayed later and later, avoiding going home to chaos and a husband ready and waiting to fight. I'd go down to the coffee shop, and Wes would be there. We'd talk. We went for a drink one night. And, well, he made me feel attractive, desirable. He would look at me when I said things. He didn't interrupt, didn't try to win the argument. He just listened. And then one night he put a sympathetic arm around my shoulder, supporting me, telling me I was so talented, so smart, so beautiful. My resolve began to melt, and a few weeks later we were meeting at his apartment instead of the coffee shop or lounge.

I glance at my watch—it's 11:15. I check my email. No response from Wesley. It's odd. He's normally so prompt. I send a text. "Did you get my email? Do you want to meet for lunch?"

I immediately get a response. "No email. What's up? Can't do lunch today."

I'm puzzled. No email? I go to the Outbox. The email isn't there. I search on his name. The email is there. I look for it. It's in Drafts.

I open it, and am trying to figure out what happened. And then I see the likely cause of the mystery. We had gotten a new email system, and the Send button is right next to the Print button. I must have hit Print.

The printer is shared and down the hall a few steps. I jump up and quickly walk to the printer. It's been over an hour by now, and I'm sure many items have been printed since the email. And I'm right. My email is nowhere to be seen.

I'm not sure what to do. I'm trying to picture what I wrote, how incriminating it is. Did I put Wesley's last name in it? Would they see his email address? Shit, and how do I get it back? What's the collateral damage going to be?

I walk up to a few folks that I know share the printer. No one knows a thing. I don't want to broadcast that the document is missing for fear that I'll be asked what it was about. OMG OMG OMG.

It's Thursday, and there hasn't been any sign of the printed email. Wesley is going to meet me after work. I've had sex with Carl, just for insurance. Next week I am travelling to New York to visit clients. Day to day work goes on.

Emily pokes her head into my office. "Got a minute?" she asks. "I've

got something to cover with you."

I'm curious because Emily doesn't work directly for me, but is down the org a few layers. No worries, I have a few minutes.

She walks in, closes the door behind her. That gets my attention. She cuts to the chase. "I know your secret, and if you want to keep it that way, it won't be hard. I just need a few favors from you." She's tall and young, maybe 27. I've noticed that she's ambitious, always talking up the chain of command, ignoring the minions below.

"Your email was stuck to some of my papers. I see you're in a pickle," she says smiling. "I can keep quiet, but I want you to help me get that management job that's opening in marketing. I can do it, and you can bring the doubters in. It's a little thing, won't be hard for you to do."

I look at her incredulously. She's too junior for the job, even though I agree that she probably could do it but there are at least three others in line for the position who have been at their jobs longer. But the email is the elephant in the room.

I start, "I'll have to think about…" but she cuts me off.

"You don't have time to think," she says. "Do it now, or I go to your husband, your kids, to the folks here at work. You're connected. You can make it happen. Do it now," she repeated.

I was sweating. My hands were clammy. I was going to tell Carl I was pregnant in a month or so. Wesley? I didn't really care about Wesley. And my job was my life. This would be a major issue for some of the guys I worked with, some of the women, too. I was pretty high on a pedestal around here.

"Emily, I can't do anything today. The Director of Marketing and the

Group VP are out of the office until Wednesday. I can talk to them then. But how do I know you won't use this against me again later?" I asked.

"You don't," she said. "But I'll give you the email, and I'll give you my word. That's all I can give you."

"Tomorrow," she says as she turns, opens the door and walks casually out.

I'm frantic. "She's poison," I think. I can't go to anyone. Wesley bailed when I told him, and I don't want to get deeper in that mess anyway. No one at work. Definitely not Carl. I'm a rat in a cage, trying to find a way out, running along the edges, looking for a loophole. Nothing.

The apartment building is in an older part of the city, streets are dark, the neighborhood is sold as "trendy." I'm in my car, the compact Glock 42 resting on my lap. I'd just finished my Conceal and Carry class, so I am a card carrying pistol owner. Carl had actually purchased the gun for me and I find it's fun to shoot. I like the sound of the magazine clip as it loads and it feels powerful to retract the slide to clear the chamber. The action sounds just like on TV.

I see Emily approaching, her fine leather hobo handbag crossing her body, bumping her leg as she walks. She's walking towards me, so the angle is almost straight on—no need to follow the target—the target is getting larger and larger as she nears.

I calmly squeeze the trigger. It sounds so loud! Emily hesitates for an instant, and then drops to the ground. I pull out of the parking spot, and drive slowly away. Looking back through the rearview mirror, doors are opening on either side of the street. One guy in a white t-shirt is walking out to his doorstep, looking out.

"Hah!" I think. "Serves her right, trying to blackmail me. She'll think twice before she does that again.

"Hah! I guess she won't have to," I say to no one in particular.

AMERICAN GRAFFITI

You're downtown, and see graffiti in an unlikely place—graffiti like you've never seen before, concerning someone you know.

Life got pretty much back to normal after Emily died. It was a front page story for days. But they never tracked the killer, never had any solid clues. Time just passed, and pretty soon the next drive by shooting was front page and Emily just got buried further and further from consciousness.

Then one day I was parking my car in the underground garage and I saw, spray-painted on the cement wall, " ♥ Emily ♥ I know who did it." Her name was bracketed between big red hearts, spray-painted and filled solid in red. The paint in the hearts had dripped down like blood.

It was also in a strange spot—the execs all parked in these reserved spots along one wall, and you would only see it if you got out of your car and looked up immediately. There was a concrete horizontal support beam across the ceiling running the length of the wall. The graffiti was written on the inside of that support beam. Almost like they wanted only a few of the execs to see it. Most of us parked in pretty much the same spots, since through habit we came in around the same time each morning, and since we all knew each other, we tended to avoid parking in a co-worker's spot—unless we knew they were going to be gone. We're like that in Minnesota—Nice.

I was a bit shaken by seeing the words. After all, I had shot her, though of course I can't be sure she died from my bullet or from just plain lack of good care at the emergency room. Be that as it may, I

had good cause and no compunction as she had tried to blackmail me in the most insidious way. But I didn't want to get caught, and I didn't know if anyone had found the email that might link us together.

I strode into work, my thoughts quickly transitioning away from the graffiti to the meetings and emails I had to address. My work is important and I take great pride in doing it well. The company recognized my talent early, and I rose quickly through the ranks.

One of my co-workers poked his head into my office around noon. "Hey! Did you see that graffiti in the garage?" he asked. My heart raced, but I feigned calm.

"Mm hmm," I answered, not looking up from my monitor screen.

He said, "They're going to do an investigation. This is considered a lead in the case, and they haven't gotten any good leads in ages. Pretty amazing, isn't it?" He spoke like a kid in high school with nothing better to do.

"Are you in that meeting at one?" I ask, changing the subject. "It's going to be a good one."

That afternoon, the forensics team was gathering whatever it was that they gather. We had been asked to park in a different section of the garage until they were done with this investigation. They were a young bunch, not uniformed, but looking all but like a group of college kids on ladders and milling about with notepads, iPads and camera's.

I was travelling for the company the next few days, so I wasn't put out that we had no designated parking area, but had to park with all the rest of the people. Inconvenient to be sure. By the time I returned a few days later, the gossip was that the search and investigation by the police was inconclusive. Wasted time at best. I relaxed in relief

but kept my poker face on.

They finally arrested the young son of one of the workers in the building. He was 12, had come in with his parent, and during a break or unsupervised time, he had snuck down to the garage and sprayed the graffiti by standing on the cars. He had a classmate named Emily that some kids had played a prank on. He was just horsing around.

ALPHABET POEM

Write a 26-line poem using all the letters of the alphabet. Have the first line start with the letter "A," the second "B," the third "C," etc.

The Internment Camp

All the faces, Japanese
But for the guards, they are not.
Could it be that there's been a mistake?
Dare we think this wrong is right?
Everyone is humble, hunched. Hurrying between barracks.
Food is trucked into this desolate land.
Grandmas and mothers shepherd their lambs.
Head of households are missing, the old men were taken
Into camps at places like Missoula and Ft Lincoln.
Just a ploy to disrupt the families left behind,
Knowing in weeks they too would be shaken.
Leaving behind all family possessions,
Made to leave their homes with only what they could carry.
Not knowing when they would be allowed to return,
Precious items were buried, or if lucky left with friends.
Quitting the only homes they had known
Railcars would take them to places unknown.

Short of their final destination, they gathered at assembly locations.
Then on to Rohwer, Gila River, Heart Mountain, ten total camps.
Until they arrived at their assigned barbed wire barracks.
Vistas were stark, most camps were in deserts,
Winds swept the sand through the thin barrack walls.
Xeric land that was good for nothing.
Yet Japanese Americans made homes in the inhabitable.
Zigzaggy the path to the American Dream. Japanese Americans rose like the cream.

ONE IS THE LONELIEST NUMBER

Sherry Becker: My prompt is a character... a single birth child born into a world of Twins.

M2475121A was finishing his shift at the food packaging plant, making squeeze protein packs that could be delivered efficiently by drones to each household on a weekly basis. Today was "A" day, all the workers were the identical twin A. Tomorrow, M2475121B would take his place on the line in the job that M2475121A & B shared. It was the Governnment's way to produce workers that were both effective and efficient in a job, keeping everyone half employed in a world with too many people and not enough jobs.

Families were limited to one set of identical twins—to meet the zero population growth goals set by the Government. Women were engineered to ovulate only once, guaranteeing only one pregnancy. The water was spiked with the drugs that induced the twins-making process, and it kept the best of breed process more streamlined than a random two birth limit. The identical twins made better job sharing units, too. Each set was tested for best job fit at birth, and subsequent schooling was tailored towards that goal.

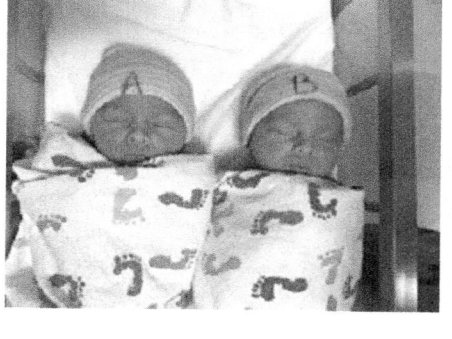

And because of their genetic makeup, twins were assigned to marry twins (A's married A's, B's to B's), so subsequent twins were more easily placed in occupations where there were shortages of workers. Medical advances made the process foolproof. Housing of married twins was also stream-

lined, as they could simply take over their parents' home pods when it was time to recycle the parent twins. 99.9% of the population lived in towering superstructures of 50,000 home pods, eliminating the need for vehicles other than mass transit, most worked in the processing plants located within the home pod structure.

Twin mate couples M399828A and F7844222A worked the agrarian sector, home pod 41.6005° N, 93.6091° W. Their offspring, F7844222A&B were freer spirits than most, and as a young girls, the twins spent considerable amount of time wandering outside their home pod, in secret, but with the approval of their parents. This sector grew the corn and soybeans, hay and oats for the protein factories. The girls roamed the fields, lounging by the clear streams in the dappled shade of ancient oak trees. Each evening, before nightfall, F7844222A&B would be back in their home pod, preparing protein packs and supplement packs for supper.

The day came when F7844222A&B were to be assigned mates. As it happened, need for genetic diversity called for a metro twin set to merge with agrarian, thus it happened M2475121A&B were assigned to F7844222A&B.

The twin mate couples took over the agrarian parent's pod, the girls continued their forays into the fields, the four mates began agrarian job sharing in the ag plant.

Soon the couples were pregnant. Great joy arose, as for each set of married twins, they knew this would be their one and only pregnancy. As the weeks went by, their OBGYN doctors became concerned. F7844222A&B were carrying only one child each! A boy and a girl! So they could not be identical. It was unprecedented. There were no reporting processes in place for this anomaly. Not knowing exactly what to do, the OBGYN doctors did nothing. F7844222A&B gave birth to singlet babies, a boy and a girl in the spring of 3085, tagged F9098665A and M9099442A. There were no "B's".

At first, the single children seemed no different than all the other twins, except that they were, well, singlets. The cribs were built for two, as were the car seats, carriers, strollers. Sometimes mothers F7844222A&B would put dolls in with their babies so they didn't look so odd. When they started school, the classrooms suddenly had two singles to deal with, and they had no mechanism to do so. The precisely calculated classes were now thrown off by the odd number one child, instead of two.

As F9098665A and M9099442A matured, they became the center of attention, the unique among the mundane. And so they became the object of desire for the opposite sex. Who wanted to share when they could have a unit all to themselves? Male twins began to fight over F9098665A. Female twins would scratch and pull each other's hair to get next to M9099442A. Suddenly, married twins who had not yet borne children wanted singlets. They no longer valued twins, they began to see the status of a singlet child.

When the time F9098665A and M9099442A were to be assigned mates, a dilemma arose: what to do with the twin that was "unassigned?" They could have been assigned to each other, but then the purity of the genetic lines became fuzzy. The unmated "B's" became childless. Suddenly, career placement and planning got skewed. And inexplicably more and more singlets were being born. Population began to decrease. Zero Population Growth became Negative Population growth. Some singlets had to work full time, there was no twin to share the work. The spiked water didn't generate twins, yet mothers only ovulated once.

The government was at wits end. What was happening? What was causing this epidemic of singlet births? And who's pods were they to live in, and then what would happen with the empty pods that were created by the shrinking population?

F9098665A and M9099442A began the downfall of society, the be-

ginning of the end. They were the antithesis of Adam and Eve. Some stories have happy endings. This one did not.

IT HAPPENED ONE NIGHT

Ruth Conn: The night that Neil Armstrong walked on the moon....The whole family went for icecream malts. A night that contrasted (in my mind) to what was happening in the sky and what was happening in Clear Lake. And who remembers Michael Collins-the guy who stayed and "steered" the ship. And Serendipity.

The launch of Apollo 11 on July 16, 1969 was the culmination of the challenge set forth by President John F. Kennedy and the final episode of the race to the moon. The mission spanned eight days, beginning on July 16 and ending with splashdown July 24 in the Pacific Ocean. Michael Collins orbited the moon in the command module, as Armstrong and Buzz Aldrin got to do the fun stuff. The Lunar Module, dubbed "the Eagle" detached from the command module and with the famous words, "The Eagle has landed," the module touched down on the surface of the moon on July 20. The actual walk on the moon was July 21, with the words, "One small step for man, one giant leap for mankind," said by Neil Armstrong as his foot touched the moondust.

On July 18, 1969, the reunion of the Boiler Room Girls was taking place on Chappaquiddick Island, Massachusetts. The Boiler Room Girls were all campaign workers for Robert F. Kennedy during his truncated run for president. Later that night, under a waxing crescent moon, Ted Kennedy drove his 1967 Oldsmobile Delmont 88 off a wooden bridge, flipped the car into a shallow pond, and Mary Jo Kopechne died of suffocation in the submerged vehicle on July 19, 1969. Mary Jo's body was returned to her parents, and the day of July 21, while the rest of America was watching the TV and the moon walk, Joseph and Gwen Kopechne spent the day making final funeral arrangements at the St. Vincent's Roman Catholic Church in Ply-

mouth, Pennsylvania. The service planned was a private affair. Only close family, friends and Kennedy members Ethel (Robert's widow), Joan (Ted's wife) and Ted attended.

The evening of July 21, 1969, 15 year old Ruth, her 13 year old sister, Jane, and their parents were sitting outside of the Ventura Dairy Inn. It was the end of a long day farming, sorting hogs and feeding livestock. Their older brother, John, was left at home to keep an eye on an ailing heifer. The treat was ice cream malts, melting fast in the hot, humid Iowa evening. A sliver of the moon was reflecting off the quiet waters of Clear Lake, the hum of insects hitting the purple glowing bug killer made up the background music. Ruth's dad commented to no one in particular, "There are astronauts up there. Geeze, can you imagine?"

Pause. "Wow."

BOX SOCIAL

Jan Simpson: Favorite child hood memories

I hate to even say it, but I had the perfect childhood. As the youngest of eight, I had seven siblings who more or less doted on me. Well, maybe not Robert, who was the youngest boy, and three years older than me. He could torture me 'til I cried. Our dad always said that someday Robert would be old and I would still be young, and then I could beat him up. I think we're there, but I haven't beaten him up yet.

But the other six had me on a pedestal. Well, maybe not Carol, who was the oldest. She had to mother all of us, and I don't think she like the role one bit. One time she and I were carrying hay on pitchforks to the sheep. I was walking in front of her, and I wasn't walking fast enough, so she stabbed me in the be-hind with the pitchfork. Didn't draw blood, but still…

But I digress. Of the hundreds of happy, idyllic memories I have of growing up in Hardin, Montana, the Rainbow for Girls Box Social tweaked some brain synapses, and rose to the top of favorite memories.

I was probably 13 years old. Rainbow for Girls was an offshoot of the Masons/Eastern Star/Demolay for Boys organizations. Bernice had been a member, and maybe Carol, too. I think the goal was to raise us into upstanding "good" girls. There were some secret handshake kinds of things, and it was full of ritualized procedures. It was where I first learned where the term "black balled" came from. But they did some fun things, too. The Winter Formal was a fancy dance like the prom, except it was for Rainbow and Demolay kids only. And then one year we had a Box Social to raise money.

I had never heard of a Box Social. We were supposed to decorate a box and put a meal in it for two. We came to the social with our dads, and whoever bought our box would be our dining partner. We girls put our boxes on a table, and when our turn came, we would each hold our box up front as it was auctioned off, the dads bidding on the boxes.

Some of the boxes went for a dollar, some for $5. I figured the meal was worth maybe $2 in 1967 dollars. The boxes were decorated with paper doilies, ribbons, bows. Some had glitter. I had a pretty elaborate box; it wasn't the fanciest, but it wasn't a dog, either. I was kinda looking forward to eating with someone's dad that I didn't know—and I didn't really know many of the dads there. So when my box came up, I went to the table, found my box, and stood in front of the room holding my box for the assembled girls and dads to see. The bidding war began. I'm not sure to this day which dads got into the bidding war. It could have been Jeanie's dad, who was a farmer on the Little Horn River; or maybe Dawn and Bonnie's dad, who was the bulk oil guy; Or Jerry's, whose dad owned the gas station; or maybe Carolyn's dad, who ran the implement dealership. Whoever they were, there were some boxes, mine being one, that went for big bucks, the dads making a game of it all.

My little box sold for $25, the highest of all the boxes. In today's dollars, that's about $185. For cold fried chicken, chips, two apples

and two pieces of cake.

And you know who bought it? Yep, my dad bought my box. At first I was a little disappointed. I wondered why he would want to buy my box—wasn't it supposed to be auctioned off to somebody else? But then, after he bought it, and I walked my box to him, I saw the twinkle in his eye, how proud he looked, and then I realized how proud I felt, that my little box was the prize we gave each other—to be able to share our meal together, with friends and fathers and little girls on the cusp of womanhood.

PS: I didn't think of it then, but I do now: what did the girls who didn't have a father do? At the last home basketball game in my hometown the kids who played and their parents were recognized. That included us cheerleaders. My junior year my dad wasn't feeling so hot and he had been through this drill with seven other kids. The glow might have worn off. So that night, neither my mom nor dad were present. As all the kids were lining up, finding their parents, I stood alone.

But I wasn't the only one in a dilemma—Doug Peterson's parents were divorced and both of them were there. Doug's mom, Helen Peterson was the publisher and editor of the Hardin Tribune Herald —she was a cigarette smoking, whiskey drinking journalist. She had been good friends with my parents, and her daughter, Stevie, was good friends with my oldest sister. Hjordis and I were in track together. Doug and I were a year apart, knew each other, but didn't hang out. So that night Helen became my mom, and I became her daughter.

She was and is an important influence in my life not only for that night but as a role model. She was a professional, independent woman; a journalist who made her living writing. She was an active participant in the community who ran for public office and lost. She was a force to be reckoned with.

FIRST IMPRESSIONS

Loretta Stewart Thomas: My first day at college.

I had never seen my college campus prior to my arrival that first day. I went to school before "college visits" were the excuse to travel to exotic places during spring break. But that's not to say I hadn't seen any college campus. My sister and brother had gone to Eastern Montana College now known as Montana State University-Billings. I had spent time at Montana State University in Bozeman for 4-H activities. And I spent a week at Carroll College in Helena between my junior and senior year in high school. I was a big fan of *Love Story*, that sappy movie set at Harvard. I pictured granite Collegiate Gothic castle-like halls of learning with ivy growing on the weathered exterior, with a turret or two thrown in. So I had a picture in my head of what a big league school looked like.

My parents drove me to college, making the 20 hour drive in two days. We stayed with my sister in Richmond, about an hour from school. It was comforting to know she was so near. We stayed with Carol and her husband for a couple days. Their two little kids were excited to have us visit, and I still wonder where we all slept. They had a little three bedroom box on Hilltop Drive, and adding the three

of us, there had to be a sofa sleeper involved.

The morning I was due to move in to my dorm, we sat three abreast in the Oldsmobile 98. The big bench seat in front had more than enough room. I was used to sitting in front—my mom would always drive, and I sat between them. I never quite outgrew the baby of the family ranking.

The front seat had the best view of the spectacular Bay Bridge. We took I-80 into San Francisco, then merged onto Highway 101 South down the Peninsula.

We exited onto University Avenue, and headed west. Some of the large homes that lined the avenue were what I expected—tall white pillars, oversized front doors—but some of them were definitely California casual. The drive continued into downtown Palo Alto, where the Varsity Theater and Round Table Pizza gave it a small town feel. We drove under the railroad tracks, and University transformed into Palm Drive. True to its name, Palm Drive was lined with tall, foreign looking palm trees—fatter around than I expected, and there were no coconuts that I could tell.

Groves of eucalyptus trees, large, scaly and smelly were behind the palms, reaching for as far as I could see. It felt like we were in a foreign country forest. We drove for a ways, and the tree covered landscape began to change. Ahead of us, the strangest thing loomed, growing larger as we approached. Red tiled roofs, arched colonnades, covered walkways, and beyond a courtyard there was a golden glowing church. I could tell this was no gray, granite gothic edifice. The stone was a warm yellow tan, the Spanish tile roofs were red. The buildings were low to the ground, calm, welcoming, quiet.

"There must have been a mistake," I thought! "This isn't a college, this is a country club! Where's the ivy?"

My dorm was even more unexpected. I had pictured the utilitarian, high-rise dorm with elevators and sterile steel and linoleum rooms. As we drove up to Lagunita Court, the country club mistake was reinforced. Lag consisted of two-storied long and low stucco and red tile roofed buildings so that the connecting buildings formed a luscious courtyard of live oaks, rhododendrons, lemon and orange trees. The halls were arched, the walls and floor plaster and wood. At the far end of the courtyard was the dining hall—A two story open dining room, dark wood floors with heavy dark tables and chairs—open beams with copper chandeliers. At one end in an alcove was a grand piano. The front looked Spanish Colonial with two-story glass doors with arched windows lining the entire façade that opened onto an open-air terrace with graceful stairs on either end that led down to the courtyard. It was instant love.

I was assigned to a triple—three girls in two rooms. We had a water closet. The room was in the building named Olivo—which was the wing that had girls on the first floor, and boys on the second floor. The adjacent wing was Magnolia, which was a co-ed dorm. Dad and I carried my two suitcases and black trunk into the dorm room. My new roommates were already there—Mary Lubischer from Fresno, who was planning on becoming a mechanical engineer, and Kristi Reynolds from Thousand Oaks, who had no plan. The place was chaotic.

Moving in took less than half an hour, since I had so little stuff. And then we were done. It is cruel to think now, but at the time, I just couldn't wait for my parents to leave!! I was ready to reach out to explore! Make new friends! Find my way around, dive into this new world called Stanford. They stood in the little room that had no chairs for them to sit, watching me as I began putting my few possessions

away, looking, and probably feeling, useless.

My parents said goodbye. I don't remember any tears. They were going to drive down the coast to visit relatives, and then stop on their way back to my sister's so I knew I would see them soon. After they left I walked to the bookstore, walked around the Quad, climbed the berm behind the dorm to the empty Lake Lagunita. When I returned to Olivo, I joined my new roommates and we had the first of many meals in the dining hall.

Move from Montana family farm to Stanford Farm. Check.

CHILD #3, LEE

Maiya Strouth: Giving birth to your third child and what follows.

I was old to be having a third child, or that's what the "experts" said. I was in my late 30's, and the scare in those days was that old women had more complications or babies with issues. But I was healthy, had good daycare, good job and two kids that needed a little something extra.

I didn't consider the three years' lack of adequate sleep, the job stress, the home maintenance or my body being tired all over. Mentally I felt fit and ready to take on more.

The first thing that was different was that I blossomed much sooner. They thought I was carrying twins, I was big so fast. We did the ultrasound to determine one or two, and it was a one. I was just so stretched out; all those stomach and abdominal muscles gave up sooner than the previous two pregnancies. And I got this pain "down there" that I had never had before. The nurse knew right away what that was—pressure again from tired muscles and the added weight. An elastic belt around my belly to help hold everything up magically relieved the pressure and the pain.

Tom, my oldest, was the most beautiful baby I had ever seen when

he was born, and a picture of my daughter, Maiya at 100 days about stopped my heart—she had such incredible big brown alert eyes. But when number three was born, Lee really was the most beautiful baby I had ever seen. His face was smooth, round, perfect. I couldn't imagine how three of the most perfect little beings were wrenched out of my body, but they had been and I have the scars to prove it.

Lee was a C section, and later they said that's probably why his head was so perfectly round and unscathed. On the other hand, the C section made me feel like someone had punched me in the gut—but it was easier than the "regular" birthing process. Had I known, all three would have been C sections, but then maybe everyone should go through the labor process to understand and be sympathetic to the burden women bear.

The third kid was exponentially more work. Suddenly the kids out-numbered the parents. The older kids became child psychologists: they began to give me parenting advice. They would say things like, "You better talk to Lee about XXX." Or "I did XXX, and you are letting Lee do YYY." For some reason, the older kids thought I did a better job with them, but I was not doing such a good job with Lee. And Lee would just sit back, observe and listen.

Having three was a lesson in how unpredictable kids can be, and how sometimes things happened that were a result of, in my humble opinion, luck—good or bad. Our third kid completed the circle. He is reliable, dependable, a solid young man.

When I was going through the pregnancy years, I remember seeing a poster that said, "When you're pregnant, you want a rocket scientist. When you're delivering, all you want is a healthy baby."

Life falls someplace in between.

REMEMBERING MOM

I wrote this for my Edina Community Education Writers Group—a prompt from Maureen Millea Smith. On this Mother's Day weekend, I'm thinking of you, Mom.

If it's worth doing, it's worth doing well.
Mom was a perfectionist. She was Martha Stewart before Martha Stewart. Her sewing was textbook, seams always perfectly straight. She cooked out of cookbooks, adventuresome and daring. When she got too old to stand at the stove and cook, she would supervise us "kids"—some of us in our 60s. My nephew and I were frying tempura shrimp, laughing and horsing around as we dipped butterflied shrimp into the batter, plopping them into the hot oil, using chopsticks to fish them out. She was so angry that we were not "doing it right" and the shrimp were curling. I had no idea she was so mad at us nor did I realize the shrimp were not supposed to curl, but lay nice and flat. Later in her life she took up quilting and competing at quilt shows. Several quilts were award winners. Not unexpected.

While my sisters and I were cleaning out the house after mom died, I kept a few dresses she had sewn. The seams and construction are exquisite. They are designer quality. Treasures.

Appearances

In 1972 I was accepted into Stanford and was to start school in the fall. Of all the preparation to get ready, the housing questionnaire was most interesting. It was the time of the sexual revolution and ethnic pride so the old fashioned boy's dorm/girl's dorms were on the way out and the shocking co-ed dorms were the rage. The form asked questions like, do you prefer all girl's dorm, co-ed dorm by floor, co-ed dorm by room, theme houses (Asian, Black or Mexican houses) all freshman all class and more. I got the form in the early summer and I needed to get it back quickly to specify my preferences.

Mom and I were about halfway home driving from Billings to Hardin late one evening, the summer sun had set an hours ago, the headlights illuminating the lonely highway, white stripes blinking by. We were talking about the housing choices, and mom said, "Maybe this first year you should be in an all-girls dorm."

"Yeah, maybe," I said non-committedly.

We drove another five minutes, a comfortable silence between us, our faces glowing from the dashboard, the bubble of light created from the headlights pushing the darkness towards home.

Then she said, "Maybe they'll think you're a prude."

"Yeah, maybe," I said non-committedly. But inside I was rolling on the ground laughing. My mom, worried that I might look prudish. A little Japanese country bumpkin from Montana, fresh off the range.

I ended up checking the box, "No Preference." It was the perfect box for me. And it turned out I landed the coveted Lagunita House

—a sprawling Spanish Colonial style dorm in a co-ed by floor wing. Sweet.

You, not me.

My mom was widowed in 1976, the year I graduated from Stanford and started my first job as a travelling salesman. She would come and visit me often, suddenly unencumbered from her ailing husband and all the responsibilities caregiving entailed. I was single and alone a lot, so I loved the company. She would stay a week or so at a time, riding along with me as I made sales calls or exploring whatever new community I called home.

In 1979, my mom had been on her own for about three years. She was active volunteering at Big Horn County Historical Museum, Quilt Club, church auxiliary and visiting her eight kids and growing number of grand kids. I was transferred to Colorado—my territory was the Front Range up into Wyoming. It was an easy drive for her to make from Montana. She was only 58 years old. Moms in general always seem old, but now that I am way past 58, I realize how young she really was.

We were driving along headed from Denver to Longmont, chatting about life and she began talking about growing older, and how a person should have a partner to grow old with. That no one wants to die alone. I thought, "Oh my God, Mom must have found some man she is interested in!! She's telling me that she might want to date!" I was OK with that, after all, she had been married 34 years, widowed for three and maybe she longed for a companion.

So I said, in a voice as neutral as possible, "I think you <u>should</u> go out, date if you want."

She looked at me horrified. "NOT ME. YOU. <u>You</u> should date, think about getting married. Why would <u>I</u> want to give up my freedom???"

I had a hearty laugh over our misunderstanding, but Mom, not so much. She was indignant for quite a few miles.

We aren't lost

My early years as a salesperson preceded GPS and cell phones. I can't remember how we ever got around as well as we did, given we drove and read paper maps at the same time. Mom was riding with me as I was prospecting accounts in the metro Denver area. We were on the east side of the city, unfamiliar turf for me. I was trying to find an account that wasn't buying from me and I had never visited. I got mixed up in my turns, and had no idea where I was or which direction would be the right direction.

I began getting flustered and a bit embarrassed in front of my mom. She looked straight ahead and deadpanned, "We aren't lost. We just don't know where we are."

Truer words were never spoken. And I have found myself in that predicament many, many times since then. It diffused the tension I was feeling then, and it has rescued me since.

Let's go!

After I married, Mom continued to travel with us. And then when we had kids, she was right there again—California, Hawaii, Washington DC, Disneyworld, Cancun, touring Minnesota or Montana. We had so much fun together and she was so easy to travel with. I don't know what it was about her and I only hope I can be the same way with my kids and grandkids someday. All I know is that up until the very end, she was always game, always ready for the next adventure, ready to pack and say, "Let's go!"

It takes a long time

I wasn't there when my mom died. I had been visiting off and on for nine months, a week or two at a time, all while being an active manager in our small business. She watched my daughter, Maiya,

get married via Skype. She just couldn't make the trip. Later in July she finally couldn't stay home alone and moved to the hospital transitional care wing. At the end of August I spent a couple weeks at home, pulling duty to stay with her at the nursing home. She was never alone. Leaving her was always hard, even when she was vigorous and healthy I would tear up when I had to load up the car. She was always out on the doorstep, waving goodbye until she couldn't see us anymore. That August trip she lay propped up in the nursing home bed. I had to leave to get to my flight in Billings. I held her hands and she just looked at me as I leaned over her, saying goodbye, telling her I would see her soon–just like I had done for the past 40 years.

Two weeks later I was on a business trip in California, with a side trip north on 101 to the Chandelier Drive-Thru Tree, one of my childhood memories. I bought mom a postcard and told her I was thinking of her while visiting the wondrous tree in her home state. We ended up back in San Francisco at a sales convention. I got the call she was failing, but decided to stay at work, knowing that the end was near but that I would also have to take additional time afterward to help tend to her house.

She died on September 22, 2012. I had just flown back to Minneapolis when we got word. My brother, Harry and his wife Sheri were with her. We left the next day to go home. I was sad, but I had said goodbye at the end of August.

When we got home, my brother Robert said he had been visiting with her in the nursing home. She had been so frail, so at the end of life, yet alive. She told him, "It takes a long time to die."

It took her a long time to die. 91 years.

Elaine Koyama

THINGS DON'T ADD UP

Margie Krause : Letter on adding machine tape

It was 1968, I was huddled in my bunker, the ground around me soaking, the jungle heavy and humid. A jeep transport got to us with some medical supplies, cigarettes, and mail. I had two letters—twice as lucky as most of the guys. One from my mom, one from my girl back home.

I opened the letter from Mom first. I wanted to save the letter from my girlfriend and savor her words the first time knowing I would re-read the letter a hundred times until the words would speak for themselves at night when my eyes were closed.

Mom's letter was newsy, about the high school football team, winning, then losing then winning again. About my little brother playing on the B squad, my older sister's new baby girl, my dad's job at Caterpillar. She wrote about how the trees were losing their leaves, how she was getting the winter coats out. She always signed off as Your Momma.

I finally opened my girlfriend's letter. She usually wrote on flowery stationery with matching envelopes with hearts and stars drawn on the outside. This one was different. It was in a plain white envelope and it was thin. I carefully slit the top of the flap, and saw one long, skinny piece of paper folded over twice. I pulled it out and recognized it as adding machine paper, it actually had a little curl left to it.

She was younger than me—I had graduated from high school and the draft swept me away. She was a year younger but two grades behind me. This year she was graduating.

She had written with an ink pen, but not with her normally neat Palmer Method script that flowed from line to line. This one was not so neat, but scrawled and messy.

"Dear John," it began.

"I hate to have to tell you this, you have enough to bear fighting so far from home. But I want you to hear it from me, and not through the rumor mill, or from somebody else."

My heart started racing, a sheen of sweat popped on my brow. I couldn't believe it. I just couldn't! I didn't want to continue reading— so many of my buddies had gotten these letters already. Didn't matter that my name really was "John." I forced myself to go on.

"Your dear, dear momma has been gone for these past several days, and we finally found out that she left town with Mr. Lawrence, the clerk at Federated Department store. I am so sorry, and I'll let you know more as I find out. Your daddy seems at a loss, but is holding

up.
"Lovingly yours."

DRIVER'S EDUCATION

Sharon Lauderdale Sloan April 14–Driver's Education

I took Driver's Education back in the late 60s, from Mr. Horman. The class was in its infancy for our little community in Montana. The motivating factor was that if a new driver had gone through Driver's Ed, they could get a license a year earlier than not. That got me motivated.

I also drove myself to and from Driver's Ed—yep, I didn't have a license yet, but drove myself to the class anyway. It was held in the summer, when everyone on the farm was busy, so my dad just let me drive the Rambler Marlin–the car for us kids. Mr. Horman just looked the other way. He knew that farm kids started driving about when their feet could touch the pedals, so I was not so much more truant than my farm friends.

My kids all took Driver's Ed. They went through the class in the early 2000s and it cost about $250/kid, maybe more. I thought what they got out of the class was great—I don't know what they did in there, but all three of my kids came out with a more than healthy respect

for what an automobile can do. And I'm not talking about picking up girls, or that fabulous feeling of independence that comes from being able to get from point A to point B without a parent driving you there. I'm talking about the fear of dying or the equally scary thought of killing someone in a crash.

But the real education came from the behind the wheel practice. That's when I realized an automobile is a powerful death machine.

We live in a big city, very different from my Montana childhood, where there are more cattle than people. My kids had to practice driving on city streets, freeways, and high school parking lots. We learned a lot about each other learning and teaching how to drive. The first thing we learned is that their dad was not going to be the one risking his life in the death trap as they learned to drive; and the second thing was that they hated their mom for making them learn to drive a stick shift.

I only had to rescue one kid when she stopped on the up side of a hill, and couldn't get that darn manual transmission to engage without killing the engine.

I remember riding shotgun, hanging onto the door handle, my feet pressing the floorboard praying that would transfer to the driver's brake pedal. I held my breath a few times as we rounded corners, or merged into the freeway. I tried to speak in a calm voice when inside my head I would be screaming, "Look out for your blind spot!" or "There's a car tailing you, move over." Or the famous, "Don't follow so closely. One car length per ten miles per hour!"

We had an elaborate contract with each kid after they got their licenses—something about number of kids they could haul around, getting grounded, driving as a privilege. It was such a complicated contract even I don't remember all the clauses. But it must have worked, because they seemed to know the exact day they could add

a friend to the passenger restriction, and their grades stayed within acceptable range.

We've had our fair share of fender benders, and that feared call in the middle of the night. We were in Italy when one kid ran into a chunk of snow/ice and cracked the plastic bumper. It was a very old car, the kid was OK, and it was Minnesota where ice chunks can happen, so all was well in the end.

As I sit writing this, I am looking at our cars—a cute little sports car for me, a big honking truck for my husband. I think of how important our cars are to us Americans, and how driving is right up there with being able to own a handgun. Don't you even think about taking my car away from me. It ain't gonna happen.

FIRST GLIMPSE

"How I met Scot" was from Jan Simpson, but I had written about the first time I had ever met Scot before–It was memorable because it was meant to be. Scot Edwin Zimmerman, my partner for 33 years, died of a massive heart attack last Friday night, May 18, 2018. On April 18, 1985 (33 years and one month earlier) the title of our home at 6608 Nordic Drive transferred to us. This coming Friday, May 25, I will sign the papers to transfer title of our home to the next new family. Scot often said he had never lived in one place as long as we lived on Nordic Drive. It was our first home together. It was Scot's final home.

I saw him sitting across the classroom from me. It was the first evening of Management and Organizational Behavior class. Fred Fox was the professor. I was scoping the classroom out, checking to see if I knew anyone.
He was sitting in the second row — intent on the professor– his tie loosened, pen poised in his left hand.

I could tell he was available. He had sun bleached blond hair (strange, we were in Minnesota). Intense blue eyes. Broad shoulders, oxford cloth button down shirt with just a bit of chest hair peeking out. He just *looked* single.
I made a mental note of it and didn't pay much attention to him after that.

By the next class, I had come down with a massive head cold. He was behind me at the cafeteria where I was buying several orange juices to get me through the evening. We started talking. And yes, he was single. He sat next to me in class.

When I caught head colds, which was quite frequent, they were severe and obnoxious. My nose would be raw and run profusely. I had trouble talking without having to dab my nose. I would have used and new Kleenex tissues littered around me. It wasn't a pretty sight. He chatted me up and we set up a date anyway.

I drove to meet him at our first date–a pizza joint. I stopped behind a Honda Prelude at a red light. Preludes were relatively new on the car scene—they were just shy of a sports car but had a sporty two-door look. I suddenly had a premonition—that he drove a Prelude. "How strange," I thought at the time. It was such an insignificant flash and yet one I could not ignore. Indeed, he <u>did</u> drive a Prelude. It was unnerving.

The evening Scot and I told my mother we had decided to marry, she looked straight at Scot and said, " Are you sure you want to marry <u>her</u>?"

I laughed at the time, but in looking back, it is clearer that she doubted whether her daughter, who had been so career focused, so driven, so corporate, could become the wife she herself had been forced to be — obedient, subservient, second.

And surely, we, like every other couple on the verge of union, were different, special, committed to each other enough to overcome the obstacles ahead.

We married a year and eight months after we met.

August 31, 1985.

6608 NORDIC DRIVE

On Friday, May 25, 2018 I will be signing the papers to transfer the title to our home at 6608 Nordic Drive. Scot and I lived there for 33 years, one month. Scot won't be with me to sign. But maybe it was meant to be. I was alone when I first knew I would live here, and I will be alone when I leave.

My best friend in town was a tall, angular man by the name of Larry. Larry was a civil engineer; shy guy, skier and tennis player. We hung out together because of our common love for sports. We played tennis against each other and with each other. A woman from my work invited us to play doubles and afterwards we went to her home for a drink. I stepped into her house and had this déjà vu moment that I would live there. I paused, looking at her dining room with cherry blossom patterned wall paper, and panned my gaze around the entryway. It lasted only a moment and I didn't say anything, particularly because Larry and I were not romantically involved. But the wave had definitely passed through me that my future would be here. He and I moved through the entryway to the deck where we enjoyed a cool beer after play. Life moved on, years passed.

My little house in St. Louis Park had served me well, but with

marriage to Scot looming in 1985, came the desire for the larger, quintessential house in the suburbs. The woman at Cargill was going through a divorce and she told me to take a look at her home—they were "motivated" to sell. This was the same home that I had the premonition about years before with my tennis buddy, Larry. It was a fixer-upper, but I was compelled to buy—and we did.

6608 Nordic Drive.

LIFE HAPPENS

Ruth Conn: Lake Irene, of course

I am floating on Lake Irene, about 15 feet out from the shore in front of my in-law's lake home. It is July 4th weekend, 2004. Inside the house, my three kids are lounging—one is playing video games, one sleeps in, the third is wandering aimlessly about, not wanting to watch CNN, which is constantly playing on the TV, yet not wanting to look available for a task or job. I can hear voices drifting out of the sliding patio doors that span the length of the upper deck. But it is warm, the sun not quite beating down, but enveloping me as only the summer sun in Minnesota can do.

I had just turned 50 a couple months earlier. It was a landmark —don't let anyone tell you that it is an inconsequential birthday— yet I didn't anticipate anything changing in my life. I was running a small business, doing some sales and marketing consulting, leading a charmed yet challenging life. Making a living wasn't as easy as I thought it would be when I graduated from college, but it wasn't so bad.

As I lay on the inner tube, gazing at the sky above, the tree lined shore, the bobbing motion lulling me, I think, "I could retire here."

I picture driving into Alex, working with the theater group—not acting, although I could try my hand at that—but as a volunteer something or other. I think of my mother who had volunteered at the historical museum in my hometown of Hardin, Montana, and I figure I could do the same at the Runestone Museum. There's a plethora of golf courses—golfing all day would be no problem.

It is a vibrant little community, as small town communities go. The influx of summer people, of which I am currently a part, balloons the population during the lake season, but the winters are quiet and slow. There's a ski area about 30 minutes away so I could continue to teach.

It dawns on me that this is one of the first times I have ever considered retirement, and what that would really mean. I've never slowed down at work long enough to think there might be life after work. Every year I would squirrel away some SEP IRA money, never thinking I might actually use it.

But like the rest of my life, I realize that if I want this thing called "retirement" to happen, I would have to think about what that might mean personally and financially. Would volunteering be "enough"? What about the friends and community I have in Minneapolis? Would I want to live here at the lake year 'round, when the winters are longer, darker and colder than even 100 miles south? And just how much money does a person need to live on in retirement—a little, or a lot?

As I bob in the water, I think I have the luxury of time. I'm not ready to retire. I am totally immersed in the water, in my work and my current life.

But the seed is planted. I have a vision of what life might be like in 15 years. It is time to make a plan, work the plan, be the plan. Because life happens.

MANUSCRIPT HAS A VOICE

Mike Lane Writers Prompt: Your manuscript has a voice that is asking for greater meaning regarding something that it includes. What is it?

I was putting the finishing touches on my latest novel, after spending the past year fine tuning the story. I decided to weave some of my grandkids' escapades into it, just to liven up the story line. My three grandboys are just teenagers now, but their school involvement, circle of friends and their interactions all make for good backstories, personalities, and names to build upon.

I typed "The End" and went to save the manuscript. I hit the Save button. It seemed to Save OK. So I went to Close the writing app. An error message popped up. "Error 2036 on page 187." I had never gotten a message like that.

So I went to page 187 on the document. It was the scene where Juliette, the protagonist, is ready to say "Yes," to Everett, who has just proposed. These names I had gleaned from my grandboys' circle of friends. Juliette was a friend from soccer, Everett was one of my grandkids. I scanned the page for any apparent errors. I turned on the paragraph marks and other hidden formatting symbols feature so I could see if spacing and paragraphs looked right, and they did. I ran grammar check and it all looked good.

I tried to close the app again, and got the same error. So I went back to page 187 and ran spell check. This time Everett's name was underlined in red. I figured because it was a proper name, maybe spell check thought it was something else. I put my cursor on Everett's

name and left clicked. Then I right clicked to see how the app thought I should be spelling his name. The right click suggested "Silas". That was weird. I couldn't figure out what was going on. Silas was Everett's twin brother's name.

Again, I tried to close the app, and again I got the same error message. So I went to page 187, changed Everett to Silas, and went to close the app. I figured I could always go back and change the names back later.

The app closed. The next day, when I went to open the manuscript document, I had no problem, except that everywhere Everett's name was, it had become Silas! It had done a global "Find" and "Replace". It was so strange. I went in to change it back, but it wouldn't let me. But since it didn't change the storyline, Juliette and now Silas married, had a family, and played out their parts in my book.

It's now 2036, and I am very old. Not as old as my mother was at the same age. No, now with modern technology and replacement parts, living to 120 is common. My mind is sharp, I am still writing novels, and have been able to accrue a corner of the reading market and enough money to support my habit.

My grandson is getting married, finally. Everett had married a nice young girl about two years ago, and now it's Silas at the altar.

Right beside his Juliette.

BACK FROM THE FUTURE

A knock at the door catches you off guard. Upon answering it, you're greeted by a person who says she's from the future—and she can prove it. More important, she says she has information that will save your life.

It's Saturday morning and I am hurrying to get my backpacking gear together for a hike in Colorado. Emmett and I have been planning this trip for a couple years—He wants to show me the Black Canyon of the Gunnison, and we are so looking forward to some time away. I hear a knock on the back door—which is strange, because that door is around the garage and through the backyard—not the normal door for anyone to come to.

I leave the stack of Under Armor t-shirts and shorts on the bed and run downstairs. A short, plump Hmong looking woman is standing at the door. She is rapping again, I've taken so long.

"Hi, can I help you?" I ask. "How did you get to my back door?"

She doesn't wait for an invitation, she shoulders past me to the kitchen table. I have nothing on the table,–my kitchen is neat as a pin since I'm planning on leaving today—But I protest, "Hey! What do you think you're doing? I didn't ask you here! I'm calling the cops!"

The lady was small, but rotund. I figured I could take her down if I had to—as long as she didn't have a gun or a knife, I figured I'd be OK. She had an air of authority about her, and she seemed to know where to go in the house.

"Your house is just like it was when I saw it," she said. "Don't forget

the clothes in the laundry." How did she know I had a load in the laundry—which, by the way, I had forgotten.

"I know you want to go on this trip, but I am asking you not to. It is not safe. There are some dangers waiting for you." She was growing more and more mysterious. "It is your choice, but I urge you not to go."

"How do you know I'm going on a trip?" I asked. "And what the hell are you talking about, anyway? I know it's dangerous, but it is a marked and popular trail. It's no more dangerous than any other hiking trail out there."

She eyed me sideways, and scooted into a chair. She almost had to stand on her tippy toes to get on the kitchen chair. She folded her hands in her lap, and leaned back. I know the trail. I've seen it. I come from the future. I see things, and I saw you. You will fall to your death if you go." Her eyes half closed, the small nose in the center of her face flared as she spoke.

My skin crawled. I needed to leave to go to the airport. I was meeting Emmett in Denver, and then we were going to leisurely drive to the trail head. It was going to take two days to get there. I looked at this little woman, so strange looking in my chrome and granite kitchen.

I wondered why I even hesitated, why I could possibly take this little lady, who weirdly showed up at my back door, seriously. I began to shoo her out the door.

She stood tall—at least as tall as her tiny frame would allow—and stood squarely in front of me. "I repeat. You will die if you go to this trail. I saw you fall. You will die. Do not go." And with that, she shuffled to the back door and let herself out.

I watched her for as long as I could—she rounded the corner of the

garage and I couldn't see her any longer. I walked to the front window and looked out. I didn't see her on the street. I thought about going outside to see if she were hiding beside the garage, but I decided to finish packing instead. I had just a little bit more to do and then I was done.

I climbed the stairs to my room where the t-shirts and shorts waited for me in a leaning pile on my bed. I started to throw things in the bag, but my heart wasn't in it. I felt a little scared, more like spooked. We had spent so much time planning this trip, working extra hours to get the time off.

I finally picked up my cell. Emmett had called. I hit redial, and he picked up immediately. "What's up, hon? I felt like I needed to check in with you."

"You won't believe this, but I had the strangest person stop in, and she really scared me. Emm, I just can't go on this trip. She was a psychic or something, and she said that I would die if I went on the trail." I felt embarrassed to be saying what I was saying, but I knew that I couldn't go.

"Who was this person? You can't just up and back out based on some crazy person! Get going, get on that plane, and I'll be at the airport waiting for you."

"I'm sorry, Emmett. I just can't. I can't explain it and I can't go." I hung up. Sat on my bed. Stared at my partially packed bag and started to cry.

Two days later, when I was supposed to be on the trailhead, I was at work. People wondered what happened, but I just couldn't say. I went through the motions, but I felt in a fog.

The next day, the day we would have been hiking the steepest part

of the canyon trail, I was on my way to work. I was approaching the intersection, and I saw the little Hmong lady. She had the same clothes on, shuffling along. I was looking at her when I ran the stop sign. An instant later the front half of an F-150 pickup was sitting on top of me. As the lights began to fade, I saw Emmett step directly in the path of a rockslide on the trail, his arms flailing, his pack bouncing, rocks ricocheting, until neither Emmett nor his pack were in sight.

MAGICAL

Jan Simpson: favorite college memory.

Like every college freshman, that first year at school is a time of incredible learning and growth. And I don't mean book learning, although I am sure for many more intellectual types, there's a lot of book learning, too. I'm talking about learning about yourself, the world, the future and the past.

My freshman year, the fall of 1972, I moved from Montana to Stanford in Palo Alto, California. To say there was a little culture shock would be an understatement. But for an 18 year old who thought the world was her oyster, the challenge did not seem insurmountable. I knew how to get through school—my brother, Robert, had told me the secret: study.

The real learning was the type my dad believed was more important than book learning—how to deal with people. He was a guy who never read a book in his life but was a people person and never stopped studying the dynamics of interaction.

There might be a stereotype of a Stanford student—preppy, but not east coast preppy; serious student; top of the class; incredible

athlete/performer/artist; wealthy, privileged. And a lot of kids were like all of the above. But there were some others, like myself, who didn't fit all the stereotypes.

One of my roomie's my first quarter was Kristi Reynolds, from Thousand Oaks, southern Cal. Kristi was a top student, but not from a wealthy family and she was raised by a single mom. Kristi had never been away from home before, and that first quarter she got swept away with a group of musical types. One of the guys in that group was from New Orleans or Baton Rouge; his mom worked for some wealthy people who sponsored him to go to a prep school on the east coast. He was a red head, fiery in spirit, but with a chip on his shoulder, never wanting to be or feeling like he was a typical student. Red had a work study scholarship as a janitor at Stanford's Memorial Church.

Mem Chu (Memorial Church) is a fabulously imposing non-denominational church located front and center in the Main Quad. Driving towards Stanford on Palm Drive, Mem Chu is at the far end of the Quad, in line with the Drive. It reminds me of the big old churches in Europe.

One night I was hanging with Kristi's music friends, and we ended up with Red at Mem Chu. We were in a service stairwell in the apse behind the altar. The stairs were dark, enclosed, all stone, winding up to the tower. It was after midnight on a Saturday night/Sunday morning. The group of us were all Stanford students and consisted of Red, who played harmonica & guitar and performed at coffeehouses in Palo Alto; a guy who played first violin in the San Francisco symphony (I always wondered whether he was part-time Stanford, full-time symphony or part-time symphony, full-time Stanford); a Marilyn Monroe look-alike who had been a finalist in the Miss Nevada pageant (her talent was playing the flute) and me. They handed me a tambourine.

I was sitting with these amazingly talented musicians, in this acous-

tically perfect stairwell. There may have been some alcohol or smoking. The three of them began jamming. We were sitting on the stairs, First Chair at the top facing down; Red below him to his right, Miss Nevada facing Red, and I was sitting below Red, my back against the cool stone wall, my left foot on the step I was sitting on, my right on the step below me. The stairwell wound up with a window at the curve, letting in moonlight, casting us in a blue haze.

The music rose up, resonating off the walls. I tapped and shook my tambourine in time with the music. The three of them just moved with the music, sometimes First Chair taking the lead, sometimes Red's harmonica would cry out, sometimes Miss Nevada with her flute tones piercing the core of my being. To say it was magical seems pale. But I have no other word to describe the night.

It happened only once. And like so many things that happen that first year in college, a flood of other experiences immersed me. Kristi and Red dropped out of school but not together. I got new roommates. The symphony absorbed First Chair. I lost track of Miss Nevada.

But for one night, in Mem Chu, I was part of the magic.

MATCHUP

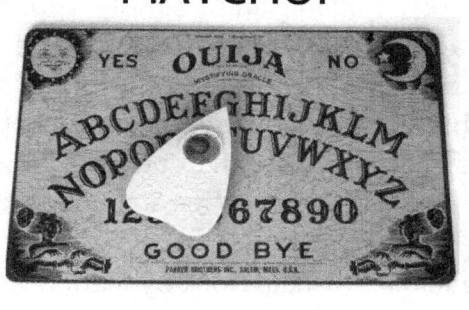

Write a story featuring a Ouija board, a search engine, and a self-help book.

I'm sitting in my one room apartment in Rome at my small writing desk, a laptop computer in front of me, and beyond the computer is a window framing rooftops as far as the eye can see.

When I was 12 years old, I went to a slumber party at Donna Altman's house. Like most sleepovers, we stayed up all night, dipped Denise Smithers' hand in warm water waiting for her to wet her pants (which she didn't), and told scary stories of being parked in a car on a deserted country road and hearing scratching noises on the roof which turned out to be somebody hanging from a tree and their toenails scraping the roof (pretty long toenails, I'd say.) But what I really remember is the Ouiji Board. Donna was the first one in our group to get one, and of course we all took our turn at the planchette (the little shield shaped pointer), our fingers lightly placed on either side, waiting for the spirit to move it.

It was the beginning of a love affair that never died. I loved the Ouiji Board, I believed it spoke the truth then, as I do today. I believe in the occult and the spirits, and I am guided by them regularly.

But that didn't dissuade my parents. They "encouraged" me to go to Princeton as they thought I was destined to be a lawyer and then a politician. And it's where my father had gone to school. The course-work at Princeton wasn't that rigorous, once I figured out the system. I was always a good student, and I simply applied myself to my work, and the grades came easily. Fitting in was a different matter. The blue-bloods who attended weren't my cup of tea, and most of the others were blue-blood wannabees. I kept mostly to myself, and even though I was accepted into the Cottage Club, my dad's eating club, I preferred the health food coffee shop down the street.

One summer I read the self-help book by Marion Weinstein, *Positive Magic Occult Self-Help* and I realized that my passion for the occult had lain smoldering in the depths of my consciousness. It wasn't until graduation day that I realized I didn't really want to be a lawyer nor a politician. I wanted a career in the occult.

But as you can imagine, the Princeton placement office didn't have many students clamoring for interviews at occult corporations. They didn't really have any advice for me. So I did what any Princeton educated graduate would do—in the olden days they would have searched *The Yellow Pages*—but in this day and age, I simply Goo-gled, "careers in the occult."

538,000 results later, I had a goldmine of opportunities and advice before me. There were some quacks, and there were some really strange suggestions.

But I followed my dream, and that's how I got here to Rome. Working with spirits and such, at the Vatican.

THE STRANGER–PARIS
LATIN QUARTER

You're walking home from work one night and taking shortcuts through a labyrinth of dark city alleyways to meet someone on time. Suddenly, a stranger parts the shadows in front of you, comes close and asks you to hold out your palm. You oblige.

I've always prided myself on being able to be in control of myself and my life. I've spent the better part of 28 years being in control. Yet that night last summer stands out because it was so out of my control, so out of my character.

I was walking back to my apartment in the Latin Quarter in Paris. The streets twisted and turned, dark haired, dark eyed men were hawking their restaurant's specials, reaching out to tourists as they passed by. They knew me by now, they knew that I was even too poor to buy the cheap meals that they were promoting.

No fancy French fare here. No, this was Greek, Italian, Mediterranean, Middle Eastern food. Small storefronts, the hand-full of tables,

white or checkered tablecloths. The tourists would pause, surreptitiously looking at the prices on them menus, then skirting from side to side. The narrow streets were home to trinket shops, gauzy dress shops selling Italian made women's clothing, cheap, but stylish.

I turned the corner, the last few blocks from my apartment, the street even narrower than the preceding alley. Out of the shadow a form slipped out, and loomed large in front of me, even though his frame was slight. He reached out for my hand that was gripping my cross-body bag.

He said, "Don't be afraid, lend me your hand."

I loosened my grip, and pushing my bag so that it was behind me, I reached out, palm up, and offered my hand to this stranger.

He reached out, and with a smooth and un-calloused hand, cupped my hand in his. He looked down, traced my lifeline with the index finger of his other hand, and said, "Ah, you have a long, un-broken line. You shall live long and prosper."

I was just beginning to wonder what Star Wars had to do with this encounter, when he put a small jewelry box in my hand. He wrapped my fingers around it, and with a smile, he disappeared back into the shadows.

I looked at the box, curious, yet vexed. "What could this be?" I wondered. "Who was this guy, and why me?"

Cautiously I opened the box. Inside was a large pearl set in a scalloped gold setting. It was a ring that had been stolen from me 35 years before. My aunt in Japan had given it to me.

There was a note inside. I unfolded the paper, once, twice, three times. Finally, in small but careful handwriting, the note said, "This

ring has brought me nothing but sadness and misery. I give it back to you. Good riddance."

LEARNING TO LOVE
MAINSTREET

Mainstreet

It's 6:15 am on a Sunday morning, and while the rest of the world is still sleeping, I am up and about, walking my dog, exploring my new neighborhood.

I walk out the back door of my condo, dubbed the "Landing Pad" since its intent is to be a stopping point between destinations. It is beginning to feel like home—with more boxes than I have room for, but the dirt and grime are beginning to be my own.

The quiet is un-nerving—I had expected living on Mainstreet would be a bustling environment, with people coming and going at all hours of the day and night. But this town rolls up the sidewalks at about 10 pm during the week, and I'm in bed by midnight on weekends so I have no idea what it's like after that. And the mornings weekend or weekdays are sleepy and slow to get going.

I find it well suited to me right now. Time to reflect, time to explore alleys and side streets. Keeping mental track of the stores I pass— three old fashioned barbershops with the swirling barber poles high enough up to avoid naughty thieves who might find them tempting;

the psychic shop, a tattoo store, vaping shop, and a multitude of second-hand aka "antique" stores dotting the main drag. There are at least 15 eating establishments—19 if you trust Scot's assessment of the situation—but who's counting? And less than four blocks away is a live children's theater/arts center, a discount movie theater (with real buttered popcorn) and the county library.

The grocery and hardware store are half a block off Mainstreet to the north, and the post office is half a block off to the south. There's a gas station a block east, and three liquor stores within two and a half blocks any direction. The only thing missing (as observed by several of my new neighbors) is a medical center, although there are a multitude of dentists for some reason.

I've lived here less than a month. In that time, I sold a house, bought this condo, lost a husband, moved out then in, helped a friend with the loss of her son, and helped her move out then into a new home, too. I've got a best friend who has been in and out of the hospital since January—six months so far—with an aggressive cancer. I think of that quote, "God doesn't give us more than we can bear," and while I'm not a big believer, I think He's getting pretty close to maxing me out.

But as with all things, there is good with the bad: my youngest son is buying a townhome and closing at the end of the month; my daughter's baby is due in a few weeks; we will celebrate my oldest son's wedding in a month; then another wedding, then another. I have had wonderful support from family, friends, and strangers. And while there is sadness, there is much to be thankful for.

Soon it will be Fall, then Winter, then Spring. On May 18 an anniversary will come and go. I will turn 65 a few days later. The rhythm of life continues and will continue, with or without me.

CELLULAR APOLOGIES

A stranger asks to borrow your cell phone. You agree. She turns away and talks on it for a moment, then faces you once more. "I'm sorry," she says, eyes red. "I'm so sorry." Then, she runs away.

I was queuing through the line at Versailles, outside of Paris. Me and a zillion other tourists, so many Americans you would think we were back in New York or San Francisco. I was being pushed along by the masses, viewing one golden room after another. After the first 10 or 12 gilded rooms, they all started to look alike. I was also distracted because I had become separated from my husband, and he wasn't picking up.

I was on a landing between two sections of the palace when a young woman came up to me frantically gesticulating, asking if I spoke English, wanting to use my cell phone. She was dressed in black, typical slim Frenchie, with a fashionable gold chunky necklace that's so popular right now. She had a young girl with her, about 12 years old. She said it was an emergency, that it would be a local call, I wouldn't have charges on my phone. "I have lost my husband," she blurted.

I pulled out my iPhone and handed it to her. She quickly turned away from me and put the phone to her ear. I stood watching her back, then looking the little girl over from head to toe. She looked like a Parisian, like her mother, or whoever the distraught lady was. The little girls stood quietly, holding the hem of the woman's shirt, peering up at me, then towards the woman.

The woman didn't say anything, she just held the phone to her ear. I was ready to tap her on the shoulder, when she abruptly turned to face me, her eyes wide, "I'm sorry," she said, eyes red. "I'm so sorry-

. Je suis désolé."

She handed me my phone and she and the little girl disappeared in the crowd. I was ready to follow her, but when I say they disappeared, they really did vanish into the masses of tank tops and jeans, back packs and cell phones snapping photos. I looked down at my phone. A hiking picture of my husband and me, my screen saver picture, is all I see.

I unlocked the phone by pressing my index finger to the home button. The screen popped, and my apps appear. I swipe down, and the most recent activities show up. The last one was a phone call, a number I don't recognize, but foreign. I hit redial. It's the first aid station.

The voice on the other end spoke rapidly in French. I asked, "Parlez vous anglais, s'il vous plait?"

"Ah, mais oui. May I help you?" the voice asked.

"Yes, I just loaned my phone to a woman, and this was the last number. This is my phone. Can you tell me if you talked to her?"

"She did not dial us, we dialed this number. Perhaps we are mistaken? The woman we talked to, was...?"

"I don't know. Can you tell me what this is about?" I asked. There was a pause.

"Is this Missus Wesley Smith?"

"Yes," I replied. "I'm Delores Smith. What is this about?" I was getting panicked.

"We have your husband here in the medical aid room. He was mugged by a man and a woman with a young girl. They have taken

his *portfeuille,* ah, his wallet. We called your cell and spoke to a woman, we thought it was you, was it not?" the voice asked.

"It was a woman and a young girl, maybe 12 years old," I replied. "May I speak to my husband?" I could hear the person fumbling with the phone.

I hear, "Hello? Honey?"

"Wes, are you OK? I'm walking towards the aid room right now. Can you describe the people who attacked you?" I said breathlessly.

"The guy was about 30, maybe 5-9. Typical skinny Frenchman. The woman had long dark hair, black dress, big gold necklace on, the little girl was, well, I don't know. A little girl. Like maybe 5thgrader or pre-teen."

GROWING UP MONTANA STYLE- THE DRIVE TO THE MILES CITY RAM SALE CIRCA 1964

Robert Koyama, this one's for you.

In the 1960s, my family was one of the larger sheep breeding oper- ations in Montana. We raised registered Suffolk sheep (the ones with the black face and black legs) and a few Columbias (all white).

Every fall we would clean up the uncut males and some of the ewes and prep them for the annual ram sales held throughout the area. We went to the Montana Ram Sale, the Casper and Buffalo Wyoming sales, and a few times we went to the Newell, South Dakota Show and Sale. These sales were where folks could buy breeding stock and our award winning herd was a key staple for these sales.

One fall when my brother, Robert was about 13 and I would have been 10, the two of us and our dad were heading to the Montana Ram Sale in Miles City. We had a stock rack on our single axel turquoise Ford truck. It was a newer truck for us, maybe ten years old with a standard four on the floor transmission and a truck bed hoist that would allow the bed to raise for dumping a load off the back. Our family did a lot of do-it-yourself projects, as all farmers do—and in

this case we had built a second level deck on the truck bed so we could haul twice as many sheep on a load. The stock rack, built for cattle and horses, was the perfect height for a double decker sheep truck.

The three of us were heading out with the load of sheep first, and my mom and two sisters were going to follow in the car. The Montana Ram Sale was where we brought our best livestock, as our reputation was built in our home state. We loaded championship ewes and rams onto the truck. We put the ewes on the bottom deck, the rams on the top.

It was a party atmosphere, one of the biggest revenue generating events for the farm. The sale was also a big social event for the men and their wives, with dinners and speakers before the sale. We would always go to the 600 Cafe, and the adults would end up at the Montana Bar a few doors down on Main Street.

So we headed out with a truckload of sheep—Robert driving, me in the middle straddling the gear shift, and Daddy on my right. Back in those days, there was no Interstate 94, it was all two lane winding roads through the coulees and bench land following the Yellowstone River.

Yes, and Robert was driving. He was maybe two, three years away from getting a driver's license, but it was normal protocol in our family for us to drive early. It was normal for any farm family. And he had a lot of experience driving already. The trip was uneventful. We stopped in Forsyth for gas where I bought red licorice, some chocolates and gum and then continued, climbing out of the river valley and driving on top of the bench for 15-20 miles. The coulees that drained the semi-arid land cut rough valleys along the way. The road would wind down into the draws, and then wend its way back out. We were lulled by the hum of the truck tires on the blacktop, the low roar of the engine.

We were entering another one of those draws, the road descending, curving to the left. It was a beautiful fall day, the leaves turning, the sage pale blue-green and grasses yellow-gold. I could feel the centrifugal force pulling on the truck, my body beginning to lean into my dad's side. Robert and Daddy began talking to each other over my head about the pull on the truck, what to do. It felt like being on a merry-go-round, going fast, but feeling sickeningly slow.

I looked down at the candy in my lap, the red licorice open, the candy bars intact as was the Spearmint gum. I closed my eyes, and told myself, "When I open my eyes, we'll be on the road at the bottom of the draw."

GROWING UP MONTANA STYLE-
THE DRIVE TO THE MILES CITY
RAM SALE CIRCA 1964, PART 2

Robert Koyama, this one's for you.

I looked down at the candy in my lap, the red licorice open, the candy bars intact as was the Spearmint gum. I closed my eyes, and told myself, "When I open my eyes, we'll be on the road at the bottom of the draw."

Well, I was right. When I opened my eyes, we were at the bottom of the draw. But not on the road.

I was under the steering wheel on top of Robert. His face was covered in blood. The truck engine was still running. Robert looked at me with a frown on his face, and said, "Get off of me. You're bleeding all over." I had a bloody nose, and the blood on Robert was my own.

The next thing I knew, my dad was there, pulling me off, flipping the key so the engine shut off. The three of us did a quick check. Aside from a cut on Daddy's arm, we were miraculously unscathed. I got bloody noses all the time as a kid, so we weren't worried about that. We were at the bottom of the gully, and as we looked back up the road, we could see sheep and 2×12 boards strewn across the hillside—the bucks that were on the top deck had flown off first, and many of them died on impact. Some of the ewes that had been on the lower deck were running around the open ground—a few with broken legs, one with a broken jaw, but those running were relatively unharmed.

Robert had walked back, checking some of the sheep that were lay-ing on the ground. By this time, cars were stopping. I stood on a rise with my dad, surveying the battlefield. I thought, "What am I sup-posed to do? Maybe cry?"

So I began to cry. And my dad looked at me and asked, "Are you hurt?"

I said, "No."

And he said, "Then don't cry. You have nothing to cry about."

And so I stopped. And stood there, not even realizing at the time how lucky we had been.

The highway patrol came, and my dad said he had been driving. We rounded up the surviving sheep. Someone had a gun, and they shot a few that were too injured to save. One of the prize rams was dead, but out of about 60 head, there were still maybe 20 alive, huddling as sheep do.

Someone called a local farmer who came and loaded the living sheep on their truck and took them to Miles City. I don't know who came and picked up the dead ones. Another Good Samaritan gave the three of us a ride to the Miles City Hospital, where they put a ban-dage on Daddy's arm, and claimed Robert had a contusion—which I thought was life threatening, but turned out to be a bump on his head. I was unharmed.

Later, we found out that when Mom and the girls drove through Forsyth, they saw the truck that had been towed to the gas station. They immediately stopped, sure that we must have been hurt or killed. They found out we were all OK. They looked inside the cab and saw my candy on the floor. The center of the cab roof was peeled back where a guard rail post had come through, right about where

my head would have been.

Turns out that while I had my eyes closed, pretending everything was going to be alright, Robert and Daddy were talking about what to do. Daddy said he was going to bail out. He told Robert to grab me and go under the steering wheel. They had only seconds to do this. We think the top heavy load began tipping the truck and then the hydraulic hoist gave out, so the bed had begun to lift, exacerbating the situation. The truck rolled to the passenger side. Daddy was lucky not to have been crushed. And Robert, in spite of the teasing and torturing older brothers do to their little sisters, had grabbed me as planned and held me down.

This is what happened as I remember it. I never knew how many dollars were lost, never knew if my dad could collect insurance, never even wondered how this might have impacted family and the farm's economic success. We talked a little bit about how lucky we had been that no one was badly hurt. There was never any blame on anyone for anything. I joked that I had lost all my candy. We all knew that was the least of our losses. But in truth we lost nothing, because the three of us walked away that fine autumn afternoon with barely a scratch on us.

A SLICE OF PARADISE

Sherry Becker: Taken from the news... ignoring the volcano you live on until the day you can't.

I was lucky growing up—I had relatives in a distant land called Japan, and some others that were in the exotic states of Hawaii, California and Iowa. From the time I can remember, these distant relatives made their presence known through strange and wonderful Christmas presents. Uncle Tom lived in the not so exotic land of Council Bluffs, Iowa and sent us Big Ben Timex clocks every year—the Big Ben for the boys, and the Baby Ben for the girls. I always thought if we all lived long enough we would each have our own clock.

The relatives in Japan would send foreign looking packages wrapped in brown paper and tied with brown rough twine, indecipherable stamps and writing on the outside and equally curious contents. The inner packages would be wrapped in not-quite-tissue paper and smell of sandalwood. Over a period of years we received several metal urns, etched with flying cranes or luscious peony blossoms; once there was a three dimensional piece of art, Japanese children at play framed in a two inch deep frame. There would always be a letter, if written by my grandmother it would be in Japanese kanji; if written by my aunt Mary or Toshi, it would be in perfectly scripted

cursive English.

My mom had cousins in Hawaii that she corresponded with faithfully every Christmas. One year her Hawaiian cousin visited while on leave from the Army. He was like a rare bird, familiar yet never before seen. He made Hawaii seem real.

In 1969 when I was a Sophomore in high school, my parents returned to Japan for the first time since before World War II. I was the baby of the family, and they took me along. In order to get to Japan back then, we had to get a series of vaccinations against diseases like cholera and tetanus. We flew from Montana to San Francisco where my sister, Carol met us. We left Daddy's handgun in her hall closet as we had heard guns were not welcomed in Japan. We refueled in Midway on the way over, landed in Tokyo, and spent about a month visiting relatives in Tokyo, Wakayama and Hiroshima. Returning home we had a layover in Hawaii.

Mom's family had immigrated to the United States in the early 1900's and had settled on the Big Island of Hawaii, near the largest town at the time, Hilo. They had worked the sugar cane fields as most of the immigrants did back then, so they didn't live in town —their farm was in a little community called Papaikou. My cousins took me around Papaikou, showing me the haunts that made up their childhood playground. I had grown up in semi-arid eastern Montana, where you can see across the rough plains 20 miles easily on a clear day. In Papaikou the cousins grew up in a jungle—lush vegetation everywhere, daily rainfall to fuel the growth.

They had secret hideouts in the lush forest, and around the corner, down the hill was the most spectacular swimming hole I had ever seen. Hidden by trees and vines, this swimming hole was a gap about 100 feet across, deep and clear water that you could see through, no bottom in sight. But the jaw dropping feature was the waterfall that fed the pool—an oval hole in the lava rock wall about

10 feet in diameter out of which the water flowed!! NO KIDDING—a hole in the rock that water came out of, naturally.

The cousins had grown up walking to the pool, swimming and cavorting in the pristine waters. They showed it to me like it was no big deal—didn't everyone have their own private swimming hole fed by an unbelievable source? The answer, of course was that I DID have a swimming hole back in Montana—the Pond was at the northwest corner of our Homeplace farm. It had one willow tree and was fed by the irrigation water, so it was basically a low place in the field, mud bottom. It was about a half mile from the house, and I would ride my pony to it. I didn't even know how to swim and no one in their right mind would venture into the uninviting, muddy, murky water.

We drove to Volcano National Park, and saw the smoking vents with the sulfuric gases spewing and coughing, the calderas and the visitor's center where I learned about lava tubes. I had grown up going to Yellowstone Park almost annually, so there were many parallels to the parks. We travelled to the south end of the island where cars were forever trapped in past lava flows. We saw the Black Sand Beaches with the iconic palm trees lining the shore before a volcanic eruption and earthquake dropped the beach into the ocean. We travelled to the north end of the Big Island and drove through the Parker Ranch that felt like home—open grazing ground with cattle roaming the range.

On an island smaller than Big Horn County Montana, we saw jungles, beaches, lava flows, semi-arid ranchland, and mountains over 13,000 feet in elevation where there's the occasional opportunity to snow ski. Yet it was homey—Hilo as a town was laid back with few tourists back then, hurricane shutters on the storefronts and ceiling fans spinning lazily in an old downtown that only locals frequented.

It's 30 miles from Hilo to the volcano. Almost 100 miles from Kona to the volcano. It's a lot closer if you build your house in the path of

the lava flow.

So what about the threat of a volcano eruption? It's a small price to pay to live in paradise.

WRITING LETTERS GROWING UP ON THE FARM

Gina Szafraniec: Writing letters at home.

I grew up in the 1960s on a family farm one mile out of town. My world was one of working on the farm–feeding sheep, driving trucks, and being by myself–taking my horse out on adventures on the 90 acre home place or riding down to the Big Horn to explore the tree lined shores of the fast moving river.

Our family raised Suffolk sheep and sold the ewes and rams as breeding stock. Part of that process was to compete in livestock shows and sales to promote the herd. For years we were part of the Big Horn County Fair in Hardin, the Montana Winter Fair held in Bozeman and the Empire State Fair in Billings. These events took me out of our local community into the wider livestock arena, and allowed me to meet like-minded farm and ranch kids from around the state.

These friends were 4-H club members from around the state. Competing at the fairs became the gateway to participating in state-wide 4-H events which in turn became a rich environment to meet even more kids. But to stay in touch and cultivate friendships in those days required an art form that is rapidly vanishing in today's tech driven culture.

Many hours a day I would sit in my room, at first in a wing chair with a 1×12" board resting across the armrests as my desk. Later, a second-hand desk appeared and I had a more comfortable workspace. As the youngest in the family and with a gap between my sister and me of over seven years, I didn't have to share a bedroom for most of my

conscience life. I spent much of my limited disposable income on buying stationery and stamps. And I would write.

Torian Donahoe was one of my best friends growing up. She lived on a fabulous ranch in the Absarokee mountains in a real log home. I wrote to Torian at least weekly. We once traded weekends staying with each other, a huge effort given we had to have parents drive us to eachother's homes, a distance of 125 miles one way on two lane roads. Torian raised and showed Hampshire sheep. When I went to visit her, I found her in a barn about a mile from her home, milking a cow. She was sitting on a stool, her face resting against the cow's flank, her hands automatically and rhythmically squeezing milk into a can.

Marjorie Krause lived outside of Lewistown and showed Columbia sheep. Marjorie's mom had what I remember as flaming red hair with a personality to go with it. Marjorie's sheep had white faces, and Suffolks had black faces. She too lived in a mountain-like area. Our letters spanned years, and later we re-connected in Denver where we continued our friendship, face to face. When Marjorie was about 14 and I was about 11, she painted a picture of Columbia and Suffolk lambs, noses together, like our friendship. I just ran across the painting in my latest move.

Karen Wolfe lived in Stevensville, Montana, which is in the Bitterroot Valley, a picture perfect setting in Western Montana. It's over 400 miles from Hardin, my hometown. She raised Suffolks like me, and we must have come across each other at the Montana Winter Fair. I was always fascinated by where Karen lived, as my brother-in-law also grew up in Stevensville, but was over ten years older than us. Karen recently found me on Facebook through an app called Checkmate. Um, it's a little weird since checkmate scans for criminal activity…

Not all my correspondence was with those who lived far away.

Susan Kerrick and I corresponded for many summers. Susan was one of my childhood friends who lived in the town of Hardin, a mile away. Unlike my own kids whose summers were filled with soccer, tennis, summer classes and play dates, I never saw my town friends once school ended. I stayed connected by writing letters, mailing the letters by putting them in our mailbox on the highway in front of our house and raising the red flag that signaled there was outgoing mail.

Cathy Miller went to school in Hardin, but lived about 20 miles east of town on Sarpy Creek. Her dad and my dad went to high school together and were good friends, and Cathy and I were best friends, too. Our letters were necessary because she lived so far out of town, but I actually saw Cathy more than most of my town friends, as we had many sleep overs. We would ride horses along the sand rocks across the road from their house, having adventures in the scruffy pines, sagebrush and rock formations. One night her mom had made pork chops for supper. I remember each of us kids getting one pork chop and dollop of scalloped potatoes, her dad got two pork chops. I then understood why Cathy was a wiry, skinny little thing. At our home, I would eat three or four pork chops by myself (they were, after all, sliced pretty thin, not like a beef steak).

Not all my correspondence was with girlfriends.

My first "real" boyfriend was the AFS exchange student from Sweden. Sven (yes, his real name) and I went to Prom when he was a senior and I was a sophomore. We wrote letters weekly for over three years. I often think Sven got me through high school and through the first months of college by being my confidant and "safe" boyfriend. He also encouraged me to be more "intellectual" and look beyond the borders of my Montana world. Because of Sven, I became an AFS exchange student myself—spending the summer of 1971 in Finland; he challenged me to read more; he let me dream big. I often think of how expensive it was to write those letters to Sweden but there were two things my folks never questioned me buying—postage and

books.

And as prolific a letter writer I was as a youth, even more exciting was receiving letters in return. The walk to the mailbox was filled with anticipation—finding letters addressed to me, pages filled with ongoing sagas of summer romances, or mundane daily life; counting the days to the next fair or trip to town when our paths might cross; planning for the upcoming school year.

I saved many of the letters from that era. For years I had every letter from the Swedish boyfriend. But time takes its toll. Moves forced me to jettison non-essentials. Getting married and having kids put a big dent in my letter writing time. I had less time to reflect, more time was spent getting through the day, meeting the demands of work and family. And email, texting and Facebook have changed the communication process.

Some may think that technology ruined good old fashioned letter writing, but I don't. I love technology, I love how Facebook has connected us in a way letter writing could never do. I can "write" on Facebook and reach hundreds of friends. I can go offline if I want to say anything personal. And photos are so much easier to share now than in the olden days.

I would never go back, but no one can ever take away the thrill I still feel of seeing my name on an envelope, the anticipation of opening a letter with words crafted for my eyes only and the satisfaction of knowing for a brief moment, worlds aligned.

OBIT FOR YOUR
FAVORITE CHARACTER

With my friends from the Miss Phryne Fisher's Secret Society in mind: Write an obituary for your favorite fictional character (literary, television, etc.), including how the death occurred.

For fans of Miss Fisher Murder Mysteries:

Detective Inspector Jack Robinson died of a broken heart February 14, 1948 after a prolonged separation from his true love, Miss Phryne Fisher, Lady Detective. Born at the end of the last century, Jack made his mark on the Melbourne City South Police Station with his unwavering leadership, chiseled chin, and smart three-piece suits. He had long been suspected of being the love interest of confirmed bachelorette, Fisher, and the coroner suspects Valentine's Day alone was too much for him to bear.

Robinson is survived by his ex-wife Rosie Sanderson and former father-in-law and Police Chief George Sanderson.

Elaine Koyama

Memorials may be sent to the Wardlow Preservation Fund or the Dorothy & Hugh Conflicted Faith Halfway House.

THE PONY STORY

Gina Szafraniec: The pony story

On my 16th birthday, I woke up that morning filled with anticipation. I wasn't a little kid any more, but birthdays were still big deals, and the 16th is special indeed. I had my first kiss the summer before, so I wasn't going to be embarrassed by being "Sweet 16 and never been kissed." But I wasn't really dating anyone and had no party plans after school.

That morning, my mom and dad were in the kitchen and as usual, I was running late for school. I wasn't a big breakfast sort of person, so I was going to head straight to the car and head to school. My dad intercepted me and said, "Happy Birthday! What do you want for your birthday? You can have whatever you want!"

Like the average teenager, I grumbled a "Thanks" and "I dunno." He followed me as I went out the door, and said, "It's your birthday! It's a big day. I'll get you whatever you want!" My dad was an outgoing, boisterous guy, and he was clearly feeling magnanimous.

I again said, "I dunno." Looking down, not meeting his eye.

But in my heart of hearts, I did know what I wanted. I had grown up around horses, and worked with them consistently. When I was a little kid, I had a Shetland/welsh pony, and the offspring from that mare —two fillies and a colt. Dusty was born a pinto, then turned a dusty white with appaloosa type spots on her rear. She and I spent hours together, and at one point I saw a show on TV on how the wranglers trained the horses on TV to fall down in the western chase scenes. Hours and days later, Dusty would, by turning her head, lie down on the ground and stay there until I let her up. My dad got me a little buggy that she pulled around—she was a great little girl, and I had lots of fun training her.

But now I was ready to move on. I wanted a real saddle horse— maybe a yearling to begin to train as I had done with the Shetlands. I dreamed about getting a horse, one that could be a little frisky as only young horses are, and so different from our seasoned saddle horses, aging and sedate. It was all I could think about night and day.

That morning, when the opportunity presented itself, I could have asked for a horse, and my dad would have gotten it. He would have not only gotten me a horse, but it probably would have been a papered registered quarter horse.

I just couldn't do it. For as much as I lusted for a little horse that I could shape and train, I felt like it was such a big ask, so extravagant, so over the top. I was the baby of the family: the only one to get a bicycle, the only one to go to Japan with the folks. I had a room to myself. I got a Wonder Horse at 5 years old after I threw a hissy fit when I had to leave Tina Power's house and she had a Wonder Horse. I wanted that Wonder Horse and I got one for my birthday, even when I had a real horse outside in the pasture.

So I went to school, and thought about that horse all day. I really believed that there might be a horse there when I got home, that my dad would just KNOW that I wanted one, I wanted it so badly.

But there was no horse when I got home. Neither was my dad; he was out with some of his cronies. I don't remember what I got from my mom and dad that year. My sister got me an eight-pound shot putt.

This life story has plagued me throughout my life. I realize now that there were many times in my career that I didn't ask for what I wanted—the next promotion, the job with a title, more responsibility —I always figured it was obvious what I wanted. I thought everyone wanted the next big job, the bigger budget, the shiny office in the corner.

It amazed me when I realized that not everyone wants a pony.

SINKING SHIP

You realize the boat is sinking, but that's not the worst thing that could happen. The worst thing happened last night.

I had to get away from the house, away from the guests, away from my husband. I didn't sleep well, and the headache just got worse. So I launched the 16' fishing boat heading out to the middle of the lake to think. The aluminum boat, lightweight and quick, even with a small engine, got me to the middle in no time. I could barely see the shore on three sides of me, but the lake is long, so the shore to the south was invisible.

Things were fine on the way out—I was going at a good clip. But soon after I stopped, I knew something was wrong.

I was leaning back in the padded seat, my baseball cap shading my eyes from the morning sun. I began thinking back to yesterday, and the events that transpired. It started at lunchtime.

We had another couple up to the lake for the weekend. Jim and Julie were old friends of my husband's, and they had never been to visit. It was the second marriage for both of them, and this time it seemed to be working. They had been married now for 25 years or so. Jim was a trim guy, average height, average looks and average-ly nice. Julie was the spitfire of the couple. She was blonder than a woman her age normally would be, and clearly spent a lot of time working out. She was fit and trim. A guy would probably call her sexy. There might have been a face lift factored in there someplace as well as a little augmentation to her breasts—not that I was noticing it or anything.

Wes was grilling burgers and brats for lunch. We grill the old fashioned way, over a fire in the firepit. It takes a little longer, but it's worth it. Julie was down by the dock, so Wes went down to join her after he put the burgers on the grill. Jim was sitting on the patio, right in front of the firepit, but he was leaned back, his fourth beer wedged between his gut and his resting arm, snoozing. I was upstairs getting the beans, chips and condiments together.

The next think I know, I look out the open sliding glass doors overlooking the firepit and see black smoke billowing up! I race over and take a closer look, leaning over the balcony railing, to see the burgers and brats in flames, charred even at my distance. I look out towards the dock and see Wes and Julie, looking down into the water. I yell, "Wes, your burgers are on fire!"

Then I shout, "Jim, can you salvage the burgers?" He looks up at me groggily. Not many birds in that birdcage.

So I ran downstairs and out to the patio. I grabbed the spatula and tongs, one in each hand, and began flipping burgers and grabbing brats ambidextrously—I felt quite accomplished. Wes and Julie came up about then. He grabbed the spatula, but too little too late. All was lost.

We ate beans and chips. I pulled out some cold cuts left over from the day before. I was peeved. I gave Wes one little job, to grill the burgers and brats, and he's looking at snails in the lake. Julie was extra quiet, too. She was the distraction, I'll bet. Men.

I decided to run into town later that afternoon to buy the steaks for supper. Jim wanted to nap and read his book. Julie wanted to soak up some sun. Wes said he would clean up the grill, and get the boat ready to take out later.

The meat market is in our little town close to the lake so the shop-

ping was easy. I decided to stop at the post office to pick up the mail, and then got some gas at the convenience store. I was gone maybe an hour.

When I pulled up to the house, I could see Jim down by the firepit, his mouth ajar, snoozing in the sun. Wes wasn't at the dock but the grill looked clean. I got my packages and walked into the house. I needed to pee, so I walked back to the back bathroom, and noticed our bedroom door was closed. "That's odd," I thought. We always leave the door open when we're not in it.

Then I heard unmistakable noises—a thump, thump, thump of the headboard. The muffled grunts of extreme effort. The sounds of Maria Sharapova's baseline returns.

OMG! Wes and Julie? I couldn't believe my ears! I didn't know what to do. Do I knock? Do I scream? I wasn't ready to confront this. I walked back into the kitchen. These were FRIENDS! What the hell, where's Jim? Asleep?

Finally, I called out, "I'm home!" like I just got there. Sweetly, innocently. I went into the front hall bathroom. I sat. I peed. I held my head in my hands. I busied myself in the kitchen, then went down to the firepit. Jim opened one eye, looked at me, and then closed it. He said, "I love it here. It's so quiet, so peaceful. I could stay here forever."

"Not likely," I thought to myself.

Wes came out first, a little crumpled, but if I hadn't known, I wouldn't have thought anything about his shirt being buttoned off one, or his shirt tail partially tucked in. We're at the lake, after all. He sat down across from Jim and started in on the pro baseball teams.

Julie came out a little later, looking perfect, not a strand of hair out

of place. "This wasn't her first rodeo," I thought.

But the *coup de grace* came close to midnight. Our little dog, Fluffy, went out for her evening constitution. We always let her out just before going to bed. I stood by the window watching her. Out of nowhere a coyote pounced! Little Fluffy was done for in an instance. I watched as the coyote shook her like a ragdoll, her sparkly little collar catching the porchlight with every shake.

So that brought me here, to this moment, floating in the middle of the lake, wondering what karma brought these events together. The sun was warm, I had kept my eyes closed, letting the pain surface and then dissipate. I was almost done freeing myself from the horrors of the day before, when I felt water on my feet. I opened my eyes, and saw the back of the boat sagging under the weight of the water.

I tried starting the motor, but the battery was in the back of the boat and was swamped. I turned looking for a life vest. I didn't see one, and I realized that I hadn't grabbed any from the boat house. Wes always liked to put the life vests in the boat house to keep them nice. There was an old seat cushion. I grabbed it. Thank god! Because, you see, I can't swim.

The boat kept taking on more and more water. The drain plug hadn't been replaced. Finally, only the tip of the bow was above the waterline. Then that slipped away, too. Oil and gas slicked the surface. I clung to my seat cushion that was partially submerged. It felt waterlogged. I had to kick to stay afloat. The water was a bit chilly at first, but then I got used to it. The waves were gentle, but every once in a while, one would wash over me. I was too far from the shores to be seen. I considered paddling toward one shore, the one I felt would be the closest, even though I couldn't see it anymore.

I thought about Jim, Julie and Wes. Maybe Wes and Julie were back in my bed—barely cooled down from my body heat. I felt so sad. I

didn't want to confront them, didn't think I had the energy to make a fuss. I was so sad and shocked about Fluffy. And I realized it was the end of the month, and I'd have to start paying bills again—writing checks against an account that never had enough money in it.

I felt a weight on me, pushing me down, pulling at my ankles. My arms hugging the cushion, growing weary, aching with fatigue. I pulled my wedding ring off my finger and looped the cord that was on the cushion though it, then tied a knot.

I wondered if we had enough ranch dressing for the salads. Or if Wes knew the combination to the post office box. The sky was so blue, the sun was getting higher in the sky. I never could figure out how people could tread water for hours. I knew it wouldn't take long—I couldn't tread water for minutes, let alone hours. Darn, and I had just put the new license on the boat.

THE HANKY

Sharon Lauderdale Sloan: The hanky. (I was ironing today and had a wonderful memory of helping my grandmother iron and she started me out ironing Grandpa's hanky. I thought the hanky would be a very flexible subject. Will be fun to see what you come up with.

For as long as I can remember, I've had a connection to the Imer family. Sheri Imer was my first friend in first grade. Her dad, Dick Imer, was the football and wrestling coach at Hardin High School and my oldest brother, Tom, was one of his first star athletes. Dick Imer's roots were in Chicago, a mysterious and distant city I only knew of because every Christmas the Imer family would drive to Chicago, depriving me of my best friend during the long holiday break.

But Betty Imer's roots were in the hills of eastern Montana near Lame Deer. At the time, it might as well have been as far away as Chicago—Lame Deer was 70 miles from Hardin, and their ranch was probably another 15 miles from there. Betty's maiden name was Broadus—related to the founders of Broadus, Montana another 50 miles beyond Lame Deer to the east, and I was always so impressed to know someone who was connected to the founder of a town.

Betty grew up a cowgirl on the family ranch. There are pictures of her in cowboy boots, spurs, chaps and plaid shirt that epitomizes her life growing up. It is iconic. Ranching on the Rosebud Creek was every bit a struggle as a person could imagine—semi-arid land that's measured in sections rather than acres; range fires, water shortages, fights over mineral rights, winters that would blow in with nary a tree to break the blasts of cold.

Behind all that was Betty's mom, Margaret Broadus. Margaret lived

in an era where the family trip to Yellowstone Park was in a horse drawn wagon. She was a rancher's wife, no stranger to hard work and isolation living miles from civilization. Sheri and her family referred to Margaret as Gram, so that was how I knew her. She was a tall, long-faced, weathered woman, a little bit scary, and always a mystery to me. I wondered what her life must have been like on that ranch. Wondered what it was like when a person couldn't just "run" to the grocery store for milk or eggs. What life was like for someone so old they rode a wagon to the Park, yet still alive to drive a Buick sedan.

As Margaret got older and after her husband died, she moved into town—Hardin—and volunteered at the Catholic Church. Father Fabian was the priest in charge. I didn't know exactly what she did there, but she lived or stayed at the rectory and did church things. She drove her own car for years and then later she caught rides with people in town. My mom, who would have been in her mid-seventies at the time, gave Margaret rides to Billings to shop and run errands.

At one point, Margaret lived in some apartments near the church. She stayed active for all that time. Finally, in 1998, she ended up at the Hospital, and then probably the nursing home. It was around Christmas, and her health was failing. We were home from Minnesota, and my mom hadn't put up Christmas lights, so my husband, Scot, was up on the ladder stringing lights on the house when he fell. He caught himself and ended up at the hospital with a minor fracture in his hand. I was away from the house, probably spending time with my own mom. So while Scot was at the hospital, he went to see Margaret and sat visiting with her. I meant to go in to see her later but never had the chance. She died on New Year's Eve, 1998. She was 91 years old.

Her funeral was in Colstrip, which was not that far out of the way for us heading back to Minnesota. It was a cold and windy January day. The place was packed with family and friends—mostly Betty's gen-

eration, since Margaret's friends had passed on already. The rooms were warm and crowded. My daughter, Maiya, who was nine years old and close to Margaret's great granddaughters, was running and playing with these cousins. One of the aunties had brought a box of Margaret's hankies and began giving them to the girls. They gave one to Maiya, too.

The hanky was grayish lavender, with a flower pattern of leaves and vines. It was soft, soft cotton, probably a result of being washed countless times in the wringer washer and then later in the automatic spin washer. It was folded neatly, the fold lines evident, even as the girls unfurled the hankies and ran about the room. The girls were oblivious to the sad occasion, vaguely aware that the hankies were symbolic of their grandmother, unaware that Gram was gone forever.

But there is comfort in laughter, and the laughter of children is even more consoling. The girls chased each other, pausing only to let a younger cousin catch up, reminding us all that Gram lived on in the little girls at play.

S'MORES AT THE LAKE: FOR TIINA JUHE

I was 16 years old and spending the summer in Finland. Like most people in the world, I had never given a thought to Finland before the fateful day when word came that my American Field Service Exchange would take me to this foreign land. Finland? Why not Norway, or Sweden?

But I was a brave, fearless child, longing for adventure, believing that nothing bold or brave could happen in my hometown of Hardin, that I had to travel as far as the winds of fate could send me to have a REAL adventure.

Of course I know that's not true—now that I am old, and now that I have had people ask me to write about my childhood in Montana. But that is now, and I digress, I am thinking and writing about then.

The summer of 1971 I missed my brother Robert's wedding, because I left for New York City, en route to Copenhagen, Helsinki and ultimately to the little town of Kiikka, Finland. I joined a family in Kiikka, Aiti (Mother), Isa (Father), Airi (my host sister), Kari-Matti (host little brother) and Tiina, my little sister. I used to know quite a bit of Finnish, a difficult and complex language, unlike any in Europe, and

said to be related to Japanese. Hulu Poika means Crazy Boy, which is what I used to call my little brother.

My Finnish father worked at a bank. My Finnish mother was a stay at home mom. We lived in a row house, what we would refer to as a townhouse today. It was one level, three bedrooms, a living room and a kitchen. The laundry was shared with the rest of the tenants, and my mom had a loom in a common room where she would weave wall hangings of wool.

The family had recently moved to Kiikka, probably a work transfer for the bank. We went on a family vacation in the family sedan, three kids in back, Aiti and Isa in the front seat with a kid in the middle. Isa would have the radio on, I remember classical music, and he would drive and "conduct" the orchestra with is pointer finger, and hum along.

We drove to Iittala to a famous glass factory, stopping at tourist sites along the way. One stop was at a county fair—I was fascinated by the small tractors. One Finn wanted to take my picture because he had never seen an Asian person—Isa scolded him and chased him away, protecting me from voyeurs. A lot of those sites were churches. At the end of one day, I had maxed out on churches, and refused to go into the last church of the road trip. It turned out that church had some famous painting by some famous guy. Oh, well...

The highlight of the summer vacation was the road trip to northern Finland. We drove to the family cottage on a lake. Finland is so like Minnesota it is eerie. The cottage was on a lake with a sauna on the lake. The sauna was heated with wood, and we had these sticks that we hit ourselves with to stimulate the blood. We sat in the sauna, the kids after all the adults were done—and we would then jump into the lake. We had little socks we wore so that the joints wouldn't hurt so much when we went from the hot dry heat of the sauna to the cold lake water.

After sauna, we ran to the cottage, where the adults had delicious sausages heated up for us. We ate them dipped into mustards, juice dripping off the fat sausage and down our chins and onto our swimsuits.

It was at the summer cottage that I taught my host family about S'mores—roasted marshmallows and half a Hershey's chocolate bar sandwiched between two Graham crackers. I was so proud I was able to share an American food, so uniquely ours.

I remember sitting between Aiti and Isa in the front seat of the car when it was my turn to sit in front. As we passed lake after lake, Isa would tell me this lake or that lake was more beautiful than the last one. I would look at the lake and only see a lake. They saw the trees, the shore, the color of the water.

Now that I have a lake place in Minnesota, I know that some lakes are more beautiful than others. I see the trees, the shore, the color of the water. I now understand the power of solitude, the beauty of less is more. I have a fish house on the shore, and dream of turning it into a sauna. The local meat market makes prize winning sausages. I have Dijon mustard. I have all the fixings for S'mores.

All I lack is being 16 again, dazzled by the wonders of an adventure 4000 miles from home.

SUCCESS IS THE BEST REVENGE

#39. Japanese Americans at Heart Mountain board a bus for sugar beet fields in Montana.
Photographed by Tom Parker, September 1942.

Peggy Erickson: Life after camp/How do you forgive after camp?

In 1942 my parents, Tom and Emmy Koyama, were rounded up along with the other Japanese Americans along the West Coast and were imprisoned at Gila River Internment Camp south of Phoenix, Arizona. They were newlyweds, given only days to dispense of their household goods, uprooted from their boarding house in Guadalupe, California along with mom's mom, Grandma Kubo and Uncle Ben. They could take only what they could carry. Grandpa Kubo had already been taken away from the family, and ended up at Camp Lincoln, North Dakota, outside of Bismarck.

They were first sent from Guadalupe to an assembly center at Santa Anita horse racing track where they lived in horse stalls converted to makeshift living quarters. From the assembly centers, these American citizens were deployed further inland to one of ten "relocation" centers.

My mom and dad didn't spend the entire war in the concentration camps (they never used the sanitized name later coined, "internment camp". It was always concentration camp.) Daddy still had friends in

Montana, where he was raised and had graduated from high school, and he leveraged that connection to get out of the concentration camp and recruited other interned Japanese Americans to tend to the sugar beets in the Big Horn River valley. He recruited workers from Gila River, Heart Mountain in Wyoming and other camps. My sister, Carol, was a year old and mom was pregnant with my oldest brother when they drove from Gila River Indian Reservation to Hardin, Montana, a distance of over 1200 miles. They arrived with nothing, living in a white clapboard house that had a hand pump in the kitchen and an outhouse. Over the years, babies kept coming and the Holly Sugar Corporation needed sugar beets to fuel their processing plant.

My dad had grown up in the valley raising beets and knew the business. He ran crews of Japanese Americans who had volunteered. Later he supervised German prisoners of war that were shipped in. They thinned the seedlings and then weeded the rows of beets by hand with long handled hoes. By the time I was born, daddy had acquired land and was a successful farmer in the Big Horn River valley, only 15 miles from where he was raised in Dunmore, now an exit off I-90 on the Little Big Horn River only a few miles from Custer Battlefield. When the beet factory closed in 1970, Koyama Farms was the largest provider of sugar beets to the plant.

If you read about the camps and the men and women who were interned, the common thread for most is that they seldom talked about the experience—that the Nisei, born in the USA and schooled here—all fluent in English—boys who played little league, girls who wore sweater sets and skirts—buried the memories deep, and only in recent history have the stories been pried out of them.

That's how my oldest sister, Carol, remembers it. She was born in camp, April 15, 1943. She doesn't remember my dad ever talking about what happened in camp. I was born 11 years later in Montana, May 1954. And I remember my dad talking about the camp with his

cronies and with the Billings Gazette, who ran an article about him.

In those 11 years spanning the birth of my sister in camp to my arrival, the family established themselves in the community; moved from the white house with no indoor plumbing to a tan stucco house up the road, to the home place that my mom lived in for 70 years and where all of us eight siblings were raised. The farm grew, too, from rented ground and managing labor crews to land acquisition and enough farmsteads for each of my brothers to raise their families. From the used junker they bought to drive from Arizona, they moved on to Fords, then Ramblers, then Oldsmobiles, Buicks and finally Cadillacs.

The family that began with nothing but a baby and a bun in the oven, grew not only in size but in prosperity, riding the wave of the 50s and 60s. Throughout these years, I remember my dad telling stories about the camp—the injustice of how their property was taken, the livestock stables for housing, blankets for walls to give the newly-weds some privacy. We also heard stories about singing cowboy songs, playing the guitar, talent shows, sneaking out of camp on the garbage trucks.

As an American born citizen, how do you forgive a country that treats you like an enemy? How do you come to terms with having your property, your home, your livelihood taken away because of the way you look?

Maybe you don't.

Because maybe the sweetest retribution is achieving the American Dream.
Success is the best revenge.

THE LOVE TRIANGLE

I had been married for 32 years when my husband and partner in life died. It was unexpected, yet expected. Of course we all die, but he had been dealing with Chronic Lymphocytic Leukemia for 12 years, so death was always looming. We just didn't expect a heart attack.

Ten years earlier we added a small dog into our lives. Scot and I always had a contentious marriage, not fighting as in knock down drag out fights. But we were two strong willed, opinionated, self-assured individuals, used to having our way. Naturally Scot wouldn't agree with this, but I did end up conceding frequently just to keep the peace. I would get worn out sooner than he and I knew I wouldn't win anyway. You see, Scot was, in addition to being opinionated, very smart, very analytical and his arguments were usually hard to dispute. Even when he was wrong.

So when we began discussing getting a dog, we had different opinions about what kind of dog would be best suited for our family. The kids were grown and all but Lee were out of the house. We both agreed we should get a small dog. Scot wanted a smooth coated Jack Russell terrier type. When he was growing up, and when I first met him, Spike was one of the family pets and Spike was a feisty, high energy, athletic dog. Spike was primarily an outdoor dog, and his claim to fame was that he climbed a ladder to the roof and he had the uncanny ability to run along the shelves in the garage without knocking things off. I was afraid another Spike would need too much exercise for our lifestyle.

I was prone to the black and tan Airedale/Welsh terriers. When we had first married, I had a Welsh terrier, the runt of the litter and

therefore cheap. Merlin was not the brightest bulb in obedience class, but I managed to teach him to sit and go to his basket. He had a defective tongue, so he drooled all the time. He was one of the reasons we had waited 20 years to get another dog.

But I liked his looks. In the obedience classes, the smartest dogs were the poodles. So I advocated for a Yorkshire terrier/poodle designer dog. Since I was the one shopping and spending the time and energy on uncovering the perfect dog, my wishes prevailed, and one August day, 2008, I met a breeder at the Osakis Macdonald's parking lot and exchanged cash, like a drug deal.

The nameless dog was the size of a large drink cup, black with brown tips on its nose, eyes and ears. It was, unlike Merlin, the fattest, healthiest, female puppy in the litter. When I got home to the lake house, the attention was smothering. She learned to pee on the newspapers, eat puppy kibbles—and she knew her mother. The first night she was so lonesome she cried so I cradled her in my arms so she wouldn't be afraid.

We named her Kiba. Lee was taking Japanese in school, and we wanted a tough name for what was expected to be a tiny dog. Kiba, Google Translate claimed, meant FANG in Japanese.

Scot made it clear that Kiba was MY dog, not his, so potty duty was all mine. She wasn't the smooth coated dog that he had wanted, so he was tough on her. Kiba made friends easily and on the drive back to the cities she rode in a shoe box on my lap. As we passed an RV, two little girls started waving at me from the RV window. One girl disappeared then reappeared holding a little Yorkshire terrier up to the window. I grabbed Kiba from her box, and she waved back at them.

We had our own business, so Kiba became the office dog. On our website she had her own bio page. The worst of the recession hit us

about a year later, and many times a coworker would appear out of their office and ask to hug the dog. She was emotional support before I knew the meaning of the term.

We had bets in the office how big she would get, and she grew far beyond my expectations—I had guessed eight pounds, the perfect size in my opinion—she ended up at 11. On her first haircut at the beauty salon, our little black and tan came home looking like a movie star, no longer a puppy black and tan but silver (!) with tan ears and paws.

Through all this, I loved little Kiba but Scot merely tolerated her. He would do dad things with her, like throw the ball, go for walks, but the heavy lifting—the middle of the night trip to let her go potty, the early morning constitutional—were all mine. Kiba was smart—much smarter than my defective dog, Merlin. She knew how to sit, stay, wait, beg, hands up and fall down dead. She could bow and roll over on command.

In 2012 my mother's health began to fail. That year I made multiple trips to Montana to take my turn caring for her. I would be gone a week, ten days, two weeks at a time. When I was gone, the care for Kiba fell on Scot. It was during that time while I was away that Scot began a love affair.

Scot would walk the neighborhood with Kiba, crossing paths with the neighbor ladies who were also walking their dogs. At night, Kiba, who normally would sleep with me, now had to cuddle with Scot. And Scot, who normally had me to sleep with, had only Kiba.

I'm not really sure exactly when it happened—it was so gradual over the course of that year—but one day after a trip to Montana I realized I wasn't the only love in Scot's life. That there was a third in our partnership, one that was insistent on making her presence known. And Scot reciprocated that love and affection in a way I didn't realize he could.

Kiba created the Koyama-Zimmerman love triangle. She was my competition and my ally as I was to her. Kiba loved me, but she loved Scot best.

HOWLING AT THE MOON

A werewolf howling at the moon.

I was accepted to go to Stanford in the spring of 1972, and I graduated from Hardin High School that May. I had never worked anywhere except the farm so that summer I got my first job off the farm. I worked as a girl Friday at the local newspaper. The next summer I worked at the Purple Cow Pancake House and I vowed I would never waitress again.

The following year, 1974, I went back to farm work. It was dirty, it was physically demanding. But it was so much better than waitressing that I never looked back.

One of my jobs on the farm was driving trucks during the wheat harvest. We had tandem axel grain trucks, always used, always needing a tweak here or there on the engines to make them run. We leased ground out south of town, on the bench land that was mostly owned by the Campbell Farming Corporation.

There was a short window of time that the Crow Indians could sell their reservation land, and I think the story is that the Campbell family bought up land in that time—they may have had an inside track on knowing the ins and outs of the deal, but nevertheless, they were the biggest operation in the county, if not the state, if not the country.

We had always been valley farmers—backbreaking tube irrigation work that was predominately sugar beets for the Holly Sugar Factory that happened to be situated at the lower end of our home place farm. In 1970 the factory closed, and most of the valley went into an

excruciating recession. During that time my dad started a pepper-mint business, and then expanded into the dry land strip farming that was practiced by Campbell Farming.

The dry land farming was easy compared to valley farming. The strips of land alternated between laying "fallow" or with nothing planted on it to winter wheat (wheat planted in the fall, sprouted and then came back in the spring). They left the strips of land fallow so that the ground could retain a year's worth of moisture in a semi-arid land where annual rainfall could be under 15 inches. Compare that to Minnesota, where that much rain falls in June/July/August in an average year. Aside from planting, discing the fallow strips so weeds wouldn't drink up all the water, spraying against weeds and insects, then harvesting, that was about it for the dry land.

Harvest would start in mid-July and go for about a month. The com-bines would run from mid morning to as late at night as they could, until the dew and humidity made the grain "tough" and not as easily threshed. My brothers ran the combines, as they were the expensive machines. The hired men (and me) would drive the trucks that would be filled from the combine bins though augers that transferred the precious grain to the truck. We would then drive the trucks into town, either to the town elevator or to the farm bins for storage.

One night, Archie and I were the last loads leaving the fields. The furthest fields were over 20 miles from town, the closest were like 10 out. We were in the hills above the Big Horn River, east of St. Xavier, a small town on a curve in the paved road. Archie and I were riding together back to town on dirt and gravel roads, in the Green Inter-national truck.

The load was heavy, and there were hills we had to navigate, shifting down so we didn't use the brakes alone to control the speed, then having to get some speed to make it up the other side of the draw. Archie was driving, I was the passenger, catching a ride home. It was

summer, July, and it was probably 10:00 at night—the glow from the sun fading in the west, the eastern horizon already dark as the ground.

We made it down the grade, but on the upside, the truck stalled out. Archie tried to start it, but it just turned and turned but didn't catch. It was dark, we were tired after a long day in the sun and frustrated that we were so close to getting home when the damn truck wouldn't start.

We didn't run the battery completely down but stopped trying just short. We got out, opened the hood, and just looked at the hunk of metal. Neither one of us had any idea what to do.

So we walked out to a rise and sat down on the dry, sage and Johnson grass grazing land. We were a good 15 miles from any civilization, miles from town, the river valley to the east was out of our sight. It cools down quickly on the prairie, and we sat and watched the stars pop out from east to west as the glow from the setting sun faded and the moon rose.

Archie and I were dress similarly—jeans, long sleeved shirts—dirty and dusty from the grain chaff and the dust that was kicked up and out of the combine. We were tired, but knew we were at least 30 minutes from home, and also knew the rest of the crew would be along shortly as they finished the final rounds on the field.

As we sat and chatted about life, kids, school, growing up, the night sky, the cool air against our dried sweat, dirty skin, crickets were playing their scratching songs, the buzz of nocturnal insects flying close to our ears. Then the eerie, distant cry of coyotes began. One would howl, then another, then another. They were talking to each other on this cool, quiet night, probably asking each other, "Look, do you see that star?" " Do you see that firefly?" "Will the moon take notice of me if I howl?"

Archie and I paused our conversation, and listened to the music of the hills, orchestrated by the quiet of nightfall. It lasted only moments and then the headlights from the crew shown on the road, illuminating the darkness.

We were rescued, even though we were safe, enveloped in the vastness of the night sky of Eastern Montana.

CAN YOUR PEARLY
WHITES IGNITE?

Ruth Conn: Warm summer nite and the neighborhood kids have a game of kick the can going while the adults talk about the latest local scandal.

Back in 1977 I was working for Nutrena Feeds in northern Iowa. I was a travelling salesperson, calling on hog farmers door to door. I had moved from Belmond, population around 2500 to Clear Lake, a resort community of about 8000 people. I lived in an apartment building near the cemetary and called on the local farmers on the north side of Highway 18.

I didn't know anyone in Clear Lake, but it was a hopping town in the summer, and I got to know a few folks. There was a softball league so I decided to join in order to make friends. I was randomly assigned a team—it was sponsored by The Clear Lake Bakery and most of the players were workers at the bakery.

We played other local teams, fortunately not a competitive group or I would have been in trouble. I had never played softball on a team before—any talent I had came from playing catch with my brothers, PE class in school, and a natural athletic ability. My teammates were welcoming. They were curious, but kind. I was asked the "normal" questions, like, "Where do you work?" and "Are you from around these parts?" and "What's it like in Montana?" And one or two of the bolder players would ask, "What country are you from?" the nicer version of "What nationality are you?"

The league played through the summer, starting in the late spring

when the weather was often wet and cool through the hot, muggy, prime corn growing months of July and August. I missed a few games due to travel for work, but I mostly traveled locally within a 15 mile radius—it always amazed me that there could be enough farms to support a salesman in such a small area. In Montana it would take a 300 mile radius to capture the same number of farms and ranches.

I wore my Clear Lake Bakery softball jersey with pride. I belonged! I was part of the team. And even though I didn't see these folks on a day to day basis, they took me in on the Thursday nights we played ball.

One evening, towards the end of the season one of the players invited us to her home after the game. We sat in the backyard of her modest one-story home on folding and lawn chairs. Her kids were playing with other teammates' kids, running in the fenced-in yard, games of tag and kick the can going while us adults drank beer and chatted about nothing at all.

I was sitting next to one of the bakers, a tall Jack Spratt kind of guy, too lean to have eaten many of the buns and donuts that he made every day. We had been talking about his work, how early he had to start every day to allow for the mixing and blending, letting the yeast do its work before baking or frying, all in time for a 6:30 doors opening deadline. We ran out of talk, and I had the sense he was making a move for me.

I shifted uncomfortably, the pause in the conversation lengthening, the darkness of the evening hiding our expressions. I turned to him, ready to embark on another open-ended question about his work, when he turned to me, and said, "I have false teeth."

In my life, I have had people disclose interesting and personal details of their lives. Don't ask me why, I guess maybe I am a good listener. My mechanic once told me which wet wipes he used in the bathroom,

and why one brand was better than another for wiping his tush. He even offered to give me a package to try—in all seriousness and sincerity.

So when this baker, in his attempt to make conversation, fed me the line, "I have false teeth," I could go nowhere but to say, "Oh, really? What's that like?" Politely, earnestly, with a questioning look on my face. He took my question and ran with it—he told me how they worked, how he had to care for them, and how easy they were to put in. And then, before I could respond, he dropped his teeth in front of me.

Like, didn't he use Polident? Weren't they supposed to be, sort of, glued in? I had never seen anything like it before in my life. Yep, he was a gummer alright. And the teeth did do their job for him, he was much more attractive with them in his mouth than without.

I made it through the night without any more intimate disclosures and the season ended without further ado. I've told this story many times, my mother laughed the hardest I had ever seen her laugh. I think fondly of the Clear Lake Bakery team, their warm acceptance of me, the free donut occasionally when I would stop in.

And the magic of a warm Iowa evening when our closest held secrets escaped.

PRIDE AND PREJUDICE

Sherry Zimmerman: finding a stable and starting to ride again.

I grew up around horses and had a passion for working with livestock. We were originally a black Angus cattle operation and while we didn't run the cattle on the range like many Montana ranches, we had fenced pastureland for the cows and when they had grazed the pasture down or needed to be brought into the corrals we would work them with horses.

From my earliest memory horses played a part. I was too young to ride Silver, my siblings' horse, but I had my Shetland/Welsh ponies to wrangle. I graduated from riding the Shetland around the farm to riding a gentle bay saddle horse, Junior, and later, moved up to riding Buddy, a feisty quarter trained for cow cutting. A cutting horse turns on a dime, hind legs stationery, front jumping back and forth, the goal being to "cut" the cow from her calf in the weaning process. Buddy was a registered quarter horse, his name on the papers was Baby Rondo. He came from a long line of cutting horses.

I was a pretty accomplished rider—or maybe I just rode a lot. Every day after school for several years I would saddle up and ride—sometimes just up the road and back, sometimes down to the river to get lost among the cottonwoods. At one point, I took Buddy out and created little jumps for him—I pretended I was an equestrian, using a bareback pad, no western saddle, to look like the polished dressage riders I saw on TV.

When I went to Stanford, there were stables with horses. Some of the students boarded their horses there, but they also had horses to "rent." There was an equestrian class that cost $70—back then a

fortune for a student on scholarship and loans. But my senior year I decided to pop for the class and ride at Stanford. It was English riding, not western. I showed up the first day of class in my cowboy boots and jeans. The other students either had English riding gear or tennis shoes. They gave me this HUGE horse—I was used to western cow ponies and quarter horses that stood maybe 15 hands high. These horses were as tall as draft horses without the bulk, I'd guess 17 hands.

I had never sit in an English saddle, and it all felt so foreign. The big, ambling dappled mare felt just shy of a Belgian work horse, and right away I realized I was not in Montana anymore. I was used to holding the reins in one hand, a slight movement right or left would initiate the turn. These stable horses weren't trained to neck rein, and right off the bat we got off on the wrong foot.

The class met up in the arena forming a large circle of horses and riders, all astride our gentle giants. We each rode the horse at a walk, trot, lope. I had trouble getting Big Bertha (not her real name) to do anything but walk. I was so embarrassed and my ego bruised.

So I never went back.

I know, what a big baby... but I forfeited my $70 and passed up an opportunity to learn something new. It was all just too weird.

So now, forty plus years later, I just got a flier from Arrowwood Resort in Alexandria, Minnesota. They have riding stables, and while they focus on western saddles and trail rides, I thought to myself, I should do that! I haven't ridden a horse in so many years I can't even count, but it might be the next chapter for me, like rereading Jane Eyre or Pride and Prejudice. It's all so familiar yet thrilling and captivating all over again.

And the private lesson at Arrowwood is only $45/hour. A bargain in

today's dollars.

HANO FROM MONTANA

When I was in the first grade, my mother enrolled me into piano lessons. The lady who taught lived in a new house in an addition of town that I always thought was really fancy. I had to walk to the lessons from the grade school—it was about 11 blocks, and being a country kid, I didn't know where to go. So my mom and her good friend Mrs. Stevens, who lived a few houses from the piano teacher, made a deal that I would walk to the lessons with Mrs. Stevens' son, Kraig.

Mom and Mrs. Stevens were best friends from the Home Demonstration club, and probably a slew of other clubs that the housewives participated in. She was a big, well-padded woman, generous with her hugs and loud and boisterous with the ladies. Her husband was (of course) tall and skinny as a rail. Kraig took after his dad. There was a little sister in the mix—I remember her as a Shirley Temple look-alike.

I didn't know Kraig, and I was afraid of walking with this strange boy. He marched ahead of me, probably just as annoyed as I was afraid. I got to the piano teacher's house, and Kraig kept marching on to whichever house was his.

We kept this ritual only for a little while and soon I figured out how to go to the piano teacher's house without the surly Kraig. I raced through the primer music book. I was fascinated with the mechanics of music, in wonder when the strange glyphs became notes associated to keys on the piano.

Never one to sit and practice, I was good at piano until it got hard. When I had to practice, it all began to unravel. At the same time,

the ritual of picking me up after piano lessons became less urgent for my parents. At first they were waiting for me after the lesson, curious as to what I had learned, anxious to hear all about it. Over time, the glitter wore off, and one night my mom was late picking me up. The teacher finally called and reminded her that I was waiting patiently.

The piano teacher's husband was some sort of missionary, and they had been all over the world. They had masks from Africa, expressionless and severe. Glittering icons from Europe. Orthodox crosses from Russia. I was fascinated by the exotic and rare artifacts. As the weeks wore on, and my parents continued to be lax in their duties to pick me up, I became bolder and bolder, exploring the house, uncovering treasures from around the world.

My world was Montana, with a little Japan thrown in. I didn't consider the saddles and lariats, the cowboy boots and sheep wagons exotic. Nor did I consider the Japanese serving dishes, urns and oriental paintings unusual. They were just things in the house.

My first music book was, "Teaching Little Fingers to Play." I was thrilled when one of the songs was, "Hannah from Montana."

You see, I had an Aunt Hano, who grew up in Montana. She had a sister, Ruth. Hano lived for a short period of time in a white house down by the Big Horn River. Almost every spring, the Big Horn would spill over its banks, engorged by the snow melt in the Big Horn Mountains, and flood the river valley. The song went like this:

There once was a lady named Hannah,

Who was in a flood in Montana.

She floated away,

Elaine Koyama

Her sister they say,

Accompanied her on the piano.

Of course I thought the song had been written about my aunties. It had to have been. I remember Hano telling us about the flooding, and how she woke up one morning and stepped out of bed into six inches of water. I pictured in my mind the piano floating along-side of her, with Ruthie playing ragtime.

The music lessons became harder and harder. I couldn't keep up by sight reading anymore, it required practice. My mom had eight kids, and she was chasing seven of them while I was supposed to be practicing. It didn't happen.

And like any busy mom with active kids, she continued to be late picking me up from piano lessons. One night—it must have been winter because it was dark outside–as the teacher was working with another student and I waited for one of my parents to remember me, I opened a door to a room in the teacher's basement. I had explored all the rooms that were accessible, now I was moving beyond the obvious.

As I quietly pushed the door open, I reached to my right and flipped on the light. I peered into the room. It was musty and full of books, boxes and papers. There was a shelf with more exotic paraphernalia on it. And then, catching my eye and my surprise was a skull, the eye sockets staring into my soul, the teeth set in a grimace, the temporal lobes indented.

I gasped in surprise and fear! My eyes as wide as the skull's eyes, my heart exploding in my chest. I backed out, pulled the door behind me, and paused with my back to the door, waiting for my heart to stop pounding.

I crept up the stairs and waited by the door, quiet, subdued. I couldn't tell my mother. I wasn't supposed to be creeping around opening doors. I didn't tell the teacher, but somehow she knew. I might have forgotten to shut off the light in my haste and fear. A few weeks later she took me to the room and told me about the Indonesian country where they had bought the skull at a market.

Piano wasn't the only thing I learned from taking lessons. The world opened up to me, far beyond Hannah from Montana to countries and vistas beyond my wildest imaginations. I also learned to be careful opening closed doors.

I never got beyond Grade Two of John Thompson's red piano music books and my goal of learning to play the piano by 50 has come and gone. I haven't been in any floods and I haven't been to Indonesia, either.

CALIFORNIA COUSINS

I grew up in a large family of eight kids but I didn't have an extended family like many of my friends who had cousins. Susan Kerrick had a cousin in our same grade, Margie Kerrick, and I always thought it was so mysterious and wonderful to have a relation, not quite a sister, but more than a friend, who was always there, but not in the same household. And then there were the Kirschenman boys, Johnny, Ron and Paul—three cousins all in our class! The three were similar, yet different. Svaren cousins were boys and girls in grades close but not the same. And likewise, the Torske's, too many to count or even know which were siblings vs cousins. I can't even begin to know all the Uffleman's, the immediate family had more kids than our family, and their cousins were in the mix, too.

But my cousins, what few there were, didn't live down the road or even in a neighboring town. I had a handful of cousins in Japan, and three boy cousins in California.

These three California cousins were all younger than us—the nearest in age was two years younger than me, and it went down from there. They were brothers, boys, and naughty. On one visit, they locked my sister, Marion, in a bathroom and wouldn't let her out, even though she was nearly ten years older than they. She was spitting mad when she finally got out—the boys scattering like cats and laughing riotously. They got into trouble, but seeing the fuming teenaged girl sputtering her anger and frustration must have been worth the punishment, whatever it was.

My dad's best friend, Yoshikazu Tani lived in Santa Maria, not far from Los Osos where the boys lived with Hano (their Mom), and

Auntie Ruth and Uncle Jim. One time when Dad was visiting Tani, Mom, Aiko Tani and Aunt Hano were waiting for them. They had met at the Far West Supper Club in Guadalupe, a small farming community near Santa Maria and about 45 minutes from Los Osos. The ladies were getting bored and tired. The men retreated to the restaurant's bathroom. The three boys, probably aged 6, 5, 4, were crawling, chasing, teasing each other, driving the ladies crazy. Finally, Mom sent the boys into the john to get the men out. The boys ran in, and ran back out, telling the ladies that the men were almost done, and would be out shortly. Nothing happened. No men appeared. The women sent the boys back in to roust the men. The boys returned, shouting, "Soon! Soon!"

Nothing happened. The process repeated. The message was the same. "Soon." The boys ran off to play. Mom's eyes followed the boys who had retreated to a corner of the restaurant. They were playing with something, their backs to her, huddled, crouched surreptitiously.

She grabbed one boy by the scruff of his neck and pulled him from the cluster. Silver dollars clattered to the ground, falling from his grasp, the dollars bigger than his toddler fist could hold. The boys looked at her guiltily—and they 'fessed up. Daddy and Tani were giving the boys silver dollars to leave them alone and tell the ladies that they were "almost done." The boys each had about eight silver dollars apiece.

I loved these stranger boys like distant brothers. I was closest in age and had a special relationship because with them I was no longer the baby of the family, but a pseudo-older-sister. They had horses, lived next to Montana d'Oro State Park in Los Osos, and rode the beaches. They lived in paradise, and I was their cowboy cousin. They weren't mean to me like they were to my older sisters, I was more like a partner in crime, without being an active participant.

131

Now we are old—all of us in our 60s. We gather infrequently. But when we do, we are naughty, brave, boisterous, outrageous and funny kids again, bonded by blood, a common look and feel, and a continuous connection that goes deeper than touch.

WHO GETS IT WHEN YOU GO?

Maiya Strouth: Estate Planning

I need to write a will. Now that it is only me, the transition if I die isn't so easy. When Scot died, we held all the big stuff in Joint Tenancy, so what was ours, was now mine. There were a few loose ends, but really not so much, not too difficult, not too costly.

But when I die, there are more complicated issues. There are our three kids, their kids and properties, cars and retirements accounts that they will need to take care of.

But even more overwhelming is all the stuff. Not just my stuff, not just Scot's stuff, but my mom's stuff, Scot's mom's stuff, the kids' stuff that they didn't take with them, and miscellaneous stuff that accumulates like dust.

Early in 2012, when my mother's health was failing, I was spending a week with her, and thought I would broach the subject of all the stuff. We were sitting at the kitchen table, clutter everywhere, breakfast dishes waiting to be cleared, the day's newspaper spread carelessly about. I turned to her and asked her, "What do you want to do with your stuff, afterwards?" She looked at me, fully understanding what I meant, and deadpanned, "What stuff?"

After she died my three sisters and I went through the house, room by room, drawer by drawer. We had eight boxes, one for each of us kids, and we would throw old letters, school awards, drawings into the boxes, sorted by sibling. At the end of the week, we gathered together, from oldest to youngest, and picked over the remains, selecting mementos, making trades, but eventually each of us getting

133

a little slice of mom and dad's stuff.

Around 2015, five years after my father-in-law passed away, my in-laws' lake home, which became our lake home, was still vacant but filled with their household goods. My mother-in-law had moved into the cities to be closer to her kids. We had come out of the recession, and our small business was back on its feet, but money was still tight, and I knew that it would behoove us to try to support the lake house with rental income. So in the spring of 2015, I announced that I would be renting the lake home, and anything anyone wanted or that they wouldn't care if a renter stole or broke could stay, but everything else had to go. It felt like a harsh sentence, but it was true —I didn't want to have a cherished heirloom dropped by a drunken partier.

The process was heart wrenching. With my mom, there were enough family members—kids, grandkids, great-grandkids—that virtually everything found a home, at least long enough that I didn't have to watch it go to the dump. But with the lake home there was only my husband and his two sisters and all of us had homes that were already overflowing. My heart broke for my mother-in-law—treasures she had kept for a lifetime went homeless. But the heartbreak wasn't enough for me to volunteer to keep it. There might have been room in my heart, but there wasn't room to store it anywhere.

Our three kids were embarking on their lives, establishing their own homes but even they didn't need or want more stuff from their grandmothers. My daughter said curtly, "I want one item to remember Gramma Emmy by." I gave her a Japanese porcelain cat, forever curled on a pillow, hypo-allergenic.

Right now I am dealing with my own household goods. We sold our home of 33 years in May, downsizing to a two-bedroom, two bath condo. In a few weeks the last of the storage unit stuff will be moved to my second bedroom. I'm determined not to emulate my sister

who's had a storage unit for years, the contents of the musty, dusty boxes forgotten.

It begs the question: what is important in life? What is the greatest gift we can give our children, our sisters, brothers, aunts and uncles, our friends near and far? Is it the sterling silver? The Royal Doulton china? The Waterford crystal? The house on the lake (that demands backbreaking maintenance constantly)?

In the olden days, all that stuff represented wealth. It truly had value. Today entire sets of china are being sold on Craigslist and eBay for less than one place setting sells at retail. Waterford listings are endless, everyone trying to garner more than shipping costs.

Money still has value. It is effortless. Who doesn't appreciate a few hundred, thousand, tens of thousands? I don't know, because I haven't gotten a windfall, but money can always be put to use. But if we've been lucky, our kids are making their own way in the world, with steady incomes and good jobs. They don't need our money, just like they don't need our stuff.

Maybe the gift we can give as we grow old, or the gift that we have already given our kids, is time and space. Through giving of our time we give them guidance, love, respect. Giving them space lets them grow.

That's all I want from them, too.

I QUIT

After years of unhappiness, you've finally had enough and have decided to quit—but we're not talking about your job. Write a letter of resignation to someone other than your employer—your school, your family, your favorite sports team, etc.

It is with trepidation that I submit my resignation and announce that I will no longer be living at 6608 Nordic Drive. The walls have been my home for these long 33 years where on balance happy times were had by all. When we first began our relationship, I was but half of a young, newly paired couple. We quickly filled the bedrooms with children, the basement with boxes, and the kitchen with comforting aromas of childhood fare.

6608 Nordic has been very, very good to me. The garage has, over the years, sheltered ten vehicles, ranging from sports cars to family vans. The basketball hoop migrated from garage roof to a stand-alone filled with sand. The deck, where I first fell in love with the house, finally fell down and a new, composite wood deck appeared. The entire first floor was remodeled, then the bathrooms, then the four season porch added with my hot tub.

6608 has been nothing but kind, helpful, accommodating. When we first moved in, we were all young. Now our age is showing, our edges frayed. Cataracts cloud our eyes, the window seals blown, condensation obscures what were once clear views of the trees.

But, consider, when one door closes, another opens. We move on, we

close the door behind us, our hearts on our sleeves. But our vacancy allows for another young family to open the door, move into the superhero room, the Charlie Brown room, the master. Our turn is up, let the next family step up and move on in.

PEPSI GENERATION

In the 70s, there was a Pepsi commercial touting the "Pepsi Generation." The premise was that Pepsi was hipper, more with-it than their rival, Coke. One of the series of commercials was a shot of healthy and wholesome young adults riding horses along the California ocean, wild, free, pristine sands and galloping steeds, manes and tails flowing as the waves broke around their hooves.

My cousins lived in Baywood/Los Osos right down the beach from Morro Rock. The area is spectacular—sand dunes rising up from the sandy beaches, mountains rising beyond the dunes, Seven Sister peaks lined up from Morro bay to San Luis Obispo. The valley leading to Los Osos is home to lush fields of garbanzo beans. My Aunt Hano followed her post WWII husband to the area. Her sister, Ruth, followed with her husband, Jim, whom she had married in Okinawa. Jim drove down Los Osos Road and saw the valley open up to the sand dunes and said this was a place he could put down roots. And he did.

Jim and Ruth never had kids, but Hano had three boys: Eugene, Richard and Harry. Hano was a role model to me—she had gone to university in Japan until interrupted by war; She was a single mom, worked at a bank, married an accomplished artist, was widowed, became a real estate agent, bought land before land on the coast of California was "a thing." She was a shrewd business woman, tough yet soft with her boys.

Jim and Ruth ran a gas station on Los Osos Road. It was back in the day when the attendant filled your tank for you, checked the oil and washed the windshield. Ruthie was under five feet tall but she was a

dynamo at the station. She would run out before the cars came to a halt and begin filling tanks, washing windows, pulling dipsticks and wiping the oil off with the rag she stuck in her back pocket. She was never more than a size 1, and the gas station uniform of gabardine slacks with pleated fronts and the leather belt cinched at her waist made her the perfect attendant.

If you continue down Los Osos Road, it will take you to Montana d'Oro. I always thought it was fortuitous that we were from Montana, and their state park was *Montana* d'Oro. Hano's home was a couple streets off the main road near the bend of Los Osos Road, as it turns towards Montana d'Oro. The horses were boarded at her home and we would ride from the house to the beach following trails in the sand dunes.

When I was at Stanford I spent several holidays with Hano and Ruth. One Thanksgiving we finished with the turkey and gravy, mashed potatoes, stuffing, beans. After dinner the boys and I decided we'd take a ride down to the beach. We saddled up the horses—Eugene, Richard, Harry, a friend of Eugene's and me. Their horses were cow ponies, fit from being ridden on a regular basis—to me they were pleasure horses, not working horses for the most part, but the boys used them for work whenever they could.

Since I was the oldest of the group and the visitor, they gave me the pick of the pack, a lean sorrel with white stockings and a forehead blaze. We took off midafternoon, the warmth of November on the north end of Southern California blanketing us as we chatted and rode together to the dunes.

The horses had taken this route a hundred times, and plodded along heads lowered, following each other in the narrow spots as we started up the last dune before the beach. We reached the crest of the dune, the five of us side by side looking down at the waves crashing below us. Someone cried, "Race to the beach!" and we all kicked our rides

and began galloping down the dune towards the water.

Richard and I were neck and neck urging our horses as fast as they would take us. We had done this before, too. We weren't talking but focused on the goal ahead of us. The horses were laboring in the deep sand, their front legs digging deep, understanding that this was a race, and they, too, wanted to win.

Out of the corner of my eye, I saw Richard go down—his horse emitted a short scream—and I pulled up my horse and turned back.

A couple guys had made it to the hard sand not knowing anything had happened. Someone had been behind us and saw it all. When I got back to Richard, both he and the horse were up and standing. Richard was wide eyed and breathing hard. He was ok. The horse was up, but his front leg was hanging by skin. The bones were broken clean off. His eyes were wild, he'd try to step but there was no leg to bear weight. He finally settled into a pathetic three-legged pose, broken front leg raised, head lowered, breathing labored.

One of the other guys rode home to tell Hano. I stayed with Richard. We unsaddled his horse. The late afternoon sky began to glow. The waves and wind continued to surround us in rhythmic white noise and soothing breezes.

Time passed, and the rider came over the dune. Behind him came a vet, and my Aunt Hano. They couldn't get their truck over the dune. The vet came with a case that looked like a large fishing tackle box. He dug around and pulled out a syringe. Hano and I stood to one side, Richard watched and held the horse's head against his chest, his hand stroking his horse's nose.

The sun began setting to the west, the big puffy cumulus clouds glowing pinks and red before the sun. The water reflected the golden glitter as the sun touched the horizon. Rays shot up like a prayer.

Hano turned to me and said, "It's like God knows what we have to do."

The vet jabbed his needle into the horse's neck, and in an instant the horse shuddered, fell to his knees, then in a final heave rolled to his side. It was over in seconds, and the final benediction was the sun slipping below the horizon, waves crashing, the edges of the clouds crisp and glowing over the ocean.

As the skies darkened, we still had to get the horse off the beach. They hooked him with cables and a tow truck pulled him over the dune. The tension on the cable was scary—I understood where the term "deadweight" came from. The cable stretched under the strain, but held firm, and the horse began to move over the sand, first inching towards the truck, then moving faster as inertia was overcome.

The boys and I rode home in the dark. The mood somber, no excited chatter or bragging like there had been on our way to the beach.

That day we didn't have a Pepsi Generation moment. There was no free-spirited galloping along the beach, no racing in the waves. That day, we all grew up a little more, we stood as a life drained away, consecrated by the most spectacular sunset I can ever remember.

TWO SYLLABLE WORDS

I caught myself using a really long, fancy word the other day when a short "normal" word would have worked. "OMG, what has gotten into me?" I thought. When did long words become the norm?

So, I am working on using plain language for a while. Maybe not for all time, but at least for now. It may be an outcome of trying to be a writer. We think everyday language isn't good enough. That we have to "prove" our prowess. Clearly, big words don't make a good writer. Does it?

When I began this writing journey, I had to re-think how I wrote. Business writing is brief, to the point, no fluff, no painting a picture. My writing now is all about trying to seduce the reader into my words, reeling them into my world. Doing this demands trust—it's hard for most of us to enter a world that is too foreign, that feels too strange. Big words, obscure words, take the reader out of the flow. They jar the reader out of the dream. My goal is to get a reader to draw the mental picture as the words are absorbed, so slowly that the world is there before the reader knows it.

So my challenge for this post was to use short words. Two beats long at the max. Without the reader knowing it.

Did I succeed?

MORE CAR, MORE KICKS, CRUISING THE ROCKIES CIRCA 1979

I have been in love with cars for as long as I can remember. My brother, Harry, used to carve model cars out of wood, starting with a rectangular block of wood, creating sleek fastbacks akin to the Corvettes of the era, and then carving more, tweaking fenders, shaping hoods, turning coupes into convertibles.

When I was in college, we had had a profitable harvest, and my parents bought me a car. My mom and I were walking the showroom floor and passed the Opel GT—a hot little two-seater fastback. She said, almost to herself, but not quite, "That would be a fun little car." We settled on a boxy two-door Opel sedan. It wasn't so fun, it wasn't so sleek, but it was functional.

Years later, I sold the Opel to my brother-in-law and bought a 1979 Chevy Monza. The Monza was a solid, four on the floor, two-door coupe. Mine was buckskin brown, purchased from a family friend who was dealing in cars, buying in Denver and selling them in Montana. I was living in Iowa at the time and had forfeited my company car because I was going from over the road sales to a desk job.

The Monza was positioned as a sports car wannabe, looking more like a Pinto than a Mustang. It had a V8 engine–in those days we didn't concern ourselves with gas mileage. It was, if nothing else, a fast gas hog with plenty of horsepower. I got a speeding ticket in Kansas City driving that Monza.

I ended up getting transferred to Denver, so the Monza made a full circle in its car-life. It was great to drive in the mountains, with more power than I ever utilized, and tight, quick steering. With an after-market sunroof, I liked to think the car was hot and it made me feel hot, too.

I hung out with a Stanford college buddy, Gary Ritter, who had been a year or two ahead of me in school but in a field that I gravitated to— civil engineering. Gary and I played a lot of tennis and he introduced me to his friends and family who lived in Denver. I joined his circle on a ski trip to the mountains. He was a great friend.

Gary was a pretty un-assuming guy, tall and blond. He had grown up in Omaha and was working for the Department of Transportation in Denver. I only ever saw him driving a little off-white pickup, one of those Ranger type models. One summer day we decided to drive into the Rockies to the west of Denver. I lived in Westminster, so I drove my Monza to his place in Lakewood. It was a classic Colorado sum-mer day, clear skies, sunny and hot. I wore a spaghetti strap tee with a long-sleeved shirt over the top—in the late 70s early 80s women weren't yet so liberated–tube tops were new on the fashion scene–so the tee I wore was pretty daring.

I pulled up to Gary's house, figuring I would offer to drive so that we could enjoy a sporty car in the mountains. To me, if given the option of driving the winding roads in a pickup or a V8 fastback, I would choose fast.

Gary was ready and waiting, his pickup in the driveway. I jumped out as he approached, and said, "I can drive, throw your stuff in." He cocked his head and looked at me sideways. I wondered if he thought it would be weird for me to drive. He didn't seem like the kind of guy that would be hung up on something like that.

He said in his calm, level voice, "That's ok, I can drive."

I rolled my eyes internally, but said, "Sure," and began gathering my gear. He hit the garage door opener, and as I stood in the driveway watching the garage door rise, I began to see why he wanted to drive.

Inside the cool, dark garage was a Corvette convertible.

I almost squealed in delight—but I didn't. I stayed cool. I said, as nonchalantly as I could, "Nice car." And then I laughed and almost shouted, "You bet you can drive! Let's go!"

We hit I-70 out of town, top down, sun beating down on us. It began to heat up, so in a bold moment, I took off my shirt and tucked it behind the seat. Gary glanced over and I could see his eyebrow raise. It was me in my skinny strapped tee, long hair in a pony tail, Jackie O sunglasses, riding shotgun in a truly hot sports car next to a tall drink of water roaring through the Rockies.

Who could ask for anything more?

LEARNING TO READ
THROUGH POETRY

Maureen Millea Smith: Take a poem or writing and tell us what it means to you.

Invictus
BY WILLIAM ERNEST HENLEY
Out of the night that covers me,
Black as the pit from pole to pole,
I thank whatever gods may be
For my unconquerable soul.

In the fell clutch of circumstance
I have not winced nor cried aloud.
Under the bludgeonings of chance
My head is bloody, but unbowed.

Beyond this place of wrath and tears
Looms but the Horror of the shade,
And yet the menace of the years
Finds and shall find me unafraid.

It matters not how strait the gate,
How charged with punishments the scroll,
I am the master of my fate,
I am the captain of my soul.

When I was just learning to read, I would sneak out to our farmhouse

utility room where my older siblings would have left their school books. When I was in first grade, my oldest sister was a senior in high school, and there would have been a Koyama junior, sophomore, freshman, 9th, 6th, 4th grader and me at 1st grade.

School was a fascinating experience for me—I didn't know any kid on my first day. Sheri Imer's mom and my mom knew each other, so they introduced us and we went out to play. Sheri was my first friend in first grade. We remained friends throughout school. She later became my sister-in-law. In first grade Margie Kerrick was so smart she could already tell time—the numbers on the clock were still a mystery to me. We said the Pledge of Allegiance every morning. There was a picture of George Washington in the front of the class. Susan Kerrick (Margie's cousin) was called on to count to 100. I envied her so much.

In the front of class there were boxes filled with reading cards. It was the SRA reading program, and there was a race to finish the SRA cards. I can't remember exactly how the cards worked but after completing a booklet we would go up to Mrs. Fisher and she would check a box next to our names and we could get another booklet. Trying to be the first to finish a series of cards was a great motivator to me. I learned to read as I raced to win.*

We didn't have a lot of books at home. My mom belonged to a mail order book club where she joined for a dollar and received ten books in the mail. Then she had to pay for a book once a month. She got "The Invisible Man", "Giant", and more that I can't remember. For years she would get *Readers Digest Condensed Books,* also through the mail, that I would devour in 5th through 12th grades. Mom and Dad bought *The World Book Encyclopedias*from a door-to-door salesman. The encyclopedias had these amazing acetate pages of the human body that layered muscle onto bones, skin over muscle or you could peel skin off the muscles, muscles off the bones, depending on if you paged forward or backwards.

So, sometimes in the morning, I would sit on top of the cool washer and dryer, forage through my brothers' and sisters' books, trying to uncover new reading material. They had these thick literature books —the red one was English Literature, the gray one was American Literature. The books were worn from years of being passed down from class to class. There was a legend about my dad's signature in a book that showed up in one of my sibling's class. I would page through these tomes looking for things I could read. Most of it was way above my level—anything with really long sentences I glossed over. But poetry I could get my head around. The sentences were short, rhythmic and flowing, unlike some of the complex prose in lengthy paragraphs.

Invictus was one of the first poems I ever read. The sentences were brief, most of the words (except for "unconquerable" and "bludgeoning") were easy to sound out, and I thought I understood it, even though I didn't. When it was my turn to recite a poem in class, I memorized Invictus and read it like a horse plowing through a field. I was thrilled at the sound of the first lines and believed my soul to be unconquerable.

Now that I am old I realized that sometimes *Shit Happens*. But in spite of that, to this day, "I am the master of my fate, I am the captain of my soul".

COUNTRY ROADS

Keys found in an intersection in the country – no people or vehicles around.

Are these your keys? They were found in the middle of County Hwy FF near Dutch Hollow Rd. If they are yours, please contact the Green County Dispatch Center at 608-328-9401. Thanks!

I was driving around town after my shift at the restaurant ended and ran into (not literally) Susan and Tom. Susan had been my best friend in elementary school and she and Tom had been dating for a year. We were going to be juniors in high school, Tom had graduated the year before. I left my car in the parking lot of the Swiss Colony Outlet store on the corner of 8th and Hwy 69 and jumped into their car. We drove to my new boyfriend's house a few blocks away. It was an August hot, sultry, Wisconsin summer night. Scott was home and he

waved to his folks as the screen door slammed behind him.

We drove around town for a while, debating whether to go to a movie at the local theater. None of the shows looked interesting. So Tom headed out of town, going north east into the country.

It was close to ten by this time, and the summer sun's glow was still on the western horizon. But stars were popping out on the south and eastern sky and the Wisconsin hills enveloped our little car. I'm not sure exactly where Tom stopped, but he pulled over and he and Susan got out and walked down the road.

That left Scott and me in the back seat. Alone. It started out slowly, but one little kiss lead to another, and then another, and then…Well, it wasn't very comfortable, and it was getting hot. Literally.

So I opened the door and spilled out onto the blacktop. The heat was still emanating from the asphalt. Scott and I sat next to each other, our backs up against the fender, Scott's T was sweated through; my tank top stuck to my back. We sat in companionable quiet, his hand on my thigh.

The mosquitos began to buzz and about that time Tom and Susan wandered back. Susan had some twigs and grass in her long blonde hair. We all piled in and drove back to town. Not much was said.

We dropped Scott off at his house. He gave me a long kiss in the backseat before he jumped out. The porchlight was still on.

Tom and Susan dropped me off at my car, but I couldn't find my keys. Tom turned on the interior light, and we searched, reaching into the back seat and under the front seats, but the keys were nowhere. The search was futile. We decided to return to where we had parked in the morning, since searching at night would have been pointless. They drove me to my home across town.

I was frantic. The set belonged to my dad, and had not only car keys, but house, shed, locker, office…and a couple I didn't even know what they went to. He would go ballistic, especially if I told him how I'd lost them—which of course I would never tell.

The next day around 10 we drove back to the scene. We had driven north on 69 and turned right onto FF. Beyond that I didn't have a clue. Tom wasn't sure exactly where we had parked but got us close. We searched. They day was gray, muggy, rain on the horizon. I had put the keys in my back pocket and figured they must have fallen out when I slid out of the car. Nothing. We finally gave up.

Later that day, Susan sent me a Facebook post. It was from the Green County Sheriff's Office. A picture of my keys was front and center. They had my keys at their office.

I rode my bike to the jail and picked up the keys. It looked as though they had been run over, but everything was intact, and the electronic part of my car key was fine. I thanked the reception lady profusely, asked who it was that turned them in. She didn't know.

But I dodged a bullet that day, and so did my boyfriend, Scott.

WHEN LIFE GIVES YOU LEMONS

Matt Dockins: Tell a story about your son, Tom.

I raised my kids during the 90s. My son, Tom, was born in 1987. From the time he could toddle, he was fascinated with balls—base, basket, foot, tennis, golf, bowling. And like all good middle class parents in the 90s, we dutifully enrolled our kids in sports activities. Tom was all about sports, his favorites being basketball for many years as it not only was played with a ball, but it was a team sport that fulfilled his people oriented, team mentality.

For many of those formative years, he played on the YMCA and community basketball leagues. Kids were assigned randomly. The teams would play a round robin kind of schedule, so every team played every other team. Most of these games were exercises in controlled chaos, led by a volunteer coach; often times this would be my husband, Scot. The kids would swarm where ever the ball was—the concept of "playing your position" had not yet gelled in these young minds.

Later, the Edina Basketball Association sponsored the leagues. These were more formalized, and team assignment by ability began. Kids were selected to be on A, B, or C teams. There were levels of play,

where comparably skilled teams from across the metro area played each other. It was no longer all about fun but winning became more important. To be honest, winning was always important to Tom, but in the early years it was only one game won or lost. As he got older, winning and losing affected team standings as there would be a play-off at the end to determine the "best" team.

Tom played league ball for many years. Then as he entered high school, the high school team tryouts came up. Tom and his friends all tried out for the high school team,.

He didn't make the team. He found out one evening after a week of tryouts. The phone calls among his friends began. He could only process that "all" his friends made the team. He tried not to cry, but I figure he must have. I certainly wanted to.

As a parent, it was one of the hardest days of my parenting life. I could feel his disappointment. It cut me to the core, and yet I was not the kind of person to complain to the school or follow up with the coach to see if there had been some kind of "mistake." I thought to myself that at most other schools he would have made the team. Certainly at my high school, he would not only have made the team, he could have been a star.

The day after he got cut, I remember standing at the back door, kicking him out to catch the bus. He didn't want to go, didn't want to face his friends, didn't want to feel the disappointment and humiliation that comes with wanting something so badly, and then not getting it. I wouldn't have wanted to go either.

But life goes on and he had to face the music. He went to school that day, and every day after that.

But a funny thing happened after that cut. Tom decided to put together his own team. He called the Edina Basketball Association to

find out what a person had to do to have a team. He called friends who hadn't made the team, either. He got enough guys to field a team, and then asked his dad and another dad to coach. He called his Aunt Bernice and ordered team T shirts. He collected money from every player, paid the association, put together a practice and playing schedule. He reserved court time around the community. And became, essentially, the team captain.

I can't remember how the team did, whether they won more than they lost. But that wasn't the point. They played every week and they traveled to different communities to play. He organized the team to play in a tournament in St. Cloud. They had a team banquet and honored their coaches and families.

This was turning lemons into lemonade incarnate. Tom took the greatest disappointment in his life to that point and turned it into a learning experience that benefited not only him, but his friends, too. All by himself. It was a life lesson a person couldn't plan.

And as a parent, I cannot even say how humbling it was to see my child push through adversity and make lemonade. Without me.

OLD WOMAN, YOUNG WOMAN

A funny thing happened on the way through life.

People around me got old.

My brothers, my sisters, my mom (she got really old!), Auntie Ruth and Uncle Jim. They all got old. It happened so slowly, I didn't notice it at first. And yet I look the same as I did at 37. My face is unlined, still spotted with too many freckles. My hair I used to dye blue black, I now dye a black brown. That hasn't changed so much, either.

I've developed a muffin top—all the young girls have them. I bought a sports car a few years ago, another thing young people do. I put my sunglasses on, and rip through the traffic, it's a symbol of youth. I am. Youth.

The person that my kids see–the person that looks out at me in the morning as I perform the ritual of waking that I have done for the past three score—well, I don't even know that person. I am the girl that flew off to Finland as a high school junior. I am the girl that ventured from Montana to California. I am the young woman who fol-

lowed Mary Tyler Moore to Minneapolis.

But those other people. Those close friends—including my husband who died of a massive heart attack–my neighbors at the lake, the circle of couples who go every Monday night to eat buck burgers and drink beer at Leaf Valley, even my book club—Those people some-how transformed from warriors to retirees who debate when to leave for Arizona. I humor them by hanging out with them.

The humor may be that the joke is on me.

LOL!

TOO MUCH INFORMATION

Sherry Becker: unexpected DNA test results.

Mary Jane and Brett had been dating for eight years before they decided to get married. They were older, approaching 30, and figured it was now or never for the two to get hitched. Mary Jane had been working at Target as a merchandising manager when she met the tall, dark and handsome Brett at a company networking event for the department. She had seen him around the eighth floor, but their paths had never crossed. He had preceded her by two years on the sought-after Target hiring program and at first they just shared war stories at happy hour. One night out with their co-workers, they discovered they were the last two standing at the bar. That turned into dinner and a relationship that lasted.

Brett was the quieter of the two, more reserved, thoughtful. He was steadily rising in the company, as much because of attrition as on merit. Mary Jane, outgoing by nature, fit in well with the Target culture and had a knack for anticipating the needs of her bosses. The two exuded a corporate presence, Mary Jane just a few inches shorter than Brett but with similar dark features and brows like Brooke Shields. They were, in the vernacular, a "power couple," often working a room of business associates like politicians.

Their wedding was extravagant by the standards of the day, and many in attendance were fellow Target co-workers. Both had attended graduate school—Brett at the University of St. Thomas Opus College of Business and Mary Jane at the University of Minnesota Carlson School—and received their MBA's. Their classmates from business school were like a "who's who" of industry in the upper

Midwest. Theirs was an upwardly mobile career track that was soaring with no end in sight.

Mary Jane had been adopted by a family from Wayzata who were unable to have children. As an only child, she felt torn taking on a new last name, but it was important to Brett and she liked his name —Brunsfeld—so she became Mary Jane Brunsfeld after she and Brett were married. They were comfortable with their work, their social status, their travel and friends. Children hadn't emerged as a need yet.

Mary Jane and Brett had been married about five years when they decided to jump on the bandwagon and get their DNA tested through the popular DNA testing kits that were advertised throughout the holiday season. They debated about which kit to get and finally decided they were more interested in health than genealogy, so they ordered their kits from the testing labs that touted the health angle. It was going to be their Christmas gift to each other. So on Christmas morning, before drinking coffee or opening their other gifts, they spit into their respective little tubes, followed the directions and dropped the completed kits into a mail drop on the way to Brett's parent's home for Christmas dinner.

Three weeks later their results came. They were almost breathless in anticipation. The initial information was mildly interesting—they knew they were western European, with their ancestry primarily England, Ireland, Germany. They took a few research questionnaires and then filled out more detailed information on DNA relatives. Nothing earth shaking presented itself. There were no indications of dread diseases on the horizons. Mary Jane had a marker for celiac disease. Neither were likely to have dimples. Both were likely to have brown eyes. Both were more likely to be afraid of heights, yet neither were afraid of heights. They compared reports, discussing the similarities and differences.

A week later, an email arrived from the testing company promoting new reports that had come out. Brett checked his out at work. As he was scrolling through the reports, he clicked on the header, Family & Friends. And he stopped dead.

He picked up the phone and called Mary Jane.

"Hello, Target Corp. Mary Jane speaking." She said curtly.

"Mary Jane. Check your DNA site. Click on Family and Friends. I'm not sure I believe this. It's. It's… It's outrageous."

Mary Jane, realizing the call was from Brett, said curtly, "Brett, I'm in the middle of a meeting here. I've got guys in the office. I'll call you back."

Brett just said, "Make it quick." He hung up.

Mary Jane was just finishing her meeting 15 minutes later when she looked up and saw Brett. "Hey!" she said and wrapped up her conversation with a colleague. "I'll be right with you."

Brett was visibly agitated. He was pacing and avoiding eye contact with the executives leaving Mary Jane's office. Normally he would be glad-handing them as they passed through the door.

As her office cleared out, Brett moved in, and sat in a chair across from Mary Jane. He took a deep breath, lifted his eyes to meet Mary Jane's, and said, "You won't believe what the DNA testing says.

"You're my sister."

Mary Jane jumped up like a snake had just struck. "NO!" she shouted. "No! No! Why would you say such a thing? Brett, NO!" She took on an athletic stance, ready to fight or flee, it wasn't clear which.

Life was never the same. That moment, in Mary Jane's office, was the end of normal. That evening, Mary Jane moved to the guest room.

They both went through extensive testing. They cross examined their parents, Mary Jane her adopted parents, Brett his birth parents.

Brett's parents broke down, sobbing, distraught, remorseful. Shortly after he had been born, they had approached a fertility clinic. They were deep in debt from school loans and a business deal gone bad. They had sold fertilized eggs to the clinic for hundreds of thousands of dollars. They dug themselves out of debt, never imagining the eggs would come back to bite them.

Brett eventually transferred to a Target regional office. Mary Jane moved to Atlanta. Both cut off communications with Brett's parents and each other. Their divorce was finalized 10 months later.

They never spoke to each other again. Mary Jane remained Mary Jane Brunsfeld.

LET ME IN, DELETED SCENES

DELETED SCENES: AS I ENTER THE TURN IN THE SELF-PUBLISHING PROCESS, I THOUGHT IT MIGHT BE FUN TO POST SOME "DELETED SCENES." I HATED TO CUT ANYTHING, BUT SOME JUST DIDN'T FURTHER THE STORY QUITE ENOUGH. HERE'S THE FIRST ONE, ABOUT ONE OF MY FAVORITE FEED CUSTOMERS.

It is true what they say about a salesperson and her customers — the relationship often becomes more personal than business. My sales calls on the Williamson's were that way.

CORA WILLIAMSON

Cora Williamson lived in a white farmhouse up on a hill set back from the section road about 300 yards. She had a comfortable larger sized home, probably built in the 1930s, well cared for and clean. She shared it with her second husband. The barn and smaller outbuildings huddled around it were for the sows and baby pigs.

Her husband, who was many years her junior, was the decision-maker in theory, but Cora and I developed a friendship and bond that I still recall fondly. My sales rounds were on a regular basis–in the feed business back in the day that meant four routes on a five-day basis–and I always looked forward to visiting with Cora.

I'd turn off the blacktop to their long uphill gravel drive, scanning the fields on either side looking for her husband. In the summer, Cora had a well-tended flower garden that greeted me as I walked up to the side door that lead to the kitchen. Cora always invited me in, where we'd sit at her Formica and steel legged kitchen table, have coffee in her no-frills coffee mugs, and if her husband was there, the three of us would visit. I'd spend a few minutes talking feed, but

most of the time feed would be the secondary topic. I felt a bit guilty that I was "wasting" time by chit-chatting, but looking back, it was this extra time with the customer that helped me maintain a semblance of normalcy in an abnormal situation.

"Normal" at that time, would have been a man, probably the son of a farmer whose farm could not support another son, peddling feed products. Women folk stayed out of the men's work.

I knew that I was an anomaly in an ordered world. But I had always felt out of the ordinary — a woman in business, not a man; a racial minority, not a majority; going to Stanford, not Montana State or in this case, Iowa State; being a farm kid, not a city kid. Even when I was really little, growing up in an area that had a large Crow Indian population, I felt different because I was neither Indian nor White.

Having to work at being accepted helped me break ground in the early years. It was nothing new to be questioned on who I was. It was old hat to answer the "Japan" questions. And now answering the questions about how I got to Iowa and how I had become a feed salesperson. And I knew that it would be women like Cora who would eventually be as important to my success in the field as the "men folk." I couldn't get between them; I needed Cora, and women like her, to support me and encourage their husbands to buy from me.

Because Cora trusted me—as a person, and as a saleswoman—her husband could buy feed from me. And I figured that Cora had more influence on her husband's decision on which brand of feed to buy than she let on.

I learned a lot about life from Cora. She was a classic farm-wife with German roots, short salt and peppery hair permed and curled with a hearty and healthy midlife thickening waistline. She had grown children herself, who were leading traditional lives in Iowa. She had married the man down the lane, who had helped her after her hus-

band died. We talked about baking, cooking, and gardening. I still have her rhubarb crumb cake recipe.

I often wondered what attracted her to her second husband. He was a nice enough man—medium height, medium brown hair, growing stocky from her German cooking. He was mild mannered, never saying much, but agreeable. They led a quiet life up on that hill, never out carousing or in town after dark but had a comfortable companionship and a devotion to each other you could see and hear in their quiet exchanges.

Cora's home was less than five miles north of town, a straight shot up the section blacktop. One wintery evening, her first husband had gone into Clear Lake to the local tavern, alone. It turned out he did this often after the farm work was done. It was a typical small town bar, locals lined up to the rail or sitting around battered tables in heavy chairs, chatting, drinking beer or swilling a whiskey and water. The windows were positioned high up, covered with local posters, insulating the customers from life on the outside. The darkened space was lit with neon beer signs and dirty light bulbs. As the evening wore on, the snow conditions worsened, a full-blown Iowa blizzard. At midnight, he left the bar, tipsy but upright. The wind was howling, the snow horizontal. On his drive home, his car ran off the section road, less than half a mile from their house on the hill. He got out of his car and began walking towards home.

Snow storms in Iowa can be fierce and unrelenting. The temperatures fall easily to the minus 20s. The fact that it is farm land also means there are no trees to block the wind so in blizzard conditions it is not uncommon for visibility to drop to zero. I-35 that dissects the state from north to south is often closed due to high winds and blowing snow.

I picture in my mind how he looked—his body tangled in the barbed wire fence only yards from the house. Plaid wool coat flapping, one

glove hooked on a barb, the bare hand dangling. Skin blue and frosty white. Eyes staring unseeingly up into the clear blue sky of the frigid day after. Frozen solid.

A FUNNY THING HAPPENED...

A funny thing happened on my way through life.
I fell in love. With a dog. Man's best friend. Of course, the dog was in love with my husband and now that he's gone she has no choice but me... but no matter. I am the one who feeds, who lets her sleep on my side of the bed, who walks her so she can pee and poop.

How can poop become a weapon? When did it become a tool to get back at me, to make me crazy, to manipulate me? It is and it does and it has.

I order my dog to poop on command. It doesn't happen often. And perhaps it is just a random act of nature. But when it happens, it is a joyous event. Why isn't it like that for people? Why do you have to be a dog to be rewarded for a good poop?

A funny thing happened on my way through life.
In a twelve-month period I had a niece die, a brother-in-law die, a husband die, a best girlfriend die. I sold a house that had sheltered our family of five and where the entirety of my life with my husband was spent. I bought a condo that is a third the size of the sold house.
 In the same twelve-month period, I had a grandchild born, a son married, a son buy a home, both sons start new careers. I cashed in a life insurance policy that when we were young I had thought was a waste of time, money and allocation of funds that we could have funneled to pay off loans.

The good things try to outweigh the bad things, but some of the bad things are pretty bad. I lean into the good things, I try to influence the balance of life, but sometimes the bad things...well, they are, as

I said before, pretty bad.

So what's so funny about that? That in the midst of grief, happy things happen. A baby is born. Grand twins grow a year older. A son embarks on a new phase of life, a new daughter-in-law enters. That my kids are whole, balanced, and although grieving themselves, move forward. That just when you think your world has stopped, you realize it really hasn't. I got T-boned at an intersection on my life's journey, an act of God. That Shit Happens.

And there we are, back at poop.

DELETED SCENES: THE INCREDIBLE JOURNEY

I grew up on a working farm in Montana, surrounded by horses, cows, sheep, dogs and cats. My earliest memories are of playing with the house cat and whatever the dog was at the time. I rode a horse before a bicycle. As a family, we wrangled cattle and sheep.

So, it seemed natural to want a pet to keep me company as I pursued my dreams of making it big in the wide world. My dream didn't have room for a serious relationship, and most of the people I worked with were in marriages. I was the odd man out, and in deepest, darkest Belmond, Iowa, there wasn't much social life for a single career woman. Thus, my first cat, Mikitu.

Mikitu was so named because my mom had a Siamese at the time named, Mickey (for Mickey Mouse.) My cat was number two. I got it as a kitten, and it was a sweet little thing. We were very close, as we had only each other. I would be gone from 7:30 am to 6 pm during the week, but after work and all weekend, we were best friends. She grew to be a very sleek, beautiful animal. She would roam the neighborhood, but always came home. I would take her on short road trips, as I explored the Iowa landscape.

Cats are the perfect animal for the working person—they are pretty self-sufficient, understand the litter box and how all that works. I had her on a self-feeder, so she was never without food or water. But there is a myth about cats that I soon came to understand. Some people say they don't like cats because they are too independent— and while I would call them self-sufficient, they get lonely and sad when left alone too much.

And alone Mikitu was quite often. I was early in my career—literally less than two years out of college—and when the company said, "Jump!" I did. I needed to travel frequently for a week at a time for training and meetings. And while I knew the cat would be fine from a physical perspective, I was not prepared for the psychological impact of leaving her alone so much.

One time when I came back from a 5 day meeting, poor Mikitu greeted me at the door, happy to see me, yet angry that I had been gone so long. Between rubbing up to me and cozying up, she would hit me with her de-clawed fore paws—batting me with one paw and then the other! Bam! Bam! Bad mom! She was MAD!

My work schedule didn't let up, and the months ahead only involved more travel, not less. Mikitu's situation was pathetic. I called my Mom.

Mom had always been a cat person, and she had Mickey. She had always been very compliant when it came to me—I don't really remember her ever telling me "no" to a request or action that I took. She never denied me. To say I was spoiled was likely an understatement.

I suggested to my mother that she take Mikitu and add her to her cat family. To me it made perfect sense. She already had a Mickey, and now she would have a Mikitu. They could be friends.

So, that spring I drove back to Montana with the cat, and introduced her to her new family. While she and Mom's Mickey seemed a bit wary, there were no knock down, drag out cat fights, so I figured all things were copacetic. I drove back to Belmond, and shortly after getting back my Mom called and said Mikitu had disappeared. We figured that maybe she couldn't hack the farm life and had a farm "accident." I felt bad, a bit guilty, but life went on...

I went to work. My travels were largely back to Minneapolis for training stints and business meetings and daily travels around my territory. My social life in Belmond was limited. I decided to move to the summer resort town of Clear Lake, Iowa—closer to Minnesota, a bit closer to the territory I was working, and during the summer, hopping with summer people.

Clear Lake the town is situated on the lake, Clear Lake. There aren't many lakes in Iowa, so many people flocked to the resort town during the summer and on the weekends. Clear Lake is a short hop to Mason City, the largest town in Northern Iowa. Mason City is known as Meredith Wilson's Music Man's River City. Clear Lake is immortalized as the town where "the music died"—Buddy Holly was killed when his plane crashed in a corn field after playing the Surf Ballroom in Clear Lake.

But to me, Clear Lake and Mason City represented a social outlet where I could have single friends, go to parties where young people hung out. I found a group of friends who were working people—the local TV news woman; some nurses; guys who worked at the local businesses; a receptionist at a dermatology office; other travelling sales people (young, single types); a few single farmers; farmers' daughters. It was great fun, and a much better fit for me personally than Belmond, even though Belmond was more like where I grew up.

I went back to Belmond after several months to visit my neighbors, and say, "Hi." I went to the Italian war bride's house across the street to visit. She and her husband greeted me warmly. She asked me about my cat, and I told her the story about giving Mikitu to my mom in Montana. She looked at me with a puzzled look and said that about a month ago a Siamese cat was prowling around my house, and ended up in another neighbor's garage. It was scruffy and hungry. The neighbors had thought about getting in touch with me, but I had not left a forwarding address. The cat then disappeared again.

Forever I will believe that Mikitu had returned "home" and had looked for me. I was sad to think she had meowed for me, wondering where I was. I was gone, whooping it up in Clear Lake, not a care in the world, while my poor kitty was crying for her mom. I still feel sad when I think of her, homeless, and abandoned. And I feel the weight of responsibility that I had abandoned.

I have one photo of the cat. Our feed plant took portraits of the employees and their families as a gift.

My family picture is of me and Mikitu.

DIARIES, THE NEXT BOOK: FRAGMENTED LIVES

I am scrunched into as small a ball as I can curl myself, the warm, scratchy wool coat rubs my back, the stale smell of worn shoes in my nose. I closed the door on myself to shut out the sounds coming from the kitchen. It's dark, close and safe where I am. No one can see or hear my breathing, my thumping heart.

Pop is shouting, his words slurred and blurry to my ears. Mother is shouting back; her anger and accusations clear even though I don't know all the words. The words are familiar; I catch one here and there that I don't understand, but they use the same words every time. But their emotions don't need words I know. I can feel the hurt, feel the passion even without understanding.

Pop was drinking again. He had been out until early morning, and his stumbling awoke us all. I wondered where he got the money to drink. We were always scrambling to garner enough money to pay rent. My older brother worked part-time at the packing houses–they were always looking for cheap labor—and he would give money to Mother to help out. I wished I were older so I could help more, but in the meantime, I just made myself as small as possible, to stay out of the way.

Pop could be so nice. I loved sitting on his lap, he would tell me stories of the men he helped get jobs as they come to this new country. He helped mostly those coming from Hiroshima, the prefecture he came from, but sometimes he would help others who had no connections established. His family had sent him over to get an education. Instead, he found schooling in a foreign tongue too difficult, and the

lure of the bottle too easy to resist. His education fell by the wayside, even though he used his street sense to get paid to help others and his command of English better than most compensated for his lack of steady work.

His family in Hiroshima was quite prominent, money made in trading goods. They were wealthy enough to send the second son to America and even though the oldest had wanted to go, he had to stay back to manage the property he was to inherit.

America wasn't what he expected. Everyone was white and tall; those were the people in power. He had come from status, but here he was nothing—a nobody. And worse, a yellow nobody. The first drinks had dulled the pain, the shame. And later, the drinks dulled the shame of drinking.

Mother's anger was understandable. She had several jobs to make ends meet. When Pop wouldn't come home, she would have to fend for herself and us. She worked at the packing shed, the same place Ben would go, managed the boarding house we lived at which only meant she cooked and cleaned after the laborers who lived here with us; she would pick up odd jobs cleaning for others. Her English was worse than my dad's, so she socialized mostly with the other Issei (first generation) ladies whose English was equally bad. She found herself home alone many evenings.

I excelled at school. I loved literature, my girlfriends, the picture of George Washington on the wall and the flag with 48 stars. In the morning we said the Pledge of Allegiance, we would have lunch in the big cafeteria, our bento boxes with rice balls and the smell of tsu-kemono (pickled vegetables) shouting out our Japanese-ness while the white girls would have their brown bag white bread sandwiches. After school some of us would play tennis or go to Japanese school at the Buddhist church. There were always movies and plays put on by the Japanese community. Movies were often from Japan, but we

had the Hollywood movies, too.

At school I wouldn't have to face Pop who might be the happy Pop that I loved, or the scary Pop who shouted at Mother—the Pop that I feared. School was a safe zone. Nothing extraordinary ever happened there. Every day was like the other, the routine safe, secure. Home was uncertain, a pot always on the verge of boiling over.

This was my life in 1934, in the little town of Guadalupe, California.

DECISION TIME

A funny thing happened on the way through life.

I've been a widow for five months now. The numbness now comes and goes, it's not a constant anymore. The video that runs through my brain of the last hour of Scot's life isn't quite as clear, isn't quite as vivid. I am getting a little better at remembering other things. At first, I would have a conversation, seem pretty normal, make appropriate responses, nod at the right times, and ten minutes later I would have no clue what I had just talked about. And this happened in important meetings—with financial advisors, insurance agents, moving crews, mortgage closers. In the first several months I had to return to the bank every month because I couldn't remember what I had reset passwords to only the previous month.

I'm sure now this is why people who have gone through trauma shouldn't make big decisions. And yet I did. I decided to buy a condo less than 48 hours after Scot died. Of course, I made the decision, but Scot had been part of that decision up to hours before he died.

It's funny that even while I am alone, many of the decisions I have been making have had Scot's fingerprints on them. We had so many plans in process, I am just continuing to implement the plans. Road tripping west this winter–part of the Plan. Buying a condo–part of the Plan. Remodeling—part of the Plan. Living at the lake—part of the Plan. Working on my writing—part of the Plan.

Doing it alone was not part of the Plan. And there is no plan for the holidays without him. That was something we hadn't ever discussed. We never thought there was a need. We thought we had more time.

And I know at some point there will be major decisions to make without Scot's input or guidance. It will be my decision. My own singular plan to implement.

I have a role model to follow—my son, Lee. He embarked on his own path this summer. He lost a dad but pursued a new job, took the initiative to do the paperwork, set up the interviews, got on the waitlist. All while he was searching for a townhome/condo to buy. One of his first days in his newly purchased townhome, he got the call that the job came through. I was standing with him as he took the call—accepted the offer, arranged the start date, captured the details of his new responsibilities. It was awesome to witness.

Every day, I am getting practice to make the big decisions in the future alone. Every day I have a million little decisions I have to make alone. These are decisions I would have likely made alone before Scot died. I need to buy eggs. I need to fill the truck with gas. I need to change the oil.

In a way, making decisions alone is so much easier. We used to consult each other on virtually everything. And we each had our opinions, strongly held, about virtually everything. It took me years to figure out that when he asked me, "Where do you want to have dinner?" he really was saying, "Guess where I want to go for dinner." And I know deciding what color kitchen cabinets to get, which flooring, what kind of granite for countertops would have been relationship threatening, conflict laden, time sucking black holes.

But there were also the decisions that Scot made that I had never been a part of—dealing with vacation timeshare points; managing the frequent flyer miles; how to start the boat. A funny thing about when I start thinking about it—there aren't too many things about our day to day lives that I didn't know what to do. The big divide was work. Scot's work was his focus. None of us knew what he was doing in his work. We depended on him to do it, do it well, do it without us. I

175

ran the day to day business details, but he did the actual work of the business, alone. The rest, the stuff I have to deal with every day for the rest of my life, I did with and without him.

So, I guess you could say I was prepared to live without Scot. I can do the mechanics of life alone. Scot prided himself on being rational, fact-based, untinged by emotion. What he didn't consider was that the mechanics are the easy part of life. Living life without emotion? Not consider the impact of our decisions on people? He was blind to the fact that he could be his rational self because I filled the emotional need. I was the Yin to his Yang. I was the Democrat to his Republican. I was the gray to his Black and White. I was the outer world to his inner world.

I can do the mechanics. It's the rest of life I'm not sure about.

BEST FRIENDS

A funny thing happened to me the other day. I met a new friend, Barbara. She and I, it turns out, have a lot in common, including having a spouse die of a heart attack.

This year I also lost a best friend, Barb. I was thinking of Barb the other day, and it felt so strange to have a new friend Barbara appear within months of Barb's passing.

It's not like replacement parts. The washing machine bearing goes out, you get the repairman to put in a replacement. A light bulb burns out, you put in a new one. You run out of eggs, you go out and buy a dozen more.

No, when a best friend dies, there's no replacing him or her. They are gone forever, even though they live forever in our hearts and minds. The beauty of old friends is that they are part of the patchwork of our lives. They come back as a mosaic of memories. They are bright lights in a fading past.

My new friend feels like the future. She has a past I am not a part of, nor is she part of mine. We can share stories—we sympathize, empathize—but we are outside the picture looking in.

New friends, like the future, are unpredictable. There is uncertainty in making new friends. Will this be a best friend or a casual acquaintance? How will we fit into each other's lives? Is this a passing fancy? And just like reading a book, each chapter unfolds at its own pace. The future unfolds slowly. Unlike a book, you can't skip to the end to find out what happens.

But like an author has control over the characters in a book, so too do we have control over parts of our friendships. We can decide how much time to devote to a new friend. We can reach out—or not. And while we can't control our new friend's response, we can act on what we do have control over.

Which brings us back to losing a best friend forever. We can't control the loss—gone is gone forever.But we can control our reaction to the loss. We can remember the good times and the bad, the funny and the sad, in positive, life affirming ways. We can appreciate the sadness that comes with death, but relish in the joy, happiness and laughter that was shared. We can cry tears of joy and pain, all at the same time.

Because that's life.

11201914R00098

Made in United States
Cleveland, OH
20 December 2024

12395956R00131

Sigue el camino paso a paso hacia ti mismo

Este Camino es un ciclo constante de 12 etapas, completa el círculo del YOSOY a través de las estrellas para manifestar tu Cielo en la Tierra.

MUSINGS OF AN UNGEISHA, Early Writing

By
Elaine Koyama

Dream on,

Elaine

a deal. As an adult, Ren would always find it amusing how an injured child will look to an authority figure to know whether they should be in pain—confirmation theory, or something like that. Even then, he knew their mother and his father wouldn't come outside to investigate the commotion—his sister was the only authority he really recognized. Winter choked back her laughter and sat beside her little brother.

"That's how you know you're alright—if you can still laugh, you'll always be okay." She said this as though it were an immutable fact, foreshadowing the way she would live the rest of her life, all the way to the bitter end. When she was diagnosed with HIV at fifteen (a gift from an adult that called himself her boyfriend), or when she was booted from the gymnastics team shortly after, and lost her chance at a scholarship, she just smiled and accepted the new challenge. She spent the rest of her high school days visiting *other* schools, providing community outreach and a type of "this could happen to anybody" message in sexual education seminars to local students. Never once did she try to cover up her diagnosis. Winter just saw it as a new opportunity to be brave, and maybe even stop something like that from happening to somebody else.

Then, what do you know? She got a scholarship anyway, for one of those highbrow colleges up in New York. She was going to be a social worker. Right after her eighteenth birthday, though, things started to turn. Their mother died from cardiac arrest, her nose clogged with cocaine. She left the house to Winter, as she already owned it when she met Ren's father, and they were never married. Jesse decided it would be best to take his son and move to a different neighborhood. It didn't seem to bother him, leaving behind his step-daughter to clean up the wreckage by herself. He didn't seem to think about much at all by then. He was busy with his own demons.

The last thing that happened—the most important development that ruined everything—was the release of Winter's father from prison. After seventeen years, with no more than a half-assed phone call once a year, Steve was coming home.

Winter couldn't be happier.

2

NEW AGE

Well. Maybe just one shot. They don't call it liquid courage for nothing, right? Besides, you'll never pull this off shaking like that. His trembling hands whispered to him, providing the rationalization he needed to lean across the center console, reach under the passenger seat to retrieve the bottle. Ren unscrewed the cap, choked back a large gulp, and exhaled the burn of smoke, grains, and a hint of bile through his nose.

Time to go.

Ren checked his hands, already steady as tombstones, and nodded. No more putting it off.

He screwed the cap back onto the bottle and sent it back to the passenger seat. With a cough, he exited the truck and stopped himself from slamming the door just in time. Even the soft creak and chunking click of it shutting sounded as loud as gunshots in the desolate street.

It didn't matter either way, Ren comforted himself as he turned and strode down the concrete walkway towards the front door of his old home. Most of the houses in this section of town were occupied by the types of people that kept their blinds shut no matter what they heard. Nobody called the cops either. Still, best to be as quiet as possible.

He crept up the front steps, skipping the one that always creaked, and paused at the front door. In his pocket rested a small plastic bindle of heroin that he'd purchased a few blocks away from an old bandmate and a pouch of diabetic insulin syringes he'd picked up that morning from Walgreens. The plan was to slip quietly into the house, load up the needle with all the dope he could fit into it, and send ol' Steve—hopefully already loaded off his own supply—straight to hell. Another dead junkie in East Durham would assuredly not attract attention. Maybe a few years ago, but these days it would hardly be worth a headline.

'Man found dead in home on east side after apparent overdose'

What else is new? Ren retrieved his keys and tried the lock, feeling the clock chimes of the tumblers reverberate through his fingers as they accepted the key. Perfect. Of course, the bastard never bothered to change the locks. It might as well have been an invitation. He cast his eyes around the street again. Still no signs of life. He caught sight of a loose brick next to the front door and felt compelled to pick it up. Best to have something to defend himself if Steve happened to wake up. Stuffing the weapon into his jacket pocket, Ren turned the doorknob and quietly slipped inside. He pulled the door shut behind him, taking a moment to listen and let his eyes adjust to the darkness. Silence bathed his old home, save for the sound of whispered voices coming from the direction of his mother's old bedroom. Panic tightened Ren's chest momentarily, before he recognized the telltale *dum dum* of a scene breaking in an episode of Law and Order. Relief spread through him, easing the knot in his stomach. He made his way down the hall toward the bathroom connected to Winter's bedroom, running his hand over the smooth glass of the vintage gumball machine just outside the door. Still half full of the colorful orbs that had likely been in there long enough to witness this house as a home, rather than a skeleton. Shaking himself from the distraction, Ren ducked into the bathroom, surprised to find it still illuminated by his own childhood nightlight.

His father's boxing gym burned down when he was little, and after the fire, Ren had begun to experience bouts of crippling anxiety, combined with night terrors. The clutching dread in his chest would wake him almost every night, sending him to the bathroom to vomit up his fears. While the adults told him his problems were all in his head, Winter would sit on the floor with him, offering comfort. Besides, even if it was in his head, did that truly make it not real?

When his father staggered into the bathroom, drunkenly accusing Ren of acting out for attention, Winter would place herself between them and firmly tell her stepfather that she had it covered. Then, when Ren felt safe enough to return to bed, she would turn the dial on the gumball machine and hand her brother a small globe, knowing that this would ease his anxiety far more than brushing his teeth again.

Standing back in his old bathroom, he had to stop himself from regurgitating the slugs of whiskey he'd downed outside, a ghostly childhood reflex.

Next to the sink lay a mound of blackened spoons, and next to that, a cluster of discarded needles. Cigarette butts and crushed beer cans littered the small counter. Ren took special care not to jostle them as he cleared enough space for his supplies and leaned his phone against the mirror for extra light. Grabbing one of the old scorched spoons, he retrieved the bag from his pocket and emptied its contents, before trickling enough water into the spoon to dilute its contents. Holding the lighter beneath, he watched it bubble like a cauldron, an angry brew.

When satisfied, Ren delicately sat the spoon down on the counter before pulling out the pouch of needles. He knew from seeing Winter get high toward the end that you were supposed to throw a little cotton in there as a filter between the liquid and the needle. But who cared if it was the last shot, right? He opened the pouch and secured one of the fluorescent orange devices. Flipping the safety cap off with his thumb, he lowered the needle to the spoon, careful not to bend the tip as he pulled the plunger back, filling it as far as it would go. There was still some left languishing behind. Maybe he would come back for the rest if the first shot didn't immediately take an obvious enough effect. Ren headed back down the corridor towards his parents' old bedroom, toward the muffled sounds of fake police solving fake crimes, toward the only thing he wanted for his birthday.

Ren inched the cracked door open and found himself at the business end of a 30/30 Marlin lever action rifle.

3

DEAD SKIN MASK

The bedroom was smaller than he remembered and sparsely furnished, like a motel room. A crumpled mattress and box spring rested atop a basic steel bed frame. Next to that, a dusty relic of a lamp with faded floral print sat on top of a rickety wooden nightstand. On the left side of the room, next to a single window, a round oak table that had belonged to Ren's grandmother stood with a high-backed leather chair. More beer cans, cigarette butts, and needles littered the table and floor. In the center of the room stood Steven Raith, wearing a mottled pair of tighty-whities and a gray tank top that may have once been white. The rifle, cradled in his hands, swayed slightly between breaths. Behind him on the television, Ice-T stood over the corpse of a dead prostitute, looking for clues.

"Wondered if you'd ever get the nerve to come in. Three hours you were sat there." Steve said. "That for me?" He gestured to the orange syringe clutched in Ren's hand. Frozen in place, Ren said nothing.

"I assume there's a little something extra in there for me too, right? What is it? Drano? Bleach?"

Shit. Why didn't he think of that?

"Fuck you," Ren managed to choke out, unable to tear his eyes from the rifle leveled at his chest.

"Sit in that chair and put the rig down," Steve wheezed, then grinned. "How's your old man?"

Ren acquiesced, defeated, berating himself for such a stupid plan. He put the needle down on the table and sat in the chair, resting his hands on his lap. "Dead."

"You kill him too?"

"Fuck you," Ren said again, and then: "you killed Win."

"She killed herself, kid. You gotta let this shit go," Steve responded. "Shit, man, I wasn't even there. I woulda stopped her if I was."

"You poisoned her."

"She was poisoned the minute she tore outta her mama, just like I was when I tore outta mine. I came home to be with my daughter." His eyes flashed with righteous indignation.

Ren eyed the rifle. It seemed as though it was starting to weigh a little heavier in the older man's hands, drooping more and more. "You didn't come back for anybody but yourself," he said. "You took advantage of her trust for a roof to get high under and a buddy to get high with."

"She was in pain. We're all in pain. By the looks of you, I'd say you know a little something about that pain yourself."

Ren remembered his bottle left on the passenger side floor of Jesse's truck. He wished he had it now.

"I helped take some of that pain away in a way that she could *feel*," Steve continued. "Not like those fucking vampire doctors." He lowered the rifle slightly, squinting as if trying to see Ren better. He looked hollow, his bald, scarred head a glistening snail shell.

"Oh, so the doctors were the vampires? She wasn't gone a week before you sold her fucking car."

Steve choked up on the rifle, but Ren could tell he was losing his hold over the weapon. "It's not like I really had a choice. You don't fully get it now, but maybe one day you will. Besides, where were you that night? Weren't you supposed to be with her? I know you were the last person she called. If it's my fault, it's your fault too."

This wasn't the way it was supposed to go. He abandoned all notion of survival as he pulled the brick from his pocket and pitched it at the old man's head. It struck Steve in the center of his face with a dull pop, foreshadowing the explosive crack of the rifle.

For a moment, the world stood still, frozen in anticipation. Ren felt along his midsection for the gaping wound, but his hands came up clean. The shot had missed. Steve fell back onto the bed, crab scuttling towards the headboard, jaw hanging listlessly at the wrong angle. He fumbled with the bolt of his rifle, reaching towards the nightstand for another round.

Ren stood from his grandmother's chair and retrieved the brick. "Should've bought a shotgun!" He cackled with gleeful rage before falling upon Steven Raith just the way he'd always wanted to. Steve held up the rifle in defense, but caught the full brunt of the first swing against the delicate bones of his fingers. He dropped the weapon and curled into a fetal position, moaning through broken teeth.

Brilliant red cascades showered over Ren as he smashed through Steve's barricading elbows. The old man dropped his arms as a sound like a teakettle tore from his lips. Ren brought the brick down against that lying mouth, shutting it for good. He kept swinging, smashing, crushing, until the gurgling stopped, and the only sound left was his own ragged breathing.

Stepping back, Ren surveyed his handiwork. The puddle on the mattress was barely recognizable as a man from the chest up. Cracked bone fragments and blood dripped over the side of the bed, mingling with the cigarette butts, reading like tea leaves. The sudden pungent odor of shit stung Ren's nose, and he doubled over, vomiting on the floor.

After emptying the contents of his stomach, Ren pulled himself up, and almost reflexively, walked back out to the gumball machine in the hallway. Turning the dial, he heard the familiar chink of one dropping into the chamber. Blue. He popped it in his mouth, covering the metallic taste of blood and vomit in his mouth. Surprisingly, it still tasted the same as it did all those years ago.

Headlights flashed through the windows of the house, washing the walls in amber. For a moment, Ren froze, expecting to see the reds and blues of police lights. But the car drove on, and the world was dark again. It occurred to Ren that he never really thought his plan would come to fruition, let alone in such a catastrophic way.

"Task failed successfully." He laughed into the dark. Only one thing left to do. Only one family member left, and with the work done, it was time.

Ren made his way back down the hallway to the bedroom where Steve's body lay. The smell was almost unbearable, but with nothing in his stomach, he avoided another vomiting episode. Now calmer than he'd felt in years, he walked to the bed and sat beside the corpse, reached into the drawer. The bullet was heavier than he expected it to be. Ren reached over Steve and picked up the gun, tried to pull the lever back to load the chamber. It resisted momentarily before breaking loose and separating from the weapon. His brick had rendered it useless. With an exasperated sigh, he tossed the gun aside and cast his eyes back around the room until they rested on the needle.

That would do the job, wouldn't it?

He'd practiced on himself with water to make sure he'd be able to hit one of Steve's skeletal, collapsed veins. Having no tolerance for the stuff, there should've been more than enough in the syringe to send him to his mother and sister. Ren missed them. Hell, he even missed his own father, drunk old bastard that he was. Calmer than he'd felt in years, Ren picked up the needle—a magic wand. He grabbed a length of rubber tubing off the floor and tightened it around his bicep, clenching and unclenching his fist, pumping the veins.

"Fine then, Win." Ren said aloud. "Let's see what you died for. I'll be there soon." Choosing the thickest spider thread in his forearm, Ren angled the needle almost perpendicular to the vein. He pierced himself, feeling a sickening sense of pride and shame at the flash of red in the syringe, indicating a successful connection.

"First try." Pressing the plunger down all the way, Ren sent the viscous poison coursing towards his heart. Releasing his hold on the belt, he felt the purest rush of euphoria. He laid his head back against the leather chair, closed his eyes, and waited to die. However, death was not forthcoming.

Instead, he washed away into a dream:

***

He was a child again, heading down the stairs into the basement, toward the sound of his mother's voice. Nobody ever went down there, save for Ren and Winter. The space had been outfitted as a sort of playroom for the kids—an oasis of exile to send them while the adults had fun upstairs. Sometimes, though—when upright and clear-eyed—their mother, Eva Milligan, would come down to see the rats she had rescued from Phoenix.

Phoenix was a young Burmese python that Jesse Ahlgren had brought home as a gift to his stepdaughter from a flea market. He was of the albino variety, with milky skin speckled by slightly darker paint spills that tracked across four feet of muscle, leading to pinprick red eyes. Twice a month, Jesse would take Winter to the pet store to pick up a pair of live feeder rats for the massive constrictor. Most of the time, the siblings would watch, enthralled in morbid fascination, as the snake squeezed the air from its prey, before unhinging its jaw and claiming its meal.

Every so often, though, Eva would see something in the face of one of the little creatures and intervene.

"Not this one," she would say. "This one gets a pardon." Like the president saving a turkey on thanksgiving. Eventually, the family was host to over a dozen of the critters, and the snake grew larger, seemingly craving something more substantial. The employee at the pet shop told them they would need to start feeding it larger prey. Jesse said he "re-homed" the snake, but later in life, Ren learned that he actually released it into the woods off the side of the highway.

Thus, Phoenix was gone, and Eva's rats moved into his massive glass enclosure. Winter was much happier to let her pet go than to expand his diet to include bigger, cuter menu items. Ren missed the way the snake would lay itself out longways perpendicular to his body when the siblings took him out to play. Later, his father would tell him that the creature wasn't cuddling up to him, but measuring itself against a potential next meal, and that made him miss the beast a little less. Even when he learned that it wasn't true, it did little to alleviate his unease. Over time, he grew to love the rats as well, and now he found himself marching down towards the sounds of their squeaks and his mother's furtive whispering.

At the bottom of the stairs lay a massive cartoon mat depicting houses, roads, businesses. Several nets bulging with stuffed animals and other assorted toys hung from the walls, casting web-like shadows through the basement. Bean bag chairs and board games littered the floor, and warm yellow light illuminated the space. At the far end of the room, Phoenix's enclosure stood open, the familiar outline of Eva Milligan silhouetted beside it. She had her back to her son, whispering to a bundle of fabric in her arms.

"Mom? Are you okay?" The child-Ren asked.

Eva turned to face him, revealing streaks of black and red across her cheeks. Once smooth features separated by cracked, flaming fissures. Her face, an archipelago of bruised islands. Now facing her son, she reached into the bundle clutched at her chest, and pulled out a fat, terrified rat.

"You deserve this." A gruesome hiss emanated from the cracks in her face, before her maw opened wide as a snake, jaw unhinged, and she swallowed the animal whole.

The boy tried to scream, but to no avail. Instead, all he could feel was a warmth spreading down his legs as he wet himself.

"You deserve this." Not-his-mother said again, holding up another rat, this time towards Ren. He shook his head violently. "You. Deserve. This," she said again, this time bordering on a fractured wail, as she swallowed the second rat. Ren tried to run back for the stairs but found he couldn't move a muscle. He felt as though his light up sneakers were bolted to the basement floor.

"Rat Ren Rat Ren RatRenRatRenRatRen," the monster screeched. She was now producing rat after rat from the muddied clump of fabric in her arms and choking them down. Finally, the empty swaddle fell to the floor. That's when she directed her attention to her son.

She darted toward him, bringing the ugly yellow light of her face close to his. Eva reached out to him with a gnarled claw of a hand before retracting it and running her fingers across her lips. She put one into her mouth slowly, as though savoring the taste, before biting

down hard, slicing and crunching through the knuckle. She swallowed
the first finger with ease, before starting in on the next one.

And the next one,

And the next one,

Until she was out of fingers. With rending tears of teeth through
bone, gaping facial crevasses leaking blood, pus, and that hideous light,
Not-Eva continued to shriek her manic refrain:

"You deserve this. You deserve this. You deserve this." Her face
cracked, the islands of flesh growing apart and the consumed rats
writhing their way back up into the light. Eva's whole form bloat-
ed and jerked, collapsing in on itself, a thousand rats stacked in a
momskin trench coat, washing across the floor. It surrounded Ren,
smothering the oxygen from his lungs, blacking the light from his eyes.
He forced himself upright against the tide and looked for a means of
escape. Then he saw Winter at the bottom of the stairs in a torn Bad
Religion T-shirt, regarding him with a withered smile, all cracked teeth
and sallow skin. Her hollow eyes watched him struggle.

"She's wrong, Ren." The specter said from her place by the stairs.
"Besides, that's not her anyways."

"Are you... you?"

"I don't know. Maybe? Does it matter?"

"I don't know."

"It's not too late."

"Too late for what?"

"Too late for *you*, dummy." She rolled her glassy eyes. "Why aren't
you laughing?"

Ren realized he was an adult again. "What the fuck could I have to
laugh about?"

"That's okay, you just haven't heard the punchline yet." Winter smiled again, that shattered, decayed grimace that still held a shadow of warmth. "Maybe you'll figure it out. Are you ready?"

"Ready for what?"

"Popcorn!" Maybe-Winter cried, launching herself through the air toward her brother, impacting the ground beside him. The concrete floor stretched beneath him like a trampoline. Ren was flying through the air now, and out of the stiff leather chair he tried to die in. A tide of new vomit washed over the floorboards of Steven Raith's bedroom.

Am I dead? was his first thought, quickly followed by the second, spoken aloud:

"Did I fucking piss myself?"

4

SEEING RED

"Cut that shit out. What do I always tell you guys?" Six months before Steven Raith met his end, Dr. Brian Kelly was cutting off a mousey blonde group member in the middle of a particularly long-winded story about climbing over rooftops to escape from police after stealing a few boxes of wine.

"No war stories," Ren and his court ordered substance abuse counseling group responded. They were sitting in an ugly yellow room, in plastic chairs encompassing a fake wooden table with collapsible metal legs. There were four of them scattered amongst a dozen seats, plus the doctor. He was standing up at the front by a smudged whiteboard with his name on it, like a grade school teacher settling the kids down.

"Exactly," Dr. Kelly affirmed. "There's nothing wrong with sharing our history here to a certain extent. However, at what point do these stories stop being about our own personal context, and start being about comparing ourselves to each other?"

Ren wasn't paying much attention as the therapist went over his often repeated and obviously memorized "war stories" script. He was more focused on the wiry blonde girl whose story had been interrupted, thinking she was probably fun to party with, wondering if he could maybe catch her in the parking lot after the group session had concluded. He wanted to hear the end of her story, too. Dr. Kelly went on:

"...that's why, in the end, romanticizing these high or low points of our addiction doesn't do us any favors. It's not fair to each other *or* ourselves to weigh experiences against one another. It becomes a sort of contest to see who's had it worse, who's sunk lower, who's had more fun." He paused for a second, scratching his chin with a scarred, tattooed hand. "If we get too caught up in that part of our past, we run the risk of forgetting why we're here." The doctor turned his attention to Ren, noticing his distraction.

"Renton, you haven't spoken much this week. Why don't you tell us why you're here?" Ren reluctantly tore his eyes from the curl of gold framing the line of the girl's jaw.

"Because I didn't check for security cameras on my way out of that church?" Ren smirked, deflecting the doctor's invitation to vulnerability. "Or maybe I was just cold." He winked at the girl. She wasn't looking.

"Well, why were you in the church?" If Dr. Kelly was exasperated, he didn't show it.

"I don't remember." This was a partial lie. He didn't recall much, but he remembered piling all the Bibles at the foot of the pulpit and striking a match, the heat of it reflecting that of his hatred.

"Why not?" The doctor pressed, solemnly approaching his point.

Ren didn't have a joke. "I was blacked out."

"Ah, getting closer, but we're still talking about a symptom. Why were you blacked out?"

"I was angry."

"Now we're getting to the heart of things. Do you want to tell us what made you feel that way?"

Ren shifted in his seat, started to speak, but clamped his mouth shut and shook his head instead. Even the small admission of his rage left him suddenly drained—a stone with no blood left in it. Besides, where do you start? With broken, absent (and then dead) parents? What about the schools, one after another, that gave up on you, shuttling their resident lost cause from campus to campus, who told you how gifted you were, then took it all back when you got too sad, too angry to care about papers due on Wuthering Heights or the Vietnam war? Or do you go with the obvious: why didn't you answer the goddamn phone?

Was it on purpose? That was the big question he asked himself every other minute of every day. Why ask it here, though? Could this "cool guy" doctor, who might as well have his chair spun around backwards to better relate to the kids, give him an answer? There were no answers, least of all from this room full of strangers. Ren felt the rage bubbling up in his gut again, like an often used puzzle piece locking into its worn station. He clenched his fists, unclenched them, dug his nails into the side of his leg for the pain of it. Picking up on the emotional shift, Dr. Kelly backed off, changing his tact.

"Hey, it's okay!" The doctor raised his hands in a sort of 'don't-shoot-me-I'm-unarmed' gesture. "There's no pressure to share here until you're ready, but let's talk about some techniques to push through anger and anxiety in general."

Ren was back in his truck now, trying one of those techniques. Tapping along the fingers of his left hand one at a time with the right, then alternating hands. The doc said that tapping on these pressure points could relieve anxiety and help misdirect somebody away from a craving. Emphasis on the *could*. Right now, the ritual could *not*. Not with his eyes flicking between the empty gas tank line and the gas station parking lot, home to three police cruisers, their drivers standing and talking out front. 100 miles west of Durham, he was probably safe, but got back on the highway and kept driving all the same. Nevermind that his tank would never make the next one. He still had blood — and not the figurative kind — all over his hands.

He cursed himself for not taking a shower before leaving, but at least he'd grabbed a pair of Steve's old pants to change into before running out into the early morning fog. They fit loosely, but fit all the same, though the fact they were dry didn't mask the acrid urine stench wafting from his skin, which filled the truck and burned his nostrils. Opening his window to air out, he tried to pretend that the wind blowing through the vehicle was anything but borrowed—that he had all the time in the world to drive and think. However, after about thirty more miles down the country highway, the engine began to sputter in protest, before finally giving out.

Ren coasted the now silent vehicle to the side of the road and directed his attention to the forest. Maybe he could find a quiet place there to rest, or maybe to die. Either way, he had to put distance between himself and the eyesore of his father's truck. Exiting the vehicle, he grabbed his backpack—an old Osprey hiking pack—and set about gathering his few belongings, which consisted of the whiskey bottle, a tattered old motorcycle jacket, bag of trail mix, Bowie knife, single person tent, lightweight sleeping bag, and, last but not least, the large pouch of fine yellow powder that he'd taken from Steve's bedside table. He played that voicemail on speaker one more time, pulled forty dollars in cash from his wallet, and left the hunk of leather and the phone behind in the driver's seat. Where he was going, he didn't need bank accounts, cards, or a phone number. With one more cursory glance to ensure nothing was forgotten, he turned and strode for the tree line, leaving what he thought were his final ties to society behind.

5

DARLING CORY

R en sang to himself as he walked through the underbrush, his voice a dirge, his footsteps a grieving drumbeat. Not for Steve, of course, but the events of the night had sheared through the tenuous stitching of whatever healing Ren thought he had undergone. It was all new again. The sense of justice that had coursed through his veins back in Durham had run dry along with the heroin, rendering him ragged, the hole in his gut as large as the day she died.

It was an old folk song about love, about loss, and there were endless ways to sing it. Darling Cory had been in the public domain so long that there were dozens of added verses online, maybe hundreds out there in the world. He'd written a verse or two himself, but no lines ever hit him as hard as the chorus about digging a hole in the meadow, about laying your darling down. When he sang it, he didn't feel quite so alone. At least in that he felt exactly as alone as some musician from 1927, or as anybody else who ever lost somebody in all those years between then and now. The feeling was a universal human experience, but it did little to lessen the ache.

The sunlight creeping through the trees shifted and changed, evolving from a cool morning glow into a blistering midday swelter as he made his way deeper into the forest. He had no ambition toward a destination. Only the need for solitude and anonymity compelled his trudging footfalls. By mid-afternoon, though, his legs burned and the straps of the backpack had left his shoulders chafed and raw. He stopped to shift the weight of the bag in an attempt to make it more comfortable, and for the first time in hours, his racing thoughts gave way to the vibrant silence of the North Carolina wilderness. He could hear the birds and the wind through the trees, but most importantly, the burble of running water somewhere nearby. Thinking of the stench clinging to his skin and the parched quality of his mouth, Ren changed direction and headed for the welcoming sound.

After only a few minutes of walking, he found himself in an area that seemed less wild than those before it. He now stood in a clearing of sorts. Dozens of white pines stretched across six perfect rows, filling approximately an acre of space, creating the appearance of a garden tended by giants. Branches reached and grasped for one another at exact ninety-degree angles, and as he looked skyward through the limbs, their perfect symmetry created the illusion of spider webs spun from golden light.

What the hell is this place?

He lowered his gaze, looking around for signs of an angry homesteader approaching with a leveled rifle. He doubted nature could carve such a straight line through the forest floor, let alone six. Regardless, he felt confident that he was alone here, and directed his attention towards the tranquil water before him.

He stood at the water's edge, peeling his rank clothes from his skin, marveling not only at the light reflecting off the surface, but at his own capacity for wonder. Just moments earlier he had been certain that he'd never recognize beauty again and here it was, waving a sign in front of his face that read *The world keeps turning*. Naked he stood, attempting to resist the violent sobs rising in his gut, before finally giving in, letting them wash out of his chest as he plunged himself beneath the cool depths. For a moment, he considered breathing as deeply as he could, letting the water in, abandoning precious oxygen. Instead, he rose from the mild stream, newly certain of a fact that he hadn't believed himself in years:

He was afraid to die.

Here would be a great place to do it, though, he mused as he held his clothes beneath the water, cleaning them as best he could without the benefit of soap. Thankfully, the water seemed to do the trick for the most part, and he slung his garments over a low-hanging branch to dry, before returning to the shade of the pines where his pack lay against one of the strong trees.

Retrieving the whiskey bottle, he downed as much as he could in one long draw before dumping the remainder out onto the ground. *Water's more important,* he told himself. *Besides, I've got stronger medicine now.* Instantly regretting the abandonment of his liquor, he filled the bottle from the stream and drank deeply, enjoying the earthy taste of the untreated water. With his clothes drying in the wind and nowhere else he wanted to be, he considered pitching his small tent, but decided against it. The thick trees would be shelter enough, and he didn't want to have to leave it behind in case of a necessary hasty exit.

As the sun sank low in the sky, he unrolled his sleeping bag and rummaged through his bag until he found the pouch of yellow powder. Carefully, he measured out a fat caterpillar of a line across his thumb, and cleared it in one sharp inhale, welcoming a deceiving, chemical sort of love.

Positioning his pack like a pillow, he laid back on his makeshift bed, watching the rising stars encroach upon the borders of fading sunlight. As darkness fell, it draped over him like a blanket, and at some point, he drifted off into an approximation of sleep, the sounds of the forest blending into his restless dreamscape.

"Hey kid," Winter's voice roused him to an upright position. He frantically attempted to visualize his surroundings. As his eyes adjusted, he found himself in that same giant's garden, though now rinsed in ethereal green light. His sister sat against another tree nearby, still wearing her favorite Bad Religion t-shirt, toying with the untied laces of her combat boots. Her skin had always been pale, but death had turned it near translucent. He could see every vein, and her flesh was drawn so tight it was threatening to split. Her hair was matted and filthy, missing patches exposing raw scalp to the air.

"Am I dreaming again?" He asked.

"Aren't we all?" Winter answered, dodging the question.

Ren was at a loss for words. Real or not, his sister was right here in front of him. He had dozens of questions, countless things he wanted to say. He wanted to scream. He wanted to tear the sun from the sky, to usher in a peace that could only be found in pure, unfiltered dark, but there was no sun here. Only that harsh green glow, which seemed to pulsate with each breath he took. "You're dead," he muttered, unable to think of anything with more substance to say.

"Sorry," she said with a sheepish grin.

"Did you mean to? Was it an accident?"

"Little of column A, little of column B." Winter shrugged. "I sure didn't want to live."

"So you wanted to leave us—to leave *me*—behind?"

"Kind of arrogant of you, don't you think?" Her corpse-white eyes suddenly flashed a bitter shadow, a hint of living brown iris. "I'm an entire person—at least I was — it was never about *you*. I just got tired. Had to unload that pain."

"Unload it right onto me you mean. Then you have the nerve to tell me to *fucking laugh?*" Until this moment, he had never assigned any anger or blame to his sister. He rose to his feet and sputtered out a lie. "I hate you."

"Ha!" Winter popped up on her feet as well. Her hollow laugh cracked like a bullwhip. They were nose to nose now. "Said the naked guy hiding out in the woods after killing my dad. You have no idea what you've started. You don't know shit about pain, about *hunger.* Not yet at least, but something tells me you're gonna find out. Maybe then you'll get the joke. Look around, Renny. The only thing here that isn't beautiful is you."

With this, she launched a hard right hook straight at his face and he fell backward, through the earth. Through the muck, the guilt, the shame, until he felt—really felt — the impact of his back against concrete.

"See you soon," came his sister's whisper.

Ren sat up and looked around. He recognized his surroundings immediately. The sidewalk outside of the old boxing gym. Pushing himself to his feet, he noticed he was a child again.

"Get a move on, Ren!" A booming voice called out. His father. "Kurt's already upstairs and we got a lot of work to do today."

Moving in the disjointed way dreams often flow, he followed his father through the door.

They made a sharp right through a narrow doorway leading to an even narrower stairwell. The trek felt perilous to Ren. The stairs creaked and groaned under his feet and he always feared he would fall through if he didn't take each step with care and focus. At the top of the stairway were the remains of a small lobby, now little more than a decayed cell with four stools and a broken counter. Jesse's friends and clients would congregate there between sparring sessions, drinking

Schlitz malt liquor and smoking cigarettes, as if in defiance of the ten miles they had run that morning.

Through one last door, past the smoke and laughter, visitors would find themselves in a vast, sparsely furnished cathedral of rotten wood and exposed pipes. There, in the center of the room, stood the beating heart of any boxing gym:

The ring.

The inside of the ring was the only territory in the gym that Ren wasn't allowed. He envied the sheer power of these men. Relished the thunderclaps of his heroes' feet pounding into the springboard floor as they crashed their bodies into one another. He now stood on the outside, breathing in the scent of leather, blood, and sweat, watching his father train, dancing between the alternating red, white, and blue ropes. Ren gripped those same ropes, the rough strands pressing into his hands as he leaned back and tugged on them, feeling them strain and stretch like the ligaments of some massive, sacred creature.

His father was six-foot-two and half as wide at the shoulders, with a nose permanently crooked from countless breaks. His eyes were dark brown, just like his son's. To Ren, Jesse stood taller than a mountain, but even his might was diminished against Kurt Baker's behemoth form. The man was a pillar of dark skin and muscle, with a booming laugh that sounded like safety. He was also the only friend of Jesse's that spoke to Ren like an adult, which meant more to him than his small heart could explain. Ren watched the two men dance around each other, Kurt holding two punch pads and barking orders at Jesse:

"Left jab, right hook, left hook—quit punching with your arms! I want to see your whole body in every strike," he commanded. "We only got three weeks 'til Virginia. You need to work harder than this if we're taking you to the top. I'm holding the pads and I'm still outworking you!"

The bell rang, signifying the end of the three-minute round. Kurt spit his mouth guard onto the floor and laughed that hearty, comforting sound. "Saved by the bell."

"For a few more seconds at least." Ren's father grunted through his own mouth guard. The bell rang again, and the pair went back to work. Ren climbed down off the side of the ring and wandered over to his chosen nook on the far side of the room, past the Everlast heavy bags swinging on rusted chains, and the wall lined with boxing gloves of varying color and weight.

It was a corner just for him, with a small combination television and VCR he would use to watch Jurassic Park over and over again. He settled into his red beanbag chair and set his eye on the rafters.

Writhing masses of pigeons had made their home above the smoke and disciplined violence. Ren loved the birds, although the adults lamented their presence for their droppings and invasiveness. Despite this, he enjoyed watching their comings and goings, delighted to find cracked eggshells at his feet, celebrating new life before he could ever fathom the significance of such an event. Something about them seemed so free and noble. The birds came and went as they pleased, paying no mind to the trappings of humanity swirling beneath their wings. Ren hoped he could be that liberated one day.

He wanted to name them, but he assumed they already had names of their own, spoken in a secret cooing lilt that only they could understand. Here, with his cherished birds, the child forgot he was dreaming, that the gym had burned down, Kurt long dead from the blaze, and that the fire broke his father, killing him years before he died.

Ren smelled smoke, swiveled his head in search of the source. He was alone in the gym, save for the hulking figure of Kurt sitting nearby on a stool, cloaked in shadow.

"What are you doing, kid?" he asked in that gravelly voice Ren hadn't heard in over a decade.

"Where's my dad?"

"He's... gone. You're talking to me right now though, so answer the question. You're smarter than this—always have been — so I'll ask you again. What the *fuck* are you doing?" In life, Kurt had never spoken this harshly to the boy, and it stung.

"I..."

"It was a rhetorical question, Ren. Anybody could tell you got no idea." Kurt chuckled in a disappointed way, but not unkindly. He leaned forward into the light, revealing charred flesh, milky eyes, and a crusted hole where his nose used to be. "I'm a dead man and I'm still outworking you."

"So what do I do, then?"

"You get the hell back in the ring and do the work. You remember Tennessee? Remember how that local cop stepped into the ring and knocked me out in the third round?" Ren noticed smoke leaking from Kurt's nose-hole. "Where were we the very next day?"

"We were here."

"You're damn right we were here! I got knocked on my ass, so I got up and went back to work. There are two types of people in this world, kid. The ones doing the work, and the ones *getting* worked. You're flat on your back right now, so let me ask you this: which one are you? You going to get up, or are you the type to stay down?" Flames danced in the pit of Kurt's face.

"I don't know."

"Of course you don't. Well I'm telling you that there's still time. The bell ain't rung on you yet." The fire was leaking from Kurt's mouth now, freely tonguing from his eyes, that chasm in the center of his face. It spread from his head, down his body to the floor, and rapidly filled the gym until all Ren could see was inferno. "It ain't over til it's over, boy." Kurt grinned as he crumbled into dust at Ren's feet. The rafters collapsed, the gym crumbling with him, and again the boy was falling through the void.

***

Ren awoke on his back with a splitting headache, returned to the bucolic scene he'd fallen asleep in. He thought to curl back into a ball, go back to the gym, let the fire take him. Instead, Kurt's voice echoed in his mind.

You going to get up? Or are you the type to stay down?

He didn't yet know which type he was, but he knew which he wanted to be. It occurred to him that even the idea of *wanting* to get back up signified a change in his mentality.

I'm a dead man and I'm still outworking you.

Maybe he could do the work. Could there be a place out there where he could feel safe? A home? Somewhere far away where nobody knew his name? Ren didn't know where that place could be, but he knew it wasn't there in the forest. "Maybe" wasn't much to go off of, but for now, it could be enough.

So he did what Kurt told him. He got up. He packed his things, got dressed in his still damp clothes, and started walking, singing to himself again as he went.

For the first time in a long time, Ren had a slight spring to his step, glad to be alive.

6

TO KILL A SUNRISE

"Slow down you gahddamn maniac!" Geena shrieked from the back of the van. "You wanna get us killed?"

Jersey didn't chime in from his perch in the passenger seat, but from his white-knuckle grip on the *oh-shit* handle above the door, Geena could tell he was in agreement. Lefty was ignoring her though, laser focused on the road ahead, racing along the deserted country highway straightaway. He was in the zone, and wasn't about to let anybody spoil his fun.

"Torch me," he grunted at Jersey, the end of a hollowed out tire gauge sticking out from between his teeth. "I'm starting to fade."

Jersey fumbled through his pockets for the windproof lighter and held it out, trying to keep it steady against the movement of the van. He held it below the makeshift pipe, heating it until the nugget of steel wool inside glowed red like a meteor.

Lefty pulled in deep, before exhaling a noxious cloud of smoke that smelled like plastic, like a tire fire indoors. He started coughing. "Take it, take it!" He retched a little, spitting the metal tube into his brother's outreached hand.

Quickly, Jersey brought the device to his own lips, rolling it between his fingers as he took his hit. His apprehension over the speed limit gone, he turned in his seat, offering the crack to Geena, who refused.

"That shit's like smoking a panic attack—you know I'm a downer girl," She was exhausted from repeatedly deflecting these offerings. Sometimes she accepted them so as not to offend Lefty, but she always regretted the jittering mound of bones it reduced her to when the high wore off. Besides, Lefty's reckless driving already had her brain flooded with enough adrenaline that she felt her heart could explode at any moment. Lefty turned back, away from the road, and regarded her with the offense she often feared.

"Gettin' real sick of the holier-than-thou routine you got goin' with us," He spat. "All you do is fuckin' complain."

Now locking his eyes onto hers with a spiteful grin, flooring it, the trees outside blending into a fatal blur. "When you gonna let me show you how to do wrong righ—"

The crunch of meat and bone colliding with metal cut off his words. The passenger window exploded with a crash, showering Jersey in shattered glass. Lefty swerved, and the van spun, wailing tires sliding across pavement, so loud it almost drowned out the human screams echoing inside. The world tilted dangerously to one side. Then Lefty cut the wheel like a racecar driver, grunting in Herculean effort, and miraculously brought the van back down on all four tires. They finally came to a stop, facing back the way they'd come.

Geena gingerly touched her fingers to the aching throb on the side of her head, pulled them away dripping rubies. "I *told* you to slow the fuck down!" Climbing over their scattered belongings toward the front, she laid into Lefty, bracing herself by grabbing onto his shoulder, launching a piston of right hooks into the side of his head.

He barely seemed to notice the onslaught, shrugging her off and throwing an elbow back into her stomach. She tumbled over the hills of their bags. "Shut up, bitch." He was a large man, and the large need bear no critique from the small. This was the way of the world as he'd always known it. "We're still here, aren't we?"

Geena sat up, clutching her belly, and spat at him. A fat glob planted itself firmly onto Lefty's right cheek. He smirked in response. She turned her attention toward Jersey in the passenger seat. "Ain't you got nothin' to say to your dipshit brother?"

Jersey didn't respond. He stared through the luckily undamaged windshield, his attention focused on the deer that had hurled itself into the side of the van. "It's still alive," he said in a voice hardly above a whisper. It was, but just barely.

The animal was a nine-point buck, though now a few of those points had broken off and lay scattered amongst the mangled mess. Its front legs were obliterated. Still, with the wild-eyed determination of the dead who don't yet know it, the creature was trying to stand, clattering its back hooves against the pavement to no avail.

The three companions gasped in shocked unison, but only one of them was smiling. Only one of them already had a plan forming in their head. "Let's go take care of it," Lefty said, clapping Jersey on the shoulder.

"Take care of what?" Jersey responded.

"Well we can't just leave the thing here suffering, can we? Time to show some *compassion*, little bro."

"He's right," Geena piped up, though she knew Lefty could be motivated by any number of things, none of them mercy. "We can't just leave him." She reached up and squeezed Jersey's shoulder.

"Alright, it's settled then, everybody out," Lefty commanded, kicking his door open and exiting the van, Geena following suit via the sliding door in the back.

"My side won't open," Jersey said, jiggling the handle, shouldering at the door. It was well stuck shut.

"Crawl on out my side then, Princess," Lefty stepped aside, bowing and waving his left hand in a flourish, tipping an imaginary top hat with his right. "You're the star of the show."

Acquiescing, Jersey clambered across the seats and spilled out onto the road where his brother stood, still holding his theatrical pose. At the sight of them, the mauled buck renewed its efforts for freedom, even momentarily lifting its back end off the ground before crunching back down on itself with a helpless bleating sound.

"What do you want me to do?" Jersey asked.

"The *right. Thing,*" Lefty elongated the words, a gleeful smirk on his pockmarked face.

"Fuck that, man. I can't."

Lefty's grin faltered, went humorless and dark. "Did I give you the impression I was asking?"

"H-how am I even supposed to do it? I've never..." He trailed off, eyes darting between his brother and the wounded deer.

"Never what? Never been a man before?"

"I've never had to kill anything before."

"We both know *that's* not true." Lefty's eyes glistened with something like hatred. "Use your fucking hands. See if you can break its neck."

"I don't think that's even possible. There's no way I'm strong enough." Jersey looked over to Geena in a plea for backup. Her eyes confirmed what he already knew: that this wasn't a task at which he was expected to succeed. This was just for his brother's amusement.

"Don't look at her, look at me," Lefty reached out and grabbed Jersey by the chin and forcefully held his gaze. "Now try. Do it for your big bro." He released his grip and shoved his brother in the direction of the dying animal.

Jersey crept forward, an ache in his chest at the sight of the bucks fear. Fear utterly directed towards *him* as he inched closer. "Shh," He tried to comfort the animal, avoiding its lashing hooves, running his hands over the soft fur of its neck. "I'm so sorry." Shutting his eyes, he grasped the deers antlers tightly, and began twisting. It was much more difficult than he anticipated.

The sinewy muscles of its neck rippled and resisted as the deer thrashed its head from side to side. Grunting with exertion, but still refusing to open his eyes, Jersey wrenched until the head had turned as far as it would go. He waited for the pop indicating his work finished, but it didn't come. Even in its broken state, the deer wasn't giving up its struggle for survival and Jersey marveled at its strength. His hands slipped from the antlers, dropping his victim, and fell to his sides.

"I can't do it," he said to the broken glass on the ground.

"You better get back in there," Lefty commanded. "You won't like what happens if I have to take care of this for you."

The brothers stared each other down for a moment, both preparing for their own roles in the violence about to play out if Jersey continued to disobey. All was silent, save for the weakening gasps of the deer. Knowing neither of them would budge, Geena took matters into her own hands. Leaning down, she retrieved the switchblade she kept in her boot, and advanced on the scene. With a hard downward arc, she thrust the knife into the bucks throat. Crimson splashes marred her hands from the gaping wound, leapt to her face, and after a few moments the deer went still. She stood, wiping the blade off on her jeans and slipping it back into her boot.

"There, it's done. Now leave him alone." She spat buck's blood at Lefty's feet. "Drag it out of the road and let's go." She steeled herself.

Geena wasn't going to be intimidated by the sour insults Lefty was sure to launch at her for ruining his display of dominance, but was shocked to find him smiling in surprised delight.

"Holy shit, that was the most metal thing I ever saw," he gave a low chuckle, shook his head, and turned to Jersey. "GG here is more man than you'll ever be—that was absolutely hardcore. I am so *proud* of you, girl!"

Geena could tell that he meant it, and it made her sick. Still, she faked a wan smile at the compliment. "Thanks. Can we go now?"

"You got it! And I tell you what—next town we hit, we'll find you some of those downers you're always after to celebrate. You'll be floating on a cloud come nightfall. Jersey, get your shit together and help me drag this thing off the road."

Grateful to have avoided further confrontation, Jersey complied. Together, they pulled the corpse off to the shoulder. After, they stood in the grass smoking cigarettes and catching their breath.

"Can I bum one of those?"

The three travelers turned as a figure emerged from the trees. A young man with a black eye and a boxy hiking pack slung over his shoulder.

"The name's Ren," the stranger said with a disarming smile. "Y'all headed west?"

PART TWO

7

MORE ABOUT ALCOHOLISM

The day Steven Raith died, Ren found himself alone in Dr Kelly's office, trying to tamp down his anxiety. Today was the last of these court ordered meetings. If Kelly signed off on him, he could bring the slip to his probation officer, take one more drug test, and he'd be free. The problem being that he was angrier and drunker than he'd ever been, and was worried the doctor would see right through him. Over the past months he'd done his best to participate, at least between the hours of four-thirty and six on Wednesday and Friday afternoons. He opened up about his sister, the fire in the gym, the fire in the church. He joined in all the discussions, asked questions, and extolled his newfound clarity. He did this all while knowing that by the time six-twenty rolled around, he'd be at the storage unit his band practiced in, an Icehouse tall boy or bottle of Johny Bootlegger close at hand. He didn't want to be sober, but he didn't want to go to jail either, so he was playing the game. He was picking at the upholstery of his chair, making a small mound of suede scraps between his legs, thinking of bibles, when Dr. Kelly entered the office.

"Good afternoon, Renton! I hope you're doing well." Kelly went around the side of the desk, taking his seat with a heavy thump. "Oh, and happy birthday by the way—how old are you now?"

Ren flinched at the mention of the date, but quickly recovered, sitting up straight and nailing a smile to his face. "Thanks, Doc. I'm twenty-two."

"Oh to be that age again, with the whole world in front of you. How's your back?"

"...fine?"

"Don't take that for granted—you get to be my age and everything starts to hurt, especially when your body has the type of mileage on it that mine does," He hunched over his desk, miming a decrepit old man leaning on a cane. "Use that range of motion while you got it."

"Yes sir." Ren considered this. He couldn't imagine the doctor was past his early fifties, but he could see a certain hardness clinging to the lines of the man's face, making him seem much older than he was.

"So today is to be our last meeting, correct?" The doctor asked, settling back into his chair and flipping through the pages of an ugly yellow notebook.

"I guess that's up to you, isn't it?"

"It's never been up to me, but it is my signature you need, I suppose. Do you think you're ready?"

"Yes." Ren said a little too quickly, hoping the man didn't clock his eagerness.

"Ready for what? What does being 'ready' mean to you?"

"That I've learned from my mistakes and I want to be a productive member of society?"

Dr. Kelly chuckled at this. "Sure, sure of course. How's the drinking been going?"

"I've been staying away from it," Ren replied unconvincingly.

"Son, don't bullshit a bullshitter. I'm not a cop and believe it or not, you don't have to lie. Old dogs like me don't need to see the bones to know they're there, and you're obviously still chewing on yours."

Ren nodded, a lump in his throat building at the thought that his performance over these past months hadn't been as beguiling as he'd hoped. "Okay, maybe I've had a few from time to time."

The doctor waved his hand in dismissal and went on:

"You don't need to hide here. You never have. Believe it or not, it's not my job to bully you into sobriety. Court orders notwithstanding, only you can make that choice for yourself. My only directive is to show you the choices you have, so here's what I'm going to do," At this, he extracted a pen from a "worlds best Dad" mug, signed Rens slip with a flourish, and slid it across the desk. "There. Now that's taken care of and you can relax. Before you go though, let's keep talking for a while if you've got the time."

"What do you want to talk about?" Ren asked.

"I want to know who you're so angry at," replied the doctor. "You won't let go of the bottle until you unclench your fist, so who's got it balled up so tight?"

He meant to lie, but the name escaped his lips like a fleeing invader, stinging Rens tongue on its way out:

"Steve," he said. "Winter's dad."

My dad too. He kept that to himself.

The doctor considered this for a moment. "You hold him responsible for what happened to your sister." It wasn't a question.

"If he'd never come back..." Ren spoke each word like pushing a boulder uphill. "She never would have—she'd still be here."

"Perhaps she would," Kelly appeared to drift off in thought for a moment before continuing: "I'd like to tell you a little story that I normally wouldn't share with one of my clients, but I think it applies, and besides,"—he nodded toward the form on the desk—"you aren't technically under my supervision anymore."

This caught Rens attention. The doctor had been relentlessly cagey about his own past throughout their sessions, always steering the conversation back to the lives of the people under his care. He nodded, and the doctor continued:

"When I was sixteen years old, we lived on a blueberry farm out past Hillsborough, twelve miles away from anything else. We had dozens of rows of bushes that were planted thirty years before I was even born. Some of them were so tall that they'd black out the sky when you were beneath them. We sold them by the flat to a local grocer for pennies on the pound," He paused for a second, seemingly lost in the memory, before continuing:

"One particular Saturday afternoon after a long day of picking and mowing fields, I was playing with our dog Chuck—a bouncy German shepherd—when my father came around from the back of the house in a rage. Apparently I had forgotten to mow the back field. 'Lazy fuck,' he called me and shoved me into the side of his Jeep. I hit the back of my head pretty hard. When I tried to move away, he kicked me in the chest, knocking me back against the car. Then he grabbed his rifle. 'If you can't handle the most basic tasks, you don't deserve a pet,' he said. He pointed the thing at my dog and I had to get on my knees and beg to stop him pulling the trigger." He absentmindedly caressed the jagged scar across his cheek.

Ren was at a loss for words. "Holy shit," being all he could muster.

"Holy shit is right, and that's just a snapshot. Just a day in the life back then. By dinner time he was friendly and joking with a beer in hand as though nothing had happened. That's the way it always went." He sighed, looking out the window as though it reached into the past, appearing far older than he had minutes earlier. "At the end of the summer, I packed up my little car and left. Never went back there again. But that doesn't mean he wasn't still with me. My hatred carried through in everything I did for decades afterwards. It almost killed me. I spent years waiting for an apology that would never come, allowing my self-destructive tendencies to flourish when it didn't. He died of pancreatic cancer ten years ago, but it's probably been twenty-five at least since we spoke."

"Why are you telling me all this?" Ren asked.

"Because sometimes the only way through is to accept the apology that you know isn't coming. You have to let it go."

"He doesn't deserve it."

"That may be so, but that's not why you do it. You do it for *yourself*. You do it so you can survive. You do it so you can stop cannibalizing yourself and rebuild."

The doctor removed his glasses, pinching the bridge of his nose as though to massage away an incoming headache. "That doesn't mean I'm not still haunted by the events of my history. It just means I was ready to let my hatred go before it ate me alive. That's all I want for you—to let go for nobody other than yourself — because it's the only way forward."

"How the hell am I supposed to do that?"

"I don't know, Son. That's something only you can figure out, but the closure you gain will only be of service to you."

"I think I understand."

"I hope that you do. However, I've kept you here listening to an old man's ramblings for long enough. I wish you the best of luck, Renton. Be kind to yourself. It's going to be alright."

"Okay, Doc," Ren said as he rose from his chair. "Thanks."

Walking across the parking lot to his truck, Ren had only one word reverberating through his mind: *closure*. He understood what the man was trying to say, but he couldn't do it. No way would that bastard ever garner his forgiveness. No, he needed closure of a different type.

An eye-for-an-eye sort of conclusion. All He had to do now was drop the slip off to his probation officer and he could fall off their radar. He had somewhere else to be, and a few stops to make along the way.

He was so distracted by the new plan forming in his mind, that he didn't notice the tattered and familiar feminine figure that stood at the edge of the lot. With a forlorn gaze, Winter watched him drive away until he disappeared over the horizon, and when he was gone, so was she.

8

CITY BABY ATTACKED BY RATS

"*Jackpot,*" Lefty shouted, a Heineken mini-keg with a dented bottom held aloft triumphantly like Thors hammer. Today was already shaping up to be a fruitful one.

There was always food to be found in the dumpsters across America, but it wasn't often they found a windfall such as this. Over the past six months they had established a routine for new areas: First, find a secluded spot to camp on the outskirts of town. Second, find a strip mall with a bakery or grocery store that would have quality dumpsters to raid. Expiration dates and damaged goods led to there being no need to spend money on food. By the time they left a place, the van was usually stuffed to the brim with trash bags full of day-old bread, torn packages of crackers, and barely expired Clif bars.

Third, hit the tent cities and railroad tracks, rubbing elbows with the local homeless population. Many of them—more than the average person would expect—had no relationship with drugs, but there was always one or two that could point a seeker in the right direction. This networking was essential to the traveling junkie lifestyle, and it ensured their ability to move freely.

Things were as good as they could be. Money wasn't a problem. Lefty always had a stack of bills stuffed in his jacket. Sometimes he would go out alone at night and come back, unwilling to discuss where he'd been. The group never pressed him, even when his fists were red and raw. Not even when they had to pretend they didn't notice specks of blood dotting his boots. They didn't question him because that stack of bills wasn't shrinking, and he covered whatever fixes they needed. Between that, the free food, and the mobile roof the old van provided them, they were thriving as far as vagrant standards go.

"Hell, yeah," Ren cheered, hoisting his own trash bag full of assorted bagels.

"A feast for kings," Lefty exclaimed. "Alright, let's get out of here."

"Not yet," Ren said. "I'm going to dig a little deeper—there's still treasure down here. Let me hit that keg though."

"You got it, boss." Lefty held the keg over Rens open mouth and turned the valve, washing just as much onto Rens shirt as down his throat. It was hot like coffee from who knows how long baking under the New Mexico sun. Still, Ren suckled at the aluminum teet gratefully. Greedily. Coming a little more alive, he turned back to the task at hand as Lefty exited the dumpster and rejoined the others by their transient home.

Ren wiped the sweat from his brow, grabbed hold of a new garbage bag, and tore it open, releasing a pustulant tide of brackish gray and yellow sludge across his boots. The stench hit him like a train, setting him back on his heels as though bracing against a strong wind. The power of the odor was such that had he not been held up by the waist high sea of refuse, it may have knocked him on his ass. Eyes watering, he popped his head out of the container for a breath of fresh air.

"Everything alright over there?" Geena asked from her perch atop the van.

Ren gave a weak thumbs up and called back: "I'm good. Just a sec!" Before inhaling deeply and turning back inside.

He liked Geena. Not necessarily in a romantic or sexual way—though he wouldn't say no if she offered—but in the way a hopeful musician might like their favorite guitarist. He found her tough but fair, jaded but kind, and a good friend. When they met all those miles ago, she introduced herself:

"I'm Geena—like Davis—and who are you? Where did you come from?"

He gestured back to the forest. "The woods? I'm Ren. Like um—like me I guess."

"Nice to meet you Ren-like-me."

"Nice to meet you too Geena-like-Davis."

Ren dug his hands deep into the landscape of rot, feeling the weight of *another* mini-keg near the bottom of the pile. Finding one was rare, but finding *two* was like catching a unicorn. Grinning to himself, he extracted it from the rest and went to exit the enclosure, but a flash of movement caught his eye.

He was looking at the dessicated face of a rat, flattened against the granitic floor of the dumpster. The thing looked dead, but somehow seemed to be alive. He shifted another bag to the side that sloshed with more of what he assumed would be that same slime he'd already bathed in. Careful not to burst this one, he cast it to the far corner and inspected the creature—no—the mound of creatures.

"What the fuck," he muttered to himself as the seven rats began to writhe and hiss, tried to scatter, but couldn't. Held back by the knots in their tails that bound them together, the putrescent mass wriggled desperately against itself, only succeeding in tightening its own grasp. Ren was fascinated. He'd never seen a rat king beyond the confines of the internet before, and knew them to be a rarified, yet not unheard-of phenomenon.

By all accounts and appearances, these things should have been long dead, but here they were, mummified remains desperately trying to free themselves. He was about to call out to the others, show them the unique sight, when the largest rat—an oily white one with red eyes that seemed to glow—turned its head and looked him dead in the eye.

"*Reeeeeennnnn,*" the thing croaked. "Reeennnnnn-*ton-ton.*"

This time, he didn't maintain his balance, falling backward into the heaps of rubbish, struggling to regain his footing, but instead sinking deeper.

"*Reeeennnnnn-ton-ton,*" the thing hissed as it began to pull itself up and over the obstacles between them. New rats taking control of the direction as they rolled towards him like a tangled wheel. "*Let usss innnn Rennnton-ton-ton*"

The grafted family reached his legs, and he felt scratching claws and jagged teeth sinking into his pants and legs as the thing climbed across his prone body.

"*Opennnn wiiiide Rennnton-ton-ton,*" the thing cackled hoarsely from seven mouths as it reached his chest. "*Let ussss innnn.*"

The rat king laughed hungrily as it reached his neck, vying for the open door of his gaping mouth. "*Sssssoo warmmm. So...wet-t-t,*" it chittered, as it began to force its way inside him. He hacked and coughed, struggled to breathe, and grabbed hold of the knotted tails at the center of the thing, throwing it as hard as he could against the wall.

"*It'sssss tooooo late, Rennnn-ton-ton,*" the rat king intoned in a singsong echo of his mothers voice. "*We're alreadyyy insideeee.*"

Ren began to scream, and didn't stop until Jersey's concerned face appeared in the window, frantically asking if he was okay.

He looked back to the corner where he'd flung the rat king, but saw nothing. No hissing visage attempting to claw itself into his mouth—just more garbage. He gathered his breath and his thoughts before replying:

"I'm good. Just slipped and twisted my ankle," he attempted a nervous laugh that sounded more like a sob. "Found some more beer. Help me up."

Jersey reached his hand inside, helped Ren up, and pulled him out into the midday glare. Ignoring Geenas concerned face and the amused expression Lefty directed his way, Ren faked a cautious limp back to the van and crawled inside. For the benefit of the group, he took off his trash soaked clothes down to the boxers, stashed them in a plastic bag. Tying a tight knot at the top, he hoped it would contain the smell. He took another hungry gulp of half boiled Heineken.

"What're y'all looking at? I'm fine."

"Didn't sound fine," Geena replied as she climbed in back beside him. "You sure?"

"Yeah, I'm good."

She nodded to him, not in belief, but in acceptance. Lefty and Jersey took their stations up front, and they pulled out of the parking lot, four rats with their tails knotted together.

9

NEW MEXICO SONG

Lefty was feeling great, enjoying the drive through the desert. They'd had a run of good luck lately, and that had kept him in a good mood, which in turn had brought the others closer to him. He hadn't seen them whispering about him in some weeks now. He sneered inwardly at the idea of those whispers. They thought he didn't notice. He might be an asshole, but he wasn't stupid. He noticed things, knew things.

Still, he was determined not to let that sour his day. They'd be at the tent city soon and he could relax, get the party going. They had everything they needed. He'd even been getting along with his dipshit brother, and the new guy was alright in his book. A little spooky and sad, but alright.

Grayward had the appearance of a ghost town, though it verifiably wasn't. Around 9,000 people lived there, but you wouldn't know it by looking around. The buildings appeared deserted and you could never tell if a business was open or abandoned. The sight of other people was a rare one, even in the middle of the day. The whole place had an apocalyptic wasteland feel to it, which made a bit of sense considering its history.

It wasn't always such a hollow imitation of itself. The city was built around a booming uranium mine, and thrived until the nineteen-eighties when the ore dried up. With the mine dead, many families and private businesses picked up and left for greener pastures. Those that remained to prop up the skeletal town had to find a new industry. Luckily for some, unluckily for others, they found that lifeline in the form of the prison-industrial complex. Within five miles of their van were three separate correctional facilities and a county jail. The revolving door of incarceration kept the town just flush enough to continue chugging along at an even keel. Being practically surrounded by jailers made his skin crawl, but still couldn't dampen his attitude. He hadn't seen his passenger in over a month now, and was starting to think the wretched vermin was gone. He smiled at the thought.

He checked the rear-view mirror. GG and Ren were huddled in the back, probably over one of the girl's sketchbooks judging from the kid's impressed face. Lefty didn't really get the appeal. It's just pictures. Anybody can learn how to scribble on fucking paper, so what's so impressive about it?

He glanced over at his brother, about to say something to startle the idiot awake for somebody to talk to, when he was interrupted:

"Hello, Leonard," It whispered into his mind.

"Fuck off," he retorted silently, throwing a hateful glare to the vile little monster now seated, purring in his lap. *"I was having a good day."*

"Aww," The thing giggled. *"We know what will cheer you up."*

"Get back in your fucking hole."

The creature shifted on his lap like a child about to throw a tantrum. *"You're no fun."*

"We don't need to."

"We always need to." It cocked its head up at Lefty. *"We have to feed—you know how we get when we're hungry. If you don't feed us, we'll just have to feed ourselves, now won't we?"*

Lefty swiped the beast from his lap onto the vehicle floor. It landed with a wet thump that nobody else noticed, let out an offended cry that nobody else heard.

"This is my show, and we do it when I say so, you fucking gremlin." He could feel the grease from its matted fur clinging to his hand, wiped it on his jeans. *"Go away."*

Wheedling laughter bounced between the walls of his skull. The thing didn't leave, but instead stalked to the back of the van, where it scrabbled onto Rens unaware shoulder. With excited grunts, it began sniffing and pawing through his hair.

"We like this one," the thing chittered. *"He smells like blood."*

Lefty knew what the monster meant. Shortly after Ren joined their group—while they were still back east — he'd seen the young man's mugshot on a gas station television, pictured next to an ugly green house surrounded by police tape. However, he didn't mention this to the others. If he'd learned one thing in his life, it was that sometimes a secret was better kept safe—at least until it could be used to his advantage.

He only saw the image once, and it was entirely unrecognizable from the Ren he'd come to know in the past months. The man in the picture was more of a boy, with a shaved head, clean face, and about ten pounds more meat on his bones than he had now. When he'd first cued in on Ren's fugitive status, there'd been concern over the heat he could bring down on their group. After a moment's consideration he let it go, more due to his curiosity than any benevolent purpose. Besides, he wasn't a snitch, and he wasn't worried about his new friend being recognized anymore. The road forges strong masks.

The thing in the back poked at his mind again, but he ignored it, instead focusing on the pothole ahead. Rather than avoid the hazard, he steered straight into it, the jolting lurch of the vehicle expelling the little bastard from Rens back with another insulted shriek.

Geena let out a screech of her own as both her and Ren bounced into the air, crashed down into each other, and Jersey joined the chorus, roused from sleep.

"Wake up," Lefty said, only vaguely aware of the group's protests. "We're almost there." He checked the rear view again. Thankfully, the furry bastard was gone. For now, at least.

"*You know,*" the voice pierced him once more. *"He isn't alone either. Not to worry though. We will see to that."*

10

BEAT YOUR HEART OUT

"What are these?" Ren nodded toward the fence. Lefty was milling about the tents, schmoozing it up with the residents of the "neighborhood," a dog on a scent. Jersey was following close behind him, a dog on a leash. Ren and Geena were sitting on milk crates by the van, admiring the thin vines shrouding the chain link with their rusty red flowers.

"Lonicera arizonica," Geena responded, as he knew she would. She was great at this, and in all the months they'd been playing this game, she'd never been stumped. She had a whole sketchbook full of near photorealistic drawings detailing the plants they'd seen along the way. "Arizona honeysuckle."

"I've never seen red honeysuckle before."

"It's not very common," She explained. "It's drought resistant though, so it's great for the desert—mostly grows in this part of the country and northern Mexico."

Ren reached out and plucked one from the vine, pulled the stem back for a drop of nectar. "How do you know all this?"

She shrugged. "I like plants."

"We had white ones all along the fence in our backyard. One of my mom's friends planted a ton of it for her when my sister was born. She chose them because they were the type that bloom in wintertime."

"Kiss-me-at-the-gate."

Ren felt his face go hot. "I..."

"Calm down, dork," Geena laughed. "It's another name for Winter Honeysuckle. Which is invasive, by the way."

"You did that on purpose."

She grinned and put her hand out. "Gimme a cigarette."

He smiled back, withdrawing a crumpled pack of Cheyennes and offering her one. They tasted like burning cellophane, but they only cost two dollars at the truck stop so it was a no brainer. They smoked in silence, riding their own trains of thought.

Ren remembered being a child in the backyard, his mother—on one of her good days—showing him how to extract a taste of nectar from the white flowers. "Gods' candy," she called it. That first day, he spent an hour yanking bloom after bloom from the fence, taking in as many drops as he could. He found it frustrating that one flower could provide a taste, but never enough to *be* enough. A specific dissatisfaction that would track him through his life.

"So what was that?" Geena broke the silence. "Back at the grocery store, I mean. You seemed pretty shaken up."

"It was nothing," he tried to sound nonchalant. "I saw a rat and it spooked me. Tripped over my feet and fell on my ass." He didn't want to let on that he was seeing things. That he felt like his mind was on a slow boil in his head. That he was losing it. "It was nothing," He repeated emphatically.

Geena cocked her head in suspicion, her eyes scouring his face for clues, before accepting his answer—or at least, deciding not to pursue it any further.

"If you say so. Didn't know you were scared of rats—Lefty would have a field day with that little tidbit."

"Don't you dare," he responded. She was right. There's no way that prick would ever let him live that down. "Besides, I'm not even afraid of them—actually, I really like the little critters."

"Of course you're not," she said with a wink. "Don't worry. You can trust me."

He wondered if this was flirting or camaraderie, but decided it didn't matter. Regardless, he was struck by something she said: He felt like he *could* trust her, which inexplicably made him queasy and restless. He shook that thought—and the impending panic it brought with it—off with another technique from Dr. Kelly. First, he identified five things he could see: Tents, broken bottles, flowers, the van, and an old pay phone.

Next, four things he could touch: The milk crate beneath his rear, the dry earth beneath his feet, the hot leather of his jacket repelling the sun, and his nails digging into his palms as he clenched and released his fists.

This was far more effective than most techniques, and it was usually by this point, before getting to the next steps of hearing, smelling, and tasting, that he would feel more centered. The physical sensation of the exercise staved off bouts of tunnel vision and worst-case-scenario imagery that could assault him for little—or in this case—no real reason at all. He realized that during his brief mental fervor, Geena was watching him cautiously.

"Hey, did I say something wrong?" She asked.

"No, sorry," he responded with too much enthusiasm. "I'm just hot and tired. We got any water?"

Geena dug a scratched red Nalgene from her pack and passed it over. He thanked her and downed half of it greedily. It may have been an excuse to mask his anxiety, but he wasn't lying. He was *wildly* thirsty and a bit ashamed to think that he didn't remember the last time he took a drink without the bite of alcohol following close behind.

The people that say "it's not the heat that gets you- it's the humidity," clearly had never been to New Mexico, where the sun was so strong he felt like he could reach up and touch it. To him the dry heat felt more violent than the heavy moisture that accompanied the North Carolina summers. He sat there, trying to come up with something to keep the conversation moving. Failing that, he focused his attention on the water bottle, as though carefully inspecting a medication label for instructions. They sat in silence for a time, uncomfortable at first, then a relaxed vibration between them as they took in their surroundings. Across the sea of tents, Lefty was talking to a man with an American flag bandana wrapped around his head, likely negotiating some deal or another to restock their cupboard of intoxicants. Lefty's body language was that of a man in pain. A man losing patience. Jersey, on the other hand, seemed to be enjoying himself, laughing with an older woman under a spindly tree.

"I'm gonna go see what they're up to over there," Geena said. "You want to come?"

"I think I'm good. Might lay out here—take a nap or something."

"Suit yourself." She slapped her thighs and lifted herself to a standing position before carving a path toward the brothers.

He watched her charting her course through dirty faces and burn barrels awaiting nightfall, before shifting off of the milk crate and spreading out on his back. As he took in the infinite sky, his eyes grew heavy, and he drifted toward sleep. However, no sooner had his eyes fluttered shut, that a gruff voice startled him from above.

"You shouldn't be here."

Ren fought the sun, shielding his eyes with his hand as he attempted to make out the hulking figure looming over him.

"Don't bother me none," the man continued. "I ought not be here either. Mind if I sit with you a spell?"

"Uhh, sure," Ren responded, though he didn't get the point, seeing as the old hobo was already taking a seat on one of the milk crates.

"The name's Henry, but you can call me Santa."

"Why Santa?"

"It's a nickname." Henry-Santa ran his fingers through a long white beard that was easily the cleanest thing about him. "Maybe it's just this flavor saver I've got here—but maybe it's because I tend to come bearing gifts."

"What gifts?"

"Less of a gift than a warning, I reckon, but valuable all the same."

Ren waited for the man to continue. He had to admit that the name fit this larger-than-life transient.

"He's not what he seems," Santa continued.

"Who?"

"That man you rolled in here with. You'd do well to split from him as quick as you can."

"Lefty?" Ren asked, nodding towards his friends on the other side of the camp.

"See, you and I ought not be *here,* but that's just fine. Most folk belong somewhere or another, but not him. He shouldn't *be at all*."

The nearby pay phone began ringing, shrill and demanding. Ren didn't understand why it was even there. Surely this wasn't its original home. It didn't belong here in this tent city.

"What the fuck is that supposed to mean?"

"Are you gonna get that?" Santa asked, gesturing towards the phone. "It's for you."

Ren looked at the pay phone, wondering how in the world it even had power running through its cables. "You sure about that?"

"Ain't no more calls for me, Ren. You be careful now. There's a storm comin'. It's not too late for you to find different shelter."

Ren turned to demand how this ancient bum knew his name but found himself alone in the dirt. Henry, Santa, or whoever he was, was gone. The phone still rang though. He stood, tentatively approached it, and cleared his throat before lifting the receiver and uttering a cautious "hello."

"Hey Ren, it's your sister. Happy birthday! Sorry I missed your call, I've been having a rough time lately. Call me back tonight? Phone tag's a bitch, isn't it?"

The words were the same but her voice sounded desperate and inhuman, like radio static on fire. The phone crackled for a moment, threatening to die, before Winter's voice tore across the line:

"Rip it out, Ren! You have to rip it out—it's the-" And then, nothing.

Ren mashed the seven key to repeat the message, just like he used to on his old flip phone. He just wanted to hear her again, never mind the impossibility. It had been months since he dreamed of her and just as long since he last heard her final voicemail before abandoning his truck and most of his belongings. However, the message didn't repeat. Instead, a new, animalistic voice wrenched itself into his ear:

"Winter can't come to the phone right now," the voice jeered. *"You're all alone."* The voice rose to a singsong cackle as it repeated itself faster and louder with every pass:

"All aloneee, all aloneeee, little Renny's all alone!" It was outside the phone, all around him now. He dropped the receiver and backed away, confusion and dread filling his heart in equal measure. It couldn't be real. He backed away to the fence, keeping the payphone in his sights as he slid down to the earth, his jacket shredding honeysuckle flowers from the chain link as his legs gave out beneath him. He tried in vain to calm himself, but there was nothing he could see, nothing to taste

or touch, only the grating whine resounding through his head until there was nothing else.

You are alone.

Fuck this, I'm getting my head right. Ren reached into his pocket and pulled out the remains of the dope he got back in Oklahoma City. Dumping it onto the lid of Geena's water bottle, he snorted up the line, before popping the empty bag in his mouth and sucking on it. *God's candy,* he thought.

A moment or two later, he was at peace again. An artificial peace, but a welcome respite all the same.

Unfortunately, the tranquility was short-lived, broken by a growing commotion across the field of tents. Shrouded in a haze of churned dust, a circle of jeering vagrants was forming. At the center were two men that had broken into a fight. One was on top of the other, screaming and swinging wildly as his victim bucked and rolled. Ren couldn't see the figures through the man-made dust storm, but he didn't need to. He wobbled to his feet and tore off into a run, hoping to intervene before Lefty killed Jersey.

11

SLOW HANDS

T he rustling of dead leaves mingled with the crunch of the gravel beneath them as Ethan Nelson meandered along the trail. Littlewolf had run ahead, scouting for a scent to follow or a squirrel to chase. Jamming his hands deeper into his pockets against the early winter chill, he focused ahead to keep her in view. She was almost out of sight, but he wasn't worried. Littlewolf liked to think of herself as a fearsome predator, but truthfully she was just a little pup with an independent streak. On cue, the white husky stopped and turned with an impatient stare, clearly wondering what the holdup was.

"Come on, let's go!" her frosty blue eyes commanded. In response, Ethan whistled and pointed at the ground in front of him. The dog replied with a frustrated whine that almost sounded like words.

Littlewolf hesitated, seemingly weighing the options of compliance versus a full-tilt sprint towards freedom, before finally deciding on the former. She trotted back slowly but closed the distance and sat at rapt attention in front of her master. He reached out with the leash and noticed the look of mischief on her face.

Oh no.

The little dog popped backwards out of his grasp, spun on her heels, and sped off away from the trail, toward the center of the forest.

Pausing for a moment to look back at Ethan, her expressive eyes spoke perfect English:

"*Catch me if you can!*"

And with that, Littlewolf was in the wind.

Supposing maybe he should have been a bit worried after all, he groaned in annoyance and ran into the thicket to meet his best friend's challenge.

The ground was treacherous with gnarled roots and gradually rose to a steep incline. Within seconds, Ethan was huffing with exertion, but not exhaustion. At fourteen years old, he was already an accomplished member of the cross-country team at his school. He was a head shorter than most of his classmates, but even the fastest seniors, with their long legs and state championship titles, had to pay respect to the younger boy that repeatedly left them in the dust every practice. If anybody could catch a wayward dog on a warpath up the side of a mountain, it was him. That's what made Littlewolf the perfect companion for him—neither of them ever got tired. He felt that familiar burn growing in his chest, felt all the muscles and blood in his body activating like coal in a furnace, and focused in on the bobbing white tail dancing between the trees.

Nine more minutes blinked by on his watch as he ran, gaining on her. His advantage was his sole focus on capturing the dog, while hers was split between every smell, sound, and leaf to explore. By the time they reached the crest of the ridge, they were running nearly in tandem.

"Littlewolf, *wait!*" The boy ordered, and, to his surprise, the runt of a husky stopped, an attentive soldier. Reaching down and putting a hand on her, he caught his breath and looked around, trying to get a gauge on where they were. He realized with shock that they had arrived at the edge of Airplane Lake, so named for the puddle-jumper that crashed into its surface back in the seventies, and an easy four miles from the trail they'd abandoned minutes prior. Looking around and seeing no trace of life, he loosened his grip on Littlewolf's scruff, and together they sat at the water's edge, the pup watching him expectantly.

"Fine, go ahead, you little twerp," he nodded toward the water, and laughed at the immediacy with which Littlewolf lunged ahead, throwing herself into pursuit of a skein of ducks floating lazily towards the middle of the lake.

"You'll never catch 'em!" He laughed at his friend and leaned back on his elbows, feeling his heart rate return to normal and his anxiety over Littlewolf subside. She was safe. He could see her, and she was safe.

"A little cold for a swim, isn't it?" The voice came from right behind him. Jumping to his feet and spinning around in one motion, he found himself regarding the largest man he'd ever seen.

"Where'd you come from?" He asked the titanic stranger. The man was dirty, and his olive drab overalls appeared as old and frayed as he was.

"A little from here, a little from there," the man replied, taking a seat on the ground next to him, not waiting for an invitation. "That's a pretty dog you got there."

"She's a good girl." The canned response he gave to every stranger that complimented Littlewolf wasn't much, but it was true, so it was enough.

"She run off on you like that a lot?"

"Sometimes...most of the time she's pretty good though. My mom always yells at me for letting her off the leash, but it's worth it to me to see her free. She just seems happiest with nothing holding her back."

"So, it's worth the risk?"

"I think so. I only do it out here though. No cars in the woods."

Littlewolf was almost to the center of the lake now, the ducks long gone for safer waters. She paddled a few tight circles, looking for new prey. Ethan stood, preparing to call her back, but seeing nothing more to pursue, she turned and made for shore on her own.

"Do you...live out here?" He asked the stranger. He figured he should be wary, but something about this man was familiar, comforting.

"No, can't say I live much of anywhere," he smiled, scratched at his long, white beard. "This is one of my favorite spots though. You ever been up here?"

"No, but I've always meant to," Ethan said, then laughed. "I guess she didn't want to wait anymore."

Littlewolf arrived back to shore then, bringing with her a torrent of freezing rainfall as she shook herself clean, transferring the mess onto the two laughing humans. Ethan didn't think he'd ever seen her look so pleased with herself as she lay down in the dirt at his side, resting after a successful rebellion. He watched her until her eyes drooped and her breathing slowed, then turned his attention back to the water, watched the settling ripples echo the previous moments chaos. He should have been concerned about the hulking stranger at his side, but all he felt was security, like they'd always known each other.

When the water was still, he picked up a smooth rock and tested its weight before pitching it across the surface, satisfied by the act of creating his own ripples. He counted six skips before the stone sank from view.

"Not bad," said the stranger, digging around with his bear-like hands and coming up with two stones of his own. With a deft flick of the wrist, he sent both projectiles leaping across the lake simultaneously. Their paths diverged, slicing a V almost all the way to the distant shore. There were far too many skips for Ethan to count.

"That was awesome," the boy cheered, seriously impressed. "How do you get 'em that far?"

"I've had more years than I care to remember for practice, but that's what it's all about."

"What do you mean?"

"Well," the man started, sending another rock whizzing out of sight. "If you keep at something every day, you can get a little further down the road each time you do it. Thing is though, no matter how good you get, eventually that rock is always going to drop down into the drink."

"That's a little dark, don't you think?"

"Only if you focus on the wrong parts. See, I reckon it's more important to keep going, get a little further every time. We'll all sink eventually—that's not something we can control. What we *can* do is keep showing up day after day, rocks in our pockets, ready to keep on keepin' on."

Ethan nodded thoughtfully. "I think I get it."

The man's expression darkened for a moment, the air heavy with something else he seemed to want to say, but decided to hold back. Instead, a fresh smile spread across his face. "My granny always used to tell me 'Hank, a frog with a glass ass don't bounce but once.'"

"What's that supposed to mean?"

"Now *that* I can't tell you, but whatever she was saying, I always knew it to be true," the stranger—Hank—laughed.

Ethan laughed too. He was instantly fond of the giant and wondered how such a sagely figure would end up homeless. Hank didn't fit the bill for somebody in such hard times. He wanted to ask more about the man's circumstances, but it felt rude, too personal. As their laughter faded, the still water drew their attention. Together, they watched the lake breathe in silence, and Ethan watched his own breath puff out and vanish in fleeting warm clouds.

"There's a storm coming," Hank said, the former darkness returning to his eyes.

"Really? I thought it was going to be clear until next week."

"Yeah...why don't you and the little hellhound run on home. Wouldn't want to see you caught in it."

Ethan was confused by the sudden change in the man's demeanor, and the sky was cloudless, bright. However, the day was fading, and it was going to be a longer walk home than it was a run to the lake. He nodded, got to his feet, and stirred Littlewolf for the journey.

"Are you going to be okay?" He asked.

"Yessir, old Hank's gonna be alright." It was just for a moment, but in that small space between sentences, Ethan thought the old man looked sadder than he'd ever seen an adult. "And so will you, boy. It might not always seem like it, but you will."

"Thanks...maybe I'll see you around?"

"Maybe you will," Hank responded, his cheerful disposition painted back onto his features. "Now go on, get—your folks will be worried if you're not home when the sky falls."

"Yeah, okay," he said, though very much doubting that, then feeling guilty about his doubt—it wasn't their fault they were so busy, and his father was doing a lot better now. Instead, he gave Hank a wave goodbye, whistled Littlewolf into action, and they began their descent back to the path and their home beyond it.

"One more thing," the old man said. "Tell Carol I said she was right. I can hear the wolves from here too. I'm glad I got to meet you, kid."

Ethan whipped around, but Hank was gone, and the first snowflakes had begun to fall.

12

FUCKING HOSTILE

Jersey hated the desert. Not because of the heat. Not because of the dust or the dry air he could feel sucking the moisture from him like a sponge. It was the sheer scale of it. A man could see endless miles ahead, and no matter how far he trudged, never feel as though he were gaining any ground. The vacuous blue void above felt too close, a gargantuan eye from which there was no escape. He hated the desert because there was nowhere to hide. Almost as much as he hated Lefty.

No. That wasn't fair. He was afraid of his brother but he didn't hate him. It wasn't his fault he turned out the way he did, not after everything that happened. Now though, as he watched Lefty joking with the citizens of the camp, he saw a spark of his brother—his real brother. The one who taught him how to ride a bike when their father was too drunk to stand. The boy from before it all went truly wrong. Despite the things he knew, despite the persistent dread he lived with, seeing his only remaining relative like this made him happy.

"Hey, can you come here a second?" inquired a voice from his right. Jersey turned and saw a battered old woman sitting in the shadow of an Alligator Juniper. He turned back to Lefty, who either didn't notice or didn't care, too wrapped up in his banter with the man in the flag bandana to pay him any mind. He approached the woman.

"Yeah?"

"Let me bum a smoke off you."

Jersey checked his pack. "Sorry, I only got two left."

She waved off his dismissal with a withered hand. "I'll make you a deal. I'll tell you a joke, and if you laugh, you turn one o' them over."

He considered it for a moment. Cheap, noxious cigarettes were a dime a dozen, but these were his last two American Spirits, and cigarettes that didn't taste like a chemical fire were a far more precious commodity. Still though, he needed a laugh. He glanced back over at his brother for a moment, nodded. "Lay it on me, sister."

"Why don't the blind go skydiving?"

"I dunno—why?"

"Cause it scares the *shit* out of their dogs!" She could barely get the words out, already laughing at her own joke as though she were hearing it for the first time.

She had a bright, girlish laugh that sounded like church bells—in contrast to her stained and corroded teeth. He liked the joke, but the sound was infectious enough that he likely would have joined in either way. When he laughed, she pointed a talon of a finger at him.

"Gotcha!" She slapped her knee and laughed harder, which in turn only made him laugh harder as well. Soon they were feeding off each other's energy like first grade best friends, clutching their stomachs and struggling to breathe through gasping laughter for no real reason at all beyond how painfully good it felt.

Catching his breath and wiping tears from his eyes with one hand, he produced the cigarettes with the other, considered, and tossed them to her. "Yeah, you sure did. Take 'em both."

The pack bounced unnoticed against her knee as her eyes went wide and she pointed behind him. "*Look out!*"

Jersey turned just in time to see his brother's fist flying through the air. Then all he saw were flashing stars in the afternoon sky as his back hit the dirt and Lefty fell upon him.

***

"There's nothing here."

"Shut up."

"Nothing for you but plenty for us."

"Stop."

"We can feel them...we can feel their hunger...we can feel yours."

"You don't know shit."

"We know they all think you're pathetic. Weak. Even sweet. Baby. Brother."

"Fuck you."

"You can't even hear the swill spewing out of this dirty hungry thing in front of you, but we hear them all—Little Jersey's laughing at you. Just look at him. We hear him talking about you—Telling lies about you."

"What do I do?"

"Teach him...show him...hurt him."

"In front of everybody?"

"Show them all...do it now. Do it NOWNOWNOW!"

***

He wasn't stopping. This wasn't the first time Jersey took a beating at the hands of his brother. He'd learned a long time ago to play dead, to step outside himself and watch the abuse unfold from a perch of detached serenity. Under normal circumstances Lefty would lose interest quickly—it's no fun to beat a dead horse after all — and find something else to occupy himself, but something was different this time. From his distant vantage point above the swirling dust, Jersey saw not two brothers grappling in the dirt, but a rabid bear mauling a rabbit into shredded meat.

Is he going to kill me?

He wondered this, not with terror, but with something approaching relief. Surely it wouldn't be so bad to die. Surely there would be nothing left to fear in the shadows when the lights went out for good.

It's what I deserve, isn't it?

Somewhere far away, he heard himself choking on the blood dripping down his throat. The sky began to dim, the drumbeat of his skull against the earth grew faint, and Jersey, his arms mechanically waving in a mindless barricade, closed his eyes in surrender.

Just a little more.

The world spun. He couldn't feel the blows anymore. He looked beyond the melee, beyond the camp, and found the eyes of a deer looking back at him. The eyes of *that* deer—the deer who wanted nothing less and nothing more than another day to live. With a pang, Jersey realized that was all he wanted as well, and the realization wrenched him back into agonizing reality.

Eyes crusted with sand and blood, he reached and clawed wildly, seeking something to grab onto, something to stop the onslaught, finding the side of his brother's head. He grabbed as hard as he could and tried to push him away, instead feeling his thumb pressing through, behind the soft and pliable moisture of Lefty's eye. He felt the weight lift from his body, heard his brother scream in what sounded like two voices, and then fell into a deep, blackened unconsciousness.

***

"Stop it, you're killing him!" Geena begged. She grabbed for Lefty's shoulder and tried to pull him away, but he swung around with a closed fist that caught her in the side of the face. Two of her molars cracked and separated from her jaw, and she fell away from him. He opened his mouth wide in a savage scream, his eyes showing no recognition, and turned back with all the force of a living jackhammer. Rising to her feet, she made to enter the fray again, but found herself held back by the old woman she'd seen Jersey speaking to earlier.

"Shhh child, there's nothing you can do."

Geena opened her mouth to argue but found no argument to make. The woman was right. Instead, she turned away from the violence, into the stranger's breast, and sobbed.

Just then, Lefty emitted a high-pitched scream. He reared like an enraged stallion and threw himself backward, cradling his face with both hands. Rising to his feet, he let out a series of grunts and animal howls, before advancing again, paying no mind to the free-flowing curtain of blood that streamed from his eye. This was it. She was about to see her friend die, and there was nothing she could do about it. Lefty bent down and grabbed Jersey by the throat, lifting his limp body off the ground and choking out what life yet remained there, then there was a flash of greasy hair and tattered leather, and Ren was there, his shoulder low, then high as he crashed into Lefty with all the force of a charging bull. Jersey crumpled back to the earth as Ren climbed atop a dazed Lefty who seemed more confused than angry. Ren leaned over, applying pressure with his elbow to Lefty's throat.

"Are you *done?*" He demanded against Lefty's bucking protests.

"Done with what? Get off me you fucking pig."

"Look at him—look at what you did."

Lefty craned his neck to see with his good eye. "What?...no...I...what?"

"Where the *fuck* were you?" Geena screamed.

13

TAKE WARNING

J ersey heard birdsong, felt warm breath on his face, and opened his eyes to find himself in the shadow of the buck he couldn't kill. The animal nuzzled at his cheek, snorted quizzically, and backed away as though giving him space. He sat up and looked around, surroundings unfamiliar. Distorted. This wasn't the desert.

The trees were some sort of pine variation, arranged in perfectly symmetrical rows. The thick cushion of discarded pine needles felt soft as a feather blanket. A nearby stream gurgled, playful and serene. The deer just watched him, and he returned its gaze. The animal's large brown eyes were warm, welcoming. Jersey felt his own go hot and wet.

"I'm sorry," he said, unsure of whether he was apologizing for the hurt their vehicle brought upon the creature, or for his own cowardice when it came time to finish the job and end its pain. The buck cocked its head before turning and loping off into the trees.

"Wait," Jersey called out. He got to his feet and followed it into the thicket.

He couldn't see the deer ahead, but the crunch of its hooves sounded clearly through the underbrush, picking up speed. Jersey broke into a run, calling out repeatedly for it to wait for him. The trees around him seemed to pulse and reach, branches snagging his clothes like grasping hands. The spindly wooden fingers encroached upon him so heavily that soon he found himself trapped, unable to run or even walk. Long purple vines stretched and wrapped themselves around his midsection, around his throat, and lifted him from the ground. He struggled to free himself, but that only tightened the grip, threatening to steal his breath away. The vines lifted him further into the tree canopy.

"I'm sorry," he choked out again, and stopped thrashing, surrendering to the force. It was then he noticed that the vines and branches weren't only carrying him upwards, but forward through the forest. While some reached and pulled, the rest seemed to creak and bend out of the way, massive trees stepping aside, clearing a path. A few moments later, the trees melted away. The vines released their hold, sending him unceremoniously crashing to the ground. In front of him stood the deer, and behind the deer sat a cookie cutter suburban home. It was simultaneously unfamiliar and like every other house in the plastic neighborhoods his family had never been able to afford, but what was it doing here in the forest?

The buck pawed the earth and snorted, watching Jersey intently. A light flicked on in the house. He saw motion behind the windows, heard what sounded like shouting coming from inside.

"Where am I? What is this place?" The deer didn't answer, only held his gaze and pawed the dirt again.

The shouting from inside became screaming, punctuated by the thunderclap of gunshots. Jersey jumped up and tried to run towards the house, but the buck moved to intercept, blocking his path and bleating plaintively.

"What's going on? Who's in there?" The deer just stared at him with those doleful eyes. The weight of the gaze almost had an audible volume to it—a plea in a language he didn't know.

He tried to duck around the deer and make for the front door again, but again it blocked his path, its antlers growing and stretching around him like the branches, caging him from any further advancement.

"What do you *want?*" he screamed, desperate to know what any of this was. The mass of exposed bone tightened around him, the deer never breaking its stare. As the antlers pierced his flesh, white lights flashed through his vision, along with other things. A broken window. His brother's hateful grin. A dead boy, bloody and limp in a fresh snowdrift. A woman's cry cut short, strangled and wet.

The antlers dug into his muscles, rooting around as though searching for something. Deeper and deeper until they passed through his body and out the other side from a dozen different angles. White-hot pain tore through every inch of Jersey and he silently pleaded, swearing he'd do anything to make it stop.

The deer lifted its head, raising him aloft, his body sinking down against the antlers like a pig on a hook, still never taking its sad eyes from his.

"W-why?" He gasped, and to his surprise, the beast answered in a voice that sounded like a storm crashing off the side of a mountain. An ancient, vital sound that spoke only three words.

"Keep your promise."

***

Ren released Lefty and rose to his feet. The denizens of the camp were already thinning out and wandering away without the magnetic violence that had drawn them together. Geena was sitting in the dirt with Jersey's head in her lap, trying to bring him back to consciousness.

Lefty kept his gaze locked to the ground, an almost embarrassed look on his face.

"He's not waking up," Geena declared. "We need to call 911."

"No cops," both Lefty and Ren replied in unison. They locked eyes and Lefty cocked a half smile. Ren didn't like what he saw there. Didn't like the knowing glint in Leftys' one open eye, nor did he appreciate agreeing with the bastard.

Geena gave him an appalled look. "Are you kidding me? This isn't the time for some punk rock 'fuck the police' bullshit. He needs help and I know neither of you assholes are doctors."

Ren withered beneath her stare but held his resolve. "It's not like that."

"Well, what's it like then? Look at his face and tell me he's fine." Her voice sounded strange and halted as she spoke around her own injury.

Ren did. Geena was right—he didn't look good. He had a big gash on his chin, and so much red dirt caked onto his face that it was hard to tell clay from blood. However, his breathing seemed even and slow, his expression peaceful, as though he were taking a nap. If not for his wounds, he would look as any vagrant would whilst resting in the shade.

"He's just knocked out. I saw my pops in much worse shape dozens of times growing up. He'll be fine," Ren replied, trying to sound more confident than he was.

"Yeah," Lefty chimed in. "Williams' boy faces are carved out of wood—he could take a lot more than he got."

"You shut the fuck up," Geena replied, each word pulsing with visceral hatred. "That's your brother laying there, and it's *your* fault, you goddamn psycho."

Even Lefty flinched at this, returning to his thorough inspection of the dirt between his boots. Geena turned back to Ren.

"So what do you propose we do now, then? Just wait around? Should we just *pray* for him? What if he doesn't wake up?"

Ren considered, sucking his teeth. "We get him back into the van and we get out of here. If he doesn't wake up on his own soon, we'll take him to the hospital." He turned to Lefty. "Get up. Help me lift him."

Lefty didn't look so good either. His bad eye was entirely swollen shut. Ren wondered if there even was an eye anymore beneath the mass of bloodied flesh and oozing clear fluid. The other one was bloodshot, tinged with a sickly yellow. He looked smaller than usual. "Yeah, sure," he responded in an uncharacteristically uncertain tone of voice, rising to his feet.

"Don't you dare touch him." Geena glared at him, then turned back to Ren. "Fine. We'll do it your way, but if he doesn't wake up, it'll be just as much your fault as dickhead over there. Think you can live with that?"

"I guess I'll have to."

"Fine," she said again, making sure it was obvious how *not* fine it really was. "I'll get his legs."

Jersey wasn't nearly the size of his brother, but he wasn't small, either. The two of them struggled to maneuver him towards the van, thin and malnourished as they were. They almost lost their grip and Lefty made to assist them, but Geena shot him another sizzling glare and he shrunk away, instead moving ahead to open the door of the vehicle. As they reached the van and went to set him inside, Jersey sprung to life. Thrashing and feral, he slipped from their grasp and landed in the van with a hard thud, screaming the same bewildering phrase over and over:

"Keep your promise!"
"Keep your promise!"

"Keep your promise!"

14

UP THE WOLVES

"Gross," Carol Nelson muttered to herself, pulling the bloody clump of viscera from her hair and casting it into the bathroom sink. Normally, she would have noticed something like this, cleaned herself up a bit before she headed home, but it had been a hell of a day. The thing made a metallic clink when it landed. She turned the water on, washing the blood down the drain and revealing the small bullet fragment. She picked up the piece and sighed before throwing it in the garbage can. Meat separation was her least favorite part of the job. As animal care director of the Wild Cascade Wolf Rehabilitation Center, it wasn't even really *her* job anymore.

Stop that.

She couldn't abide a "not my job" mentality from her employees and volunteers, so she couldn't allow herself to think that way either. It didn't matter *who* did the work, just that it needed to be done, and now it was finished. Still, she was getting tired of volunteers flaking out on her. They applied for the positions in droves, expecting to live out some Disney movie fantasy as a wolf whisperer, spiritually in tune with nature. Instead, they all had the same shocked expression on their faces on the first day when they found out it was actually *work*. Hard, thankless work. Most of them didn't last a month.

Meat separation was the main task that pushed them out. These kids were mostly west side Olympia hippies, many of them vegan, and balked when it came time to sort through a dozen trash barrels full of elk scrap donated by a local game butcher. Therefore, when none of the kids showed up this morning to separate ruined flesh from safe meat for the wolves, Carol wasn't surprised. Irritated, sure, but surprised? Never. So today she had processed over five hundred pounds of meat and bone all by herself, whittling it down to two hundred pounds of usable food for the seventy animals in her care. The next step was dispersing the meat into bread pans and freezing it into four pound "loaves." Even frozen solid, the wolves' powerful jaws would break it down in seconds, and the process made feeding time much simpler—just load up the wheelbarrow and toss the frigid chunks over the fence of each enclosure.

The heat kicked into gear. They had just turned it on for the first time that year, and the unit was still cycling through that particular burnt smell signifying the long dormant machine reporting for duty. Carol loved that smell. Winter was her favorite time of year, and the scent from those vents always brought with it a deluge of childhood memories: Hot cocoa, building snowmen, presents under the tree—the usual stuff. It was also the time of year that the wolves were most active. The cold restored their energy and their undercoats were growing out, creating that regal image people always had of wolves. Much different than the messy, skinny look they had in the spring after blowing out their coats. On days like this, she wished she could shed her own layers and grow fresh armor for the season to come, but a simple shower would have to do.

She turned the water on, disrobed, and stepped into the scalding torrent. It wasn't hot enough. It never was. John always told her she was inhuman—that her preferred shower temperature would slough the skin off any ordinary person. Smiling at the thought, she turned the heat up almost as hot as it would go and reveled in the burn of it. It felt so good that she didn't notice the sound of the bathroom door creaking open.

"Hey babe," John called, startling his wife. "How were the woofs today?" He always said it like that.

"Hungry as always," Carol replied. "Hey, I thought you were working tonight."

"I am, but we've got this cold snap coming in so I asked the boys to handle the line for a couple hours so I could finish chopping up some firewood. They'll be okay—we don't have any big caterings until next week and Sundays are always pretty slow."

"Thank you, dear husband. With your hard work, we shall surely have warmth to survive the harsh winter ahead," she said in dramatic tone. "Is Ethan home yet?"

"Not yet, but he called a few minutes ago. Said him and the pooch went up to Airplane Lake and he should be back in a half hour or so. You know it's snowing out there? Already coming down pretty hard."

"Really?" Carol said, peeking around the curtain. "Why don't you call out altogether and stay home? We can order a pizza and watch the snow fall, maybe catch a movie?"

John hesitated. "Are you sure? Can we afford to lose a couple hours?"

"We'll be okay. It just feels like neither of us have seen the kid in weeks, all this work."

"Okay, I'll let them know and call for delivery once I finish with the wood. Enjoy the rest of your volcano shower." He stepped forward and kissed her on the cheek, squeezed her shoulder twice, and shut the curtain. The squeezes meant "I love you." A simple shorthand for when words wouldn't cut it. Sometimes a touch spoke much louder.

She heard him fiddling around at the sink for a moment before the door open and shut, leaving her once again alone with her thoughts.

Part of her regretted asking him to stay. There was always so much to do in the kitchen. He'd left a lucrative career in sales to pursue his passion, sinking most of their savings into the restaurant he named "Carol's" just for her. She was proud of him, not just for his ambition, but for the effort he had been putting into the fight against his own issues. It had been weeks since he came home late reeking of booze. He'd even started going to meetings. She allowed herself to be optimistic, but that didn't mean she wasn't afraid sometimes. Still, best not to let the doubt creep in and ruin what promised to be a night at home all together for the first time in too long. They were going to be just fine.

But what if they weren't? Her mental wheels started to grind against an onslaught of sudden dread. Her vision tunneled into a pinprick of blurred light, and she sank to the floor.

Stop.

The panic attacks weren't unfamiliar, but she usually had more of a sense of when they were about to come on.

You're fine.

It had been a long time since she'd been hit this hard. She prided herself on the self-control she'd achieved over the course of a lifetime of therapy and medication. However, even decades of learned coping strategies never made the next assault any less foreign or brutal than the last one.

No, please.

The shower was cold now, but Carol didn't notice. With her sensory awareness washing down the drain alongside the water, she pulled her knees tight to her body, her breath hitching out in ragged gasps before freezing in her chest.

Get it together.

Then, release. She could breathe again and focus returned to her eyes. With a tremor in her hand, she reached out and turned the water off, collected herself on the floor before stepping out.

Back in front of the mirror, she had to smile. Written in steam on the glass was a message, alongside a crude cartoon of a wolf head with too-long ears:

"We're going to be okay."

A tear trickled down her face and Carol thought she loved her husband more in this moment than she ever had in seventeen years of marriage. He was right. They *would* be okay.

So why couldn't she bring herself to believe him?

15

NOTHING ELSE MATTERS

*M**ust be nice to heal so fast.*

Jersey snuck a glance at his brother's snoring face in the passenger seat. Looking at him, he couldn't identify any evidence of the violence that had taken place between them just a week earlier. By contrast, his own face still bore the marks. The scabbed gash on his chin still itched, and no matter how hard he tried to let it be, he couldn't help but scratch it almost constantly. The fading bruises on his face gave him a battered appearance that made him cringe when he caught his reflection in the rear-view mirror. Of course, he knew the reason behind the discrepancies between their states of recovery. He could pretend otherwise all he wanted, but that didn't change what he knew. It didn't change what he'd seen.

Lefty had been kinder and gentler than usual over the past week, so when they caught a moment alone waiting for the others at a truck stop in Arizona, Jersey seized the opportunity to bring the issue up.

"It's getting worse, you know," he'd said, his voice wavering.

Lefty flicked a cigarette, produced another, and sighed. "Yeah, so what if it is?"

"You promised you could control it."

"I can—I mean I am. How many times do I have to apologize before you quit whining? I'm only human, aren't I?"

Jersey found *that* an interesting choice of words, seeing as they both knew it wasn't true—not anymore. He didn't point this out though. Instead, he changed his approach.

"We could just...stop. Stop running, you know?" He realized he was clawing at his wound again, made himself quit. "We could go home."

Lefty snorted. "And do fuckin' what exactly? Turn ourselves in?"

"I'm just tired, man. Real fucking tired."

They both went quiet for a moment and looked out at the stars. The sky was just as behemoth in Arizona as it was in New Mexico, but Jersey didn't mind either at night.

Lefty broke the silence first, putting his hand on Jersey's shoulder. "He deserved it, and we don't deserve to rot the rest of our lives away just because we balanced the *goddamn* scales."

"Maybe you're right, maybe you're wrong—it doesn't matter to me anymore."

"I hear you." Lefty put his hands up, then his face brightened with an idea. "What if I can get us a place where we can quit running?"

"What do you mean?"

"You're 'tired,' and I don't want to go to prison, so we just stop somewhere else? I know a guy who can help us out."

Jersey felt a tinge of what might be hope but felt more like dread the more he sat with it. "Who?"

"We go see Dennis."

He didn't know who he expected, but it sure wasn't that lunatic. "Dennis the dentist? I thought he was locked up?"

"Nah, they never proved anything—he just skipped town," Lefty shrugged. "He bought a couple houses up north, rents 'em out cheap and won't hassle us on the paperwork. We'll relax a few weeks and figure out our next move."

"I don't like it."

Lefty's face darkened. "I'm trying to work with you here bro," — the implication being that he wouldn't for much longer — "just give it a chance."

"Alright, fine, whatever you say." He knew better than to push his luck. "But we leave the first time he gets weird."

"You got it, my man—hey, you need to relax. I know what'll cheer you up." Lefty produced their homemade pipe from his pocket, loaded it up with a powdery rock, and offered it to Jersey.

He knew it wouldn't "cheer him up."

He took it anyway.

And now here he was, driving through the night, the only one awake, yet awake enough for all of them. He scratched his chin, didn't bother to stop himself this time. It just felt too good.

The road ahead stretched out into an infinite black, speckled by taillights of other travelers, emphasized by the stars above. The earlier burst of euphoric energy from the pipe was wearing off, coalescing into urgent anxiety. The real high didn't truly come from the first hit, but rather the relief that accompanied the second, the third, the fourth. Therefore, the power it had in its apex was always overshadowed by the terrible valleys between climbs. In a way, he found himself craving both sides of that coin in equal measure. In focusing on his need, he found himself unaffected by any previous concern over their destination. That was the heart of the drug's allure—with one hit, it had an uncanny ability to boil down all ambition to one focal point: the *next* hit. In those moments, nothing else mattered. He took the pipe out, carefully steering with his wrists as he leaned over the wheel and drew that relief deep into his chest. It was a party with only one guest, and he was happy to be invited.

Too quiet, he thought, his eyes wide and twitching. He turned on the radio. Spun the dial across a sea of crackling dead air and fire-and-brimstone radio preachers before switching to the CD player. The disc skipped a few times before settling into a groove, filling the van with the sounds of the newest Exploited album. Nobody else stirred, save for Ren in the back who twitched and jerked but didn't wake. Jersey drummed on the steering wheel along with Willie Buchan and the rest of the band, imagining himself up on stage with them. He wondered what the others were dreaming of.

Up ahead, he saw the turnoff he was looking for, and directed the van off the I-40 interstate for the first time in over 2,000 miles. He glanced at the clock on the dash.

3:07 AM.

Just a few more days. They'd be in Olympia soon.

16

REAPER CALLING

Ren stood at the base of the staircase leading up to the gym. Bracing against the smell of toxic smoke, he turned to exit through the glass door. However, instead of Durham streets, the door opened into nothing but a callous, freezing void. His breath misted in the air, and icy crystals formed rapidly across the surface of the glass. When the frost reached his hand on the doorknob, he felt it chew into him like teeth. He wrenched his hand away, letting the door swing shut, and turned back to the stairs. From the mouth of the staircase came a rhythmic thudding sound.

Drums?

No... strikes.

Somebody was upstairs working the heavy bag.

He began the climb to the top floor, the acrid smoky odor intensifying with every step.

Thud.

Thud.

Thud.

It sounded more like a hammer striking an anvil than fists on canvas, but Ren knew what it was. Knew *who* it was. His father was up there. He quickened his pace, his path illuminated by the yellow light emanating from cracks in the rotted wooden stairs—That same ugly yellow light he'd seen blaring from his mother's fissured face. It pulsed from beneath—from all around him—with blistering heat.

Keep going.

For all his life, that walk up had only taken a minute. It was only a few flights of stairs. But here in this place they seemed to stretch upwards forever. After an eternity of climbing, he finally found himself at the top. The heat was unbearable and the sounds of crashing fists and crackling flames on the other side of the door were deafening. Ren reached out, opened the door, and stepped through...

Into a field of green grass and bright blue sky. Tombstones of varying sizes dotted the landscape, forming an open path that lead to the center. In the center of the field stood his father's boxing ring and in the middle of the ring lay a coffin with a closed lid, a podium at its head. Within the boundaries of the ropes, mourners were gathered around the box. Next to the podium, a large shot of Winter rested on a tripod, her last school photo.

This wasn't right. Obviously there had been no boxing ring, but her service was held in a church, not outside, and she hadn't been buried either—she'd been cremated like the rest of their family. Dad always said that coffins and graves were for rich corpses. Still, he cautiously entered the ring full of bowed heads—some he recognized, his glassy eyed father being one of them — and took his place at the podium he knew waited for him. He was relieved to see that Steve wasn't in attendance, just like the real day. However, he couldn't shake the notion that someone—or something—else was watching from the periphery, maybe even drawing closer. Gathering his breath, Ren spoke the same words he did the first time in that church:

When I was about six years old or so, Winter snuck me into my first horror movie. I didn't even really know what scary movies were yet, but she promised it would be a blast and I would have followed her anywhere, so off we went. The movie we saw was I Know What You Did Last Summer. *I demanded we sit in the front row because all I knew was that the front row was ideal, exclusive. I didn't know that the idea didn't really apply to movie theaters, and she didn't bother explaining that, just let me lead the way down to the front and choose our seats. Front row center.*

I was an anxious kid. Everything scared me. Maybe another sibling would have brought me just to laugh or bully their little brother, but not Win. I think she wanted to challenge me—she was always doing that. I always trusted that she wouldn't hurt me on purpose, because I knew that was true.

I don't remember much of that movie anymore, but I do remember one thing. It's a throwaway scene, but I don't think we have a choice which moments stick to us.

There's a point where Jennifer Love-Hewitt opens the trunk of her car to find it overflowing with crabs. Just dozens of the little things crawling all over each other. For whatever reason, nothing else in the movie up to that point had scared me, but those crabs gave me my first real panic attack. Something about how they didn't belong there maybe, but I lost my mind. I started crying, and Win, realizing her mistake, quickly scooped me up and brought me back to the car. We never finished the movie, and I was really upset, but that didn't last long. We were barely halfway back to the house before I had forgotten it all. She apologized for scaring me, but I didn't need the apology. I knew her intentions, even that young.

I know most of you would rather be somewhere else. She let you all down. She stole. She lied. For the last few years, she made every mistake she could fit into every day. I know she burned all her bridges. All except the one we shared together. There's nothing I wouldn't forgive. I've heard some of you talk about her. I know you gave up on her a long time ago.

But I didn't, and shame on you all. Shame on you for giving up. For turning your backs on my sister. On my best friend. Maybe she was just a fuck up to you people but you're wrong. She took care of me. Nobody else ever made me feel safe, and I don't know if I ever will again.

So fuck. You. You can all rot in hell. Winter made mistakes, but she deserved so much better. From all of us. That's all I have to say.

***

The van hit a hard bump in the road, shaking Ren awake. For a moment, he had no idea where he was and the confusion sent him into high alert. Slowly, his surroundings came into focus and he came back to the present day. It was dark outside, and Lefty had said they had to go to Washington. It didn't matter to him where they went, not one bit. He reached into his backpack and pulled out the needle he'd set up for himself earlier, tied off his bicep with a bandana. Even with the turbulence of the van he got his vein on the first try.

It was so easy now.

17

THRASH UNREAL

E verybody loved Mr. Reynolds. As far as teachers went, he was a dream come true. He was young, animated, and funny. The most engaging teachers are always those that clearly have a passion for the material, and he had a way of inspiring even the most indifferent kids. Any student would count themselves lucky to land a place in his environmental science lab, and Geena was no exception. She'd always been a diligent pupil, but she worked twice as hard in his class, especially in the sections centered around plant life—plants were her favorite. She wanted to impress him, and though she would never admit it, even had her first puppy dog crush on her new instructor. She was over the moon to find that her efforts had been noticed and Mr. Reynolds took a special interest in her progress. When he asked her to stay after class that day, she wasn't nervous like many kids would be, nor was she when he asked her to accompany him to his office. She hopped out of her desk and followed him out of the classroom, down the hallway with the cracked tiles, and into his office, where the door shut behind them. She was thirteen.

Then Geena blinked, and she was sixteen, standing in line for a midnight showing of The Rocky Horror Picture Show, nervously tugging at the fishnet stockings she purchased earlier that day.

At the theater where her and her friends threw rice at the screen and learned how to dance the time warp, and where the swarthy man who smelled like popcorn and leather shoved his hand down her pants. Where her friends didn't notice and the man told her he could tell that she liked it from the way she twitched in fear. She never went back to that theater. She turned away from the man's foul breath, squeezed her eyes shut...

And she was eighteen, sitting in a Waffle House bathroom with a needle in her hand. A table out front full of friends she didn't like and food she wouldn't eat. She hoped it would kill her that time.

Instead, she was twenty-feeling-like-forty, standing on the side of the highway under the hot sun, her thumb stuck out to the side. An old Chevy Astro idled on the shoulder.

Geena jogged to catch up and jumped in through the side door, ready to introduce herself, but as the door shut on its own behind her, she saw nobody behind the wheel. Nobody in the passenger seat. Not even the sunlight outside pierced the darkness on this side of the windshield. It was pitch black. She was all alone.

But she wasn't.

From within the darkness shone a pair of ghastly yellow lights.

Eyes.

She tried to open the door to escape, but it wouldn't budge, and the eyes drew nearer. The closer they got, the more the horrid lights illuminated the features that surrounded them. She saw greasy fur and jagged fangs, simultaneously realizing two things:

The first—that she was dreaming.

And the second—that this was going to hurt all the same.

She screamed to wake up, but she was trapped in the dark.

Somewhere high above her, the van rolled onward.

And the creature fed.

18

A Place Where We Can Stay

Ren woke to muted gray sunlight and commotion as the brothers spilled out of the van onto the street. *Guess we're here,* he thought, though he still wasn't entirely sure where "here" was. To his right, curled into a ball, Geena was still asleep, squeezing her backpack close to her chest like a strangled teddy bear. He nudged her arm.

"Hey, wake up," he said softly. No response. He tried again, this time a little louder, with a more insistent squeeze on her shoulder. That did it.

"Don't fucking touch me!" Geena kicked out, clocking him square in the solar plexus, and bolted upright. She clutched her face in her hands and shook her head like a dog sloughing off water. She looked up at him, equal parts angry and frightened.

Struggling to get air back into his lungs, Ren pointed out the window. "We're here," he gasped.

Recognition crossed her face but was quickly replaced by an urgent expression he knew all too well. She doubled over and vomited straight into her own bag.

"Jesus, are you okay?" He asked. To his surprise, she laughed.

"Yeah, just saving this for later I guess." She shook the bag as though it were a wrapped present and she was trying to identify its contents. "Breakfast of champions, am I right?"

Ren faked a smile in return, rubbed at his sore chest. "Gross."

She looked like hell, but then again, so did the rest of them. All except Lefty. Out on the sidewalk, he was practically glowing, chattering excitedly to a squat man in a bowler hat. Jersey didn't seem interested in the conversation; his attention centered on the three strange houses along the street. After a moment, Lefty and the stranger walked into one of the homes, gesturing for Jersey to wait outside. Geena and Ren joined him.

The homes were exact copies of one another, each of them two-story constructions with wraparound porches and pointy symmetrical roofs. They seemed well kept and ordinary—aside from a few broken windows—with one exception: they were all painted entirely black. From the roof all the way down to the walkway that led to the sidewalk, matte black covered every surface. It made them feel eerie and unusual. Ren thought the Addams family would be proud.

"So what's this guy's deal? You two know him?" Ren asked.

"Yeah... he was sort of a local legend back home." Jersey gestured at the houses. "Did the same thing with his properties back then. He's a bit...theatrical.

"You don't seem as thrilled to see him as Lefty."

"He's sort of a freak. A true theistic satanist. Tells anybody who'll listen about his dark lord and master." He laughed. "Not a good look for the local dentist."

"He's a dentist?" Geena asked, rubbing at the side of her face where Lefty knocked her teeth out. "Maybe he can help me out."

"He definitely can...thing is, you might not want him to."

"Why not?"

"Back home, a lot of us went to him. He was a good option if you didn't have a lot of money, because he'd work for free. It always felt like you paid though."

"What do you mean?" Geena pressed.

"He'd give out his services free of charge under two conditions: one, you had to go to his house where he had a private setup, and two, you had to let him work on you without any anesthetic."

Geena winced. "What a psycho."

Jersey continued. "Buddy of mine took him up on the offer once to get rid of an infected wisdom tooth. Dennis tied him down and went to work. Afterwards, my buddy told me it wasn't worth it. Wouldn't go into much detail beyond that but he was pretty messed up about it."

Geena shuddered. "Okay, so new question then: what the hell are we doing here?"

"He uhh...he owes my brother a favor."

"For what?" Ren asked. He hated to think what a favor to a man like that looked like.

"That, I don't know. Just that when things took a turn back home for him, Lefty helped him out of a jam. He never told me what happened exactly. I never really asked. Honestly, I totally forgot about him because right after that..." Jersey trailed off, a faraway look on his face.

"What?" Geena prodded.

"Nothing. Forget I said anything. We all hate our hometowns, right? We just hit the road around then, met up with you maybe a week later, G—y'all know the rest."

Ren had the distinct feeling that they did not in fact "know the rest," and was about to push for more information, but was interrupted by the sound of a door slamming and Lefty jogging back to greet them, jingling a new set of keys in his hand. Dennis shuffled close behind. Something was off about the man's gait. His movements were choppy and his strides too short, as though his legs were shackled together. Even across the span of the yard, Ren could hear him breathing. Heavy, through his mouth.

When he made it to where they stood, he greeted each of them in turn with a handshake that was both limp and damp. "Welcome," he wheezed. "To your new home."

19

EVIL

B y the time Ethan and Littlewolf breached the forest and made it back to the road, it was full dark. The snow was coming down in thick milky sheets that made it hard to see, but he knew the way and the pup knew it even better. He relaxed and let her lead him, listening to the quiet crunch of his footfalls as they went. The town seemed deserted, asleep, which was strange this early in the evening—even in a snowstorm—but in reality, he was sure there were people out and about, just beyond the scope of his inhibited view. Something about snow just always made him feel alone in the best possible way, like a solitary king of the frozen wastes. Still, he would have expected to at least see the glare of occasional headlights cutting through the icy curtain, but there was nothing. No hint of life. Just his own tracks and Littlewolf's excited grunts.

Snow always seemed to wake something up in her. Her energy and appetite doubled this time of year and she never seemed more excited to be alive than when she was jumping into a snow drift by the side of the road. Seeing her in her element like this, Ethan couldn't help but smile like a fool, just as she would, were her facial muscles capable of such a thing. Even with her coat still damp from the lake, the cold seemed to have no effect. As a matter of fact, when they passed under a streetlight, he could even see faint steam rising from her fur as she dried out.

Just before passing the 3rd Street Tavern and beginning the long trek up the steep hill that divided East Olympia from the west side, the pair cut across the street into the little patch of concrete that housed the Olympia spring. It was an empty space, populated by a few benches and tents from local homeless community members. In the center of the clearing stood a single pipe that jutted from the ground like a metal candy cane, perpetually expelling ancient water from deep underground. The legend was that this spring was magic—that any who drank from it would always return home to Olympia. Ethan didn't believe in the magic of the thing, but never missed a chance to stop. In his estimation, no water from any spout or bottle ever tasted quite as crisp or bright.

He topped off his bottle, stooped to the ground and gathered up a snowball, packing it tight before tossing it to Littlewolf. She jumped to catch it and gobbled it happily as though it were a slab of meat. He chuckled. "Okay, let's go girl."

Technically, the shortest route home was straight down the main road out of downtown and up the steep hill to the west side. However, the *faster* route was a bit more circuitous, cutting through a section of forest before releasing into neighborhoods that rose switchback-like up the hillside. They could get through the woods and cut the trip down even further by crossing through a few backyards. Ethan's ears burned with the cold and he envied Littlewolf her winter insulation. He picked up the pace slightly, aiming to bring his heart rate up, maybe some feeling back into his fingers. They passed by the Capitol lake, its surface already clouded and slushy beneath the spotlights that lined the perimeter. By morning it would harden to a solid mirror. Never thick enough to hold a person's weight, but always *just* thick enough that you'd wonder if this year might be the year you could step out to the center. Littlewolf tugged half-heartedly in the lake's direction.

"Oh no you don't, twerp." He corrected her, and she turned her attention back to the path ahead. Last year she had slipped her leash and scampered across the ice, leaving him no option but to watch from the shore and hope she didn't fall through. It gathered a crowd of joggers and other bystanders that joined him in shouting for her to return. Of course, she would return only when *she* was ready, and was only emboldened by her audience. She stayed out there for almost an hour that day, running in circles before approaching the shore, only to stop just out of reach, tear off again for another lap.

As they passed the Olympia food co-op, he considered stepping inside just long enough for the sensation in his nose to return, maybe to grab Littlewolf one of those sixteen-dollar grass-fed New York strips he liked to treat her to from time to time. Ultimately, the allure of making it home and kicking off his now soaked running shoes outweighed the prospect of momentary relief in the small shop. He made a note to himself to get her that steak tomorrow, and they pressed onwards.

As they got further from downtown, the street lights got further apart and became as islands amidst the dark. Ethan was struck by the urge to race as quickly as possible to close the gaps between them but tamped down the unease.

You're fourteen. Don't be a baby. There's nothing in the dark.

His mood was faltering now, his childish fear giving way to irritability, and then sling-shotting back and forth between the two until blending into a soup that bubbled in his chest.

Get it together dude. It's just a walk home.

This kind of thing had been happening more and more lately. Nothing unmanageable, just sudden bouts of worry over nothing that made his chest hurt and his breath short. When he'd told his mother about it, a knowing sadness had crossed her face. Carol hugged her son and told him how common that was, taught him to breathe through it like he was doing now. The momentary dread passed as quickly as it arrived. Ethan breathed a sigh of relief, looked up, and was pleased to see they'd made it to the Robinson house.

Dan Robinson had been his best friend since they were six years old. Completely inseparable, they had scoured every inch of this town over the years and felt like they knew all its secrets. The most important one being the shortcut from Dan's backyard to Ethan's house. There was a narrow deer trail back there that led out into another neighborhood. It not only made the trip shorter but also made them feel like explorers as they stomped their way through the underbrush that first time. Two summers ago, Dan and his family moved down to Oregon. They'd promised each other to keep in touch—and even did a good job at it for a while—but these days, they rarely ever made contact. Ethan supposed that was normal, tried not to be bothered about it, but he missed his friend. The new owners of the house didn't mind him using the trail and would often meet him as he passed by with treats for Littlewolf and friendly conversation. However, tonight the windows were dark as they trekked unnoticed into the back yard.

Granite steppingstone slabs marked the path that led to the trail-head. Even now, Ethan having grown seven or eight inches since Dan's father had placed them, they still seemed just a touch too far apart, and he basked in the memory of jumping from stone to stone when he was little as though they were lily pads on a pond. At the end of the stone path stood the trailhead, looking more like the mouth of a frozen cave than a simple hole in the tree line. Just before crossing into the forest, Littlewolf stopped dead in her tracks and dug her heels in against the leash, refusing to go any further.

"Come on, pup, what's your problem?" He tugged on the leash, encouraging her to get moving. She wouldn't budge, instead matching his force in an attempt to get away from the woods. Her eyes bulged and small, high-pitched whines squeaked from between her teeth. She looked terrified. He pulled the leash again, took a step towards the trail.

"Move it, girl," he commanded, both stern and gentle, but the little dog was having none of it. She thrashed her head back against the leash and howled in protest, her eyes hyper-focused on something just inside the darkness of the woods. Ethan peered into the black, saw nothing. He took another step, dragging her along with him. She fought him as hard as she ever had for every inch. He didn't want to turn tail and retrace their steps all the way back to the main road, but she wasn't snapping out of it. There was a desperation to her resistance that he'd never seen before. He sighed in exasperation and stepped back, away from the path. Littlewolf used the slack in the leash to spin around and pull away from the trees with all the strength of a dog built to pull.

He scoured the darkness for an explanation of Littlewolf's behavior, came up empty-handed. There was nothing there. So why was she so scared? They'd been down this path together dozens, if not hundreds of times.

"Okay, okay, *relax,*" he knelt, put a comforting hand on her back. "We'll go the long way." He stood, adjusted his hold on the leash, and started moving back in the direction they had come, chuckling at the fact he was allowing himself to be bullied by a forty-pound ball of white fluff.

Even as they got further down the road, she kept turning her head back, looking behind them. It was as though she was checking to see if they were being followed. She seemed so worried, so certain of danger, and though he didn't know why, Ethan believed her. He knew better than to distrust her instincts.

PART THREE

20

TEETH ON A STRING

"Ugh...fine. Pass it here." Geena reached across the table and accepted the dinner plate from Lefty, who was practically vibrating.

"Hell yeah, GG—it's good shit. It'll make you feel better for sure."

She glared at Mt. Cocaine in the center of its ceramic island. Sure, she hated the stuff, but it was all they had right now. Any port in a storm, right? Plus, her mouth was killing her. In the weeks since they left New Mexico, a persistent pressure and pain had been building in the caverns that used to hold the teeth Lefty had knocked out when he lost his shit. She ran her tongue over the spot, winced, and poked at the remaining tooth fragment that remained rooted in place. She couldn't help but mess with it, despite the fact it sent white stars shooting through her vision every time she did.

She grabbed the straw from the table, separated out a line with her over-drafted bank card, and whiffed it up with a sharp inhale. She coughed as she felt the drip in her sinuses tickle her gag reflex on the way down, then pinched a little off the top of the pile and applied it directly to the wound in her mouth. It wouldn't do a thing for the infection but for now, she basked in the numbness of it.

"So," she sniffled. "What do you guys want to do? I got the day off." She shifted energetically from side to side on the floor, waiting expectantly for one of the brothers to speak up. It was ten in the morning, and they had the whole day in front of them. After that blast, Geena was feeling pumped, ready for action.

Things had been pretty good these last few weeks apart from her teeth. She'd easily picked up a job riding the register at a coffee shop downtown which wasn't so bad. The pay was for shit, but it was easy work and they had a relaxed policy toward tattoos and piercings.

Before she hit the road, she'd let a man at a house party give her a tattoo on the side of her neck in his kitchen. Surprisingly, considering it was done by a dude that demanded she call him "Spider," it turned out pretty good.

He'd asked her what she wanted and where. When she chose the neck for her first tattoo, the guy laughed incredulously.

"Are you sure?" He asked, made sure she confirmed it several times over. When he asked what she wanted, she grabbed the laptop on the counter and without a second thought, pulled up an image of her favorite bird: the Arctic Tern.

She loved Arctic Terns because they were an unassuming creature without a lot of fancy plumage, but have the furthest migration path of any bird. Every year they travel 44-59,000 miles to get where they need to be. She liked to think she had something in common with them. That she may be small, without a lot of fancy plumage, but that she was still capable of traversing great distances.

"This is in case you ever forget that you don't want a job," he said with a laugh as he started applying ink to flesh.

Well, who's laughing now? she'd thought when she cashed her first paycheck from Burial Grounds Coffee Collective.

Jersey had picked up some shifts as well cleaning the floors at Stoneheart Grill, an upscale restaurant that sat down by the water. The place even had a little dock for pleasure boats to drop anchor and come inside for a quick lunch. He worked after closing time, so she knew he had his morning free, and with the dwindling pile before them, she knew he wasn't sleepy.

As for the other two, neither of them seemed interested in trying to get work, instead cloistering themselves in the house most of the time, save for Lefty's nightly escapades that usually saw him return home with more for the stash, or at least some dumpster-scavenged food. It made her wary—the increased time those two were spending together, but overall, she tried not to give it much thought. She'd even begun to let go of the grudge that came along with her broken teeth, a surprisingly easy task when one depends so fervently on those that hurt them. She realized then that Lefty had been speaking, but she hadn't heard a word of it.

"...so I was thinking we could just get out there and walk around, see if there's anything worth doing in this town," he chattered excitedly. He seemed every bit as revved up as she was. This was some good shit.

"Yeah, I could do that," Jersey chimed in. "I work tonight but I can just crash in a few hours."

He grunted and sat up straight on the couch—a lumpy brown thing they'd dragged in from the road a few blocks over, took a scoop from the pile with his knife. His head kicked back as he took it in. "Let's go downtown."

"Fuck yeah," Lefty grinned and jumped up, made his way to the closed bathroom door down the hall. He pounded on it three times and shouted:

"Hey dude, you pitching a tent in there? Hurry up—we're hitting the streets!"

The clatter of tumbling shampoo bottles and an exasperated groan sounded from the other side.

"Screw off, dude—nobody needs to hear your ugly voice while they're washing their junk," Ren replied.

"Hey fuck you!"

"No, fuck you!" One of the shampoo bottles crashed against the other side of the door, and on and on it went like this for a few minutes.

Geena rolled her eyes as she cut herself a new line from the pile.

***

As he stepped out of the shower, Lefty finally gone, Ren considered getting back in, maybe washing his face for the third time. The citrus scented "morning awakening" face wash didn't work as advertised, but if he thought about it hard enough, he could almost trick his brain into believing it did. Truthfully however, he'd barely slept at all lately, and no amount of energizing soap was going to replace the rest he'd lost.

When he did sleep, it was an approximation — just a heroin-woven blindfold that let him shut off the sounds around him but never let him actually recover. No blindfold was heavy enough to shut out the nightmares.

Horrific visions of towering flames, of rats chewing through his stomach, of his parents shrieking and cackling as they tore off pieces of his flesh and fed him to himself. All the while in pursuit of Winter, always wandering just out of reach, occasionally looking back with dull, yellow eyes. He would call to her, chase after her, but she never heard him. Every time he went there—and he did think of it now as a place he went — it grew more arduous to return, took longer to stop seeing these terrible things, even with his eyes wide open. He couldn't shake the feeling that there was something different about the dreams. Something tangible.

Ren surveyed himself in the mirror. He looked dead. Hollow. He stared hard into his own eyes and saw nothing familiar.

It was probably just the dingy light of the bathroom, but if he didn't know any better, he'd swear he saw those eyes flash yellow. Just the whites, and just for a moment.

What the fuck is happening to me?

But sure, dude.

Let's hit the fucking streets.

***

Has there ever been a place so gray? Jersey mused to himself as the group spilled out onto the front lawn of the little black house. The temperature was mild, and he couldn't help but appreciate the lush greenery of the area, but would it be too much to ask for a little of sunlight? He hadn't seen a trace of it since they crossed into Oregon on their way up the coast, wondered if he'd get used to the weighted blanket of clouds that seemed to work the skies full time.

Since they arrived, it had somehow neither started nor stopped raining. Just a constant lazy speckling of moisture, like ricochet off God's urinal. A threat of a storm that was none too interested in carrying out its mission, instead opting to simply hang there overhead. With his first paycheck from his new cleaning job, he'd stepped into a Walgreens and purchased an umbrella. After all, it was a decent walk to the restaurant, and he didn't want to end up caught beneath it if the sky finally decided to drop. The girl at the counter looked like she wanted to laugh in his face as she rang it up.

"Not from around here, are you?" she'd asked, a hint of derision coloring the question.

He hadn't understood at first, but as they settled into the town, he realized that no matter how threatening the skies were, he never saw a single local carrying one. These were people so used to the rain that they rejected the idea of hiding from it. He felt strangely embarrassed to own one now, which didn't make any sense, but that didn't stop him from throwing the thing into a closet at the house, preferring to get wet rather than stick out on the street like some kind of tourist.

Next door, Dennis the Dentist—now, Dennis the Landlord — stood on the porch, puffing away on a long black cigarette. The smell was cloyingly sweet and invasive, even in the open air. Of course he smokes cloves, Jersey thought with disgust. He'd tried them once and never got the appeal. It was like smoking a pumpkin pie that numbed his tongue. He was certain that nobody enjoyed them, instead lighting them up out of a need to feel different. Superior, even.

Dennis smiled a simian grimace as they passed, called out to them:

"It's a glorious day, isn't it?"

"Damn right it is," Lefty responded with enough enthusiasm for all of them. To the bewilderment of anybody else that ever met the man, he genuinely seemed to like Dennis. The guy made Jersey feel twitchy, but he figured it was a good thing Lefty got on with him so well. Otherwise, where would they be now? Still, he hoped they wouldn't be drawn into a long conversation with the creep. Thankfully, his prayers were answered when Dennis nodded, satisfied, and let them pass by.

As they rounded the corner and left Walnut Street, Jersey looked back, unnerved to find Dennis still watching; The uncanny valley of his too-perfect teeth still stretched across his face.

Jersey slowed his pace slightly and fell in behind the others.

Because Dennis wasn't concerned with the men. He only had eyes for Geena, and Jersey wanted to block his view.

21

ALL AGES SHOW TONIGHT

The red-headed bartender didn't even look back from the rack of pool cues she was appraising when the crew walked into the 3rd Street Tavern. Just tossed a "one sec" over her shoulder before resuming the conversation she'd apparently been having with herself.

"...stupid motherfuckers—who the fuck raised you? *Four* tips I gotta replace after one night? Nasty-ass spills all over my new felt. I *just* got those goddamn things recovered—bastards got no respect for the game. Take care of the cues, keep the drinks off the fucking tables. How many times I gotta remind you animals?"

Ren and the others shuffled past the bar toward a booth near the back. From where they were, Ren spotted eight pool tables in two symmetrical rows. The tables continued around the corner out of view, and he figured there had to be at least twenty of them. It was one of the biggest bars he'd ever seen, but aside from the pool tables and a collection of small booths, the space was mostly empty.

That, combined with the utter lack of patronage this early in the day gave the place a cavernous aura. It reminded Ren of the gym.

He slid into the booth, dismayed it was Lefty that sat next him and not Geena. If not for any other reason, she certainly smelled a lot better than him. Lefty had a dank, earthy scent about him, like rotten wood.

Geena smelled like almonds. He resigned himself to being boxed in by the bigger, odorous man as the bartender approached the table.

"What'll it be?" she asked. "Kitchen won't open up for another hour, so I hope you guys don't mind a liquid breakfast."

"No problem, we definitely ain't hungry," Lefty said, then ordered for everybody. "Four double whiskeys, neat. The cheap shit, and a round of PBR tall boys." He looked her up and down. "Hurry back, doll."

"Oh, you must have me mistaken for somebody else! My name's Whitney. Call me doll again and I'll have to cave your teeth in." She smiled brightly. "I'll be right back with that."

Without giving him a chance to respond, she turned and marched back to the bar, leaving Lefty stunned, Geena and Jersey choking down laughter.

Ren didn't laugh, alarm bells ringing in his head. Would Lefty take that personally? This could get ugly. Thankfully, the man was in solid spirits.

"I think I'm in love," Lefty said, and Ren heaved a sigh of relief, let a smile peek around the corner of his mouth.

Geena snorted. "Not even in your dreams, douchebag."

To Ren's amazement, Lefty didn't lash out at that either. He just joked back about missing all the shots you don't take and threw Geena a wink. The whole table felt relaxed, or at least as relaxed as a group could be with an eight-ball of blow racing through them.

Whitney returned with a tray and set the drinks down in front of each of them. Ren noticed Lefty's whiskey was a little lighter than the rest of them. She threw him a look. "Behave yourself—I got my eye on you."

"Likewise," Lefty replied, eyeing the sway of her hips as she strode back to her post. Then, he raised his shot, waited for the others to reciprocate.

"To vicious women and a spot to rest our heads. We're going to have some real fun in this town."

They raised their glasses, threw them back. The whiskey dropped into Rens empty stomach like a cannonball. It hurt, but at least he could get drunk for cheap today. He chased it by slugging down half his beer, reinforcements to beat his gut into submission.

The conversation was moving too fast for him, having missed out on a share of the coke before they left. He supposed that's what he got for showering. Instead, he switched focus to the fine print on his beer can.

Established in Milwaukee, 1844

It gave him something to do rather than track the frantic ramblings of his friends, made him think of exhaustively researching the backs of cereal boxes when he was a kid eating breakfast. He slammed the rest of the can and was about to go reset at the bar when the chime above the door sounded, indicating a new arrival.

"Oh fuck no," Whitney barked. "Not today, John. Not until you pay this mile long tab I got on you."

"Oh, come on, Whit—you know I'm good for it," slurred the plaintive newcomer.

"Good for nothing is what you are," she replied. "It's not even noon yet and I can already smell you. Aren't you embarrassed? What's Carol think of all this? She know where you're at?"

The man's face went scarlet. He seemed to be grasping for excuses, but came up empty. "That's a low blow, Whit. You don't know what kind of pressure I'm under right now, trying to keep this damn restaurant open."

She laughed, gestured around at her own empty bar. "Don't I? If you thought this was going to be an easy business to break into, I've got a bridge to sell you." She sighed, and her tone went gentle, as though explaining something to a child.

"Listen. You're a good guy, John. But you need to get your head out of your ass and lay off the sauce for a while. You definitely aren't going to keep your bar open if you can't even walk a straight line on a Wednesday morning."

"You're right." John seemed on the verge of tears. "I'm sorry. I can do better." He gripped the side of the bar like it was the only thing keeping him upright, and maybe it was.

Whitney reached out, cupped her hand around his. "It's okay, man. You don't need to apologize. You just need to tighten up. Now go home to your wife. Take a shower, have some coffee, whatever you have to do, but get a hold on this before it's too late. Carol's too smart a woman to put up with it for much longer—I know you know that."

John nodded, his chin quivering. "Thanks, Whit. You gonna tell her I was in here today?"

She paused, considering it. "No, I guess I won't. But you should. She loves you. You know she wants to help. For some reason she thinks you hung the moon. Don't fuck it up."

"I won't," he said, knocked on the bar twice and turned for the door. "Thanks again."

"Don't mention it," she replied. "And don't think this lets you off the hook for your tab either." She said this sternly, but a smile played at her lips.

He grunted, managed a smile back before shouldering through the door, back out onto the street.

No sooner had the door shut behind him when Lefty broke into raucous laughter. "What a pathetic sack of shit, am I right?"

Ren didn't think it was funny. In his estimation, any of the four of them was only a few years from being just as broken down as poor old John, if they even lived that long. He wondered what Dr. Kelly would think.

He decided he didn't want another beer. Not yet at least. What he wanted was some food to soak up what was already roiling in his belly, but when Whitney came around with another round, he accepted it all the same. Nobody likes a spoil-sport.

An hour passed, and they were five rounds deep, the stimulants long swallowed up by those that had participated, replaced by a groggy midday drunk. By the time they made for the exit, they were tired, leaning on one another for support, and ready to retreat to the house. Lefty paid with a hundred-dollar bill that looked brand new, told Whitney to keep the change, and that he'd see her soon.

"I sure hope not. Don't let the door hit you where the good lord split you," she replied, returning to the task of gluing a new tip onto one of her bent pool cues without giving them a second look.

Ten paces out from the bar, Ren braced himself against a telephone pole, fighting the sudden urge to vomit. He drove it down, more than likely due to the lack of any food to reject than a feat of constitution. He dry heaved once, stood up straight, and noticed a flyer stapled to the post:

All Ages Show at The Van Wey Music Hall!
CLOCKWORK JENNY
With special guests:
TIRE FIRE and PISSFITS
October 3rd @ 8:00
Free Parking, $5 entry

"Hey, what's the date?" He asked, wiping spittle from his chin with a sleeve.

"The third, I think," Geena replied.

"Oh hell yeah." Ren pulled the flyer down, held it up to the others. The cannonball in his stomach pulsed with anticipation. He needed this.

"You guys want to go to a show tonight?"

22

THE BOTTLE CALLED

*T*hwack.

The log split cleanly down the center, its halves scattering to the sides of the splitting block. John scooped the pieces up, tossed them on the pile, before adding another and repeating the process.

Thwack.

He loved tasks like this. Simple chores centered him, made him feel productive. It was certainly preferable to the complications of a mortgage, a floundering business, or the weight of living up to that red thirty-day chip in his pocket. No. Best not to go down that rabbit hole. Simple was good. He could *do* simple.

Thwack.

What's in front of you. That's what matters. "One day at a time," right?

Thwack.

When he'd stumbled out of the tavern back in October, he'd wandered aimlessly for hours, stopping outside of other bars, his hand on the doorknob. However, he couldn't shake the way Whitney called him out. He knew she was right, that he couldn't keep going the way he was, and it was just enough to keep him from walking inside.

Instead, he surrendered to his feet and let them carry him where they may.

As it turns out, that's how he ended up outside the double doors of St. Robert's Missionary, swaying as he tried to work up the courage to go inside.

Thwack.

The door felt more like a wall; the sign posted to it, a threat.

Serenity Sobriety

M/W/F 4:00-6:00

No. He decided he couldn't. Besides, he was late, and didn't want to interrupt. His excuse turned him away, and he began to shuffle back across the parking lot, when the door swung open.

"Hey friend." A balding man with horn-rimmed glasses stood in the doorway. "You looking for us?"

John halted, turned around to face the man. "I...I don't know what I'm looking for."

"That's okay. Why don't you come inside for a minute and meet everybody. The coffee's shit but it's free."

"Some coffee would be great. Thank you."

The man beamed and stepped aside to let John through the door. "Terrific. Come on in. My name's Keith, by the way."

So he went in, flinched at the sound of the door slamming shut behind him. He got his coffee, sat in a flimsy orange plastic chair, sipped the brew, and listened to stories that sounded more like his than he ever could have expected.

Now he was thirty-four days and seven hours sober, wondering if he could make it to thirty-five.

But who's counting, right?

Thwack.

He still had a bottle stashed away in the work shed. He could finish the wood and duck in there for a minute. He salivated at the thought. Nobody would know, and it wasn't like he'd get hammered off a little swig. After all, he'd been doing really well. Maybe he could pull off that moderation he was always hearing about. Yeah, that'd warm him up.

"Don't even think about it, son."

John nearly jumped out of his skin and dropped his axe. He knew that voice. This was all wrong. He hadn't hallucinated in weeks now, not since he shook off the last of the DTs. He scooped the axe from the snow, tried to ignore his father-in-law.

"I know you hear me, boy."

Thwack.

Nope. No he sure didn't. Only crazy people heard the dead.

"Go away." Shit. Only crazy people talked to them, too. He picked up the newly split logs, threw them down with the others, and turned, hoping against hope that he would find himself alone in the backyard. But he wasn't alone. Hank "Santa" Johnson was right in front of him.

"I don't want to be here anymore than you want me here, and you can take that to the bank," Hank said. "But I can't have you screwing this up. There's too much on the line."

"What's that supposed to mean?"

"My daughter needs you sharp now more than ever. You stay out of that bottle in the shed and you just might do right by her and your boy."

John's face flushed. "I'm sober now." He palmed the chip out of his pocket, held it up. "Where are you now? I was never good enough in your eyes. Real big talk considering you died as drunk as I've ever been."

He almost asked how Hank knew about the bottle, but it occurred to him that any hallucination his brain cooked up would have access to all the information in his head. He hoped Carol didn't hear him out here yelling at the trees. John regarded the apparition with disgust. The old man looked solid, as real as anything else.

"I'm not like you."

The ghost shrugged. "Maybe you're right, so why don't you prove it? Just hoof it on over there and dump out your little security blanket." Hank pointed toward the shed. "Do it and I'll go."

"What kind of Jiminy Cricket bullshit is this?" John asked. With an angry *thunk,* he buried his axe in the splitting block, stomped over to the shed, and threw the door open. He went inside and rooted around in an old tool box until he came up with a pint of Makers Mark. Spinning on his heels, he returned outside, twisting off the cap and regretfully letting it spill out into the fresh snow.

"You happy now!?" He shouted, flinging the bottle back into the shed where it shattered against the inside wall.

"Attaboy." This time Hanks voice was inside his head. He looked back to where the man had been, but he was alone in the yard. Almost, at least.

A pimply-face delivery driver stood at the corner of the house holding three pizza boxes and a two-liter of Pepsi.

"I heard shouting back here. Are you okay?" The kid asked.

Collecting himself, John reached into his back pocket, pulled out a crumpled fifty-dollar bill as he approached.

"Yeah, everything's fine. Keep the change."

They made the trade and the driver quickly excused himself, likely grateful to get away from the screaming lunatic.

John stood in the snow feeling foolish for letting his damaged imagination get the better of him. Because that's what it had to be. He shuffled toward the door, but stopped when it occurred to him.

It was almost completely dark now, had been nearly an hour since he ordered the food and came outside. So where was his son?

With new urgency, he went into the house and dropped the food on the kitchen counter, pulled his phone out. He punched in Ethan's number.

The line went straight to voicemail.

23

PAINKILLER

*H*ow *much further?*

Close. I smell him. Go right up ahead.

Lefty did as he was told and took the turn onto Young Street. The rest of them may have gone back to the house to sleep it off, but somebody had to score if they were going to have anything to ride into the show tonight. The monster inside him tickled at his mind:

Here. Stop here.

There's nobody around.

Wait.

So he waited. Minutes ticked by. It was a nicer street than he was accustomed to for this sort of business. The whole neighborhood reeked of money.

Just when he was starting to think the beast was screwing around with him, he heard the sound of a garage door opening at his back.

"You lost?"

Lefty turned to see a mid-thirties man with a slight build and ridiculous twirled mustache approaching him.

Him.

"I don't think so. A friend told me I could get set up here."

The man narrowed his eyes in suspicion. "Who's your friend?"

"I'm no narc if that's what you're asking. Don't give names to anybody, pig or not."

"You can fuck right off then. I don't know what you're looking for but it ain't here."

"Do I look like a cop to you?" Lefty asked.

"Cops never do. Do I look like an idiot to *you?*"

We will make him listen.

The man's face went slack, followed by a smile as his eyes darkened to a jaundiced yellow hue. "Oh shit man, sorry. I didn't recognize you. Come on in."

He shuffled toward the garage and Lefty followed him inside. The man lowered the door behind them and took a seat at a table covered in all manner of bottles and bags.

"I got whatever you need- dope, rock, crank, weed, trippy shit. I'll even cut you a discount since we go way back."

"Sounds good—"

He refers to himself as Z.

"Sounds good, Z. Think I'll take a little of everything."

His yellow eyes gleamed at the prospect of a big sale. "How much you looking to spend?"

Lefty produced four crisp hundreds and laid them on the table. "This cover it?"

"You're damn right it does. Give me a minute to get it all together."

He set about weighing assorted powders, loading up small bindles and bottles, setting them aside.

Why does he wish to kill his visitors?

Explain.

The sedative powder. It's far too strong. Mixed with something different. He knows, doesn't care. It won't hurt you, but the others...

Lefty pointed at the heroin on the scale. "What's that cut with?"

"Nothing," Z lied. "Purest bag in town, brochacho."

Ahh, we see it now. Greed.

"Don't fucking lie to me."

Z's yellow sclerae deepened to an almost orange, and he responded in robotic monotone.

"Fentanyl. It's cheaper. Stronger. Doesn't matter if a few die. More always come."

We want him.

"You know what? I think I'll take it all, and you're going to give it to me for free."

The dealer looked confused. "Why would I do that?"

"Because you're going to take that whole bag."

Fear washed over the dealers' face. "All of it?"

"Every last bit."

He jerked in his chair, grasping at control of his body. "Wait, no, who are you? I won't..." he trailed off, his muscles relaxing, his eyes vacant once more. He gazed at the drugs almost wistfully, before stretching the pile out into a line the size of a cigar. "Do you want some?"

"You know what? Why not?" Lefty pulled his knife from his pocket and scooped some of the toxic powder up to his nose. The sensation was near-instant and far stronger than any he had ever felt, even from a needle. For a moment *he* felt as though he were about to slip out of consciousness. Then, the beast grabbed hold of it, shaping the effect into something more palatable. He could see what the thing meant. This surely would have killed that weaker version of himself that he'd left behind.

"Alright, Hoss. Your turn."

With no more trace of resistance or fear, Z leaned over the table, took half the giant line through each nostril without so much as a single gag, and sat back in his chair, his pupils reduced to minuscule points. Within minutes, strange choking sounds rose from his throat. His head drooped, and he tried to raise it, but the task proved too difficult. Thin trails of foamy vomit leaked from his lips as his breathing slowed.

He wasn't sure how long it took, his rapt fascination clouding the flow of time. It only felt like a few minutes, but could have been longer. Lefty could hear Z's fading heartbeat as he slumped and fell from his chair to the concrete floor, his eyes no longer yellow. Just half-closed windows. He shared in the monsters' glee at the dealer's weak gasps and the thing in his chest stirred, content. Z wasn't dead yet. There was still plenty of time to intervene, but Lefty preferred to watch.

So...sweet. We are grateful.

Thanks for the heads up. Did he take all the tainted shit?

Yes. The other satchels are as they should be.

Lefty gathered up his score. In addition to the drugs, he found a paper grocery bag loaded with neat stacks of bills. Not bad for a day's work.

Once his backpack was full, he exited the garage through the side door without a second thought for the corpse he left behind. He wasn't picky either way, but some people just needed killing. He was higher than he'd been in ages, a combination of the potent drugs and the monsters' pulsing satisfaction. Lefty whistled as he began the trek home.

24

WHITE CROSSES

Ren didn't remember who played at the first concert Winter brought him to when he was thirteen. He just remembered how it made him feel.

It was some local act that nobody ever heard of before or after the show, but Ren wouldn't know that from the way they played. Fast and precise. Simplistic, yet refined in a frenetic sort of way. They might have been nobody, but to a young Ren, they were everything.

Before the band started, Winter had gone off somewhere with a friend, leaving Ren to navigate the crowd on his own. At first, he'd been terrified. At least a head shorter than most of the other people there, he could barely see where he was going, had to jump to get a good look at the stage. Just when the panic was starting to overwhelm him, when he'd begun to look around for his sister to beg her to take him home, the lights dimmed. A hush fell over the crowd, and the band took the stage.

Feedback from the amps wailed plaintively, accompanied by the slow heartbeat of the kick drum picking up speed.

Thump.

Thump.

Thump.

And there it was. With a 1-2-3-4 and a savage scream from the frontman, the band began to play with a ferocity Ren didn't yet know existed. The crush of bodies surrounding him pulsed and contract, evolving into a whirlpool of meat and sweat. The drums were *his* heartbeat now, the screams purging his fear. He realized the momentum of the crowd was pulling him toward its center and he allowed himself to wash away in the current.

He was in the eye of a human storm, an open pit of leather jackets and glue encrusted mohawks. Muscled men crouched low as they stomped around windmilling their fists. Beer cans—either thrown or knocked from their owners' hands—littered the stage and floor. Friends locked arm-in-arm ran, danced, and shoved around the circle. Ren threw himself into the sea and tried to keep up.

The cacophony embraced him and he danced. He still couldn't see over many of the others, but he didn't feel small anymore. As a cog in a spinning wheel of defiance, he was fearless. When he caught a flying elbow to the face, he dropped like a sack of bricks, but no sooner had his shoulder hit the sticky floor that a dozen hands were on him, lifting him up with a slap on the back. It sounded like rage, but this was a place of love. A place where nobody would allow him to be trampled. He cheered at the taste of blood in his mouth. It was the closest he would ever come to finding religion.

This was what life was for.

Everything was going to be different now.

Ren was finally home.

***

From then on, he was obsessed. He devoured Winters' records. Misfits, Sex Pistols, The Ramones, The Velvet underground. Then on to Dead Kennedys, Black Flag, Minority Threat. The Dead Milkmen or The Buzzcocks on a good day; something with a little more edge to steel his resolve on a bad day, like Municipal Waste or Napalm Death.

As the seasons passed, he grew into himself. He met friends who taught him which songs were for fighting, and eventually, girls who showed him which songs were for the only other thing a teenage boy cared about.

He picked up a guitar of his own, started learning chords and writing his own lyrics. He went to every show, watched every music video he could find. His grades started to fall as his mountain of CDs, tapes, and records grew, but he didn't mind. After all, who needs algebra when you've already solved life's equations?

Of course life was far from perfect, but Ren was carving out his niche. He didn't believe in God, but he did believe in good things coming to good folk, so he tried to always be kind. He started drinking a bit, just for fun. It was an effective lubricant, both social and creative. He wasn't concerned with overdoing it. After all, some of the older guys he was running with went way harder and they seemed to be doing okay.

Then Winter discovered Eva curled up in bed as though she were sleeping. Their mother died alone in a set of brand-new pink pajamas, and the dominoes began to fall.

When Ren stopped going to school, nobody really seemed to notice. It's not like he was all that active of a participant when he was *happy*, so nobody expected him to stick it out, anyway. Dad was preoccupied with his own years-long downward spiral so no help there. Winter encouraged him, but the distance across town between their split homes reflected a widening gap between them. She was busy breaking through her own hardships, preparing for college.

Ren kept drinking, barely registering that it wasn't for fun anymore. He started missing band practices, choosing to drink alone instead. Steve got released, and the siblings spoke even less. When they did see each other, Winter always looked like she was about to fall asleep. He didn't want to watch, so he turned away. And while his back was turned, he missed the last chance he'd ever have to talk to her because he was too self-absorbed to pick up the phone.

On the second anniversary of her death, the day after his birthday, he'd been walking down the side of the road finishing off a forty-ounce King Cobra, when he'd passed by a Baptist church. The marquee read:

Trust in HIS plan.

He sneered. *What fucking plan?*

He threw the bottle at the sign and the sound of the shattering glass felt good. How dare these people call his pain part of a plan? He wanted more of that feeling so he picked up a rock and marched across the grass, chunked it through a stained-glass window and used the hole it made as a door.

Once inside, he'd walked down the aisle, stood at the foot of the massive crucifix.

"So what's the fucking plan?" He growled as he pulled a flask from his pocket and took a nip. He waited for an answer. If there was ever a time he needed one, it was now.

Of course, the man on the cross had nothing to say. He never did. Ren took another hit from the flask, but it went down wrong, and he immediately regurgitated straight into the holy water font, where his contribution swirled and settled at the bottom. The police would track him down using some grainy surveillance footage and he didn't try to lie about it. It was an easy conviction.

Burn it down.

He started by gathering all the Bible's from the pew compartments, piling them all up at the foot of the cross. He poured his flask onto the mound. Not all of it. Just enough to ignite a little easier.

When he crouched and brought the flame of his lighter to the books, he considered taking a seat in one of the pews. Kurt was the only reason he didn't. His father had shown him what the man's body looked like. He didn't want to look like that, so instead, he climbed back outside as the flames crawled higher, and walked on down the road as though nothing had happened.

Enter cops, lawyers, and courtrooms. An apologetic local news interview and a plea deal. Community service he wouldn't complete, three years' probation, thirty days in lockup, and eventually Dr. Kelly.

***

Outside the Van Wey Music Hall, Ren attempted to feed off Geena's energy as they stood in line. She'd pulled out all the stops with a red plaid miniskirt, knee-high leather boots, and matching red eye make-up that qualified more as war paint than cosmetic accentuation. He tried and failed to keep his eyes from lingering on the torn fishnets draped over her shoulders. She looked like train track royalty. He was glad Jersey was at work and Lefty hadn't shown up yet. Maybe he wouldn't come at all. Ren hoped not.

She caught him staring, and he braced himself to be told off. To his surprise, she didn't say anything. Instead, she actually looked shy as she locked her fingers into his and let their hands drop.

He squeezed her hand as though to check if it was real. When she squeezed back, it was like she was pumping life back into his veins. And maybe tonight that feeling would be all he needed to flow there.

"The bell ain't rung on you yet."

25

NOTHING LIKE YOU

Jersey fumbled the restaurant keys from his pocket and let himself into the Stoneheart Grill. From the entrance, he'd have to sprint across the whole length of the building to reach the alarm console before it triggered. It seemed a needlessly irritating design but what did he know? Not a thing about security installation or wiring. Maybe that was the only place it could feasibly go.

With the alarm deactivated, he made his way back to the huge open-air kitchen and sighed in defeat. The staff had really done a number on the place tonight. It was as though they simply couldn't see the garbage cans that peppered the kitchen. No, much faster to just chunk it all down at their feet and wade through trash all night, secure in the knowledge that it would all be spotless by morning.

Coffee first.

Jersey turned his back on the kitchen, walked through the dining room to the bar, and fiddled with the fancy chrome espresso machine. The thing was the size of an engine block, covered in different buttons, dials, and levers. He simultaneously adored and despised the machine. Loved it because it made the best coffee he'd ever had, hated it because it always took him ten minutes of fiddling and experimenting to get the machine to work. Tack on another ten to clean and reset the giant coffee box for the next day, and he would have a double shot of espresso that took him three minutes to swallow up.

He thought about reaching up to the top shelf, pulling down some expensive whiskey to splash into the brew. It made his stomach turn, and he decided against it. Not that the owners would mind but he needed a break. He didn't even like drinking, nor did he get much of a kick out of any of the harder stuff they partied with, but better that then face ridicule from his brother. His brother hated getting high by himself.

No, he was going to take it easy tonight. With his coffee in hand, he pulled a thin joint from his pocket, stepped outside and sat on the dock for his pre-shift ritual.

The best perk of working third shift alone wasn't the coffee or even the autonomy it afforded. It was the South Puget Sound at night. Across the water he could see pinpricks of light from waterfront homes, proof of life on the other side. However, on this side, the restaurant was the only source of illumination. He sparked his joint, pulled deep, and listened to the quiet tongue of the sea licking at the dock.

He'd even made a friend on these shifts. Almost nightly as he sat at the waters' edge, he would be visited by the same sea lion. As the weeks passed, the curious animal would drift closer to shore, its round head bobbing above the surface. The first night he'd seen the creature, he'd thought it was a man before he got a closer look.

He peered hard into the dark, scanning the water until he found his visitor.

"Hey Carl." Few things made him smile more than an animal with a human name. The sea lion didn't answer.

"Sorry man. No fish tonight." He'd taken to "borrowing" from the cooler now and then to toss Carl an offering. He couldn't do it every night without being noticed, so some nights he had to disappoint the seafaring lump.

As though he understood, Carl dropped beneath the surface and swam away, Jersey tracking him by his ripples. When he couldn't see his only coworker anymore, he flicked the stub of his joint and got to his feet.

Time to go to work.

Back inside, he started by sweeping up the garbage from the kitchen floor, collecting it all into a pile that almost reached his knees. After scooping it all into garbage bags and running all of it to the dumpster, he could start the true cleaning process.

Every drain needed to be scrubbed, every straggling entrée delivered to the dishpit, and every chair had to be overturned on the tables to clear a path for the vacuum. Just stacking the chairs took awhile, seeing as the dining room sat around two-hundred people on its busiest night.

It was a lot to do for one person, but with the kitchen crew not arriving until ten the next morning, he could afford to take his time. By three a.m. all the trash was gone, the floor clear, and Jersey was in a groove as he bobbed his head in time with the music from his headphones blaring in his ears. All he had to do now was clean the bathrooms, mop the tile floors, vacuum all the carpeting, and maybe he could even beat the dark tonight, make it out in time to watch the sun rise over the water before he staggered home.

He would have liked to go to the show, but he also didn't mind missing it. With simple tasks to complete and no monster-fueled brother shoving stimulants under his nose, he almost felt normal. Just a guy with a job like anybody else. When he left every morning, he felt satisfied, content with a job well done. It was still an unfamiliar feeling, but it was one he could see himself getting used to.

He hoped Lefty would allow that. They hadn't stayed in one place for this long since he changed. So far he hadn't started any serious issues in the new town, but Jersey knew his brother was always one bad day from nuking what peace him and the rest of them had found.

He was wrestling with a hinky wheel on the mop bucket when his knock-off mp3 player died. The battery never quite lasted the whole shift. He pulled the headphones out of his ears, stuffed them in his pocket, and kept on fiddling with the wheel.

Clop.

Clop.

Clop.

He heard the sound echoing through the dining room. It sounded like high heels, or maybe—

Hooves?

He followed the echo outside the mop closet, abandoning his project with the wheel. Nobody should be there. Did he leave the door unlocked between smoke breaks? Was somebody playing a prank? He exited the kitchen into the dining room and his impossible suspicions were confirmed as he saw the back half of a full-grown deer disappearing around the corner.

Clop.

Clop.

Clop.

He heard the door to the men's room swing open, then creak shut with a soft thud.

Despite the early sparks of fear jolting through him, he followed the animal, but stopped outside the door. Should he go inside, or should he return to the back for some sort of weapon?

But he knew this deer. Knew he was neither hallucinating nor being invaded by a genuine wild animal.

"Hey! What did you mean? What promise?" Jersey asked as he pushed through the door, almost tripping over a skateboard.

His skateboard.

He looked up and realized that he wasn't at work, but rather the small bedroom he'd shared with his brother at the back of the double-wide they'd grown up in.

The door swung shut behind him, no longer heavy and smooth, but flimsy, dotted with posters. He made to go back through, to retreat to the real world, but halted when he heard voices.

"Son, you don't understand." Their father, Rick. "This is the only way."

"Get the fuck away from me you drunk bastard!" Crashing sounds. Jersey didn't need to open the door to know that Lefty had knocked over the kitchen table, attempting to create a barrier between them.

"I'm sorry. It wants you. I can't—aghh—I can't stop it."

Sounds of a scuffle. Shattering glass. Lefty was throwing bottles, lamps, whatever he could get his hands on. One crashed against the bedroom door and Jersey jumped. He knew what came next, eyed the Beretta on the dresser, his feet rooted to the floor.

"Leonard, *stop!* You don't understand."

"Stay away from me—I'll fucking kill you!"

"You can't. Not until we're done."

More crashing, grunting, the sound of punches landing, though he didn't know who was striking the blows. Lefty screamed, a pained wail, and this set Jersey into motion. No more. Lefty had always been his guardian, had always drawn the attention when Rick flew into one of his rages. Now it was his turn. He could do this. He *had* to do this. He grabbed the gun and threw the door open.

"Get the hell off him," he roared, leveling the weapon.

The room stank of cigarettes and bourbon, of hatred and neglect. Jersey couldn't remember a time when it smelled any different.

At first glance it looked like Rick was simply embracing his son. With his back to his youngest, he had the oldest wrapped up in his arms, but Lefty thrashed against him, strange chokes and gurgles expelling from his throat.

"Let. Him. Go," Jersey ordered again, cocking back the slide on the pistol so the old man could hear it. An unspent round ejected from the chamber and plinked against the vinyl floor.

Rick turned his head lazily, stared straight through Jersey with stained, yellow eyes. There was nothing left of their father there. He spun back to the thrashing young man in his arms and clamped his teeth down over Lefty's mouth, an ugly caricature of a kiss. With a twisting wrench, he tore away, ripping his sons lips away from his face. Rick grabbed his screaming boy by the back of his hair and tilted his head back, regurgitating black vomit over his face, down his throat.

Jersey fired the weapon. Red bloomed from the back of Rick's work-shirt and both men fell to the floor in a heap.

Dropping the gun, he ran to them and grabbed Rick by the shoulders, rolling him off the now convulsing Lefty. Rick's eyes weren't yellow anymore, had returned to the mossy green he shared with his boys. He grasped at Jersey's arm.

"You...have...to...feed...it..." Rick coughed through the blood leaking from his mouth. "I'm...so sorry. I couldn't...stop." Their father shuddered. His hand released Jersey and fell limp to the floor. Jersey watched the red flowers spreading across the front of his shirt.

No.

Lefty had a matching wound in the center of his chest.

"No!" Jersey screamed, throwing himself over the corpse to Lefty's side. His brother's exposed teeth chattered as he seized and jerked, Jersey trying to hold him still and put pressure over the wound.

It was useless. With a final rattling breath, Lefty went still. Jersey was alone. He collapsed, sobbing into his big brother's neck.

Eventually he rose to his feet. Tired of looking at his dead family, he covered them with a patchwork quilt his grandmother had made.

He sat on the couch. The same couch where once his underdeveloped vocal cords couldn't quite form the name Lenny, instead producing a garbled "Leffy." Young Leonard loved that, and from then on he was Lefty.

It was two days before he picked the gun back up and sat at his brother's side. Two days before an arm shot out from beneath the quilt and grabbed him with a harsh, curdled demand:

"Get ee a ucking drink."

Fortunately for him, his lips would regenerate.

But the hole in Lefty's chest would remain.

***

"*Arf! Arf! Arf!*"

He awoke on the dock, Carl splashing and barking in the water, closer to shore than Jersey had ever seen him. Something urgent had compelled the animal near. The promise of impending sunlight burned his eyes.

Was he trying to wake me up?

Fuck! What time is it?

He checked his prepaid flip phone. 7:01 AM. He only had a couple hours to finish the work he hadn't started. How had he dozed off? He hadn't even been tired.

He sprung to the door and threw it open, the terrors of being fired overtaking the fading memory of his nightmare. He ran through the dining room, back to the kitchen.

It was spotless.

He checked the bar, the coffee machine, the dish pit. The floor was slightly sticky with mop residue, the garbage hauled to the dumpster.

How in the fuck?

With everything he'd seen in his life, he knew better than to expect an explanation. Using every ounce of rationalization and denial he had available, he re-engaged the alarm system, trudged back outside, locked the door.

He sat down on the wooden planks of the dock, shuddered an anxious breath, and watched the sun rise.

26

EVER FALLEN IN LOVE?

"Don't tell me you're one of those dorks who pushes up to the front of the stage while the band's still setting up," Geena teased.

"What's wrong with that? Everybody likes a front-row seat." Besides, that wasn't what he wanted to go up there for. "Just hold up a sec."

Ren hopped down from their spot on the bleachers that lined the outside of the venue space, nudged his way through the crowd. What he wanted had just been taped to the ground in front of the center-stage microphone.

When the crew on stage had their back turned, Ren took a casual look around to make sure nobody off the stage was watching. When he was confident, he seized the moment, reached over the barrier, and snatched the *Clockwork Jenny* set-list off the floor. He'd never heard of them but he'd learned that Geena was a huge fan. She had all five of their albums squirreled away back home, lamented losing them along with all her other music when she left.

Obviously, he couldn't swing a trip by the merch booth to replace an album. The five-dollar cover had already just about emptied his pockets and he'd have to steal it. That wasn't an option no matter how much he wanted to make her smile. You steal from Wal-Mart, gas stations, hell — if you can get away with it, rob a fucking bank. But you *never* steal from an artist.

Unless it's a loose sheet of paper full of information, the band already knows by heart—that's a victimless crime.

He folded the set-list up and melted back into the crowd, returned to the bleachers.

"Here, I got you something,"

She took the sheet, inspected it, and her face lit up. It bought the smile he was after and it didn't cost him a thing.

"You're actually kind of sweet when you want to be," she said, tucking the sheet into the top of her boot for safekeeping.

They sat back as the main act began to play. It felt strange to Ren not to be part of the wall of bodies near the front, like he was one of the older dudes standing at the back with their arms crossed; too cool to dance. That was fine with him, seeing as he was afraid to stray too far from the good thing he had going.

Geena watched the band, and Ren watched Geena. When he'd found the flyer, his first thought had been about how much he needed to have some fun. He didn't even consider how much maybe she needed it too. They'd all been through a lot lately. She sang along to songs he didn't recognize, and it reminded him how little he truly knew about her. For the first time in years, he wasn't absorbed in his own bullshit, and he resolved to find out all he could.

Later, though. For now, the look on her face and that kick-drum beat in time with his heart—that was enough for him.

And the best part? Lefty never showed up at all.

***

The front door slammed, nearly jolting Lefty off the couch. He didn't remember falling asleep. Didn't even remember making it home. Jersey ignored him as he hurried past, down the hallway toward his bedroom.

"Keep it down—what's the fuckin' rush?" he asked, but there was no reply other than a second door slamming at the back of the house.

The hell is his problem?

He is angry.

Lefty groaned. Couldn't he be alone in his head with his own rhetorical questions?

I wasn't talking to you.

We cannot trust him.

"Shut up!" He spat at the living room. Neither the room nor the monster answered.

He sat up straight, stretched his back, rolled his head between his shoulders. It felt like his skin was on wrong, or maybe it was just too crowded in there.

He grabbed a wounded bottle of Maker's Mark off the coffee table, finished the job, and discarded the husk on the carpet. He laid back down and rubbed at his temples. He never got hangovers but today seemed to be the exception that proved the rule. That stuff from yesterday was no joke.

But if I'm on the couch, where's —

Just then, Geena's door—the closest to the living room—swung open and Ren stepped out, stifling a yawn as he made for the refrigerator. His headache forgotten, Lefty called out to him.

"Well damn, dude. I didn't realize you had it in you!"

"Chill out." Ren gestured at the couch. "You were in my bed."

"Yeah, sure." He didn't need his passenger to tell him that was a lie. He recognized the bounce in Ren's step. "Where's GG at? She still in there?"

"Work," Ren grunted as he came into the living room with an empty glass in one hand and a can of ginger ale in the other. His face fell when he saw the empty bottle on the rug. "What the fuck?"

"Oh keep your panties on," Lefty said with a snicker, reaching for his bag as he sat up and clearing space on the couch for Ren to join him. "I got you taken care of."

He rifled through his pack until he located a pouch full of individual dime bags, each one a solid hit and all untainted, thanks to the monster. He held up the bag, a peace offering.

"Can't say I didn't make it up to you."

Ren pondered that for a moment before nodding, plopping down next to Lefty and taking the bag. He quickly pulled out one of the bindles and went about setting himself up for a shot. The monster quivered between Lefty's ribs.

Ren filled a syringe, held it in his teeth like a cigarette as he fashioned a bandana noose around his arm. "Hold this tight for me."

Lefty took the end of the bandana and cinched it up, watched Rens veins pump. Something about it felt intimate, like a perverted sort of bonding exercise. The needle was dull from too many uses. Lefty felt the slight give and pop of the rig breaking through skin as though it were his own arm, felt the euphoric rush that followed as though it were his own blood. He released the tension on the bandana and both of them flopped back on the couch, let the fog take hold.

"Where'd this stuff come from?" Ren asked. "It's pretty good."

"Met a guy downtown who really hooked it up." Lefty replied. "That's not all I got either." He grabbed his bag and pulled the haul from it, laying out a buffet of pharmaceuticals, leaving the cash safely hidden. Mostly the standard pills and powders, but also a thin plastic sheath he hadn't noticed before, containing ten minuscule paper squares.

"Oh shit!" Lefty exclaimed. "You wanna do some acid today?"

27

THE MOUNTAIN

Carol was twenty-two when she graduated from UC San Diego with a shiny new biology degree. Her father didn't come to see her walk the stage. She knew he wouldn't. The seat she saved for him was more of a symbol that she was still trying. If he wasn't? Well, that was just outside her scope of control. She was talented at identifying what she could and could not change, always choosing to focus on the former. She'd done her part.

With mom gone and dad as-good-as, the only family there with her was John. They weren't married yet, but they would be, and besides, signed documents don't make families. Love does, and they had that in spades.

He beamed at her from the sidelines as she marched across the stage and accepted her diploma. She returned to their seats, bopped John on the head with the rolled up paper, and grabbed him by the wrist. They didn't stay for the rest of the ceremony. With only a couple of days left in California before they were heading back to her hometown to start their lives, it was time to get the party started.

Months later, she was back in Washington with a ring on her finger and a new job low on the totem pole at Wild Cascade. It was there she would first discover the wonders (and smells) of meat separation, along with the rest of what it takes to look after apex predators every day. It was also there that she spoke to her father for the last time.

She was the last to leave the animal care office that day. After locking the door and heading out to the parking lot, she was exasperated—but not surprised—to find Hanks' beat up Chevy Blazer idling next to her pristine Ford Focus.

He honked the horn once when he saw her and it was enough to trigger the wolves. Seventy canids housed behind the facility split the early evening air with their cries. As annoyed as she was with the intrusion after a long work day, the howling still made her smile. It was her favorite song.

The cheer the wolf language brought her diminished when the door of the Blazer opened, spilling out empty cans, bottles, and cigarette packs onto the pavement along with her hammered father.

"What are you doing here?" She asked. "I don't have any money."

"Aw hell," the behemoth drunk started. "Can't a man swing by to see his little girl at work?"

He had what she'd always called the fish eyes. A sort of stupefied stare that could be directed straight at her without the accompanying sensation of eye contact. She could never tell where he was looking, or if he could even see at all. Carol hated the fish eyes.

"We haven't seen you in months so cut the shit. What do you want?"

"I mean it. I don't want no money. I was just drivin' by, saw your car. Missed you."

"Well I'm right here. Been right in front of you almost twenty-three years now. I graduated college. You weren't there. You weren't there when I finished high school either, and even if I invite you, we all know you won't show up to the wedding. I'm doing just *fine* without you."

"You're marrying that piece of shit? You're outta his league."

"Oh, fuck off. How would you even know? You've barely even said two words to him. He's a good man. Better 'n you." Her anger brought with it the hint of a southern accent despite having never lived in the south. Bits and pieces Hank carried with him from Tennessee before she was born.

A cramp tore at her belly and she put a hand over the growing hill there. This kind of stress was no good for the baby. With a sharpness that should have been beyond his means, Hank clocked the gesture and his eyes went wide. "You pregnant, babygirl?"

"Don't call me that. Not anymore. And yes—yes I am, not that it's any of your business."

Hank had tears in his fish-eyes as he stepped forward, hand outstretched and heading for her stomach. She stepped out of his range and he stumbled, started to fall. She moved back into his path, caught him before he dropped. She strained against his bulk. Really, she shouldn't have been able to hold his weight, but she'd been holding him up since she was eleven years old, knew just how to stand to catch the man who'd never caught her when she slipped.

Despite everything, his weight calmed her slightly, and she ran a hand over his back, scratching as though he were a dog. Anger dissipating, she led him around his truck, opened the door, and helped him into the passenger seat. It was hard to stay mad at somebody so sad. The wolves still howled. She wanted to howl with them, purge this aching feeling from her chest. Instead, she regarded the man that tried to raise her, his eyes cast down, his hands limp in his lap.

It's not fair. I'm allowed to be angry.

She reached out and took his baseball-glove hand, brought it to her belly. His eyes closed and his chin quivered. They lived in that moment for as long as they could, father and daughter.

"I want to be a good granddaddy."

"I know."

"You think you could forgive me?"

"I don't know. Not while you're still like this."

"I can get better."

"I hope so."

The wolves were still singing. Once they got going, they could keep feeding off each other for ages.

"I love that sound. Wild, like I used to be," Hank said.

"Me too."

"You think I'll still hear 'em? At the end?"

"The end of what?" She knew what he meant, but she didn't want to hear it, wished she didn't ask.

"At the end of me."

"Yes Daddy." She didn't remember the last time she called him that. "I hope so." He seemed to like her answer, nodded appreciatively.

"Hey maybe—maybe when Christmas comes around next year, you reckon I could dress up for the little tyke? I still got the suit, you know."

She knew he did. She never saw him more clear and present than when she was a girl and Santa came to town. She always spent the rest of the year waiting for him to come back. She wanted to tell him no, but how could she?

"Of course, Daddy." There it was again. "You just need to pull yourself together first." She'd long given up hope that he would, but it was a lovely thought.

Hank smiled, nodded, and his head didn't come back up. The old giant was asleep. She wondered if he'd even remember coming here.

Carol sighed, looked up at the emerging stars. John would wonder where she was soon. The wolf-song was dying down. She couldn't leave Hank here though.

She walked around to the driver side of the Blazer, got in, and was relieved to see keys in the ignition. He didn't live far, only a half mile or so. She cut the engine on and it growled along with her fathers' deep snores. She couldn't bring him inside, but she could at least get him home, leave him in his own driveway.

Afterward, as she was jogging back to her car, she allowed herself a little hope. Maybe being a grandfather would light something up in him that being a father never did. Maybe they still had a chance.

She had no way to know that three weeks later he would wrap his truck around a telephone pole, a bottle of Wild Turkey in his hand and a freshly dry-cleaned Santa suit laid out on the passenger seat. Even as ruined as he was, he *wanted* to be there, to be ready.

He wanted to be Santa Claus again.

Carol thought of him as she watched her husband through the window, yelling at nothing in the backyard. Remembered the worst parts as he walked into the shed and came out with a bottle. Remembered the best parts as he turned and threw the bottle away.

"Good boy," she whispered, and her breath fogged the cold glass.

28

WORKING

"Excuse me?" The kid repeated, shaking Geena from her day-dream. "Can I get a grave moss and a chocolate croissant?"

"Oh yeah, sorry, coming right up. Name?"

"Ethan."

The grave moss was Geena's preferred drink there as well. A latte with a double shot of espresso and two pumps from the jug of pep-permint syrup that gave the drink a slight greenish tint. She had one almost every day, so while she made one for the customer, she doubled up on the process. After a few minutes, she had two large mugs full of caffeine before her. She relished her newly acquired skills, carefully scratching and rearranging the foam on top until she had a decent illustration of a skull. It grinned up at her and she smiled back. She loved this spooky little coffee shop.

She bobbed her head along with the music as she spun back to the register. No coffee house easy listening playlists here. No jazz or soft rock deep-cuts. No, this was an unusual cafe for unusual patrons. Bands like 7 Seconds, The Adolescents, and The Descendents provid-ed the soundtrack. Flyers and posters wallpapered every surface. Art exhibitions, rock shows, anarcho-collectivist community meetings, and more, all reaching out to their base.

Geena felt like the whole town was like that to some extent. It was a place where people like her and her friends didn't catch looks from passersby, where it would almost feel more unusual to *not* have a tattoo on the side of your neck.

"Alright, here ya go," she said. "That'll be $6.50."

The customer, who looked all of fourteen, dug into his pocket, came up with a crumpled ten, and passed it to her. As she broke the bill and pulled his change from the register, she noticed a curious whining sound coming from the floor on the other side of the counter. She leaned over to investigate.

"Ooo!" she exclaimed. "That's the prettiest dog I've ever seen."

"Yep," the kid replied. "She's a good girl."

Realizing she was now the topic of conversation, the little husky stood up on her back legs and leaned on the counter, warbling excitedly like a human placing an order.

"What's her name?" Geena asked.

"Littlewolf, and I'm Ethan," the kid replied. He tugged at her leash, pulling her off the counter. "Four on the floor, girl."

"Oh no, it's okay, I don't mind." She loved working somewhere that allowed dogs inside. She'd always wanted one, so getting to meet the local canines was one of her favorite perks of the job. "Can she have a treat?"

"Uhh, yeah, sure, why not?"

"Awesome, one sec." She reached into a cooler beneath the counter, came up with a slice of precooked bacon they used for breakfast sandwiches. She grinned at the dog's happy chomping sounds as she gobbled up her prize.

"Her eyes are so blue! They don't even look real!"

"Yep," Ethan said. "She's built for speed *and* fashion."

"Thanks for letting me say hi. Bring her back anytime. You guys have a good one." She would have much preferred to stand there cooing at the dog all day, but the line behind Ethan and Littlewolf was starting to lengthen. She had to keep it moving, lest the coffee fiends riot.

With a thank you and a wave, the pair left the counter, retreating to an overstuffed armchair where the boy sat and the dog squeezed in next to him, laying her head in his lap.

As she processed the rest of the line, taking cash, swiping cards, steaming foam, her mind wandered back to the house. To Ren, probably still asleep in her "bed," which was just a nest of piled-up blankets. Mattresses cost money, and she was still working on getting the funds together. The brothers already had stained, lumpy Craigslist beds they'd got for free, presumably because the original owners just needed them gone. Geena felt a comfortable place to lay her head was worth the wait.

They slept together only in the literal sense of the phrase, though she was sure the others wouldn't believe that. Beforehand, they'd just talked and got high. At first, they spoke of the show, of other music they loved, bands they'd like to see, but soon the conversation dug into deeper soil. They covered personal ground in the way only drug-loosened tongues could. She asked why he didn't want to work and he explained that it wasn't a matter of want, that he was hiding. She asked him what from, and he told her the whole story.

She supposed it should have rattled her more to hear that she was sharing a bed with a killer, but the way she saw it, being a killer doesn't make you a murderer. The need for vengeance was no stranger to her.

She knew revenge and justice weren't the same thing. But how much did a person have to ruin your life, or that of those you care about, before the difference became negligible?

She told him about the men who'd hurt her, about Mr. Reynolds, the man at the movie theater, the others. She said she would have killed them if she could. He squeezed her hand, and she saw rage in his eyes.

"Me too," he said, and she believed him. He already had a blood-written resume proving it. Maybe it was the rushing endorphins from the concert and the heroin, but it made her feel safe.

They promised to keep each others' secrets. He kissed her, but that was all, and before long they were curled up in the bundles of blankets, off to a dead sleep. It was the first time in weeks that she didn't have nightmares, that she didn't wake up feeling weaker than the day before. If it wasn't for the pain in her mouth, she might be totally content.

She tongued at the sore spot, felt the remaining fragment still wedged in the space. Clove oil, peppermint tea, chewing guava leaves, the home remedies were starting to become less effective for managing the pain. She needed to get it taken care of for real. There was a local dental school that would fix the issue for three hundred dollars, but Geena was starting to consider the free option. Dennis was a creep but she could put up with some pain to get relief.

After all, she didn't want to live in that house with the Williams brothers forever. Aside from what she squirreled away for a bed, the rest of her savings were going toward escape.

Maybe he'll come with me.

She hadn't considered asking Ren to leave with her but she was thinking about it now. Whatever was happening with them was new, undefined, but they'd been friends for months. Maybe she wouldn't need to go it alone. She'd bring it up to him soon, once she found the right words. There was no rush. They had plenty of time to work it out.

A few hours' worth of lattes later, with a bag of day-old pastries tucked under her arm, Geena clocked out and made for the house. She arrived to find Jersey scratching his head in confusion, standing in a trashed yet empty living room.

"Whoa," she said. "What the hell happened here?"

The table was flipped over, as was the couch. There were new holes in the walls and the broken glass of several bottles crunched beneath her feet.

"I got no idea," Jersey replied. "The noise woke me up, but they both ran out the front door as I was coming to check it out."

"Were they...fighting?"

Jersey shrugged.

"Shit. Any idea where they went?"

"How would I know? I just woke up."

"Right. Sorry. What should we do?"

"I don't know." He lit a joint, puffed it a few times, and passed it to Geena. "Guess we just clean up and hope they don't get into too much trouble."

"Yeah, okay." The joint didn't do much for the growing gnaw in her stomach. She needed something stronger, and soon.

She pushed the thought away as she went into the kitchen, came out with a broom and some trash bags. Jersey reset the furniture to its rightful positions while Geena swept up garbage and fragmented glass. It didn't take long, but it annoyed her all the same. Nobody likes to come home to a mess and a sack full of questions.

Ren, where the hell are you?

29

THE LAST TIME I DID ACID, I WENT INSANE

Rens' hands were all wrong. His arms too. It was too loud. No. Too quiet. He didn't think he was crying but his eyes were leaking.

Stay away from the mirror.

There was nothing there he wanted to see.

What he really wanted was a mango. To tear apart the sweet fruit like an ape, feel the sickly fibrous strands between his teeth. Fruit was alive.

Can't eat meat—meat is dead.

Lefty was talking and Ren was nodding, but he wasn't sure why. Were those even words? Or just sounds?

Words are sounds. Sounds are words. Focus.

Ren tried and his attention missed the mark, settling on the weave of the carpet. In a few seconds, or maybe a year, he followed the whole life of the rug. Made in some factory, probably a faraway country, hopefully not by tiny hands. Rolled and wrapped, packed and shipped.

A warehouse. A truck. A local with a tool belt and a stapler. An old house draped in new. Now, him planted in it. What were the odds this rug made it here, to this house, and that he would also arrive to sit on it. They had to be astronomical, yet utterly ordinary. It was impossible that anything would ever happen, and yet things occurred every day.

Where's my mango?

He didn't have one.

He was thirsty. Thirstier than he'd ever been. He went to the kitchen, grabbed a water bottle off the counter, chugged half before it clicked that it was full of gin. He retched and threw up in the sink but it didn't feel like much. If anything, it was sort of pleasant. He tried again from the fridge, orange juice this time. It was the best thing he'd ever had.

He heard crashing from the living room. Lefty had flipped the table over and was stomping around the wreckage swinging his fists. A circle pit for one; no music necessary.

He jumped into the fray, shoved Lefty into the couch, sending both toppling backward. Lefty bounced back, startled rage giving way to violent delight and a right hook that Ren heard more than felt. As he rocked back, his elbow punched through the wall. He got distracted by the bits of plaster stuck to his sleeve, forgot what they were doing. Lefty took to dismantling the couch, producing a knife he was using to carve into the cushions, grabbing fistfuls of foam innards, tossing them up like so much snow. Ren laid on his back and tracked a cockroach as it skittered across the ceiling, visual echoes of itself lagging close behind.

The bug crossed the expanse of open space, tracked down the wall on the opposite side of the room. When it breached Leftys' range, he snatched it up, popped it in his mouth like a piece of popcorn. It didn't strike Ren as that odd, though maybe it should have. He mostly just felt sorry for the small life that had been snuffed out. He wept for the creature. He started to say something, to ask Lefty why he'd killed the harmless insect, but stopped when he saw the man's face.

Lefty was looking right at him, the bugs legs still spasming and kicking between his teeth. His eyes were a hard, ugly yellow. The yellow from Ren's nightmares. His pupils dilated wide like a cat with prey in its sights.

"Do you want to see something?" he asked.

Ren didn't. Through the chaotic noise and electricity of the LSD, he could still hear alarm bells ringing. His survival instincts were screaming at him to be heard, begging him to run. Telling him he was in the presence of something dangerous. Despite this, he nodded.

Lefty stood and turned his back, began to unbutton his shirt. Ren wondered if he was going to get naked. He hoped this wasn't that kind of trip.

Lefty let his shirt drop to the floor and stretched his arms out, flexing and grunting. It reminded Ren of Ralph Fiennes in the Red Dragon movie, and he hoped Lefty would never turn around.

When he did, the first thing Ren noticed were the veins. Dozens of them crisscrossed and quivered like blue snakes from his waist, tracking up his stomach, all converging on the puckered, raw hole in his chest.

Rooted in place, speechless with disgust and fear, Ren peered into the hole. It looked deep, more like an abyss than a wound. He felt like he might fall into it, that if he got too close, it would unhinge like the maw of a snake, pulling him in, swallowing him up. From deep inside, a glowing eye blinked back at him.

He tried to scream but none came. Lefty laughed. Ren wanted to run but couldn't. He thought to call for Jersey, but if he hadn't heard them yet, he surely wouldn't now. It was as though his legs were no longer his own. Winters' words reverberated back to him from a pay phone in New Mexico:

"*You have to rip it out!*"

"I wouldn't advise that," Lefty said, but his voice wasn't his own. His mouth hung slack, agape. His yellow eyes rolled back into his head and the guttural sound spilled from somewhere beneath his throat.

Ren decided he never wanted to take acid again. He'd had bad trips before, but nothing this bad. He'd never seen monsters.

But this couldn't be real. He had to get away. Why the *fuck* couldn't he move? He wrenched at himself with all his strength, felt a slight wiggle in one of his toes.

Lefty's arm jerked and swung like a marionette puppet, wagged a disapproving finger.

"Be still," and Ren was still. Frigid. Caged.

"We just wanted," the voice growled. "To meet you... such a hungry thing. You could be...suitable. Ideal, even."

The acid washed up in his head, threatened to carry him away on a wave of terror and fractal geometry. He fought it down as best he could, choked out a weak "For what?"

"This one won't last much longer. We can only push it through so many deaths."

Ren heard a sound like whistling. Air being pulled into the hole. He stared, transfixed, as the thing continued to speak.

"When you killed that man...did it feed you? Did it...satisfy you?"

"What are you talking about?"

"We know all your secrets, all your wicked little appetites... but we won't tell." The thing used Lefty's throat to produce a barking laugh. "Just as you won't tell anybody about us."

"The hell I won't—I'm telling everybody."

"No...you won't. Do you think there is nothing we can take from you? Your friends' lives. Your sister's death? She is most delicious. We can eat her for years to come."

He remembered Winters' voice on the payphone, agonized and desperate. Could this monster... have her? Was that why she seemed so hollow in the dreams now, all yellow eyes and deaf ears? If that was true, what would it take to free her? He tugged at his invisible bonds, not so much as a wiggle.

"You belong to us," the Lefty thing wheezed. "If you serve us well, we can release—"

"Let go of him." Jersey stood at the living room doorway, a baseball bat in his hand. The thing twisted Lefty's torso toward the sound, surveying Jersey with its blinking eye, and Ren felt movement return to his limbs. He kicked out as hard as he could, felt his foot connect with Lefty's jaw, and he was free.

"Run!" Jersey shouted, stepping between them.

He didn't need to say it twice. Ren was up and through the door, sprinting as fast as he ever had, away from the house and into the woods. When he could no longer hear the city streets behind him, he allowed himself to catch his breath, pulled out his flip phone. The numbers on the screen were breathing. It was 11:00 AM. Lysergic acid diethylamide could last ten to fourteen hours. His trip was just getting started.

***

"Get back in your fucking hole," Jersey ordered, brandishing the baseball bat. "Playtime is *beyond* over."

"It's only just beginning. We could make you swallow that bat. Are you hungry?"

Jersey stood his ground. "Not really much of a breakfast guy. You've had your fun. It's time to pass the wheel. We both know you won't hurt me." He was playing it cool, collected in a way he hadn't felt since before he pulled the trigger on that Beretta and everything changed. All the conflict and supernatural bullshit aside, his brother still needed him, and he was going to show up for that if nothing else.

The thing rose to Lefty's feet and Jersey thought maybe it was calling his bluff, that he was moments from being meat on the floor. He held his breath, braced his stance, and waited. Instead, it limped and dragged across the living room, turned to him by the front door.

"We'll keep him for a while. You can have him back after we hunt."

With that, the door slammed behind him, and Lefty was gone.

Jersey let out a sharp exhale, dropped the bat, and surveyed the damage. At least nobody else had seen.

How far are you going to let this go?

30

MY GOD'S BIGGER THAN YOURS

D ennis had been waiting all week for this. It wasn't easy to find, had taken months of scouring the internet, but his erado had finally arrived.

The erado was invented by George Fellows Harrington in 1864 with the aim of improving methods of tooth decay removal. It was the first machine of its kind, a revolutionary tool, but it didn't look very much like a drill.

It was a clunky thing. A fat cylinder with a long shaft protruding from one side, and a turnkey windup crank on the back. Before its invention, dentists of the time still had to resort to manual crank drills, a grueling, inconsistent affair. The erado promised efficiency, its clockwork mechanism keeping the drill bit spinning for up to two minutes when fully wound.

Of course Dennis still appreciated the manual drills. He'd acquired several from different corners of the world, had even become quite proficient in using them. They were sturdy. Honest.

Still, he was an explorer. A true craftsman never stops experimenting, and he was curious what sort of results the erado would bring him.

In its time, the popularity of the device was short-lived, quickly supplanted by the pedal drills that looked like skeletal sewing machines in 1872. Users complained that the thing was unwieldy, awkward for both practitioner and patient with its wide mechanical housing. But Dennis knew that an artist never blames his paintbrush.

He crumpled up the certificate of authenticity and discarded it. He didn't keep those for his collection. He saw no need. He would never resell or otherwise part with his tools. Their value to him was more than monetary.

It irked him that he had to use the more modern tools at the office. How bland that his art had been reduced to lightweight turbine drills and lidocaine injections to numb the pain. Without pain, there could be no relief.

But at home, his craft was his and his alone. Once word got out among the local vagrants and lower-class workers of his home "office hours," he had no shortage of patients willing to pay for relief with pain.

He opened the leather case and tossed the tissue paper that lined it aside with a reverent flourish, revealing his prize.

It was in excellent shape. Clean, polished, very few scratches or dings. The previous collector had taken great care of it, protected it. Unfortunately, Dennis expected the condition wouldn't last forever. A man cannot keep a tool such as this pristine forever if he intends to use it.

And he did plan to put it to good use. The sculpture of its form and the music of its crank would give way to a chorus of screams just for him.

But when would he get the opportunity?

His thoughts turned to the girl in the house next door. Leonard had mentioned her damaged molars to him. He didn't need to seek her out and sell her on his "pro bono" work. If the damage was serious, an infection growing, eventually the pain would build so much that she would come to him herself. All he had to do was wait.

Of course a simple extraction and flushing of loose fragments typically wouldn't call for any sort of drilling, but once they were in his chair, it really wasn't their call what was required, was it? Hell, he could perform a rudimentary root canal on any tooth he desired, whether or not it was necessary. As long as he left the patient whole in the end, there would never be any trouble for him.

Except...

He pushed the memory down. The incident back in West Virginia was thousands of miles and a couple years away now. It was a mistake. One he wouldn't repeat. How lucky that it was Leonard who came upon them back then, a young man who understood the whims of unique appetites. He supposed he owed the boy more than cheap rent.

Dennis turned the crank on the erado as far as it would go, counted the seconds down as the drill clicked and whirred. Just short of two minutes, as advertised. Satisfied, he brought the device to his special exam room in the back of the house.

It was expensive to have the floor redone in tile, along with stainless plates on the wall and a drain installed for all the...fluids his work produced. It cost almost as much to relieve the suspicious look on the contractor's face.

Worth every penny.

He stepped into the white room where he was a god and laid his new tool down alongside the others. Drills from every era, suction tubes, pressurized water picks, and all manner of other instruments hung on the walls and lined the counters around the outside of the space. In the center sat an antique dental exam chair with an adjustable light above it. He checked the restraints he'd installed at the arms and legs, made sure they were secure, though he already knew they were.

Inspecting his tools was an important ritual, one that he always took special care with. While crouching over the chair, he noticed a few spots of dried blood caked around the outside of the floor drain. He frowned. That wasn't like him at all. Dennis was many things but sloppy wasn't one of them. It wouldn't be enough to simply wipe away the offending drips. No, he would need to sterilize the whole room again. A place for all and all in its place.

He sighed, rolled his head between his shoulders, cracking his neck. He would need the pressure washer from the garage to spray down the walls and floor again. He hadn't planned on a cleaning project today but when his next patient arrived, he needed to be prepared.

After all, the devil was in the details.

He entered the garage through the kitchen door and clicked the light on. It was a mess in there too. Rolls of carpet, handyman tools, sheets of insulation, all the assorted bits and bobs of property ownership and maintenance. He would need to tidy up in there before the day was out.

First things first.

Dennis opened the garage door—The room could do with some airing out — and grabbed the pressure washer, took it back to his special room. He started with the walls, spraying them down before focusing on the floor from the outside in. When he got to the drain, he took care to blast any evidence away, before scrubbing over it with steel wool and washing it all away with a second pass from the bleach infused water. After a quick squeegee of any remaining moisture, the work was done. Order restored.

Upon returning to the garage, he put the washer in its place and set about organizing the rest. He stood the rolls of carpeting up in the corner, organized the regular tools as neatly as his special ones, and swept up all the dust he could catch, sending it out into the open air. As he was finishing up, going over in his head the standard cleaning appointments at his office he had scheduled for the afternoon, he jumped at the sound of the garage door shutting, plunging him into darkness. Surprise turned to relief when he saw it was only the silhouette of his tenant, Leonard.

"Hello my friend. How can I help you today? Everything is in order at the house?"

Leonard didn't answer. He just stood there, his shoulders rising and falling with each heaving breath. Dennis tried again.

"Was there...something you needed?" He stood up straight against the prickle in the back of his neck. Something was definitely off kilter about his friend. When Leonard answered, he didn't sound like himself at all. He sounded like an animal.

"Yes," he said, and his eyes sparked up, yellow throbbing light that spilled from his face and expanded, filling the room until all Dennis could see was the bright, poisoned illumination that threatened to swallow him whole.

"Leonard?" He gasped once more before he lost control of his tongue.

31

PISSING IN A RIVER

On any other day, a psychedelic adventure through the woods would feel like just what the doctor ordered, but not today. Ren ran through blind terror, desperately scouring his addled mind for a crumb of rationalization.

It had to be a product of the drugs. Obviously his roommate wasn't possessed by some demon. He was an asshole, but that didn't make him evil.

But Jersey saw it too. Stone sober. In Ren's experience, acid could only make you imagine a monster, not actually *see* one. And the monsters you found were never literal, but rather creative representations of your state of mind. You could witness yourself living a thousand lives in the span of a moment, stretching from Neanderthals to whoever you were now, but these visions happened inside your head. They didn't blink at you from a cavity inside another man's chest.

And Jersey—he knew. Oh fuck he had to know. How else could he have stood to put himself between the two of them rather than run away, saving himself?

He slowed to a walk, his energy diverted to parsing out the loose fragments of information swirling through his mind. If it had no other benefit, the LSD brought him around to digesting the truth of it all.

Nothing could help a man accept the impossible quite like a dose of chemical mysticism.

Pieces began falling into place and he saw them as though looking down from above. The dreams, Lefty's seemingly endless pharmaceutical stash, the confusion on his face when Ren pulled him off Jersey.

Rip it out. The payphone. It was real. His heart leapt at the personal confirmation that she was actually out there, reaching for him. Then it sank as he realized that if the monster controlling Lefty was real, and she was too, then it might not have been bluffing when it said it could hurt her. It probably already was.

He saw a flash of her listless yellow eyes, wandering away from him in his dreams without a trace of sentience.

And I brought her right to it.

Ding-ding!

The sound of the bell wrenched him out of his thoughts. He peered through the trees, then jumped as something scampered over his foot. He looked down, saw a rat standing in front of him on its back legs, looking him right in the eye.

His mind flashed to the rat king in the dumpster and he had the urge to run but held back. This wasn't a monster. It was a friend. The attack in New Mexico was likely a hallucination, something the monster showed him. He wondered how long the thing had been with him. Had it stretched across the miles of highway and touched him before he even got into the Astro for the first time? He was both relieved that it wasn't a case of pure insanity and more confused than ever at what it all meant.

Ren crouched and inspected the rat, expecting it to run away. It didn't. Instead, it stood tall, its whiskers twitching and inquisitive. He wished he had some food or something to offer the creature. Despite himself, he smiled, deferring his fear and anxiety to a quiet compassion for nature. In another life, he liked to think he could have been a veterinarian or park ranger. Something that brought him closer to the earth, softened his edges, rather than the acid-soaked junkie he'd become.

He cried then, the chemicals warping his focus from the real-life problems at hand to mourning all the things he'd never be. Life was too big. What he wouldn't give to be nothing more than a wild rat in the forest, small and tenacious. He imagined himself hiding out in a nest, or maybe chewing his way into somebody's attic, and the fantasy almost let him forget all about Lefty, all about the—

Ding-ding!

At the ring of the bell, the rat turned and began ambling toward the sound. Just before leaving Ren's sight, it turned and looked back at him expectantly.

"You want me to come with you?" His own voice sounded strange, profane against the whistle of the wind through the trees. The rat didn't answer, just continued on its way. Ren rose to his feet and followed.

As he pushed through the underbrush, he lost sight of his rodent guide but the bell rang again, much closer this time. Ren course-corrected to align with the sound and strode on. Amongst the natural song of the forest, he began to hear other additions. Stomping feet, a bustling crowd. Was that pizza he smelled? Then, feedback from a microphone giving way to a booming announcer:

"...and in the red corner, our undefeated challenger. He's lean. He's mean! It's Jesseeeeeeeeee Ahhhhhhhlllgrennnn!"

Ren knew the words. He'd heard variations of them projected from countless announcers in the early days before things started falling apart. However, *this* announcer struck a chord in his memory banks. He recognized the voice and by extension, knew the fight. It was Jesse's last bout before the fire. He'd seen the tape dozens of times, had vague recollections of standing up in his chair to see over the crowd. He quickened his pace.

The ring looked as though it had been there for years, canvas worn, ropes slack and faded. Humanoid shadows flitted and danced around the outskirts, taking shape as Ren drew near. Kurt stood at the red corner on the outside, his back turned. Ren saw the rat climbing up the turnbuckles, where Kurt scooped it up, placed it on his shoulder.

"So... Are you really here?" Ren asked as he reached the man's side.

"Shh... just watch." Kurt grinned, and his charred cheeks split when he did, widening his smile beyond the natural limits. He raised his hand, counted down on his fingers from three. When his last finger dropped, the bell rang, and with a rush of air and a sensation of falling, Ren found himself no longer in the Pacific Northwestern forest. Instead of soft earth, he now stood on concrete. The ring seemed to age in reverse, colors brightening, ropes tightening. He looked up, expecting sky, but instead saw the familiar vaulted ceilings of the Norfolk Boathouse. It appeared he had followed that rat all the way to Virginia, to the last best moment his father ever had as a boxer.

The shadows inside the ring coalesced into solid forms and there he was. Jesse was just out of arm's reach, on the inside of the ropes.

"Dad!" he called out, already knowing better. The man didn't so much as twitch in response, his attention laser focused on the other side of the ring. In the center, an announcer in a crisp white shirt and bow tie was speaking into a microphone.

"...Aaaand in the blue corner, from Richmond, Virginia, Graaaaadyyy Jonnnnesss!"

Ren made to climb into the ring, but Kurt stopped him with a smoking hand on his shoulder. "Just watch," he repeated.

The bell rang once more, and the announcer vanished in a puff of black smoke. The two men advanced, scoping each other out with probing light jabs. Jones was the bigger fighter, pushing the limits of their weight class, but Jesse was faster and moved with a fluid relaxation his opponent lacked. Not even halfway through the first round anybody watching could tell the bigger man was getting frustrated, reckless.

Jones charged like a bull, pushing Jesse into the ropes, forcing a clinch, paying for it by catching three hard hooks to the side of the head before the referee appeared, a wispy black cloud between them, pulling them apart.

They circled each other again, looking for openings, Jones occasionally swinging wildly as Jesse danced out of range. With another burst of hostile impatience, Jones rushed forward again to break into striking range, and never saw the right hook coming. Jesse caught him just under the temple and he crumpled like a lawn chair.

Ren's father immediately threw his hands in the air, went to head back for his corner and wait for the count, but Jones reached out and grabbed his leg in a disoriented, desperate gesture. Jesse had to yank twice to break free from the man's grip.

Jones struggled to his feet, dazed and embarrassed, beating the count. He put his hands back up, but they both knew it was over. No sooner had the ref puffed away into another hazy cloud before he was on his opponent with a flurry of devastating strikes. He forced Jones into the ropes and laid into him with confident, unanswered ferocity. A few more seconds went by before the ref stopped the fight and Jesse achieved the only first round technical knockout of his fighting career.

He raised his fists again, jumped up and down, the smile of a child wrapped around his mouth guard. It occurred to Ren that the man in the ring was only a little older than he was now. Momentarily forgetting the strangeness of it all, he cheered in chorus with the rest of the arena. He'd seen the tape a million times, remembered it through six-year-old eyes, but there was nothing like standing there seeing it happen live one more time.

And then it was over. Jesse, Jones, the wispy ref, and the ghostly audience blinked out one by one, until it was just Ren and Kurt, standing on the outside of an empty ring.

"I wanted you to see that," Kurt said. "Wanted you to see him at his best."

"But...why?" Ren asked.

"So you'd remember who he was—who he really was. You got all this anger, and it made you forget. You need to remember."

"Pretty sure I've got bigger problems now than my daddy issues, don't you think?"

Kurt chuckled. "Yeah, I guess you do, but it's all the same. There are things out there. Things that'll turn you. That warp and twist. Things that will steal from you, eat your heart, your ambition, your priorities, until all that's left is agonizing, gnawing hunger." He sighed. "Then, they'll eat that too."

Kurt lit a cigarette, offered the pack to Ren, who shook his head. Cigarettes always made him nauseous when he was on acid. Like the response of his reward center was dulled, allowing him to actively feel them hurting him. Kurt took a deep drag and continued:

"We all got monsters in and around us. Some of 'em just have sharper teeth. This one's got its claws in you and your friends, but you can still stop it."

"How do I do that?"

"You gotta grab hold of these fucking things and tear 'em out. Can't do that if you keep running away." He looked hard into Ren's eyes. "Wherever you go, there you are. The longer it takes you to figure that out, the higher the bill's gonna be when it comes time to pay it. You reading me, son?"

"No, I'm not. Enough of the goddamn riddles, okay? You guys got some sort of network? Send one of your fucking carrier rats out—I want to talk to Winter."

"No can do, boy. Only way you can help her now is by helping yourself. She's well out of my reach. Besides, what are you doing out here bullshitting with a dead man anyways? You got real, living people to worry about."

Ren started to protest but then he remembered:

Geena. She had no idea what was happening, was probably just getting home from work.

Kurt smiled. "There you go, starting to think about somebody other than yourself. Keep that energy."

Ren blinked, and he was alone in the forest again. No ring. No ghosts. The only evidence of what he just experienced was a solitary rat that turned and regarded him once more, before disappearing into the tall ferns.

A wave of visual distortion overcame him and he sank to his knees, awash in fractal colors. He looked around at the trees, realizing he had no idea how to get back home. If he tried to retrace his steps, the drugs were bound to lead him astray.

He would have to ride this out before he was of use to anybody.

32

CALLING ALL SKELETONS

Geena hoped that Ren would come home by the time they were done straightening up the living room, but there was still no sign of him or Lefty. Jersey had gone out looking for them, so to pass the time, she pulled out her sketchbook, started working on a representation of the spindly blackberry bushes from the backyard. The others at work complained about their invasiveness, how all over town, every time you looked away for a moment, when you turned back, they would be just a little closer. She figured there were worse things to clutter up a yard than delicious fruit.

The problem was she couldn't keep focus. The lines were coming out all wrong, the shading clunky and muddy. The pain in her mouth was just too much. By the time she'd crumpled and discarded her third attempt, a decision had been made.

She had to go see Dennis next door. He was surely a creepy fuck, but she could handle some pain to fix her problem. It couldn't be worse than what she was feeling now. Maybe it wouldn't even be so bad.

She closed her book and stored it away, gathered up her nerves, and headed next door. It looked dark in there. Deserted. But his car was still sitting out front, so she balled her fist and gave the door a tentative knock. To her surprise, the door swung open, having not been latched all the way.

"Hello?" she called out into the darkness. No response.

She considered going back home and waiting until she saw him out in the yard, but the throbbing in her mouth pushed her inside. She stepped through the door and shut it behind her.

"Anybody home?" she implored, but the only response was the faint drone of a radio coming from the back of the house. Of course. He just couldn't hear her. She looked around the living room. Sparsely furnished and immaculately clean, she was surprised such a gross man kept such a neat home.

Tracking the radio, she crept down the hallway until she came to a closed door. Feeling silly, she knocked on this one too. "Dennis, it's Geena from next door. Are you in there? I could use some help."

No response other than a pair of tinny voices discussing the best methods for geoduck harvesting from the radio. Maybe he wasn't here after all. She inched the door open, and a scream caught in her throat.

From the peaceful look on his face, she would have thought he had fallen asleep, was having a pleasant dream, were it not for all the blood and metal instruments protruding from all over his body.

Dennis was sat in his exam chair, hand crank drills driven into his feet and legs, three on each side. Next to him sat a ceramic bowl that appeared to be full of teeth. In one hand he still held a set of pliers, the other hand clutching a large cylindrical device that seemed to be stuck in his chest.

Jesus, did he do this to himself?

She didn't know which was worse: that somebody could annihilate themselves with such enthusiasm, or the idea that whoever *actually* did this might still be nearby. She shut the exam room door and ran back through the house, out into the front yard.

Her hands shook as she dialed 911, the pain in her mouth all but forgotten.

"Um, hello I need help. I just found my landlord all fucked up in his house. I think he's dead."

***

Lefty could hear rushing water. He felt pain shooting through his head, forbidding him from opening his eyes just yet. His leg cramped up, and he tried to bend his knee to ease the knot, but smashed it into hard metal. With a frustrated yelp, his eyelids shot open.

He was lying on a green park bench, squeezed in beneath an arm rest cutting across the center. Cities had recently begun installing all sorts of benches like this, dissected across the middle in different ways, all with the aim of preventing the homeless from sleeping where "functional" people could see them. Apparently he'd slid himself beneath the arm like it was a roller coaster restraint bar. At least it was that and not one of the crueler designs, such as when they ignored the niceties of aesthetics and just covered them in spikes.

He slithered out from his restraints and sat up, taking note of the dried blood on his hands.

"*You aren't supposed to drive. That wasn't the deal,*" he said internally.

"*We changed the deal,*" the thing purred.

"Go fuck yourself," he said, more annoyed than anything else.

In the center of the concrete clearing sat a candy cane of a metal pipe expelling water into a hole in the ground. Lefty ran his tongue over his dry teeth, spit the gooey remains of sleep from his mouth, and approached the pipe. He bent over and let the freezing water wash over his face before taking a long drink. He then put his hands in the water, scrubbing away as much blood as he could, leaving his hands ruddy and pink.

Do you smell that?

He did. It wasn't a scent so much as a vibrating hum that tickled his nostrils. The aromatic equivalent of feedback from a microphone. The smell of starvation. He cocked his head and looked around until he found the source.

Across the street, a man he recognized was exiting the 3rd Street Tavern. It was the same man they'd seen make a fool of himself when they had drinks there the other day.

Follow him.

"Jesus, man. Haven't you had enough? I just want to go home."

There is no "enough." Now walk, lest we make you walk.

"Alright, alright, you fucking goblin. No need to turn the screws."

With a sigh, Lefty made his way to the street and fell into step behind the man. What did the hot bartender call him? He searched the drawers in his head until he came up with a name. It looked like Ol' John was in for a rough day.

There was something different about him though. He seemed to stand a little taller, a brisk edge to his steps, and a hunger more desperate than any Lefty had encountered since he gained the ability to pick up on such things.

As he stalked his new prey, it didn't dawn on him just where that pure, unadulterated appetite could have sprung from until he watched John enter a church down the road.

Of course. The sad fuck was taking a crack at sobriety. There was no sharper need than that of a freshly dried out drunk.

We will wait. Allow him to ripen a little longer. We have his scent now.

Whatever you say, Hoss.

Lefty turned back and retraced his steps toward the house. He wanted nothing more or less than a gallon of whiskey and twenty-four hours' sleep. He didn't know what happened while he was blacked out, but he figured he'd earned that much.

33

KISS THE BOTTLE

They say the first day is the hardest, but John didn't think day one held a candle to the second, nor did that compare to the third. He was freezing, but he couldn't stop sweating. Movement was agony, though nothing compared to that of stillness, so he struck out for the bar. However, upon arrival, all he could think about was the disappointment on Carol's face when he came home wasted. It was enough to turn him away, but just barely.

Instead, he let his feet carry him again, just as he did before, but this time knowing exactly where he was going. On his way to the church, it seemed as though every eye on the street was cocked in his direction. How obvious it must have been to any passerby what a worthless wreck he was, and he couldn't shake the feeling that he was being followed. In his dream the night before, he'd been pursued by grinning wolves, torn apart with callous brutality. When he woke up, he could still feel their jaws clamped around his throat. He thought maybe it was them behind him, still in hot pursuit. He kept checking over his shoulder, but the lack of any obvious source offered no comfort. The street itself seemed as though it were observing him, stalking him, judging every shaky step.

But still, he walked. He walked for his wife. He walked for his son, and maybe, just a little, he walked for himself. For the man he wanted to be.

He'd never been religious, but when he finally made it to the church for the second time, he saw the old building—with its mounted crosses and stained glass—as the sanctuary it had always claimed to be. He still didn't believe in God, but maybe he could believe in salvation. People found that every day, so why not him?

The front door was no longer a threat. Instead, it was a promise. A promise with two sides, and he hoped he could keep his end of the bargain.

He stepped inside and breathed a sigh of relief. Everything still hurt, but here the pain was lessened. Not by God, but by the welcoming arms of people that understood, a pot of shitty black coffee, and by the most important idea he could ever hope to anchor himself to.

One day at a time.

34

IF I EVER LEAVE THIS WORLD ALIVE

P olice came and went. They asked their questions, took their notes, and filled a body bag with two-hundred-twenty pounds of dentist. Despite the carnage, it was quickly ruled a suicide. Upon further inspection of the house and his home "office," they found a drawer full of Polaroids: stacks of young women and aged vagrants locked in screaming immortality, all save for one. That last picture linked Dennis to a missing girl back in West Virginia. It was the only photograph whose subject had long stopped feeling pain—or anything else.

The confirmation of Becky Merrill's fate on the news in the coming weeks must have come as a sick sort of relief to her parents, though unfortunately the new evidence brought them no closer to locating a body. At least the family knew she was gone, wouldn't lose any more sleep asking questions. Instead, they would lie awake at night in mourning.

Geena was wondering where the fuck they were going to go when the house was inevitably claimed by the state. They had nothing on paper. No lease to prove their residency. Dennis had covered all the utilities in the deal he made with Lefty, so, in essence, they would be seen as squatters.

That day, after answering a thousand questions and being sent on her way by a gruff detective, she'd sat alone in the house, waiting for somebody—anybody—to come home. After a few hours, Jersey walked through the door, and Lefty trickled in shortly after that. Both seemed appropriately shocked at what had transpired next door, but Geena noticed that Jersey couldn't keep his eyes off his brother as she recounted what she'd seen.

It was just before dawn the next morning when Ren finally shambled into the bedroom. He collapsed at her side in the nest of blankets, eyes red and puffy, leaves in his tangled hair. She couldn't understand much of what he was saying, only that he asked her if she was okay seven or eight times. She didn't understand why, seeing as he didn't even know what had happened. He gripped her like a life raft, and she let him for a few minutes, but then pulled away and asked:

"Where have you been?"

"Had to run. Got lost in the woods."

"Had to run? Run from what? You got any idea what we've been dealing with here?"

He started to answer, but his jaw seemed to lock up and a pained grimace contorted his face. He tried again, but no words came out. She thought she saw fear in his eyes. Failing to speak, he gave up, and just took her hand in his. Gently but firmly, she pulled hers away and asked again.

"Dennis killed himself yesterday. At least that's what they're saying. You wouldn't know anything about that, would you?"

She saw genuine surprise on his face and it made her feel better without needing an answer. Of course he wouldn't. But then something else creased the lines in his forehead, something akin to revelation.

"You do know something, don't you?"

He shook his head, then nodded, tried and failed to speak again. It was as though something was caught in his throat, stopping the words, and she could tell he was getting frustrated.

"Shh," she said, and pulled him into her chest. "We can talk about it later. Get some sleep."

Whatever was going on with him wouldn't be solved here and now. He'd obviously been through something, but she could wait for answers. She felt his muscles relax and as the sun began to rise, he fell asleep.

She laid there and watched as early light crept across the ceiling, tonguing at the aching hole in her mouth. After some time trying to drift off, she extricated herself from Ren's arms, removed his jacket and boots, and tossed them amidst the mess of her room.

As the jacket landed, a few waxy bundles fell out of the pocket and scattered across the floor.

Just what she needed to go back to sleep.

With anticipation fluttering in her stomach, she scooped up a few pouches and grabbed her kit before settling back into the nest. She set herself up for a shot, injecting into one of the faint veins between her toes. She usually avoided her arm, unlike the others, preferring her track-marks where people couldn't see them. When the syringe was empty, she laid back into the pillows and waited for the rush to come.

But nothing happened.

The bag was weak bullshit. Geena stifled an exasperated groan and grabbed another pouch, went through the set-up ritual again.

This little piggy went to market.

Another shot, another disappointment. Her jaw thrummed with renewed pain at her clenched teeth. She tried again.

This little piggy stayed home.

Another.

This little piggy had roast beef.

Another.

This little piggy had none.

On her fifth shot, the needle broke, and she was just barely able to extract the fractured point from her foot. She was about to give up, when all at once, every dose rolled over her like boiling waves.

Geena's vision blurred, and she heard a chittering, foreign voice flood her mind as she was pulled down into the blackest place she had ever imagined.

And this little piggy went weeeee-weeeee-weeee, all the way home.

"Wait..." she managed to gasp, and then,

Nothing.

***

Ren had never felt so cold. He was flat on his back, naked, unable to move or brace himself against the freezing wind whipping across his bare skin. High above, he could see the monster's yellow eyes drifting lazily downward, the only light in an infinite black. He tried to raise his hands to his face, but his restraints held firm.

Across his body, from feet to wrist and around his neck, thick cords of honeysuckle vines lashed him in place. As the creature drew near, its sickening light shimmered off the white flowers, which seemed to turn upwards, reaching for their corrupted sun. He struggled, but the vines only tightened their grip, and he heard tinny laughter that seemed to come from the flowers themselves. He clamped his mouth shut as they probed at his lips, trying to force their way inside.

The thing was inches from his face now. He could smell its foul breath and mildewed fur, revolted yet helpless to turn away from the murky saliva that dripped from its gleaming fangs.

"We warned you, didn't we?" The monster hissed. "You tried to share our secret."

Ren dared not answer for fear of the invasive vines still seeking to climb inside him. He stared into the beast's eyes, answering with bitter defiance instead of words. He wanted to spit in its fucking face.

"You still have spirit," It continued, "but allow us to teach you the nature of consequence."

In a flash, the vines lifted him upwards, and he found himself pinned against an invisible wall. The thin green tendrils hooked themselves into his eyelids, preventing him from closing them. He could no longer see the creature, instead illuminated by the soft glow of an old television. On the screen, he saw himself curled up in the blanket nest. Next to him, Geena sat with a needle in her hand. He watched, helpless, as she injected herself over and over.

"This is our favorite part," the monster whispered in his ear as she began to cough and slumped against the pillows.

This couldn't be happening. Not again. Not to her. Forgetting the vines at his lips, Ren screamed, rage and anguish bubbling hot enough to melt steel. His cries were cut short by a tide of winter honeysuckle—kiss-me-at-the-gate, she'd called it—flooding down his throat and tearing at his esophagus. As he choked, the television flicked off, and he was alone in an abyss with naught but a cackling demon.

"You see? Consequence." It jeered, but Ren couldn't answer. All he could do was writhe against the vines as they filled his stomach to bursting, slithering through his internal organs like so many snakes.

He woke up screaming, and when he saw that it wasn't just a dream, the world fell out from beneath him. All he could do was pull her into his arms and hold on tight as Jersey appeared in the doorway.

"Call an ambulance," he sobbed before he tried to force air past her cold blue lips.

PART FOUR

35

SURVIVAL SONG

"Excuse me, Ren?"

It was one of the nurses. Mandy, he thought her name was. He sat up straight, rolled his head between his shoulders to ease the knot from sleeping upright. It wasn't so bad. Over the last couple weeks he'd gotten used to the stiff plastic chairs of Providence St. Peter Hospital. He cleared his throat.

"Yeah, that's me. Everything okay?"

Mandy seemed uncomfortable, chewing her words like a bitter root before answering.

"Your friend was discharged an hour ago. She asked me to give this to you." She withdrew a crinkled sheet of yellow paper—torn from one of the hospital stationary pads—and held it out to him.

He just let it hang there, asked:

"Wait, what do you mean? She left?"

Mandy gave him a sort of sympathetic look, took his hand, folded his knuckles around the note herself.

"She said it's all in there. I don't really know much more than that." Then came an urgent blare from the intercom, some code or another, and she was gone, hurrying away from what had to be the most awkward part of her morning.

He looked at the paper in his hand like it was an alien artifact, didn't open it at first. On the outside, flying over the lines of the page like they were power lines, was a sketch of a small bird. The same arctic tern from her neck.

The coma had lasted four days. More of that time than Ren thought possible was spent trying to keep Geena's internal temperature rising from its terrifying low point of eighty-six degrees.

For those days, and the several weeks of recovery thereafter, Ren barely left the hospital, save for one trip back to the house. He still had a pocketful of dope and when he needed to use, he would duck into a bathroom, stay out in the waiting room until the rush leveled out. He didn't want Geena to see.

The damage to her kidneys had been severe, so she went through several courses of dialysis. They told her she might always need to come back for those sessions, that she was lucky she didn't need a transplant.

The weeks in bed gradually bore the fruit of atrophy, and as she recovered, Geena would joke about how heavy even something so small as a glass of water felt.

When she first woke from the coma, Ren was sitting next to her bed, picking away at the faux leather upholstery of his chair, a mounting pile of polyurethane scraps at his feet. She cleared her throat, and he jumped, started sobbing when he saw the weak smile on her face. She fucking made it. They hadn't been sure, *couldn't* be sure. Not until she broke through and opened her eyes.

But she did. She really did and that meant he still had hope. He wasn't going to leave her alone ever again.

Jersey visited a couple times in the first days, but eventually told them that he and his brother were leaving town. Lefty never came at all, but then again, it's not like they ever expected him to. As if Ren would do anything other than throw himself at that monster with every intent to kill or die trying if he did. He didn't know where either of the brothers were anymore, and that suited him fine. He hoped he never saw them again.

Geena was his only focus. When he went back to the house — to pick up the rest of his stash and whatever else fit in his backpack—there was no trace of life. Thin layers of undisturbed dust already coated the countertops. He grabbed what he needed, stuffed a bag for Geena, and hurried out of there.

Aside from his trips to the bathroom down the hall, which he tried to keep to when she was sleeping, he desperately doted on her. He helped her to the bathroom, brought her ice chips to soothe her dry mouth and hoarse throat. He tried to make her laugh as much as possible. Anything to ease his guilt.

After all, maybe some manipulative monster did this to her, but it came from his jacket. He might as well have injected her with his own hands. He hated himself for making it possible. Hated himself even more because he was still working his way through the rest, only now he was hiding it. Never mind how ugly that felt. He could still fix this.

Outside of visiting hours, Ren lurked the waiting rooms and adjacent parking lots, caught fitful spurts of sleep on park benches and beneath grocery store awnings. His alarm clock was bakery employees and city workers ushering him away, sending him back to Geena's side.

They played cards, talked about a lot of things, passed the hours with daytime television. They ate shitty hospital cafeteria food together, (the staff took pity on Ren for his lack of cash and slipped him all the food they could) and made big shows of "complimenting the chef" when a nurse or orderly would drop by to check on them. However, something was different. His jokes landed less, and as Geena got stronger, she only seemed more exhausted. She was pulling away from him and he knew it, but it was easy to lie to himself. He could still fix this.

Only now he was afraid he couldn't fix anything. He traced his finger around the lines of Geenas sketch, her totem, wanting nothing less than to unfold the paper and read her letter. But he did anyway.

Hi Ren,

I've been trying to figure out how to say this for a little while now, and I think I have the words. I would have said it to you in person, but you were dead asleep. I even tried to wake you up, but it wasn't happening. We both know why.

Don't worry. I'm not mad. I don't blame you. As a matter of fact, I want nothing more than to be back in that pile of blankets with you, wrapped in silence. I could have loved you. In fact, I think I probably do. I also think that doesn't matter much.

I could fall into you. We could burn our clocks so we can't see the minutes tick by as we drown together.

They told me you probably saved my life. I still haven't thanked you for that. It's because of you that I have another chance now. I wish I could save you too.

But the thing is, I can't, can I? I feel like you want me to, but nobody can really save anybody. We have to save ourselves and we couldn't change that if we burned every goddamn clock in the world.

I'm done burning clocks.

Please don't look for me. If we do find each other again, I want it to be an accident, when we're both okay. You know, the thing they say about loving things and letting them go?

For now, I have to focus on making the most of this chance. It might be my last one. And you gave that to me.

Thank you, Ren.

And I'm sorry.

-G

Ren crumpled the paper in his hand, then uncrumpled it, tried to smooth out the wrinkles, before slipping it into his pocket.

He had nowhere to go, nothing to do. No one to do it with. His shame outweighed the growing ache in his cannonball stomach for once, and he ignored his craving. He just sat there for hours, like the little kid whose dad once forgot to pick him up from school.

Sooner or later that nurse would probably come back around, try to shuffle him out the front door.

Not yet, though, and until that happened, until he was out on the street, he could pretend that Geena or Winter or Kurt or his dad or literally any-fucking-body was out there waiting for him.

And he still needed to pretend.

***

Geena scratched a few more bits of shading onto the drawing in her lap, looked up at the big bus station clock. Almost.

She was working on a sort of self-portrait, but it was more than that. It was all of them. A mismatch of features that was basically her, but with Jersey's sharp nose, Lefty's scars, Ren's deer-brown eyes. Eyes were always hard to get just right.

And then, it was time. She left the sketch there on the bench, with all its weighted identity. Geena scooped up her backpack, then hopped on the bus to anywhere else. The engine came to life as she made her way to her seat and relaxed into it.

She looked out the window as they pulled away and smiled when she noticed it was starting to snow.

36

KIDS AND HEROES

A distant rumbling was growing, further down the tracks. Jersey felt it reverberate in his shoes.

"That us?" he asked.

"Nah, still going too fast. Besides," Lefty double-checked the crew change in his hands. "It's early."

A crew change is a collection of collated data that marks the spots and times that different trains stop, usually just for a few minutes to swap out the crew. Travelers could use these to plan spots to hop new trains, but they were hard to find. The one they had was an older version, not updated in two years, but usually the new data was close enough to the last one, give or take an hour or two in either direction. Two years removed could mean their train was arriving right on time, or it could mean the last train was running late.

"See?" Lefty continued, gesturing down the tracks toward the growing lights of not-their-train. "It didn't stop at the yard."

A few seconds later, the boxcar serpent barreled past them, shaking their bones and threatening their small campfire with its rattling wind. Jersey tried to count the cars as they roared by but the beast was too fast.

He reached out from beneath their makeshift cover—an old tarp left behind by some vagrant or another— and scooped up a fistful of fresh snow. He crushed it in his hands, compacting a small snowball, which he threw into the fire. The indignant flames hissed and spit into the air for a moment, before returning to a calm flicker. It was barely dark, not cold enough to necessitate the fire for warmth, but it was nice to have something to look at.

Jersey looked back to the nearby lot where the van sat. He almost felt bad that they were leaving it behind. It was his idea to abandon it though, hoping to get them even further off the grid than they already were. Its extinguished headlights looked back at him, blissfully unaware that it had found its final resting place. He thought of a different abandoned car, on a different abandoned day.

"Hey," he started. "You remember dad's old Cadillac?"

Lefty grunted in affirmation, smiled a little. "You did a real number on that thing."

But Jersey wasn't thinking about the damage he'd done to the car when he took it out on that ride. It was a '99 Cadillac DeVille. A boxy boat of a vehicle, and their father's pride and joy. Rain would leak through the roof of their trailer, but the car was always in pristine condition. The thing wasn't even that valuable, worth $3,000 at best, but Rick didn't see it that way.

"It's a *Cadillac*, boys." He would slur, inflecting the word with drunken reverence. As though the luxury status symbol would some-day come to life and deliver them from poverty. He cared more about that car than he did about them, especially after mom wasn't around to temper him like she used to. So late one night, as the old bastard snored on the couch, Jersey slipped the keys from his pocket and took it out. He wasn't much of a driver back then, but at least it was an automatic.

He'd taken it to a Walmart down the road. He worked his way through half the gas tank over a few hours, which was always full, even when the fridge was empty. He started at one end of the near-empty lot, flooring it in reverse, then cutting the wheel hard, trying to spin the car one-hundred-eighty degrees. Just like the movies.

He didn't get it right the first few times, instead jerking to a halt about halfway through the spin when his nervous foot found the brake.

Man up. All gas, no brakes.

With a bit more speed and a light flick of the wrist, soon he was whipping around the lot like a fifteen-year-old stunt driver. Away from that rotten place, his hands on a stolen wheel, he felt like his own man. This was no joy ride. It was Jersey's Declaration of Independence. Rick Williams never gave him shit, so now he was taking it. It was that break-neck, unfamiliar confidence that ended up tearing the fabric of a great night.

Now that he'd nailed the half spin, he wanted to go for a full three-sixty. He figured all he needed was more speed, maybe a harsher cut on the wheel, and he could do it, no sweat.

He checked the rear view   mirror to be sure his path was clear, breathed in deep, and punched the gas. When he felt the speed was right, he spun the wheel, whooping with joy. This is what living was supposed to feel like.

But his laughter caught in his throat, replaced by terror as he felt the passenger side wheels lift off the pavement.

For a moment, Jersey felt weightless. The "*Cadillac*" was tumbling over itself now. The shattering glass and crunching metal should have been deafening, but Jersey didn't hear a sound. It was as though he was flipping through the vacuum of space.

Stars burst in his eyes as his face bashed into the steering wheel. Jersey tasted blood leaking from his nose, and the car came to a shuddering stop. Only now, he was upside down, suspended by his seatbelt.

The airbags didn't even deploy. What a piece of shit.

Jersey shook off his adrenaline, fumbled with the seatbelt until it unlatched, tumbled to the rooftop floor. He shimmied out through the busted window and collapsed onto his back, laughing his ass off, loving the smell of burnt rubber and acrid exhaust smoke. This spelled certain doom for him at the hands of dear old Dad. The car was fucked.

And he was glad it was. Jersey rose to his feet, took a look at his handiwork.

"Screw it," he said, before turning on his heels and striking out for home on foot, feeling like a dead man walking. For that taste of freedom though?

Worth it.

"But you were waiting for me when I got home, weren't you? Cleaned me up, shuffled me off to bed, and took the blame in the morning," Jersey said, his eyes welling up. "He gave you such a fucking beating, I thought you might die. I never understood why you did that."

Lefty shrugged. "You're my little brother. I knew I could take the hits and   I didn't want to scrape your dumb ass off the sidewalk. It's not that serious."

But it *was*, even if Lefty wouldn't admit it. Nothing ever meant more to a kid brother. He'd promised himself then and there to return the favor, to always be around to look out for Lefty. Maybe that's why he'd been able to turn a blind eye for so long, even after Rick died and Lefty became more like their father than Jersey ever could have believed possible.

I promised.

"You think they'll be alright?" He asked.

"Who?"

"Come on, you know who." It was just like Lefty to write people off, pretend to forget about companions they'd been with for the better part of a year.

"They'll be fine. Better this way."

Jersey agreed. They hadn't talked about it but he knew the monster had something to do with what happened to Geena. As a matter of fact, it was his idea to skip town now before something worse happened. This wasn't Geena and Ren's problem. It was Lefty's, and by extension, his. Maybe if he could just keep his brother away from other people, nobody else would get hurt.

Another train appeared on the horizon, this time stopping at the yard down the way. This had to be the one they were waiting on. They only had a few minutes before the crew was replaced and the beast was back on the move. Once it sprung into motion, it would gain about three miles per hour per second, which meant it would already be going pretty fast by the time it passed them. They would only have one shot to time it and jump on. If they hesitated, it would be gone. If they were too slow, they'd miss and be pulled under. He'd seen it happen before. Jersey stood, made sure his pack was zipped up, slung it on his back. He bent down, touched his toes, limbering up.

"Ready to go, bro?" He asked.

But Lefty didn't answer.

His gaze was focused through the trees toward town, and his nose was turned up, nostrils flaring as he sniffed at something in the air.

"Hey," Jersey said, snapping his fingers to get Lefty's attention. The train was on the move again. When his brother turned to face him, Jersey's heart dropped into his stomach with a sickening splash. His eyes had gone that predatory yellow, and when he spoke, Jersey knew his big brother wasn't in control anymore.

"Get back in the van. We have a stop to make."

"No. Let him go. We are *leaving*. He's given you enough."

The creature driving Lefty laughed, a screeching approximation of the real thing. It stood, crossing the distance between them in an instant and before Jersey knew what was happening, he felt vicelike fingers clench around his throat. The thing lifted him up in the air, only a few ounces of pressure away from crushing his windpipe.

"It's. Never. *Enough!*"

The train was passing them now, already too fast. How fucking stupid of him to think this was going to go any other way. The Lefty thing effortlessly walked him closer to the tracks, lowered him to the ground, spun him to face the train. With the force of a falling tree, he shoved Jersey to his knees, grabbed him by the back of the neck, held his face inches from the mile long meat grinder.

"You have two choices, *brother*," he said, the word dripping with disdain. "You come with us, or—" he pushed him in a little closer. "you stay here. Now, *choose!*"

It was no choice at all, and the monster knew it. Jersey made his choice years ago, and he was going to keep his word.

"I'm with you." He had to yell over the cacophonous locomotive.

The thing released him and he almost fell into the train under his own weight, but managed to right himself, get back to his feet.

"I'm with you," he repeated in a whisper, more to himself.   "Until the end."

The thing nodded, satisfied, and strode for the van. Jersey shambled behind him, stomping out the fire on his way until there was nothing left but weeping coals.

As he climbed through the driver side and took his place in the passenger seat, Jersey wondered if maybe he would prefer the impact of a train to whatever was going to come next.

37

FEAR OF THE DARK

From far behind the dim windows he used to call eyes, Lefty could see streetlights dancing overhead. He could hear voices too. His brother's, his own, but it wasn't his. He wasn't him. He tried to lift his arm but   it wasn't there. Nothing was. Not anymore.

If anything at all, he had become no more or less than an aching, gnawing ball of relentless hunger.

He could feel the thing's greed, and though he couldn't see it, he recognized it from the expression on his father's face all those years. Always starving, but never fed. How could he be? Impossible when what he was so hungry for didn't exist, never did.

Who was Lefty to think he could bargain with something that had already taken him by force long before negotiations began? A goddamn fool.

Through the monster's eyes he saw his brother. Saw fear and dogged love in equal measure. To what did he owe such loyalty? The kid could have run at any time. God knew Lefty had given him nothing but reasons. And now it was too late. The thing was going to kill them both and   he knew it.

Rage rose up in him and for a moment, made him feel solid. He felt his hands grip the wheel tight, felt control returning. But then, a return to nothingness. He was naught but mist in the mind of something else.

Shhh, it told him, and he was flooded with euphoria. The best high he'd ever known.

Give...it back...fucking...demon.

Did he say that out loud?

Crashing laughter filled the void, derisive and hollow.

We are not demons. We are something far older. We are gods, and you will obey. But you can choose...bliss? Or pain?

Lefty felt the agony of a thousand needles piercing and twisting, encompassing all that used to be his form. He tried to scream but found no mouth. Instead, he begged in silence, until the flood of chemical love washed him away again.

Somewhere, further away by the second, his body was watching a boy through a thicket of trees, waiting for him to come just a little closer. But the boy and his dog turned away, evading the trap.

It would have been easier this way, quieter. But no matter. They needed to hurry. This he knew, because he knew everything the monster did, since now they were one and the same. The streetlights danced again and Lefty could see the silhouette of a two-story house.

Bliss, he answered, and turned away from the sight of the approaching front door, washed in headlights.

He didn't want to see, so he wouldn't. It was the only choice he had left, and he took it, giving himself over to the floating black with its greasy fur and cursed yellow eyes.

***

The van was idling on the side of the road and Iron Maiden was playing on the radio. For all their problems, they'd always agreed on the vitality of metal. Jersey could still remember Lefty showing him the Fear of the Dark album as a kid. It wasn't their best album, but damn if it wasn't his favorite. There's no album quite like your first. Lefty preferred Slayer, but for Jersey, nothing was better than Maiden.

He looked over at whatever was left of his brother. He seemed as though he were fighting some internal battle. One eye, the one that had been wounded and healed those months back, yellow and dripping with pus. The other still sparkling green.

Lefty was in there somewhere.

"Do your fucking worst," Lefty muttered. For a moment, he sounded like himself, but Jersey was certain his brother wasn't talking to him. Instead, he addressed the monster

"What are we doing here?"

"Silence," the thing croaked, peering back into the trees. It seemed to be waiting for something. After a few minutes, it grunted in frustration, put the car back into drive and crept a little further up the road. They stopped in front of a home Jersey recognized. He'd seen this house in his dreams, knew the numbers on the mailbox

"Here," the thing said, cutting the engine. It considered for a moment, before reaching under the steering column and retrieving a familiar Beretta. Had that been there all this time?

"What are you going to do with that?" Jersey asked.

"We have an idea. It will be...fun."

Jersey didn't know why they were here, but he knew it wasn't to sell cookies. The beast unfurled from the vehicle, stretching itself out like a thing taller than it was.

Jersey slipped his phone from his pocket. He thought to call the police, but what could they do? Even if they came in guns blazing, they'd just be more bodies on the pile and it would be his fault for bringing them here. Holding it low by his waist, he typed out a short, desperate text message, before leaving it behind on the floor. He crawled out of the van and breathed in the cold air, trying to still his shaking hands.

Together, the pair walked up the path to the front door, and Lefty cracked a venomous smile as he raised his fist and knocked three times.

Hurry up, Ren.

38

TITLEHOLDER

When Ren was sixteen, he came home late one night. His band had played their first show and it had gone pretty well. Aside from a few anxious flubs in the opening songs, they'd really come together, played hard and fast enough that the whole basement was alive with dance and laughter.

When he got home, he was still riding high on that feeling, only for his mood to crash when he saw his father on the couch, beer in hand, eyes grimly focused on the television.

Jesse was watching old fight videos again, and that never ended well. He didn't have it in him to reach for glory anymore, instead preferring to relive those moments where he was closest to it. This only made him bitter, resentful of anybody that crossed his path.

Ren tried to move by unnoticed, which had been his usual strategy ever since they'd moved across town after Eva died. He didn't have the energy tonight, just wanted a shower, maybe to plunge his guitar-bloodied fingertips into a bucket of ice. He almost made it to the bathroom, but his hopes were dashed when Jesse spoke up.

"C'mere, have a seat, son."

Ren stifled a groan. So close. With a wistful glance at the bathroom door, he turned back, plopped on the couch next to his old man.

"Whatsup?" he asked.

"Shhh," his father said, and took a long gulp from his beer. "Check it out."

To Ren's surprise, it wasn't one of Jesse's fights playing on the screen. It was one of Kurt's. The elder Ahlgren almost never talked about Kurt anymore. By playing one of his fights, he must have really felt like salting the wounds tonight. He wasn't chasing his glory days; he was holding a wake.

Ren knew the fight. He knew them all, and this was one of his favorites. It was a hell of a brawl. Neither fighter got knocked down and after a full twelve rounds, it came down to points. Kurt snuck away victorious with one-hundred-twenty points, the highest score a boxer can get in twelve rounds. Even maxed out on the scorecards, it was still close, with his opponent scoring one-hundred-sixteen points.

Here on the tape, it was the ninth round, both fighters bloody and exhausted with three more to go. Winning that one got Kurt a shot at a state title. Unfortunately, he'd be gone before he ever got the chance to step into that ring.

"Check out his jab," Jesse said. "You ever see one so fast?"

"No, not ever." It was true. Kurt lived off that jab, so quick the grainy VHS camcorder could barely pick up on it. He kept his opponents so flustered and defensive with those light hits that they almost never saw his freight train hook coming.

"He was my best friend, you know?" Jesse drained his beer, tossed it aside, another can popped open before the first even stopped bouncing across the floor.

"Yeah, I know he was."

They sat in silence and watched the rest of the fight. By the end of the twelfth round, Kurt was barely recognizable. One of his eyes was swollen shut and a thin cut beneath it was bleeding far more than seemed right for such a small wound. None of that dampened the joy on his face as the referee grabbed his wrist and raised his arm up, declaring him the victor.

The tape reached the end of its rope and cut to static snowfall for a moment before the auto-rewind kicked in. Ren wondered how many times his father had already replayed it tonight.

"Well," he started, the shower calling his name again. "I'm off to bed."

"Hang on a second," Jesse said, getting up off the couch with a heavy grunt. "Let's spar a little, show me your jab." He swayed a bit where he stood, before moving to the hall closet, pulling out a pair of punch pads and some faded yellow gloves. Sixteen ouncers, the heavy ones. Ren didn't like where this was going.

"Nah, maybe tomorrow when you're a little lighter on your feet. It's late—let's call it a night."

"You saying I'm drunk?"

"No, I'm not saying anything. I'm just tired." But it was too late. Jesse was already starting to spin out.

"Put 'em the fuck on," Jesse said, throwing the gloves into Ren's lap. "I'm tryna teach you somethin'." He put the punch pads on his own hands, clapped them together hard. "Let's go."

Ren's fingertips were still raw from a night of music, and he winced as he slid the glove onto his hand. He could feel the friction freshening the wounds, making the inside of the glove feel sticky. He held the other one between his legs as he shoved his free hand into it, pulled it the rest of the way on with his teeth, fastened the Velcro straps the same way.

"Alright," Jesse danced from side to side. "Hands up—don't drop that guard." He illustrated the point by sending Ren a wallop to the side of his head that made his ears ring. He put his hands up.

Thus began a round on no timer, no bell to hold out for. Jesse called out a series of numbers and Ren responded accordingly. One, two, and three, meaning jab, hook, and uppercut respectively. He delivered the commands at random, trying to trip Ren up, but his son wouldn't be fooled. However, the heavy gloves quickly weighed down his guard, and every time he let it drop, he was met by another slap to the side of the head.

His father wasn't what he used to be, but he was still a strong man, and it felt like getting hit by a fat bear paw with no claws, even with the thick foam pads Jesse was wearing. On his third guard mistake, Ren bit his lip, tasted blood. He really should have been wearing a mouth guard for this, but it shouldn't have been happening like this anyway, not this late, not in the living room.

"One, one, one, two-three-two! Get on your toes—ain't gonna get far standing all flat-footed."

I'll show you flat-footed.

On the next round of numbers, Ren let his right guard fall ever so slightly, but this time, he was ready when the wide swing came his way. He stepped lightly to the left and moved in, crouching low, putting his whole body into an uppercut, right into the older man's chin.

Jesse's head rocked, and his body followed it until he was sat on the couch again, dumbfounded, angry, but maybe a little bit   proud, too. Ren stood over him, chest heaving as he took the gloves off, threw them to the ground.

"I'm done." he said, his voice dangerously quiet.

"Coulda fooled me." Jesse was back on his feet, pointing at the gloves on the floor. "Get 'em back on, boy."

"No," Ren said. "You have to stop. I don't want to fight."

"You think it's about *want?*" Jesse growled. "You fight because you *have* to. Because nothing worth its fuckin' weight ever came to nobody without a goddamn fight!"

"There's nothing worth fighting for here," Ren said. "Not anymore." He wasn't going to play this game, no matter how bad the beating was when it got serious. "I'm going to bed."

Ren headed back down the hallway, waiting for the blows to come, the pain to start, but Jesse didn't even yell back in response. He just grunted in disgust. Ren stepped into the bathroom, looked back to the living room before he shut the door. Jesse was back on the couch, the soft glow of his best friend's final bout casting shadows across his form. If Ren didn't know any better, he'd think the old man was crying.

***

"Hey, wake up." It was Mandy the nurse, looking apologetic yet stern. "I'm sorry but you can't be here anymore. This area's for friends and family and uhh..." she trailed off.

"Yeah, yeah, I get it. No worries—   I'll get out of your hair." He didn't mean to fall asleep anyway   . He nodded to the nurse as he stretched out of his chair, before heading out into the cold unknown of the rest of the world.

Ren lit a cigarette, looked up to the sky, asking the clouds where to go. The answer came through a buzzing in his pocket. It was a text from Jersey:

SOS- I DON'T KNOW WHAT HE'S GOING TO DO.

There was no other information, save for an address. He didn't know the number but   he knew the street. It was only a few blocks from the house they'd been living in.

Ren took off running. If he couldn't have the peace he wanted, he could help his last friend. Barring that, revenge might just have to do.

39

I'm So Afraid

The pizza was getting cold, and Carol was fixating on that more than she should have been. What she was really worried about was Ethan not being home yet, but it was easier to focus on the problem in front of her. Cold pizza. That, she could do something about.

"Should I throw it in the oven? Bring it back up? He should be here any minute now, right?" She she asked.

"Hmm?" John responded, distractedly thumbing at his phone, dialing Ethan's number for the third time.

"Nothing, never mind." It was a silly thing to think about, but it was helping her stave off the what-if's. Like what if he was bleeding on the side of the road, lit up by the flashing hazards of a car that had just struck him? With the sudden snowfall, visibility was near zero. He could be hurt. Worse, he could be—

Stop it.

What if Littlewolf ran away? He could have followed her off into the woods and maybe he was lost.

He knows this town backward and forward. Stop it.

Carol felt her heartbeat picking up and her mind drifted to the small bottle of clonazepam in her nightstand. But that was for emergencies, and this wasn't one, was it? No, of course not. The kid was just taking the long way, enjoying the weather with his snow dog. She was no alarmist, despite her brain's insistence to the contrary. Still, her vision tunneled into a pinprick where all she could see was cold fucking pizza.

But it doesn't matter how smart a kid is, anything can happen to anybody, and what if— her downward spiral was cut off by the sound of a knock at the door. Relief rushed through her chest, immediately supplanted by a question.

Why is he knocking?

They hadn't left it locked, and even if they had, Ethan had a key, so why would he be at the front door? He always came through the garage.

Carol looked at her husband and could tell he was riding the same train of thought. She stepped into the living room, peeked around the curtain, and rushed to engage the deadbolt.

"It's not him," she called back into the kitchen.

"Well who is it then?"

"I don't know. Two guys. They look homeless." She opened up the curtain again and found the larger of the two men looking right at her, a big smile plastered on his face. It reminded her of a wolf's hungry grin. He waved and knocked again. The other guy looked nervous, like he'd rather be anywhere else, and Carol found herself wishing, hoping, that Ethan would stay away.

"Honey...?" She called, and John was at her side.

"Get upstairs. I'll handle this." With that, he moved to the back of the house, popped the back door open, and grabbed the axe, just in case.

Carol stood and waited. No way was she going to "get upstairs." She wouldn't be relegated to the role of "wife" in this situation. They were a team, and she was going to be right there at his side. From the tight smirk on John's face as he returned to the foyer, she could tell he knew that already.

"Okay, let's figure this out," he said, and stepped to the door, raised his voice so it would carry through:

"A little late in the day for visitors, don't you think? Whatever you're selling, I think we're fine. Now I'm not implying anything about your intentions, but you should know I'm armed. We'd appreciate if you left our property."

Through the window, she saw the bigger man's smile widen before he spoke.

"Let us in," he said, sickly sweet as a rotten apple, and to her horror, John's face went slack as he gripped the doorknob and did just that.

She backed away from the door. What the fuck was John doing?

"Give us the axe," the man said, and Carol watched, bewildered, as John passed it to him as though it was the salt at family dinner.

"Thank you," the stranger said. Something about his voice was off, as though there were multiple voices being filtered between his teeth. He didn't sound human. With a nod to his companion, the man handed him the axe, turned back to John.

"Do you have any duct tape?"

"In the garage," he answered in robotic monotone. The stranger clapped his hands.

"Wonderful. Be a good dog and fetch it for us. Oh, and while you're there, bring the boy as well. He will be here momentarily, and we wouldn't want him to spoil dinner, would we?"

"No...we wouldn't." With that, John turned on his heels and ambled toward the garage side entrance. Soon he was out of view, leaving Carol alone with the intruders. The man faced her next.

"Now, what will we do with you? Why don't you have a seat." He pointed down the hall in the direction of the dining room table, with its cold fucking pizza.

"Go to Hell." Carol stood firm, only faltering when the stranger arched an eyebrow and cast a glance back at the axe in his companion's hands.

"Lefty, no…" the other man said, barely over a whisper, but Carol heard him. It was obvious he wanted no part of this. Maybe she could talk sense into him. She directed her attention to the smaller man.

"What do you want? Money? We have plenty—I can get you some," she lied. He only looked down at his shoes, didn't answer. She started to speak again, but was cut off by the blunt force of something black and heavy striking her in the face.

Carol fell to her knees. Blinking back tears, she looked up at the bigger man and the gun he'd pulled from his waist. Oh God, what was wrong with his eyes?

"We hate to repeat ourselves," he growled, false cheer dissipating. "Now, on your feet. Lead the way."

She did as she was told.

***

On many nights these days, Ethan had a recurring nightmare. It always started and ended in the same place. He would be walking through a massive outdoor mall but he couldn't read any of the storefront signs, because they were all written in what he recognized as neon Japanese characters.

Between the shops stood cherry trees that were bigger than any ever grown in the real world. Rather than the sky above him, all he could see were flowers in various shades of pink, white, and red. They stretched across the thoroughfare, boxing him in.

It began at the top of a mile-long escalator above the trees that slowly delivered him beneath the canopy. When he reached the bottom, he became aware of the leash in his hand: empty, limp, and dragging across the ground behind him. Panic seized in his chest as he began to run, calling out for Littlewolf, but though he was trying to scream, all that would come was a hoarse, throaty whisper.

Faceless shoppers and wanderers milled about the space, peeking through store windows, rustling their bags, but none of them answered his weak pleas for help. Not even when he grabbed them by the shoulders, shaking them or slapping their featureless countenances. They simply stood there, and when he released them in defeat, they ambled away in search of whatever it was they were looking for.

The further he went, the darker it became. The colorful flowers above knitted tighter together, drooped lower, until he could almost reach up and touch them. If he wasn't terrified, it would all be so beautiful.

Then he heard her, somewhere far ahead. Littlewolf howled in anguish, and Ethan sprinted toward the sound. As he ran, his voice returned and   he called again for her, but his voice didn't sound like his own. It was booming, echoey, and much older than he was. His renewed volume drew the attention of the faceless shoppers, who turned and watched as he passed. The crowd grew dense, and he crashed through them like a pioneer hacking at thick underbrush, but as he advanced, they clutched him with cold, steely fingers.

The harder he fought, the more appeared, until they were dragging him down to the ground, piling atop his body. Somewhere in that distant place, Littlewolf wailed in pain, and he howled with her, lost in the helpless knowledge that there was nothing he could do. The weight of the strangers hindering him crushed the breath from his lungs, and he could call out no more. His vision faded and Ethan knew, deep in his bones, that death had come for both of them.

Then he would wake up, sticky with curdled sweat, grasping in the dark until he found the scruff of her fluffy neck. He would pull her closer, bury his face in her fur, and breathe deep until her earthy, animal smell led him back to dreamless slumber.

But this was the real world, and she wasn't lost. Ethan didn't know what he'd do if she was. Back on the main road, he checked that the leash was secure on her end, looped it twice around his own wrist. *Better safe than sorry.* He pulled out his phone to check the time. Totally dead. He would surely catch an earful about the delay when he got home.

As they put distance between themselves and the dark house his old best friend used to live in, his new one returned to her usual confident strut, prancing more than walking. She pinballed from left to right as they climbed the steep incline to the west side, back to snapping up snowflakes in her playful jaws before they could touch the ground. Before long, they crested the hill and finally turned into their neighborhood. He could see the house.

But whose van was that in the driveway? He'd never seen it before, and nobody told him they were having company tonight. Well, maybe they would offer the distraction he needed to just get to his bedroom. After the circuitous walk home, all Ethan wanted to do was curl up in some dry clothes with Littlewolf, maybe watch the snow through the window from his warm bed.

As the pair approached the garage entrance, Littlewolf stopped in her tracks, hackles bristling.

Not again.

"Come on, girl—we're home. Chill out."

But she wouldn't. Something had her attention off to the side, just out of the porch lights range. He peered into the dark, barely had time to register the blurry shape as it descended on him.

He'd never taken a punch before, so he almost didn't recognize it when it happened to him, but he was on his back now, and the shape was swinging on him over and over. He raised his arms to defend himself, doing his best to protect his head, and there she was. His sweet girl.

Littlewolf dove on the assailant, sank her teeth deep into his leg with all the ferocity of a real wolf. The man howled in rage and flung her off. She hit the side of the van with a an   ugly crunch and a pained yelp. The aggressor stepped over to her, delivered two hard kicks to her rib cage. Littlewolf tried to rise, but collapsed into the snow.

"No!" Ethan roared, pulling himself to his feet, meaning to run to her, but the shape was back on him now, knocking him   to the ground, dragging him into the garage by his hair.

As he was pulled beneath the floodlights, the face of his attacker was illuminated, and Ethan gasped in confused terror.

"Dad?"

40

ROLL ME THROUGH THE GATES OF HELL

Ren had no weapons, no plan, and no idea what he was walking into, but still he was barreling straight toward…what? When there's nowhere to go, nowhere to hide, it's easier to just keep moving forward. It didn't take long to reach the street, and even if he didn't have the address, he would have known the place by the van out front.

And if he needed any other clues, the man dragging the kicking boy into the garage sealed the deal. It was only when he reached the yard that he realized his lungs were on fire. He couldn't have run more than two miles, but he didn't remember the last time his heart rate went this high without a stimulant to spur it on. He bent over, braced his hands against his knees while he wrestled with his breath. Kurt and his old man would've teased him into oblivion for getting so tired, so fast.

Ren scooped up a handful of snow, chewed down a drink of water. It helped a little, but not much.

He thought of Geena and the clocks she wouldn't burn, hated himself because the minutes were ticking by and he still hadn't moved. What could he do though? What hope did he have at beating something so much older, so much stronger than him? What chance did he have against an actual fucking monster?

Did it matter? He was wasting time, and wondered at how much of it was left to spend before there was nothing he could do. In all these months, how many moments like this had passed him by? How many signs had he ignored because there was always a stack of cash, always a next hit, waiting for him in Lefty's outstretched hand. He knew then, just as now, that Lefty had been hurting people, and he never did anything about it.

He didn't know what to do but   he knew he couldn't do nothing, or else why did he even come here? Ren forced his legs into action and crept across the front lawn. Next to the van, a white husky lay in the snow, whimpering weakly. Blood seeped from between her teeth, turning the snow black. Rage flooded his gut at the sight of the helpless, dying animal.

Ren had no more use for fear, for doubt. There was nothing more to be gained by wondering, worrying, or planning. The need for action was all there was, and the rage? That could push him forward here, just as it always had. He could *use* it.

He thought of Dr. Kelly. Of his rules, his insistence on letting go. As he stepped onto the front porch and saw the door ajar, he chuckled under his breath. If he ever made it out of this place, it would make for one hell of a "war story." Next to the door sat a heavy decorative stone. Ren picked it up, noticed the spare key beneath it.

People still do that?

Inside, he followed the voices floating down the hall until he found them in the dining room. A woman was restrained to a chair by endless loops of duct tape, another strip across her lips. At her side, the man from outside was finishing up the final touches of tape around his teenage prisoner.

When he saw Ren, Jersey's eyes lit up with something like hope, but darkened when Lefty spoke:

"We've been waiting for you. It's almost time." He held a gun in his hand, but he wasn't pointing it at anything. Not yet, at least.

Ren looked at Jersey, who mouthed a silent "I'm sorry," then back to Lefty. If he could keep him talking, his moment would come. He could still fix this.

"Time for what, big guy?" He just needed one slip, one falter of attention, and he could let the stone in his hand fly. He'd already bashed his way out from the wrong side of a gun once, so why not now?

Come on, give me your stupid fucking villains monologue.

"*You would like that, wouldn't you?*" The response buzzed in his mind like a hornet's nest. Lefty's mouth was split into an unmoving predator's grin, already picking at him from the inside. He couldn't feel his hands. "*Drop it,*" the monster commanded, and Ren did.

"*We will have much time to talk. But not now...*" the thing purred. "*You will know us as we know you...every...exquisite...appetite. But we need energy.*"

Of course. It had already told him his plan. The fucking thing was in his head, could read minds, and Jersey never would have been able to send that text without the monster's consent. It wanted his body. It wanted...him.

He tried to rush at Lefty. There was still time. He could knock him over. He could—

But his legs didn't answer. Ren was frozen, his rigid body no longer responding to stimulus. He heard a rustle behind him, realized the man—presumably the patriarch of this home—was gone from the table. But it was too late. The father gripped Ren's shoulders, and he felt himself being driven to his knees.

"*For now...sleep.*"

Ren felt a rush of freezing wind pass through his body, and he was falling into the dark. He never should have come here. There was nothing he could do. Not for himself, not for anybody.

He wished he'd died in a puddle of his own piss on Steven Raith's floor. Or maybe before that. Perhaps the whole world would be just a little bit   better if he had died and Winter had lived. She would have got better, became a social worker, lived a whole life in service to other people.

Maybe she would have had a family. A daughter named Eva, a son named Renton, memorializing the people in her life that just never tightened up and figured it out before it was too late.

Hell, maybe even Steve would have got better. There's always a chance, isn't there? But Ren took that from him, like he was some wrathful god. Like he was the monster. Just to feed himself something he thought he needed.

Ren felt rug fibers pressed up into his face, saw yellow eyes burning on the horizon, and dropped all the way into that black place.

What a fucking idiot.

41

PULL MY STRINGS

John was running through an endless expanse of dead earth, the wolves at his heels. Too many to count, tearing at his legs, herding him forward with blood drenched fangs. The anemic yellow sun hung low in the sky, but gave off no light.

Somewhere above, he could hear animalistic laughter. He felt pain in his hands, looked down to find his knuckles bloody and raw. Shapes began to take form amongst the dead grass. Bottles, cans, clattering against each other as they sprung from the ground, suspended by gargantuan corn-like stalks.

They stretched high above, thickening and weaving amongst themselves until there was nothing else to see. The bottles sang to him, the song of 10,000 broken promises.

He reached out as he ran, plucked a bottle of Jameson from the sky. He drank deeply and felt ugly relief warm his stomach. Behind him, the wolves howled with rage and slowed their pace.

He knew if he just went deeper, they couldn't follow him.

Good. Have some more. As much as you please.

Where did that come from?

He couldn't see the wolves anymore, but somewhere he could hear them with their short, yipping howls that almost sounded like barks.

But wolves don't bark. Carol told him that once. This was their closest approximation to the sound. These were alarm howls, cries of warning. John stopped running, slumped down onto his knees.

A can of Rainier Lager presented itself to him from the center of a dead flower. He took it, cracked it open. Had beer ever been this cold?

You can feel this way for eternity.

The voice was in his head, needling at the edges of his eyes, burrowing deep into his mind.

A flash of yellow light and for a moment, he was standing in the dining room, his hands pressing duct tape over his son's bloody mouth.

Shhhhh.

As quickly as it had come, the vision was gone, and he was beneath the world once again.

Kill them and you can stay forever.

He felt weight in his hand and looked down to find a gun clenched in his fist. He regarded it like an alien artifact.

Use it.

"Be still." A new voice, this one outside of his head.

He could see the wolves again, now creeping between the stalks, cautious and reserved. John could feel their judgment, could hear them whispering to him in wild tongues.

John laughed, gestured around at his spot in the dirt. "Doesn't get much more still than this, does it?" He didn't remember the last time he was this jubilantly drunk, and he laughed at his own joke.

Wolves of all shades closed in from every direction, and he braced himself for their tearing jaws. To his surprise however, their teeth never came. The animals closed rank around him and faced outward, hackles bristling and snarling into the dark. All save for one, the largest of the pack. A towering arctic that leaned in close, whispered into his ear.

"Stillness does not mean there is no motion." The voice was gentle, soothing. "Now... close your eyes. Be still."

John closed his eyes and he couldn't feel the ground beneath him anymore, couldn't hear the wolves' gnashing teeth. Instead, he felt the hard plastic of a stiff and familiar chair. He opened his eyes and found himself back at St. Roberts for one last meeting. One he'd been to before.

Keith was standing up, reading from a poetry book. The poem was about stagnation, about feeling trapped, sinking in viscous mud. It was about how the harder a man struggled against the mud, the further they would sink. But it was only when they surrendered to the ever present awareness of life without projecting themself onto it, that they could finally undo themselves from the muck they were buried in. To be still meant to be free.

The poem struck a forgotten chord in his chest. Something in him cracked and shook loose, allowing John to truly see himself for the first time in years. It was the first time he cried in front of this group of strangers, and the day he asked Keith to be his sponsor.

"There..." the wolf whispered from above. "Remember where you are."

And John did remember. He remembered the pizza, the knock at the door, the weight of the axe in his hand. Then he saw himself striking his son in the yard, kicking Littlewolf until she stopped moving.

No!

His heart began to race, yearning for a quiet patch of dirt and a bottle to turn him away from it all.

"Shh," came the wolf's comfort. "It's time to take control."

John took a deep breath, closed his eyes more like opening them, and found himself back in his body. His wife was in front of him, eyes crossed in terror at the pistol her husband held to her forehead.

"No!" He roared, wrenching his arm free of the invisible grasp that held it, pointing the weapon at the man who'd put it in his hand. He aimed straight for that shining yellow light that was now spilling from the stranger's eye.

"Get the fuck away from my family."

He pulled the trigger.

42

COCAINE AND ABEL

The monster shrieked when the bullet tore through Lefty's head, but it didn't fall. Didn't even flinch as the back of his brother's skull opened up, spilling brain matter down its back. To the horror of everybody in the room, it merely laughed and turned to Jersey.

"It appears dinner has more fortitude than we expected," it hissed. It stepped up to the father, who fired again and again, the bullets of no more use than the shells that fell to the floor around him.

"Fine, we will eat now," it said, grabbing the man and pulling him close. Laughter and blood bubbled up from Lefty's throat as the monster tore into the man's neck with ravenous ferocity. Skin and muscle ripped away, sending blood gushing from the gaping wound. It gulped down the meaty prize and released the man, who fell to his knees clutching his ruined throat.

The man's wife screamed, the sound muffled by the tape covering her mouth. She stomped her feet, wrenching at her restraints.

Her husband turned her way. His lips moved but only red froth came out. He reached out to her with one hand, before crumbling to the floor, his gaze permanently blank.

The thing turned and addressed Jersey. "Now kill them," it ordered.

"No way," Jersey said, but he could feel the control of his body slipping away from him, saw himself stepping toward the boy and raising the axe high.

But then he felt release as Lefty dropped to his knees.

"No..." his brother—his real brother said. "Not him...you can't have...my goddamn...brother."

Lefty looked up at Jersey, his one green eye vibrant and alive, and Jersey understood what the deer had told him. For all their lives now they'd taken care of each other, not always doing the best job, but even the worst of it was colored by love and devotion. He'd never quite understood what it was Lefty wanted out of life, but he knew it wasn't this. There was only one way to keep his promise.

In full control of himself for the last time, Lefty stuck his neck out for his brother once more, just like he did for years whenever Rick Williams turned to look his way. "Don't fucking miss," he said.

And Jersey swung the axe.

The dull blade thunked into what was left of Lefty's skull, and a shudder passed through his body, riding up the axe handle into Jerseys hands.

It intensified into a brutal vibration, as though from an earthquake. Jersey pulled the axe free with all his might, readied it for another strike.

Lefty's head collapsed in on itself like a deflating balloon. Yellow light sprang forth from the holes and cracks in his skull. He fell to the ground, jerking and twitching as his skull melted away. His hands tore at his chest until they found the buttons of his shirt, popping them open and revealing the yellow eye that blinked from the hole there. Then his hands flew back, pressed the body up into a wretched arch.

"We take what we please." The voice came from somewhere inside the corpse. Because that's all it was now. Just a broken shell for the world's most hateful hermit crab. In his last conscious moment, Lefty had sacrificed himself for his brother, and it didn't mean anything.

The axe fell to the floor and Jersey barely noticed, transfixed on the curled wreckage of meat that was scuttling straight at him. Long, oily tendrils of hair shot out from the hole where Lefty's head used to be, wrapped themselves around Jersey's throat and wrists. There was nothing he could do to stop it from pulling him down into its gaping maw.

Fuck it.

He thought maybe it would be quick, that perhaps being swallowed whole wouldn't be as bad as some other ways to die.

But he was wrong. It was worse. He was pulled in arms first, crunched into pieces, felt every shattering bone like broken glass, but the last thing he saw wasn't this crablike horror. Just before he was pulled all the way into the dark, he managed a look out the window, and saw a buck—his buck—on the outside looking in.

It eased the pain for him, wordlessly assured him he'd done all he could, and when it was all over, it was that wild god that took him away. Despite it all, Jersey died grateful.

43

SKATE OR DIE

From somewhere else, Ren could hear approaching sirens. But not here. There were no police beneath the world.

Here he was seven years old, strapping into a brand new set of rollerblades. His father beamed with pride, knowing he really nailed this year's birthday present.

Winter was there too, standing guard by the cake, waiting for Eva to come back with a knife to cut it.

Kurt was out in the front yard, showing a group of Ren's classmates how to throw that perfect jab. Soft little hands clenching their fists for the first time.

Ren could feel the sun on his face through the window. Everybody was here, and they were all together now on a Sunday morning, for no other reason than that they loved him.

So why did he want to cry? There was nothing wrong in this place.

So why, when his father approached to help him up on his feet, did he feel a flash of fear? Jesse hadn't yet hurt him.

Yet?

He didn't know where that came from.

The skates were black, with red trim and hard plastic buckles. Ren felt ten feet tall as Jesse pulled him up, helped him down the two stairs onto hardwood floors. He was so excited—what kid didn't want a pair of rollerblades in the nineties—   that his knees were shaking a little as he braced himself by the corner pocket of the pool table. Everybody mingling in the kitchen and playing outside came in to watch.

His father gave him a gentle nudge, released his grip on Ren's shoulders, and he was on the move. Slowly at first, pulling himself from pocket to pocket, but gaining confidence and speed with every lap around the table.

He almost fell once, taking a turn too hard, but Jesse was right there with a firm hand. The father steadied his son and sent him back on his way.

All these people are gone.

No they weren't. They were all right here. What were these thoughts? And why was the paint starting to peel from the walls?

Why was the green felt of the pool table fading to a dull shadow of itself? Why did Kurt smell like smoke when Ren passed by him?

But it was all coming back now. Winter and his mother. Kurt's death and Jesse's abuse before his own demise. Geena, Jersey and Lefty, with all the miles they'd crossed together. He was a long way from this perfect birthday.

"Dad?" He cried, fully expecting to see some torturous version of his father when he looked up, but the man still looked as he remembered, though now appearing on the verge of tears.

"It's almost over, son," Jesse said. "I'm sorry I took so long."

The house seemed to melt away, and Ren was a man again. His skates were gone, replaced by a pair of heavy leather combat boots. All the other people were gone too. Just a boy and his father, standing amongst the ashes of their history.

"What happens now?" he asked.

"You get ready for one last push."

"I can't."

"You have to. Nothing worth anything ever came to a man without a fight. That's one thing I know I got right. I just tried to show you the wrong way."

A freezing wind swirled up a dust storm around them, clouding Ren's vision with ash.

"Will you come with me?" he asked.

"I'm sorry, kid." Jesse said. "This part you're going to have to do alone."

The old boxer lifted his head skyward as though hearing something. In the distance, flickering yellow lights danced like lightning. "We're out of time."

"No, wait. I can't do this."

"Yes you can. You're stronger than this thing. Always have been. I'm sorry that I wasn't."

Ren reached for something to say, didn't know what it was until the words spilled out:

"I forgive you, Papa."

"You had to be three years old last time you called me that." Jesse said with a sad smile. "That makes one of us."

The dancing yellow was closer now, casting hideous living shadows that closed in around them.

"Now it's time to get up. I ain't heard no bell yet. How about you?"

"No, I guess not."

"So open your eyes."

Ren did as he was told, and—

***

Sirens approached in the distance, but what good could they do? Ethan watched in horror as the contortionist corpse scuttled its way across the dining room, before straddling the last stranger, still unconscious on the floor. He tried to scream, but the tape over his mouth held tight.

Please wake up.

Who was he? Where did he come from? None of that mattered. Ethan knew he had come to help, knew that he had failed. Now his dad was dead, with him and his mom close behind. And this man that had come to save them had only offered himself up to be devoured. He strained against his duct tape bindings, found his mother's hand and held on tight, a desperate boy begging his mother to fix the unfixable.

The thing screeched a bloody war cry as it stood over its prey. Then, a sound like a bullfrog's croak escaped the chasm between its shoulders, and began to spill a black, vomit-like substance over the man's face.

The stranger came alive, sputtering and coughing, raising his arms up and trying to push the thing away from him.

So much for his good luck.

The struggle didn't last long as the man floundered beneath the endless tide of black. Seconds or minutes later, the vomit finally ceased, and the monster collapsed to the floor.

Did it just die on top of him?

The man twitched and jerked beneath its weight, before shuddering deeply, pushing the corpse to the side.

He got to his feet, wobbled a bit and looked around until his eyes fell on Ethan and his mother. He smiled a wicked grin as he grabbed a knife from the table and lurched in their direction. Ethan saw yellow in his eyes. Oh God. Whatever had possessed the intruder had simply jumped to a new body, and their time was up. This couldn't be real.

The deepest panic he'd ever known squeezed at his heart. He couldn't breathe. Ethan braced himself for the feel of a steel edge against his throat. He would have given anything to be back in the woods, Little-wolf at his side, but he guessed he'd see her soon.

Here it comes.

But it didn't come.

"Fuck...you," the man muttered through clenched teeth. "I'm not playing."

With eyes still closed, he felt tension release from behind him. The stranger was cutting the tape loose.

He opened his eyes and saw the guy shambling out the back door, mumbling to himself. Ethan pulled the tape from his mouth, turned to his mother, and said the first insane thing that crossed his mind;

"I met a man by the lake and he told me to tell you that he could still hear the wolves."

He didn't know why he said it, only that he had to.

Shaking the last remains of tape from her arms, Carol sobbed and pulled her son close.

44

YOUR HEART IS A MUSCLE (THE SIZE OF YOUR FIST)

Ren stumbled out into the snow, feeling the thing tear at his insides.

You belong to us.

"The fuck I do."

He knew what he had to do. Winter had told him from a payphone months ago. He had to tear this thing out of himself.

He leaned up against the shed in the backyard, preparing for what he had to do.

We can make you invincible.

"Nothing's invincible," he responded to the night air, and plunged the knife into his own stomach. He gritted his teeth against the pain but didn't stop. When he had enough of a gap to work with, he let the knife fall to the ground, and reached inside himself.

The pain was immeasurable. His hands shook, his muscles spasmed and   he smelled that familiar stench as he pissed himself. Still, he dug deeper, grasping and probing at his own guts until he found what he was looking for, felt greasy fur in his hand. Screaming through one last twisting pull, he tore the monster from his body and held it out beneath the moonlight. It was smaller than he expected it to be.

The thing's eyes bulged. It squealed in rage and gnashed its teeth. From its soft underbelly protruded a thin umbilical cord, already connected to Ren, still desperate to suck away his life-force. Ren clenched his fist and crushed it into silence.   A vibration shivered through the tether that linked them before he felt the thing die. He expected blood, like popping a fat tick, but was surprised to find that there was nothing at all inside. For all its violence, the monster was fucking hollow.

Red poured out into the snow, and things started going dark around the edges of his vision. He coughed and blood trickled from his lips. It hurt so fucking much. It was like the worst detox he'd ever felt, like the pain of all he'd lost made physical. He reached into his pocket, found the last bag of dope he had.

It was over. There wasn't time to fill a needle but he could sniff it all up, go into that final darkness gently.

Fuck that.

Whatever happened next, Ren was going to greet it on his feet, fully aware of every precious inch of feeling.

Well, maybe not the on-his-feet part. He felt a sudden weakness and sank to his knees.

But he was going to be here for it.

It was only here, now at the very end, with no hope in sight, that Ren truly felt alive. That he even wanted just one more minute to think and breathe.

He laughed as hard as his ravaged body would allow.

Now isn't that fucking ironic?

"Looks like somebody just got the joke." It was Winter. He'd finally found her.

He laughed again, spewing more blood out into the snow. His sister reached out and grasped his hand and he felt sunlight on his face.

The girl helped her little brother up from the concrete pad he'd fallen into. She wiped the blood from his chin and lifted him back up onto the trampoline in their back yard.

"Are you ready?" she asked.

"Yeah, I think so," said the boy.

And so they began to jump, joyous children reaching for the sky.

Higher.

Higher.

Higher.

Gone.

***

And Hank watched them go. "Not bad, kid," he said, then noticed John at his back.

"So it's done?" John asked. "They're safe now?"

"I reckon so. You did good too, son," Hank said, clapping John on the back and pulling him in close, draping his baseball-mitt hand over the other man's shoulder.

"Can I ask you something?" John asked.

"Shoot."

"Why come to me? Why not just go straight to Carol?"

Hank laughed. "You know, I tried that? Damndest thing, the girl couldn't hear me. Maybe I just didn't say it right. It's hard to speak up correct when you're ashamed of what you done."

John thought about this a moment, seemed to accept it for what it was.

"And they wouldn't be able to see me if I went inside?"

"No, I reckon not." Hank cocked his head in the direction of the flashing red and blue lights from the street out front. "I also expect the family is going to be pretty busy for the rest of the night."

John nodded, took that in stride too, same as he did being dead himself. Hank was impressed. John turned back to the dead kid in the snow. "What about him? Where did he go, and why are we still here?"

"I'm sorry to say I don't rightly know, but I like to think it's because we still have a job to do."

"What do you mean? I thought you said it was over."

"Heh... you think that was the only thing like it out there? All kinds of hungry things lurk in the dark. They feed off folks like me and you, and we let 'em right in, cause they help us forget the worst of ourselves. Thing is, you can't have one half without the other."

The flashing lights had become authoritative voices shouting in the front yard, banging at the door. The cavalry had arrived, just in time to miss it all. Hank turned to John, said:

"They need some of us folks they lost to stick around and whisper in their ear. We help 'em remember."

EPILOGUE

I'D RATHER DIE HAPPY

A little over five years after the home invasion, Ethan was sitting on the bank of Airplane Lake for the last time.

He was trying to skip rocks like the man he'd met here once before, aiming to reach the other side if he could just make that perfect throw. After everything he saw that night, it was easy to believe his mother when she told him that the stranger by the lake was his grandfather.

He'd seen a monster possess his father before folding into a headless crab-demon. Ghosts were easy. However, he would have liked to see the old man, ask him a thousand questions. Maybe that's why he started coming out here so often. He hoped Grandpa would be able to find him again if he needed to, now that he was going somewhere else.

Ethan reached out and scratched Littlewolf behind the ears. She was bouncing excitedly in that lopsided way she had. Having lost her front left leg, she was a little more off-balance than she used to be, but it didn't slow her down one bit. He was glad the new gig was letting him bring her along. He wouldn't have taken the job otherwise.

He was never going to get a rock across this lake. He didn't mind. Soon he'd have a new lake, and he could keep working on it from there.

Mom would be okay. Hell, she'd handled the whole thing a lot better than he had, was doing just fine these days. He supposed it was a little easier to focus on the positive when you still had your son to look after. She'd even recently begun dating again, to mixed results, but she seemed happy.

Besides, he wouldn't be gone forever. He'd always wanted to go to summer camp as a kid. Being a groundskeeper at one was pretty much the same thing, right?

Littlewolf couldn't take it anymore. She yowled in frustrated anticipation, eyes laser focused on the ducks floating in the center of the lake. Ethan unhooked the leash and let her go.

"You'll never catch 'em!" He yelled, just as he always did, and he was right: she never would.

But it felt important that she was still trying.

End.

WHY I WROTE THIS BOOK

On December 8th, 2007, I was a brand new father, burying my mother before she'd even met my son. On the 9th, my sister put a needle in her arm for the last time. When they told me she wasn't going to wake up, I didn't believe them. Honestly, part of me still doesn't.

A couple years after that, I was sitting in a filthy apartment with the equally filthy bassist from my band, putting a needle into my own arm for the first time. Just before it broke skin, I thought to myself "Okay Brit. Let's see what you died for." To my shame, I pretty much instantly understood. When you've spent your whole life feeling too much, the ability to feel nothing at all is ever so compelling. I ended up losing a lot of friends, almost losing my son, and coming much closer than I'd like to admit to following Brittany into that dark place beneath the world.

But somehow, I survived. And then, in February, 2023, I saw an old newspaper article about my father's boxing gym that I grew up in. I still miss that place. Since the fire, (nobody was actually hurt when it burned, by the way) I think they turned that building into a bank or something, but I remember the pigeons.

I'd always wanted to write horror, but never had an idea that scared me enough, but then it hit me. What scares me more than anything else?

Myself.

All those wretched impulses that have scratched at the back of my neck all my life. All the ways I've hurt myself. All the people I've let down. All the work I still have to do. I got to thinking about all the terrible things that have shaped me, and wondered what it was all for. I *needed* it to be for something, so I started writing, and here it is. I took my demons by the throat and put them to work.

That thing still lives in my chest. It probably always will. I smoke like a chimney, I struggle with my priorities, and I still fail all the time at being the person I want to be. To this day, there's still an ugly little monster that occasionally whispers in my ear, reminding me of the bliss that comes with oblivion.

But every day, I wake up and tear it from my body, and some days it's easier than others, but I like to think I always show up. Because that's all we can do: just keep showing up until that final bell rings.

But to boil down my reason for writing this to a single idea, there's one more quote I'd like to share from Pat the Bunny, the guy who wrote the song I quoted at the start. This one's from a song called From Here To Utopia:

Cause there's gotta be something more
Than lying in the front yard naked screaming at the constellations
I want something more than an apology to say
When I look the world In the eye.

I'm looking the world in the eye now, saying the things I need to.

And no matter how much I want to,

I'll never look away again.

Thanks for coming with me.

ACKNOWLEDGEMENTS

Writing is ultimately a solitary pursuit, so I was surprised to find how many people I ended up depending on to get me through. I could fill another book with everybody I'd like to thank. First, thanks to my friends for putting up with me and giving me feedback. Sam, Frank, Remy, Tyler, Josh, Alex, Dan, and Zac, this book wouldn't be what it was without you. Hell, I wouldn't be who I am without you.

Thanks to a guy named Pat and his brother Michael for passing a stranger's request along. I can't express how much it meant to get your blessing to borrow your lyrics for the epigraph. Your art means so much to so many kids that found themselves lost on the interstate, and I hope you've found peace in your retirement.

Thanks to Don Noble for delivering a cover that was so perfect, I couldn't believe you hadn't already read it. I will forever come back to you and recommend your work to everyone.

Dad, thanks for your support. Our relationship has come a long way since I was strung out, and I'm grateful for all the time we still have.

To my friends and role models from the BOH community, you guys changed my life. I never would have even started, let alone finished without Ben Young, Rob Nelson, Nick Roberts, Gage Greenwood, and so many others pushing me to keep going, Especially you Ben. Less than a year ago we were strangers, and now I consider you one of my most cherished pals. You've done so much for me and you didn't have to. You're a hero.

Huge thanks to the HWA and my mentor/editor, JG Faherty. The mentor program is an incredible resource. When I signed up, I heard that you get out what you put into it, so I brought everything I had. Greg, you really brought it too. I've grown so much thanks to your attention to detail and calling me out on my shit when it needed calling out.

And speaking of calling me out on my shit, thanks to my partner in crime, Meg. I felt like I was going insane for most of this process, and you kept me going, just like you keep me going through everything else.

And finally, thanks to you, dear reader. You took a chance on a new writer, and I hope I never let you down.

ABOUT THE AUTHOR

Joseph Murnane lurks at the mouth of a cave off the banks of the Eno River in Durham, North Carolina, with four hellish animal companions and an eldritch queen of terrifying beauty. They say you can see him there just before dawn, but only out of the corner of your eye, and only if he wants to be seen.

He can be reached via blood dance, or if the trials prove too difficult, email works too.

Jmurnanehorror@gmail.com

Made in United States
Orlando, FL
13 September 2024

51476965R00150